当代艺术研究前沿

远古器物美学研究

邓军海 著

武汉大学出版社
WUHAN UNIVERSITY PRESS

图书在版编目(CIP)数据

远古器物美学研究/邓军海著．—武汉：武汉大学出版社，2019.7
当代艺术研究前沿
ISBN 978-7-307-20931-2

Ⅰ.远…　Ⅱ.邓…　Ⅲ.古器物—美学—研究—中国　Ⅳ.K875.04

中国版本图书馆CIP数据核字(2019)第095444号

责任编辑：程牧原　　责任校对：汪欣怡　　版式设计：马　佳

出版发行：**武汉大学出版社**　(430072　武昌　珞珈山)
(电子邮箱：cbs22@whu.edu.cn　网址：www.wdp.com.cn)
印刷：武汉中科兴业印务有限公司
开本：720×1000　1/16　印张：24.75　字数：354千字　插页：1
版次：2019年7月第1版　2019年7月第1次印刷
ISBN 978-7-307-20931-2　定价：60.00元

目　录

导论 …… 1
　第一节　中国古典美学研究需要解决的三个问题 …… 1
　　一、重新审视用以阐释中国美学的理论元话语 …… 2
　　二、构筑中西美学的对话平台 …… 5
　　三、从中国美学走向中国美学 …… 9
　第二节　中国事实与西方理论 …… 13
　　一、强调中西文化差异的必要性 …… 13
　　二、对于中国事实和西方理论的两种理解 …… 15
　　三、解构西方中心主义的两种策略 …… 16
　　四、中国学人应有的解构策略 …… 17
　　五、重建中国美学需要发掘中国美学的普遍性 …… 19
　　六、对本书性质的再说明 …… 21

第一章　石器制造：审美与实用 …… 22
　第一节　关于“审美意识萌芽”的几种主要意见 …… 22
　　一、将审美意识的萌芽，定位于旧石器时代晚期 …… 22
　　二、将审美意识的萌芽，定位于旧石器时代中期 …… 25
　　三、将审美意识的萌芽，定位于人类诞生之时 …… 27
　　四、将审美意识的萌芽，定位于新石器时代 …… 29
　　五、几家观点的共同思路 …… 31
　第二节　对“审美意识萌芽”问题的若干疑虑 …… 34
　　一、可否由石器形制推断审美意识 …… 34
　　二、审美与艺术是否同一 …… 36

三、“审美意识萌芽”探索背后的历史主义 …………………… 38
四、审美发生学研究的三条进路 ………………………………… 40
五、警惕史前考古学进路 ………………………………………… 42
六、审美发生学研究的有限意义 ………………………………… 44
七、审美发生学只能探讨“可能性” …………………………… 45
第三节　石器制造和形式感 ………………………………………… 47
一、对流行说法的一点反思 ……………………………………… 47
二、马克思论人的生产 …………………………………………… 50
三、形式感与石器制造的内在关联 ……………………………… 52
四、选择石料：石器制造的基本技术条件之一 ………………… 54
五、心象：石器制造基本技术条件之二 ………………………… 57
六、鲁道夫·阿恩海姆论观看物体的三种态度 ………………… 59
七、对审美发生学的一点看法 …………………………………… 60
第四节　诸家观点小瞧北京人石器制造 …………………………… 62
一、北京人以前旧石器时代遗址石器制造 ……………………… 63
二、北京人遗址的典型意义 ……………………………………… 66
三、北京人石器制造中几个令人瞩目的现象 …………………… 67
四、诸家观点如何“小瞧”了北京人 …………………………… 72
第五节　山顶洞人石器制造的衰退和装饰品的出现 ……………… 74
一、山顶洞人的工具制造 ………………………………………… 74
二、山顶洞人的装饰品 …………………………………………… 78
三、山顶洞人佩戴装饰的原因 …………………………………… 80
四、赤铁矿粉末与圣俗二界之分 ………………………………… 82
五、动物也进行装饰吗？ ………………………………………… 84
六、人猿之别：文化与历史 ……………………………………… 87
七、历史唯物主义论域中的劳动与历史 ………………………… 90
第六节　审美与实用 ………………………………………………… 93
一、节约律与浪费律 ……………………………………………… 94
二、石器制造是实用与审美的复合体 …………………………… 96
三、石器演变的“实用增进” …………………………………… 99

第二章 陶器纹饰：写实与抽象 …… 102
第一节 陶器纹饰：从写实到抽象？ …… 102
一、苏秉琦对于仰韶彩陶四种纹饰演变序列的梳理 …… 103
二、美学界论“从写实到抽象” …… 105
三、程金城对“从……到……”的反思 …… 109
四、从写实到抽象的认识论基础 …… 110
五、对几何纹饰来源的其他说法 …… 112
第二节 “从写实到抽象”理论所忽略的几个问题 …… 114
一、我们如何观察自然 …… 115
二、两种格式塔 …… 117
三、儿童绘画的启示 …… 121
四、先制作后匹配 …… 123
五、两种知识论：“脑似水桶理论”与“脑似探照灯理论” …… 126
第三节 对陶器纹饰演变的一点看法 …… 129
一、几何纹饰的发生 …… 129
二、几何纹饰的发展 …… 133
三、写实纹饰的演变 …… 137
四、对于“从写实到抽象”的几点补充说明 …… 140
第四节 对于“味觉论”的一些思考 …… 144
一、理论话语层次上的“味觉论” …… 145
二、由词源学所支持的、审美意识层次上的“味觉论” …… 147
三、由笠原仲二的“味觉论”所引发的几种观点 …… 150
四、通过字源学考据来探讨中国古代审美意识起源问题的困难 …… 153
五、由发达的陶器所支持的审美意识层面上的“味觉论” …… 156
六、对林少雄的“中国人的审美意识起源于‘陶器时代’”观点的一点看法 …… 159
七、对“味觉论”的一点看法 …… 160
第五节 仰韶彩陶：从兴盛到衰退 …… 161
一、什么叫“仰韶文化” …… 161

二、半坡类型陶器 …… 164
三、庙底沟类型陶器 …… 167
四、西王村类型陶器 …… 171
第六节　美学界对彩陶消退的几种解释 …… 173
一、学界的通行思路：李泽厚的解释 …… 174
二、邓福星的解释 …… 176
三、林少雄的解释 …… 178
第七节　技术进步与彩陶消退 …… 181
一、彩陶发展基本相同的轨迹 …… 182
二、庙底沟二期文化的陶器 …… 187
三、需警惕“时代精神决定论” …… 191

第三章　玉石之分：形式与意味 …… 192
第一节　玉与玉器 …… 193
一、矿物学界的“两玉说”：软玉与硬玉 …… 193
二、考古学界的“两义说”：广义与狭义 …… 194
三、中国古人的“两义说” …… 196
四、什么是玉器 …… 198
第二节　最原始的玉石之分与形式感 …… 201
一、北京人特别加工的石器 …… 201
二、最初的玉石之分 …… 204
三、细石器和真玉的出现 …… 206
四、磨制技术和玉质装饰品 …… 209
五、真玉制作的装饰品和玉质装饰品的繁盛 …… 210
六、玉质装饰品占据装饰主流的意义 …… 213
七、从南京北阴阳营遗址出土玉器看装饰玉的意味 …… 215
第三节　良渚玉器 …… 219
一、长江下游地区史前玉器的发展与礼玉的出现 …… 219
二、礼玉：良渚玉琮 …… 222
三、良渚玉琮上的“神人兽面纹” …… 225
四、良渚玉琮的功能或用途 …… 229

五、严格意义上的玉石之分…………………………………… 233
第四节　史前玉器的发展历程………………………………… 233
一、史前玉器发展的基本脉络……………………………… 234
二、“玉质石器—玉质装饰—玉质礼器”的连续性 ……… 237
三、玉质石器与意味的可能性……………………………… 238
四、装饰玉中的意味………………………………………… 243
五、神玉：最精美的形式和最形而上的意味……………… 245
第五节　克莱夫·贝尔论形式和意味………………………… 247
一、“有意味的形式”不是“内容和形式的统一” ……… 248
二、灵与肉：审美情感和生活情感的本质区别…………… 249
三、什么是克莱夫·贝尔所说的“形式”和“意味” ……… 251
四、克莱夫·贝尔所说的“形式感”是对形式和意味
两方面的敏感…………………………………………… 253
五、一个理想主义的年轻批评家…………………………… 254
第六节　从人的社会性来看形式和意味……………………… 255
一、意味与意义……………………………………………… 255
二、意味与社会……………………………………………… 258
三、作为节日或仪式的艺术………………………………… 261
四、“纯粹形式”与“特殊形式” ………………………… 264
第七节　余论：形式意味感与贵重物品……………………… 267
一、人的形式感应该是一种形式意味感…………………… 267
二、形式意味感与中国的崇玉传统………………………… 270

第四章　礼崩乐坏：天人冲突与文质争论…………………… 274
第一节　“文质彬彬”不等于“内容和形式的统一” ………… 274
一、对于“文质彬彬”的主流解释 ………………………… 275
二、关于西方美学史中的形式概念………………………… 277
三、西方古典诗学中的“内容和形式的统一” …………… 280
四、现代艺术哲学中的“内容和形式的统一” …………… 281
五、以“内容和形式的统一”来解释“文质彬彬”的
几个困难………………………………………………… 284

第二节 文质争论所争何事？…………………………………… 286
一、从人生修养的角度看“文质彬彬” ……………………… 287
二、应当在“天人二分”的框架中理解“文质彬彬” ……… 289
三、道家的极端主张：文质关系讨论的先秦文化语境…… 291
四、“周文”何以“疲惫”？ …………………………………… 293
五、诸子百家共同关心的问题：“周文疲惫” …………… 295
第三节 文质彬彬与中庸之道……………………………………… 297
一、孔子：保守的回应………………………………………… 297
二、“道”在“周文” …………………………………………… 298
三、先文而后质………………………………………………… 300
四、先质而后文………………………………………………… 302
五、文质彬彬与中庸之道……………………………………… 304
第四节 儒家文质观与其人性论的内在关联……………………… 306
一、孔子对于人性的复杂态度………………………………… 306
二、孟子的性善说与重质的文质观…………………………… 308
三、荀子的性恶论及其“以文灭质”的文质观 …………… 312
四、儒学分化的必然性………………………………………… 314
第五节 道家的文质观……………………………………………… 316
一、道家对于“周文”的态度 ………………………………… 316
二、“复归于婴儿” …………………………………………… 319
三、“绘事后素”与“见素抱朴” …………………………… 320
四、“为学日益，为道日损” ………………………………… 322
五、道家对于中国美学的贡献………………………………… 324
第六节 文质争论的逻辑必然性及儒道互补……………………… 325
一、从对道家的误解说起……………………………………… 325
二、两种意义上的反社会……………………………………… 328
三、“自然的人化”和“人的自然化” ……………………… 329
四、对“文质彬彬”意涵的再强调 ………………………… 331
五、文质争论的逻辑必然性…………………………………… 334
六、从文质观看儒道之互补…………………………………… 335
第七节 墨子的文质观……………………………………………… 338

一、儒墨对立…………………………………………………… 338
二、儒墨何以对立？ ………………………………………… 339
三、《墨子·非乐上》中的逻辑推理 ……………………… 341
四、墨子推理中“大前提” ………………………………… 342
五、墨子所说的“大害”与“大利”及墨子推理的
“小前提” ………………………………………………… 344
六、墨子“非乐”的逻辑性 ………………………………… 345
七、讨论墨子“非乐”思想时应该注意的几个问题 ……… 348
八、墨子因果逻辑的缺陷和“非乐”思想的不足 ………… 349
九、墨子“非乐”对于文质争论的贡献 …………………… 352
十、儒墨互补…………………………………………………… 354
第八节　作为文质争论重要隐喻的玉器……………………… 355
一、玉：先秦文质争论中的一个重要隐喻………………… 356
二、春秋战国的侈靡之风…………………………………… 357
三、君子比德于玉…………………………………………… 360
第九节　文与质：一对世界性的审美范畴…………………… 362
一、“装饰”(decoration)与“适合”(decorum) …………… 362
二、作为一种“文化”现象的“装饰” …………………… 364
三、“文”与“野” ………………………………………… 367
四、“装饰”的危险与文质争论的前提条件 ……………… 369
五、西方美学史上关于装饰的争论………………………… 372
六、文与质：一对世界性的审美范畴……………………… 375

参考文献…………………………………………………………… 378

后记………………………………………………………………… 385

导　论

开门见山地说，本书的中心任务就是，以中国远古器物为典型个案，反思并探讨一些与之密切相关的美学基本理论问题。这种思路，用张光直的话来说，就是将中国事实“作为总结普遍规律的研究对象”①；用薛富兴的话来说，就是“要以中华审美特殊材料研究人类美学普遍问题，融中华传统审美智慧入人类美学知识体系”②。形象一点来说，本书的入口是旧石器时代的石器、新石器时代的陶器和玉器，出口则是美学基本理论问题，如审美意识萌芽问题，如“从写实到抽象”“有意味的形式”。

持此思路，可能与笔者近年来对中国古典美学研究的一些粗浅思考有关。

第一节　中国古典美学研究需要解决的三个问题

中国古典美学研究正式起步，是从20世纪80年代开始的。30多年来，成果斐然，自不待言。按照学术研究的一个有些“吊诡”的规律，研究越是深入，问题自然会暴露得越多。“知识增时只益疑”，王国维的这句诗作为人生态度，或许有某些学人所说的悲观之嫌；但作为一种学术态度，却是学术进步的一个必然条件。因为只有这样，我们才会将前辈的学术成果当作自己探讨的起点，才会

---

① 张光直．美术、神话与祭祀[M]．郭净，译．沈阳：辽宁教育出版社，2002：102.

② 薛富兴．普遍意识：中国美学自我超越的关键环节[J]．江海学刊，2005(1)：189.

薪火相传，而不故步自封。

一、重新审视用以阐释中国美学的理论元话语

佛教传入中国时，曾有一个“格义”阶段。这个用来格义的话语体系，就叫作理论“元话语”（Meta-Discourse）。中国美学在现代的一个悖论性处境就是，为了说明中国古代有美学，中国古代典籍就成了西方哲学和美学术语的“格义”对象。这跟佛教传入中国时很不相同，因为当时我们是用自己熟悉的术语“格”陌生典籍的“义”，充当元话语的是中国术语。①

这种境遇导致的结果是，我们越是用西方术语来说明中国古代有美学，我们越是觉得中国古代美学存在的可疑。因为理论之为理论，就是在于其解释功能。一旦中国古代美学理论总是作为待解释的对象而存在，那么就会在解释领域失去发言权。20 世纪 80 年代中西美学比较的兴起，90 年代对中国美学话语“失语症”的揭示，不仅说明我们对这一危险的警觉，也体现了我们试图摆脱这种悖论处境的努力。然而这一努力的成果，仍是有限的。因为：

（一）中西美学比较的“元话语”仍需我们重新审理

虽然中西比较在提醒我们注意中西文化差异方面，功莫大焉，但是我们用来界定中西差异的好多术语都是未经审理的西方术语。比如我们经常说西方文学是“叙事”“再现”的，中国文学是“抒情”“表现”的，但是，如果我们仔细考察一下西方文学或艺术的发展历史，就会发现，“叙事”与“抒情”、“再现”与“表现”并不是我们所说的那个意思。所以，这种说法和以前我们说李白是伟大的浪漫主义诗人、杜甫是伟大的现实主义诗人一样，都同样反映了我们对于“元话语”的陌生。只不过以前是在陌生的情况下简单等同，现在则是在陌生的情况下刻意求异罢了。

---

① 龚鹏程．西方哲学引进对中国传统思想研究的影响［J］．世界哲学，2002（增刊）：254.

（二）中西比较大多落于大而化之，而未能具体而微

我们往往习惯于一种宏观论述，即首先界定中西文化在根本精神上的不同，然后执此根本，执一御万，借以解释中西美学的所有差异。最让我们熟悉的莫过于说，由于中国人与自然是“和谐”的关系，所以中国文化根本上是一种审美精神；与此相对，西方人由于和自然是“对立”的关系，所以从根本上反映了一种科学精神。这其实跟五四时期“中国崇物质，西方尚精神”的说法没有什么差异。这反映了我们对西方文化的陌生，因为并没有一个可以让我们“一言以蔽之”的“一体的西方”。就西方的文化源头来说，有古希腊和希伯来文化之差异；就西方文化的历史来说，又有古希腊古罗马时代、中世纪和近现代之间的时代鸿沟。对西方的陌生，导致了我们对古代中国的陌生，因为也没有这样一个可供“打包”处理的“一体的中国”。

如果我们再追问一步，我们现在所理解的“人”与“自然”，已与古代有很大的不同，不管这个古代是西方的古代还是中国的古代。所以，我们现在所忧心的“人”与“自然”的对立，在很大程度上只是一个现代性现象。当自然和人都经过现代“祛魅”处理之后，就不难处于对立状态了。

事实上，如果我们注意一下西方的自然观，就会发现，中西之间并不存在我们所说的这种对立。环境美学家阿诺德·伯林特（Arnold Berleant），系统梳理了西方的自然观。他发现，从哲学上讲，西方的自然观有截然相反的两派：一个是洛克学派，认为自然始终外在于人；另一个是斯宾诺莎学派，认为自然之外无一物。至于在实际生活中，人对自然的看法则有一些过渡形态。于是，西方的自然观就有这样四种基本观点：（1）完全对立的自然观。这种观点认为，自然是人类领域外部的一切，是与人的目的、利益相抵触的区域。自然必须被征服，必须使之服务于人类文明。文明程度，就是这种征服的程度。（2）比较温和的分离观。这种观点认为，自然与人不同，但不必对立，人必须与之和谐相处。因此人在自然中宛如物品在容器之中，人类的目标就是保持这个容器的平衡状态。

(3)比较温和的统一观。这种观点认为，人不满足于与自然之间的和谐，而是追求自然的统一。人是自然法则中的一分子，人尊重自然的权威，同时也在实现着自身的目的。(4)完全一体的自然观。这种观点认为，自然就是一切，自然之外无一物。因此，自然保护区的设立完全没有必要。①

同样，我们在中国古代思想中也可以看出这种层次来。我们在自然观问题上所说的中西差异，其实是一种文化内部两种倾向的对立。所以，我们最好不要用人与自然的"对立"与"和谐"这种简单的术语去界定中西文化，好像中西文化是截然不同的两极。问题是，中西对"人"与"自然"的理解角度不同、言说方式有异，所以西方古代对"和谐"的理解和寻求也与中国古代不同。我一直相信中西文化的差异是具体而微的，而不是大而化之的。只要我们阅读一些西方文化史著作，这些"一言以蔽之"的说法往往都不攻自破。

(三)中西对立的思维框架限制了我们对于中国美学的认识

陈独秀在《吾人最后之觉悟》(1916年2月15日)一文中说："欧洲输入之文化，与吾华固有之文化，其根本性质极端相反。"②这个观点，可以说是近百年来中西文化比较的主流观点。一旦我们认定中西文化之"根本性质极端相反"，用大而化之的二元对立来概括中西文化就不难想见。中西之间当然存在着差异，但差异并不等于对立。在从事多年比较研究之后，美国汉学家安乐哲（Roger T. Ames)说：

> 在中西哲学的比较研究中，我们发现，中国传统并不像先前所假设的那样，与西方主流文化完全相反。缺少超验论并不等于固有论；缺少客观性并不等于主观性；缺少绝对主义并不

---

① ［美]阿诺德·伯林特．环境美学[M]．张敏，周雨，译．长沙：湖南科学技术出版社，2006：8-11.

② 陈独秀文章选编(上)[M]．北京：生活·读书·新知三联书店，1984：105.

等于相对主义；没有划分为原子的个体并不意味着只存在若干毫无个性的集合体。①

事实上，说中国文化和西方文化在性质上完全相反，从逻辑上讲是说不过去的。因为，除非两者彼此十分了解，否则，又如何完全相反？所以，中西对立仅仅是一种“假设”，是有待于我们逐步去“证伪”的假设。

我们之所以从事中西美学比较，是因为我们想中国美学摆脱“西方美学的东方版”②地位。但是，中国如此、西方必如彼之类的中西美学比较，并没有真正让中国美学摆脱这种地位。只不过以前的简单等同所提供的是“相同的版本”，现在的刻意求异所提供的是“相反的版本”罢了。

这就要求我们重新审理用以阐述中国美学的“元话语”。不但要重新审理以前的简单等同，也要重新审理现在的刻意求异。这就要求我们详细梳理中西美学话语各自的谱系，说明中西理论话语在具体层面上的差异，而不是大而化之地说西方如此、中国如彼。这个“重新审理”的工作，是学术术语的基本“消毒”工作。只有这样，才能确定我们用以阐释中国古代典籍的关键术语在什么意义上是可用的，在什么意义上是不可用的。

二、构筑中西美学的对话平台

如前所述，中西对立一直是中西美学比较的基本思维框架。这种简单的思维方式，近来又受发源于西方并迅速席卷全球的“后”学的影响。

我们知道，“后”学以解构“西方中心主义”为其理论目的，好多学者也自觉跟进，以为中国美学的当代使命就是解构西方中心主

① ［美］安乐哲，罗思文.《论语》的哲学诠释［M］. 北京：中国社会科学出版社，2003：36.

② 潘知常. 中西比较美学论稿［M］. 南昌：百花洲文艺出版社，2000：5.

义。这种学术姿态，“火药味似乎太浓了一些，政治和意识形态性也太强了一些”①。我们承认中西差异，承认西方思想有其自己所揭示的“西方中心主义”立场，承认用西方学术传统来阐释中国古代学术使得中国传统话语患上了“失语症”，但是我们也必须承认这样的一个事实：“西哲东渐后，令研究中国传统学术者眼界大开，也是事实。中国传统思想，在西洋哲学观念、术语、理论之参照与对比之下，被看得更清楚，同样也是非常常见的。”②

我们之所以在西方“后”学的影响甚至推进下，采取一种激烈“反西方”的学术姿态，是因为我们一直将中西近代以来的学术互动单方面地理解为“西学东渐”，而忽略了“东取西学”的方面。墨哲兰说：

> “西学”而“东渐”这样一种说法，太以“西学”为主词谓述了，颇落了西方人眼中的“东方主义”言筌。对中国人来说，应是“东取西学”，事实上，历来中国人的“拿来主义”，就在一个“取”字上。③

可以说，整个近现代学术史，在更大层面上是“东取西学”的历史，而不是“西学东渐”的历史；是中国学人对于西方学术主动接受的历史，而不是中国人受西方学术被动影响的历史。

即便我们将这一段历史看作“西学东渐”的历史，而且承认此“西学东渐”给中国传统带来很大的戕害，但我们同样也必须承认它给中国所带来的贡献。至于重建中国学术，其关键并不在于慷慨激昂地“痛陈西哲东渐的结果已使中国传统思想之研究产生了严重

---

① 刘象愚．西方现代批评经典译丛·总序[M]//[美]勒内·韦勒克．文学理论．刘象愚，等，译．南京：江苏教育出版社，2005.

② 龚鹏程．西方哲学引进对中国传统思想研究的影响[J]．世界哲学，2002(增刊)：255.

③ 墨哲兰．“中国现代哲学”面临的“古今之争”[J]．世界哲学，2002(增刊)：193.

的异化现象”①，而在于平心静气地重新审视中西。

就像任何人的自立不是靠攻击他人来完成的一样，中国美学自身的地位也不能靠“后”学所标举的“解构西方中心主义”来获得。“解构西方中心主义”的呼声和“中国哲学合法性”的讨论在世纪之交同时出现，并不是一个偶然现象，而是中西对立这种思维方式所导致的必然结果。所以，21 世纪中国学术要超出 20 世纪，其基本的前提就是要超越中西对立。

美国社会学家库利(C. H. Cooley)这样解释“敌对”这种感情：“敌对并不是机械的分离，而是对具有许多共同点的观念中不协调因素的强调。”②我们反对中西美学比较研究中的简单等同，但我们也必须牢记，刻意强调中西美学的本质差异，只能使中西美学处于“敌对”状态，也会使我国现存的两大学科体系——中国美学和西方美学，处于各说各话、不相往来的状态。姑且承认“中西文化比较是中国近代文化学术史上的根本问题”③，也姑且承认“中西比较是中国美学走向现代形态的必经的炼狱”④，但我们必须谨记，中西学术传统并非截然相反。如果我们从一开始就坚持中西对立，那么就等于假定中西双方从一开始就相互了解对方。刘小枫曾说：“中西文化二元景观百年来一直是汉语哲学的一根束身绳索。”⑤之所以会成为一根“束身绳索”，而没有成为“机遇”，就是因为中西对立。

R. 威尔金森在《东方和西方：“深刻”之概念》一文中说：

---

① 龚鹏程. 西方哲学引进对中国传统思想研究的影响[J]. 世界哲学，2002(增刊)：255.

② [美]查尔斯·霍顿·库利. 人类本性与社会秩序[M]. 包凡一，等，译. 北京：华夏出版社，1999：93.

③ 聂振斌，滕守尧，章建刚. 艺术化生存：中西审美文化比较[M]. 成都：四川人民出版社，1997：225.

④ 张法. 中西美学与文化精神[M]. 北京：北京大学出版社，1994：8.

⑤ 刘小枫. 我在的呢喃[M]. //刘小枫. 这一代人的怕和爱[M]. 北京：三联书店，1996：110.

我花了大量的时间比较了东西方思想体系中的美学观念，结果我所发现的大多是体系中的差异……但是当我比较东、西方思想体系中蕴涵“美学深度”概念的各个观念时，我所发现的却只是体系中的共同点。因而似乎存在着某种真正跨文化的经验。①

这里所谓的“美学深度”，就是对于“深刻”的追求，对于我们中国人所说的“味外之味”的偏爱。所以，他坚信“存在着某种跨越文化界限的东西，某种仅仅属于全人类的东西，某种——我们每个人都能理解的东西”②。我们从事美学研究，不就是为了寻找这种我们每个人都能理解的东西么？不然，美学何以为“学”？

艺术史家沃尔夫林(H. Wolfflin)提醒人们说：

在我们能够称一种风格为特殊意义上的民族风格之前，我们必须首先确定这种风格含有多少一般特征。③

同样，我们对于中国历史上的审美现象，在确定其“民族风格”之前，首先也必须确定其“一般特征”。在“民族风格”和“一般特征”二者之间，“一般特征”总是首要的：

无论民族的特性可以怎样不同，但有约束力的普遍的人的要素比所有那些分离的要素都要强大。④

---

① [英]R. 威尔金森．东方和西方：“深刻”之概念[J]．邓文华，译．世界哲学，2004(02)：84.

② [英]R. 威尔金森．东方和西方：“深刻”之概念[J]．邓文华，译．世界哲学，2004(02)：84.

③ [瑞士]沃尔夫林．艺术风格学[M]．潘耀昌，译．沈阳：辽宁人民出版社，1987：7.

④ [瑞士]沃尔夫林．艺术风格学[M]．潘耀昌，译．沈阳：辽宁人民出版社，1987：267.

这个“有约束力的普遍的人的要素”是促进人类团结的要素，而“民族的特性”则是分离的要素。中西美学的对话平台能否建立，关键在于我们是否能找到中西美学中这个“有约束力的普遍的人的要素”。

美国比较哲学家阿尔奇·J. 巴姆(Archie J. Bahm)曾说：“全世界的人无论在生活上还是文化上都是同大于异，但是差异更吸引注意力。”①我们不要因为差异吸引了我们的注意力，就忘记了人类共通的经验。因为，人类原本是“同大于异”的。描写差异、尊重差异，可以促进宽容；寻找共同基点、追求共识，则可以增进理解。这个“同”就是中西美学对话的平台，只有对话才能促进人类不同文化群体之间的宽容和理解。美国汉学家本杰明·史华兹(Benjamin I. Schwarz)说过这样一句话：“我不认为文化的个性和风格的不同比思想的一致性更为重要。”②相反，思想的一致性也许比文化的个性更为重要，因为只有建立于理解之上的宽容才是真正的宽容，而相互的理解是以基本共识为基础的。

王国维在《国学丛刊序》中说“学无新旧也，无中西也，无有用无用也”，“中西二学，盛则俱盛，衰则俱衰”。钱锺书在《谈艺录·序》中说：“东海西海，心理攸同；南学北学，道术未裂。”这些说法，并非愚远之谈，而是用心良苦。

三、从中国美学走向中国美学

王晓朝说：“柏拉图的对话不仅属于西方人，而且也属于全人类。”③其实就孔子、老子、庄子来说，又何尝不是如此呢？他们不仅仅属于我们中国人，而且属于全人类。美国汉学家赫伯特·芬格莱特(Herbert Fingarette)认为，孔子之所以重要，就是因为：

---

① ［美］阿尔奇·J. 巴姆. 比较哲学与比较宗教［M］. 巴姆比较哲学研究室，编译. 成都：四川人民出版社，1996：39.

② ［美］本杰明·史华兹. 寻求富强：严复与西方［M］. 叶凤美，译. 南京：江苏人民出版社，1995：89.

③ 王晓朝. 中译者导言［M］//柏拉图全集(第一卷). 王晓朝，译. 北京：人民出版社，2002.

> 孔子所告诉我们的，不是在别处正在被言说的东西，而是正需要被言说的东西。①
>
> 孔子是迄今为止“超越于我们时代的”思想家，这是数个世纪以来他在相当程度上受到西方世界忽视的一个重要原因。②

这也就是说，孔子的重要性就在于他的学说所反映的人类普遍性，而不在于其民族特殊性。布克哈特说：“在思想的王国里，最高的公正和正义就是：一切国界都应当被抹掉。”③抹掉国界的“中国美学”，就应当是“中国美学”，而不应当是“中国美学”。“从中国美学走向中国美学”，意思就是，从强调中国美学中的民族特殊性，向强调中国美学的人类普遍性转换。此一转换，具体来说，至少包含以下几个方面：

（一）发掘中国古代美学中的人类普遍性因素

如果我们仅仅寻找中国古代哲人思想中所反映的民族特质，那其实就是在强调他们思想中“属于中国人”的一面，而不是强调其“属于全人类”的一面。美国汉学家列文森（Joseph R. Levenson）曾沉痛地说：“视儒教为中国的‘国性’这一浪漫思想剥夺了儒教自身精髓：一个理性的假定，即无论何时何地，路就是路，而不仅仅是特殊的中国人的生活之路。”④片面强调中国性的论家，其实就是把儒学仅仅看成是中国人的生活之路，而不是人类的生活之路；就是

---

① ［美］赫伯特·芬格莱特．孔子：即凡而圣［M］．彭国翔，张华，译．南京：江苏人民出版社，2002：序言．

② ［美］赫伯特·芬格莱特．孔子：即凡而圣［M］．彭国翔，张华，译．南京：江苏人民出版社，2002：序言．

③ 转引自［德］卡西尔．人论［M］．甘阳，译．上海：上海译文出版社，1985：241．

④ ［美］列文森．儒教中国及其现代命运［M］．北京：中国社会科学出版社，2000：160．

把孔子看成是“伟大的中国圣人”，而不是一个“伟大的圣人”。这种思路从表面上看，似乎是在高扬中国哲人，其实根本上是在贬低他们。

同理，我们研究中国古代美学，不要将重点放在“中国”一词上，而应当放在“美学”上。这也就意味着，我们要真正使中国美学走向独立，就必须发掘中国美学中的人类普遍性因素，而不仅是其中的中国精神或中国气派。因为，一切理论，“如果它们不具备普遍性，它们就不具备理论性”①。只有发掘中国美学中的人类普遍性，中国美学才会真正拥有和西方美学对话的资格。

（二）让中国美学成为更开放的学问

传统的犹太复国运动的口号为“做犹太人”。马丁·布伯（Martin Buber）呼吁将这个口号换为“做犹太人”②。“做犹太人”和“做犹太人”这两个口号的差别，用弗洛姆的术语来说，就是“民族主义”和“人道主义”的差别，就是“历史的人”和“宇宙的人”的差别。③ 所以，“做犹太人”意味着阿拉伯人是犹太人的仇敌；而“做犹太人”则意味着二者是同一个家的家人，意味着让两个民族结为一个国家。耐人寻味的是，1965年布伯去世，阿拉伯学生联盟派出代表团，参加这位犹太思想家的葬礼，向他致哀。本书所主张的从“中国美学”到“中国美学”，也包含马丁·布伯所说的这一层意思，即让中国美学成为更开放的学问。中国美学成为开放的学问的一个逻辑前提就是，中国美学应当成为人类普遍的学问，而不是一个民族的特殊的学问。

---

① ［美］克利福德·格尔兹．文化的解释［M］．纳日碧力戈，等，译．上海：上海人民出版社，1999：29.

② 陈维刚．马丁·布伯和《我与你》（译者前言）［M］//［德］马丁·布伯．我与你［M］．陈维刚，译．北京：生活·读书·新知三联书店，1987：5.

③ ［美］弗洛姆，［日］铃木大拙，［美］马蒂诺．禅宗与精神分析［M］．王雷泉，冯川，译．贵阳：贵州人民出版社，1998：127.

(三)让中国美学“世界化”和“落实化”

成中英区分了中国哲学的“近代化”和中国哲学的“现代化”。他认为,“近代化”是指学术转型,而“现代化”则意味着中国哲学的“世界化”和“落实化”。所谓“世界化”,是指研究中国古代哲学应当有一种“世界心态”,而不是为了民族身份认同;“落实化”,是指中国哲学应当对人类难题提供可能的答案。成中英所说的这个“现代化”,则是从“中国美学”到“中国美学”的第三层含义。

我们研究中国古代学术,并不是仅仅为了满足一种思古之幽情;我们研究西方学术,也不是为了满足好奇心。实际上,我们之所以必须要构筑中西美学对话的平台,其理论根据在于人类的共通性,其实践根据则在于我们现在处在同一个世界,面临着同样的危机。这就是我们所耳熟能详的“全球化”。其实“全球化”之所以能成为一个学术热点,并不首先是它所带来的福祉,而是它所潜藏的危险。弗洛姆曾说:

> 一个统一的世界正处在诞生的过程中。这并不是因为在世界各个不同的地方存在着兄弟般的友好的关系,而是因为导弹在几小时之内就能给世界任何的反对带来死亡和毁灭。世界之所以成为一个统一的世界,那是就世界作为一个潜在的战场而言的,并非就它是一个世界公民的新体系而言。①

这也就是说,“全球化”之所以为“全球化”,是因为我们面对着同样的命运,而不是分享着同样的福祉。“全球化”首先意味着挑战,其次才意味着机遇。在这样的一个时代里,“中国美学”何为?在这样的一个时代里,“中国古典美学”何为?如何在充满危机的时代里,为现代人建构一个可以共享的精神空间?这是我们应当始终关心的课题。回答这个问题的前提就是,让“中国美学”变为“中国

① [美]埃里希·弗洛姆.在幻想锁链的彼岸[M].张燕,译.长沙:湖南人民出版社,1986:180.

美学”。

中国美学之存在不是现成的，西方美学也不是。不然，还要今人做什么？中国美学“永远存在于解读与诠释之中。换言之，存在于建构之中”①。

第二节　中国事实与西方理论

由于本书所涉及的一系列美学概念，如审美与实用、写实与抽象、形式与意味，都带有明显的西方血统，故而本书就牵涉到中国学界热议的“中国事实与西方理论”的关系问题。

我们有可能面对这样的责难：我们凭什么将中国事实和西方理论连在一起，难道我们没有注意到中西之间的文化差异吗？这难道不是在用“中国人的事实来证明西方人的理论”②，从而自觉地在强化西方中心主义吗？如果这些问题在导论部分得不到回答，那么，本书的尝试就会显得鲁莽，而不能称为一种探索。本节的主要任务就是回答这些问题，并进而申明本书的基本思路。

一、强调中西文化差异的必要性

严格来说，本书所涉及的几个核心美学范畴，在中国古典文献里都很难找到对等概念。就拿“形式”这个概念来说，我们在中国美学史研究乃至美学基本理论中，认为“文”就是“形式”，但这种解释总让人感到榫卯不合。具体表现在：

第一，这一解释没有注意到中西文化之差异，从而有简单等同之嫌。讨论这两个范畴之间的不对等性，是本书第四章的一个任务。笔者在这里只是想指出，“文”与“形式”在中西美学理论体系中各自占有“核心”的地位，但是，西方却发展出了形式美学的传

① 戚国雄．西方哲学与“中国哲学”之建构［J］．世界哲学，2002(增刊)：157.

② “用中国人的事实来证明西方的理论”是我国语言学界的用语，意在拒斥西方理论。

统，而中国却没有。① 从这个事实就可以看出，“‘文’就是‘形式’”这种说法是有问题的。

第二，更大的危险在于，“‘文’就是‘形式’”这种句式容易导致中国传统理论的“失语”。事实上，当我们用“中国的 A 就是西方的 B”这样的句式来描述中国传统话语的时候，其实就是将西方的话语当作“元话语”，而把中国理论话语当作“待解释”或“待定义”的对象。理论话语之所以为理论话语，是因为我们可以借助它来解释一些现象。我们将中国的理论一一翻译成西方术语，也就意味着中国理论失去其“解释性能”，从而患了“失语症”。举个近在身边的例子，用西方的医学术语去解释中国传统的医学体系，总会使人有一种中医名存实亡的感觉。所以，这种解释策略，其实在无形中强化了西方中心主义。可以说，反省这类句式所蕴含的危险，是 20 世纪 90 年代中国美学研究的一大理论收获。

就像我们总是说“中国的 A 就是西方的 B”这类的话，从而将西方话语当作“元话语”一样，我们也总是“拿中国的事实去证明西方的理论”，把西方理论当作“元理论”。这样的结果就是，中国的事实或理论，都成了西方理论这所工厂的加工原料，等其被加工成成品之后，又倾销到中国市场。中西之间的互动，因此就变成了“单行道”，而不是“双行道”。中国古代美学中的形式问题研究也是如此，有学者将其形容为“形式研究的世纪迷雾”：

> 在中国绵延一个世纪的形式问题研究，事实上都是在西方文化的范围内进行的，甚至可以说，是在彻头彻尾、完完全全的西方文化意义上进行的，折腾一个世纪的形式研究，却居然

① 形式范畴和形式美学理论，是西方学人的贡献。成复旺说：“就主导倾向而论，似乎可以说：西方美学始终是重形式的。”[成复旺．关于形式美学的思考[J]．浙江学刊，2000(4)]赵宪章则说得更绝对：“整个西方美学就是以‘形式’为核心的美学，即‘形式的美学’。”(赵宪章．西方形式美学[M]．上海：上海人民出版社，1996：32)对于这样的论断我们可以不同意，但“形式”在西方美学中处于核心范畴地位，而且西方学者对于形式美学的理论贡献最大这一点，则不应在怀疑之列。

> 很少有人从东方文化的角度对“形式”的概念和内涵作深入的探讨。①

在这种状况下，怀疑西方理论话语的“元话语”或“元理论”地位的合法性，并进而对其进行解构，就成了中国古代美学研究的一个重要课题。潘知常所说的“解构西方传统美学的‘形而上学的封闭系统’，正是中国美学界的使命所在”②，就是中国学人对于美学引进中国以来的西方中心主义的一种自觉反思。

二、对于中国事实和西方理论的两种理解

对于“中国事实”和“西方理论”之间的紧张关系，我们可以做两种理解：(1)语词重心为“中国”和“西方”；(2)语词重心为“事实”和“理论”。这两种理解的结果是很不相同的。

(一)语词重心为“中国”和“西方”

将语词重心放在“中国”和“西方”上，就意味着“中国事实”和“西方理论”之间的紧张就是“中国”和“西方”之间的紧张。

这时，“用中国人的事实来‘证明’西方人的理论”与“用中国人的事实来‘证伪’西方人的理论”，就是两种截然相反的立场。因为“证实”是在强化西方中心主义，而“证伪”则是在解构西方中心主义。

同样，“用西方人的事实来‘证明’中国人的理论”与“用西方人的事实来‘证伪’中国人的理论”，也显得很不相同。

简要地说，这种理解可以说是一种“政治”理解，关注的是学术研究中的政治性。在这种理解里，“身份”问题和“立场”问题是极其重要的。

---

①　林木．形式研究的世纪迷雾[J]．美术观察，1999(2)：7.

②　潘知常．中西比较美学论稿[M]．南昌：百花洲文艺出版社，2000：15.

(二)语词重心为“事实”和“理论”

将重心放在“事实”和“理论”上，就意味着“中国事实”和“西方理论”之间的紧张就是“事实”和“理论”之间的紧张。

这时，不管是“证实”还是“证伪”，其根本思路都是一样的，都是为了解决理论的有限性的问题。因为，如果人真的能像上帝一样全知全能，那么，理论就既不需要证伪，也好像不需要证实。当然，也不必在意“事实”或“理论”到底是中国的还是西方的，在意的只是“事实”是否可靠，“理论”是否严密。

这种理解，可以说是一种“学术”的理解，关注的是学术研究中的真理性。

对于我们来说，第一种理解是必要的，但却是不够的。其必要性我们在上文已经说过，至于为何“不够”，原因有二：(1)不足以解构西方中心主义；(2)不足以重建中国美学。

三、解构西方中心主义的两种策略

潘知常说“解构西方传统美学的‘形而上学的封闭系统’，正是中国美学界的使命所在”，这话其实只说对了一半。因为，对西方中心主义的强烈不满，首先来自西方，而不是来自东方。所以，不但中国人要求解构西方中心主义，而且西方人也在解构西方中心主义。解构西方中心主义，是中西美学界的共同使命。然而，由于具体的历史境遇不同，中西学人的理论策略自有所不同。

费孝通曾经把人类文化观分为三种：(1)“各美其美”；(2)“美人之美”；(3)“美美与共，天下大同”。对于西方学界来说，“各美其美”就是西方中心主义。但是对于中国学界来说，“各美其美”则是古老的“华夏中心主义”，而“美人之美”才是西方中心主义。与此相应，西方学界只要能够“美人之美”，就可以解构西方中心主义。因此，其对古老的中国文明表示景仰，或者通过中国的特殊材料来“证伪”西方理论，其实就是一种突破自身文化局限的努力。对于中国学界来说，要真正地解构西方中心主义，不但要摆脱“美人之美”，更要防止“各美其美”。如果只有前者，而没有后者，就意味着我们有可能陷入“各美其美”的民族主义。超越“美人之美”和“各美其美”的关键就在于，我们的美学研究应当持有“美美与共”的公心。

以此反观我国学界对于西方中心主义的解构，可以说基本上用的还是西方人解构西方中心主义的那套语汇。中国美学界所充斥的赞美中国传统文化的“诗性”特征，并进而将中国文化界定为一种“审美文化”的做法，就是明证。西方人歌颂中国智慧，是一种谦虚；中国人在厌倦了西方中心主义之后，转而歌颂中国智慧，往往带有一种民族主义情绪。这样，对西方中心主义的解构，就变成了对西方理论的拒斥。这种解构，肯定不是真正的解构。

我们之所以强调“事实”和“理论”，而不强调“中国”和“西方”，是因为在我们看来，“用中国人的事实来‘证伪’西方人的理论”这样一种解构策略，对西方学人解构自身的中心主义立场来说是足够了，但对中国人来说却远远不够。

四、中国学人应有的解构策略

张光直也不满于历史观中的“西方中心主义”，他说：“历史观从来就只以西方文明为基点。这个文明在近代经历了人类历史上规模最为宏大的扩张，迅速席卷全球。”①对于这种西方中心主义的解构，他的策略不仅仅是用中国事实来证伪西方理论，而是要让中国的例证“获得超越地域的价值”②。他说：

> 中国的历史也同西方一样的惊心动魄，一样的宏伟壮观。但人们还没有把它作为总结普遍规律的研究对象。③

---

①　张光直．美术、神话与祭祀［M］．郭净，译．沈阳：辽宁教育出版社，2002：102.

②　张光直．美术、神话与祭祀［M］．郭净，译．沈阳：辽宁教育出版社，2002：导言.

③　张光直．美术、神话与祭祀［M］．郭净，译．沈阳：辽宁教育出版社，2002：102.

在这里，中国的例证的重心不在于“中国”，而在于“例证”；同样，从中国例证所抽绎出来的规律，也不是中国的特殊规律，而是人类社会的普遍规律。

事实上，只有发掘出中国例证的“超越地域”的价值，或阐发中国理论中的普遍性因素，才能从根本上解构西方中心主义。要做到这一点，就应当把“中国事实”和“西方理论”之间的紧张，首先看作是“事实”和“理论”之间的紧张，而不是“中国”和“西方”之间的紧张。考古学家李济曾说：

> 中国历史是全部人类历史最光荣的一环，只有把它放在全体人类历史的背景上看，它的光辉才更显得鲜明。把它关在一间老屋子内，孤芳自赏的日子已经过去了。①

把中国历史放在全部人类历史的背景中去，就是探究中国历史对于人类的意义、对于人类的普适性价值，而不是中国历史中所反映的独特的中国精神。换言之，中国的历史事实就是人类的历史事实，中国事实的意义也是对于人类的意义。

研究中国历史，普遍的人类视野是必要的，甚至是首要的。我们千万不要让文化差异挡住了我们的双眼。只有这样，才能使得中国和西方的沟通成为真正的“双行道”：

> 有普遍性，文化才可以互相沟通。假定完全没有普遍性而只有特殊性，那就没有办法沟通了。特殊性是封闭的，封闭了哪能沟通呢？然而人的确是可以沟通的，我们只有从文化的普遍性这个地方讲才可以沟通。②

中国文化的普遍性，就是中国文化的人类性，而不是中国文化的中

---

① 李济．再谈中国上古史的重建问题[M]//张光直，李光谟，编．李济考古学论文选集．北京：文物出版社，1990：97.

② 牟宗三．中国哲学十九讲[M]．上海：上海古籍出版社，1997：40.

国性。如果忽视了这种普遍性，就等于将原本就有的中西文化的“单行道”堵死了，而不是变成“双行道”。解构西方中心主义，就是要建立一条“双行道”。

五、重建中国美学需要发掘中国美学的普遍性

由于对20世纪中国美学研究中的西方中心主义的自觉，重建中国美学的呼声，在20世纪末自然是高涨。潘知常说：

> 一种理论的价值不仅在于它的共同性，而且尤其在于它的特殊性。①
>
> 重建中国美学，其重大意义，则在于找到中国美学的现代价值。这现代价值并不表现在中国美学与西方美学的共同性上，而是表现在中国美学的特殊性上，表现在它为人类的美学研究所提供的特殊的无可替代的美学思路上。②

潘知常的主张，可以说代表了大多数中国学人的主张。这种主张可以简单地表述为两点：(1)中国美学的价值在于中国美学和西方美学的“不同”；(2)重建中国美学的关键在于挖掘这一“不同”。然而这种主张是有问题的，具体表现在：

其一，混淆了“特殊性”和“不同”两个概念。潘知常所说的特殊性其实就是中国美学相对于西方美学的“不同点”，是与中国美学和西方美学的“共同点”相对使用的。但是从严格的哲学意义上讲，跟“特殊性”相对的是“普遍性”，而不是“共同性”。李济说：

> 早期人类文化地域性的发展，也没有晚期那么普遍……人类的文化普遍性是自然的，地方性是偶然的。③

① 潘知常．中西比较美学论稿[M]．南昌：百花洲文艺出版社，2000：8.

② 潘知常．中西比较美学论稿[M]．南昌：百花洲文艺出版社，2000：6.

③ 李济．再谈中国上古史的重建问题[M]．张光直，李光谟，编．李济考古学论文选集．北京：文物出版社，1990：94.

一种文化的特殊性，就是这种文化的地域性；一种文化的普遍性，就是这种文化中的人类普遍性。

当我们将西方当作唯一的参照系的时候，中国美学的特殊性就成了中国美学相对于西方美学的不同点；但是当我们将人类总体当作参照系的时候，中国美学的特殊性就是中国美学的地域性。特殊性和普遍性的对立，是人类视野中的对立；“异”与“同”的对立，是中西对立视野中的对立。将中国美学的特殊性界定为中国美学相对于西方美学的不同点，一方面混淆了这两个不同论域，另一方面则将西方美学当作人类美学。

其二，在普遍性的视野中，中国理论和西方理论的异同，本身并不重要。重要的是，这些理论是不是建立在地域偏见的基础上。如果不是，那么，中西美学当同则同、当异则异。

其三，中国美学的价值不仅仅在于中国美学相对于西方美学的“不同”。用中国美学和西方美学的“不同”，来解构西方中心主义，实际上反而强化了西方中心主义。因为在这种策略中，西方美学成了我们判断自家美学之价值的唯一标准。

其四，重建中国美学的关键在于发掘中国美学的普遍性。从普遍性和特殊性的对立来看，中国美学的价值不在于其特殊性或中国性，而在于其普遍性。当然，对于西方美学也应作如是观。中国美学要想对世界美学作出贡献，也要挖掘自己身上的普遍性因子。

这就要求我们在研究中国美学的时候，要超越民族意识，怀有一种普遍意识。薛富兴说：

> 所谓普遍意识，是指中国美学史研究要超越本民族文化特色本位立场，自觉以人类审美意识发展共性为民族审美研究之根本指导与旨归，要以中华审美特殊材料研究人类美学普遍问题，融中华传统审美智慧入人类美学知识体系。①

---

① 薛富兴．普遍意识：中国美学自我超越的关键环节[J]．江海学刊，2005(1)：189.

在这种普遍意识或普遍视野中，我们所要发掘的是中国事实或中国理论的普遍意义，而不是民族特色。在这种视野中，“中国事实”和“西方理论”的紧张关系主要存在于“事实”和“理论”之间，而不是“中国”与“西方”之间。这就是本书的思路。

六、对本书性质的再说明

从一种普遍视野来看，事实(fact)无国界，理论(theory)也没有国界。对于事实来说，重要的是其是否真实；对于理论来说，重要的是其是否严密。我们可以用中国的事实证明或证伪西方的理论，也可以用西方事实来证明或证伪中国理论。这里重要的不是中国和西方，而是事实和理论。

本书的性质不是进行中国事实和西方理论之间的简单对接，而是要发掘中国事实的普遍意义。本书的论证过程中，引用一些西方学人的见解，这也不是在用“中国”事实去证明“西方”理论，而是通过事实阐发理论或用理论解释事实。所以，中国和西方之间的“学术政治”问题，既不应当成为本研究的障碍，也不应当成为中国美学的“一根束身绳索”。①

---

① 刘小枫说：“中西文化二元景观百年来一直是汉语哲学的一根束身绳索。”(刘小枫．这一代人的怕和爱[M]．北京：生活·读书·新知三联书店，1996：110)

第一章　石器制造：审美与实用

旧石器时代，是以打制石器为标志的时代。至少就中国大陆美学界而论，与旧石器时代相关的最大的美学理论问题，当然要数所谓“审美意识萌芽”的问题。本书重提“审美意识萌芽”的问题，不是要在前人的基础上再提出一个新看法，而是想以美学界之外的研究成果为参照(尤其是考古学界的研究成果)，重新审理这一问题，检讨其中的若干纰缪。

第一节　关于“审美意识萌芽”的几种主要意见

关于“审美意识萌芽”的问题，美学界的代表性意见，大致有如下四种。

一、将审美意识的萌芽，定位于旧石器时代晚期

将审美意识的萌芽，定位于旧石器时代晚期，可以说是我国美学界的一种最普遍的观点，其代表是李泽厚和敏泽。这种意见，一般把目光的焦点对准山顶洞人的赤铁矿粉末和装饰品。之所以对准这两样东西，并不是因为山顶洞人的石器发掘很少(只有 25 件)，而是因为在他们眼中，这两种东西的出现，意味着人的精神生活的开始。李泽厚曾这样对比石器和装饰品的不同意义：

> 对使用工具的合规律性的形体感受和在所谓“装饰品”上的自觉加工，两者不但有着漫长的时间距离(数十万年)，而且在性质上也是根本不同的。虽然二者都有其实用功利的内

容，但前者的内容是现实的，后者则是幻想(想象)的；劳动工具和劳动过程中的合规律性的形式要求(节律、均匀、光滑等)和主体感受，是物质生产的产物；"装饰"则是精神生产、意识形态的产物。尽管两者似乎都是"自然的人化"和"人的对象化"，但前者是将人作为超生物存在的社会生活外化和凝冻在物质生产工具上，是真正的物化活动；后者则是将人的观念和幻想外化和凝冻在这些所谓"装饰品"的物质对象上，它们只是物态化的活动。①

同样的话也见于敏泽笔下：

劳动工具的改进及其在某种程度上的美化，与作为纯粹装饰品的工艺品，两者虽然都是"自然的人化"和"人的对象化"，但前者的着眼点主要在于实用的价值，后者的着眼点却是精神和意识的价值；前者是一种物化的活动，后者则是一种精神的生产，或者说是人的审美意识的一种物化。这后一种物化，正兆示着艺术的产生，以至意识形态进一步发展的胚胎。②

这两段大同小异的话都在申述：石器的进步仅仅标志着物质生活的进步，只是满足人的物质需要；而装饰品的出现则标志着精神生活的出现，意味着人产生了精神需要。正是这种精神生活或精神需要，才使得审美成为可能。而这种精神生活或精神需要，在撒在山顶洞人死者周围的赤铁矿粉末上得到了证明。

因此，虽然李泽厚和敏泽都注意到石制工具的进步和某种程度

① 李泽厚．美的历程[M]//李泽厚．美学三书．合肥：安徽文艺出版社，1999：10.

② 敏泽．中国美学思想史(第一卷)[M]．济南：齐鲁书社，1987：6.

的美化①，但对他们来说，审美意识萌芽的历史界碑却必须建立在山顶洞人的装饰品和赤铁矿粉上。敏泽认为，和山顶洞人相比，此前的“北京人”则“由于那时尚处在人类发展的早期，他们头脑中除了族类的生息繁殖而外，不会有美的意识和观念，因而世界对于他们来说，就是无所谓美与不美的”②。

同样的意见被廖群的《中国审美文化史·先秦卷》(2000)一书所继承。廖群认为，山顶洞人的赤铁矿粉的出现，意味着“真正的审美因素”的出现。③ 这种真正的审美因素，更集中地表现在山顶洞人的装饰品中：

> 更直接一些的“审美”之物还是那些陪伴在死者身边的装饰品。这也是我国石器时代艺术品的第一次“陈列”。④

---

① 李泽厚说：“上溯到旧石器时代，从南方的元谋人到北方的蓝田人、北京人、山顶洞人，虽然像欧洲洞穴壁画那样的艺术尚待发现，但从石器工具的进步上可以看出对形体性状的初步感受。”(李泽厚．美学三书[M]．合肥：安徽文艺出版社，1999：9)敏泽则通过对比山顶洞人的石器与此前的石器，断定在山顶洞人的石器制造中，出现了审美意识的萌芽。这种审美意识的萌芽，表现在“形式美”和“色彩美”两个方面。他说：“首先，从这些工具的制造中，开始出现了重视形式美的萌芽，人们可以从中看出它们都程度不同地具有均衡或对称的形式，出现了具有规则性的样式，例如长、长方、菱形以至圆形等等，而和前此的不求形式截然不同。这不仅说明了原始人对客观世界规则性的进一步认识，而且也说明了在工具制造中，开始体现了真正原始意义上的形式美的萌芽。这种形式美的萌芽，无疑是此后大大丰富、发展起来的形式美之滥觞。其次，是从这些工具的制造中，开始出现了重视色彩美的审美意识的萌芽。在当时的工具中，还出现了黑晶石等富有色泽感的石料工具，和前此不求质地、色泽截然不同。这种外饰之色，对于劳动工具的改进并无什么实际的意义，却有力地说明了经过长期的劳动实践，原始人的审美意识已经开始离开纯粹实用的意义，而向着独立的方向迈进了。”(敏泽．中国美学思想史(第一卷)[M]．济南：齐鲁书社，1987：5-6)

② 敏泽．中国美学思想史(第一卷)[M]．济南：齐鲁书社，1987：24.

③ 廖群．中国审美文化史·先秦卷[M]．济南：山东画报出版社，2000：13.

④ 廖群．中国审美文化史·先秦卷[M]．济南：山东画报出版社，2000：13.

> 这已是一些开始在自己的身体上“做文章”的人了。从他们对物体大小相似的选择、对形体光滑规整的追求、对色彩鲜明的感受等等来看，显然对美的形式已经有了朦胧的理解、爱好，特别是他们已经把这种感受运用到非生产工具的制作上，这才开始向审美迈出了关键的一步。①

简而言之，这一观点认为，物质生产和精神生产的界线，就是人类审美意识萌芽的界线。

二、将审美意识的萌芽，定位于旧石器时代中期

这一观点的代表是于民。他在《春秋前审美观念的发展》(1984)一书中提出，在旧石器时代的前期，我们的祖先尚处于“猿人”阶段。在此阶段，他们虽然能够用直接的打击方法制造极为简单的石器，知道用火，过着群居的生活，进行采集和狩猎；但是生产能力和认识水平极为低下，两性之间还处于群婚状态，不可能为审美艺术的出现提供应有的条件。到了旧石器时代中期，这种情况则有了改变。他说：

> 到了距今20万年左右的旧石器时代中期，我们的祖先便从“猿人”进化为“古人”。“古人”的生理特点接近于现代人……在这个阶段，石器的制作有着进一步的发展，不少石器作了第二步的加工，人们根据砍、砸、刮、削、投掷等不同的用途，制造了不同性能的工具。两性之间也脱离了原始群婚，按照辈数的区分形成了血缘婚姻，构成了血族家庭——第一个社会组织形式，后来的氏族社会就是在此基础之上发展起来的。在这个时期中，随着人们对生产实践中客观规律的逐步认识，审美的因素开始点滴地滋生于生产实践中。②

① 廖群. 中国审美文化史·先秦卷[M]. 济南：山东画报出版社，2000：15.

② 于民. 春秋前审美观念的发展[M]. 北京：中华书局，1984：1-2.

依照于民的看法，对石器的第二次加工，可以说是审美意识萌芽的标志。

他为什么说只有在对石器进行二次加工的时候，才会出现审美意识的萌芽呢？是因为在对石器的二次加工中，工具的形式相对稳定，人类在制造工具时开始考虑到形式的因素。对石器的一次加工和二次加工，在于民看来，是不一样的：

> 如果说工具制造的第一次打击标志着人类以意识代替了本能，那么这第二次加工则说明人的意识、人的主观能动性大大地提高了一步。……美和审美的意识就是在这种进程中悄悄地滋生起来的。工具，也只有形式相对稳定和对它有意识地进一步加工的情况下，人们才会对它制造中的某种规律有所体验。这样，经过数以万计的反复实践，人们通过对同一形式的工具的不断反复的制造和改进，在对一定客观规律熟悉运用的基础上，创造了最早的美的因素，滋生出审美意识的萌芽。①

而这种对于工具形式的注意和体验，工具制造中逐渐形成的“物质产品的‘形式感’”，是后来的对“作为精神产品的装饰物的形式美的感受”的基础。所以，于民的观点，可以说是前两种观点的折中。他关注的焦点，不是放在精神生活的出现上，也不是放在人与动物的界限上，而是放在人的形式感觉上。因此，他认为，对石器的二次加工才是审美意识萌芽的标志。

于民的这一思路，为户晓辉的博士论文《中国人审美心理的发生学研究》(2003)所继承。虽然户晓辉没有明确地将对石器的二次加工作为审美意识萌芽的标志，但是他将注意的焦点放在对工具的形式感受上，却和于民是一致的。他说：

> 实际上，所谓审美和人与动物共同具有的行为方式(如舒

① 于民．春秋前审美观念的发展[M]．北京：中华书局，1984：10.

> 适或不舒适的感觉、视觉、听觉或嗅觉等)的人化有关。人对自己制作的器物形状有一种合目的性的愉悦感。对自然之中奇形怪状之物的形体的神秘性所抱的审美态度深深地植根于人类行为的底层，这在时间上最早地确证了人的审美情感，也代表着自然科学的开始。①

所以，户晓辉虽没有指明审美意识萌芽于何时，但从其行文中可以看出，他基本上是将其划定在旧石器时代中期。② 为什么没有明确划分，是因为他的理论的折中色彩较于民更为浓厚。他一方面认为，“在一个相当长的时间跨度内，史前人类的物质活动与他们的观念活动是统一的和一体的。这就使我们可以从史前石器工具的制作中找出史前人类审美心理发生的历史线索”③。这个说法很像下文即将提及的第三种观点。但在另一方面，他却将审美意识的证据主要放在旧石器时代晚期。④ 在旧石器时代晚期取证，又使得他似乎持有上文所提及的第一种观点。

简而言之，这一观点是从工具制造中的外在形状入手，以石器的二次加工为标志，探讨人类审美意识的起源。

三、将审美意识的萌芽，定位于人类诞生之时

持这一观点的学者，并不特别看轻工具的制造对于审美的意义。其代表是刘骁纯和邓福星。他们认为，工具制造不但标志着人的诞生，而且标志着人的审美开始：

---

① 户晓辉．中国人审美心理的发生学研究[M]．北京：中国社会科学出版社，2003：30-31.

② 户晓辉．中国人审美心理的发生学研究[M]．北京：中国社会科学出版社，2003：29-34.

③ 户晓辉．中国人审美心理的发生学研究[M]．北京：中国社会科学出版社，2003：29-30.

④ 户晓辉．中国人审美心理的发生学研究[M]．北京：中国社会科学出版社，2003：31-32.

> 创作的第一件艺术品和人类制作的第一件工具，是同一的。①
>
> 当人类制造出第一件工具的时候，人类的第一件艺术品产生了。一根用树枝做成的木棍，或者用砾石打制的砍砸石器，虽极其简陋，却是造型艺术的开端。②
>
> 人类的第一件工具是以后所有创造物的起点和最初形态。它包孕着人类在以后一切(精神的和物质的)创作活动中所有的最初的因素，蕴含着创作的思维和想象，也体现了并增进着创造实践的技能、技巧。③

基于这一认定，邓福星在《艺术前的艺术》一书中提出“艺术起源与人类起源同步说”。

他们之所以持这样的观点，并不是因为他们不看重精神需要，精神生活在他们心目中的地位并不低。原因仅仅在于，他们并不认为山顶洞人以前的人，没有精神生活。他们毋宁认为，人之为人，就是由于人有精神生活，而动物没有。作为人的精神就在这石器制造之中，只不过没有分化、独立出来而已。所以，不能认为石器是物质需要的产物，而应当把它看作物质与精神的“混一体”：

> 工具它是人类一切物质产品的发端，又是人类一切精神产品的发端；它孕育着人类全部物质文明，又孕育着人类全部的精神文明；它包含了人类一切物质产品和精神产品的胚芽。④

既然将工具当作物质和精神的混一体，就不能将人类审美意识的萌芽放在山顶洞人的装饰品上，而应当放在工具的制造上，放在人的

① 邓福星．艺术前的艺术[M]．济南：山东文艺出版社，1987：8.
② 邓福星．艺术前的艺术[M]．济南：山东文艺出版社，1987：14.
③ 邓福星．艺术前的艺术[M]．济南：山东文艺出版社，1987：8-9.
④ 刘骁纯．从动物快感到人的美感[M]．济南：山东文艺出版社，1986：120.

诞生上。

这样的观点在本世纪为张晓凌所继承，他在《中国原始艺术精神》(2004)中说过几乎和邓福星同样的话：

> 有意识地制造工具，表明人类起源的同时，也就成为审美主体。①
>
> 工具的形式即是后来人类艺术品的原始形式。②
>
> 人类最早的工具制作行为也可以被看做是原始的审美行为，最早的工具本身也就成为人类最原始的艺术品。③

简而言之，这一观点认为，有意识地制造工具，即是审美意识萌芽的界碑。

四、将审美意识的萌芽，定位于新石器时代

这种观点，可以说是把陶器的出现当作审美意识萌芽的标志。这是一种比较新的观点，其代表是林少雄。他认为，在石器时代和青铜时代之间，应当有一个过渡时代，这就是陶器时代。④ 林少雄认为“陶器最早约产生于旧石器时代晚期”⑤，但对于考古学界或历史学界来说，“新石器时代有三大特征：磨制石器、陶器的发明、农业的产生”⑥。所以，我们有理由认为，这种观点将审美意识的萌芽，定位于新石器时代。

将人类审美意识的萌芽，定位于新石器时代，或者定位于陶器

① 张晓凌. 中国原始艺术精神[M]. 重庆：重庆出版社，2004：36.

② 张晓凌. 中国原始艺术精神[M]. 重庆：重庆出版社，2004：36.

③ 张晓凌. 中国原始艺术精神[M]. 重庆：重庆出版社，2004：37.

④ 参见吴中杰. 中国古代审美文化论(第一卷)[M]. 上海：上海古籍出版社，2003：1-2.

⑤ 参见吴中杰. 中国古代审美文化论(第一卷)[M]. 上海：上海古籍出版社，2003：2.

⑥ 《中华文明史》编委会. 中华文明史(第一卷)[M]. 石家庄：河北教育出版社，1989：16.

时代，建立在对两种审美意识的区分之上：其一为个体的审美意识，其二为群体的审美意识。林少雄认为，对于个体的人的审美意识来说，我们可以上溯到旧石器时代；但对于群体的审美意识来说，却应当定位于新石器时代，也即陶器时代。他说：

> 陶器时代之前虽然已经产生了审美意识，但主要侧重于个体的审美意识，而作为人类一群体和种系的华夏民族的审美意识的发生，则是在陶器时代，它是随着华夏文明的出现而产生的。①
>
> 陶器时代的到来，就意味着整个文明时代的到来，因而也就意味着整个民族审美意识的全面展现。②
>
> 陶器的出现和陶器时代的到来，不仅标志着人类文化的开始，同时还标志了华夏文明总体特征的形成，因而也就孕育了华夏审美意识的萌芽。③

这里值得注意的是，林少雄所谈的不是人类审美意识的发生，而是华夏审美意识的发生。他之所以将华夏审美意识的发生定位于陶器时代，是因为他主张中国人审美意识起源的“味觉论”。“味觉论”最先见于日本学者笠原仲二的《古代中国人的美意识》一书，此书1979年出现于日本，中译本于1987年首先由北京大学出版社出版。笠原仲二从对“美”的语义学分析入手，认为“中国人的原始审美一般直接起源于官能的味觉体验”④。林少雄也持有同样的主张，他把理论的立足点不只放在对“美”或“味”的语义分析上，而且放

---

① 吴中杰．中国古代审美文化论（第一卷）[M]．上海：上海古籍出版社，2003：12.

② 吴中杰．中国古代审美文化论（第一卷）[M]．上海：上海古籍出版社，2003：12.

③ 吴中杰．中国古代审美文化论（第一卷）[M]．上海：上海古籍出版社，2003：14.

④ [日]笠原仲二．古代中国人的美意识[M]．杨若薇，译．北京：生活·读书·新知三联书店，1988：10.

在陶器上。他说：

> 从现有的考古资料可以看出，史前人们的审美意识，最初起源于人们的日常饮食活动，这也就是说，华夏文明中的审美意识，最初起源于人的味觉器官，这可以从“美”字的本义得到证明。①

既然中国人的美意识起源于味觉，起源于人的日常饮食活动，而出土之陶器又大多是饮食器具，所以，将中国人的审美意识的萌芽定位于新石器时代就不难想见了。

五、几家观点的共同思路

在上述诸家意见中，最后一种可以暂且不予考虑。因为这里关注的并不是民族审美意识问题，而是人的审美意识问题。我们只讨论前面的三家观点，而这三家观点恰好对应于旧石器时代的三个阶段。这三家观点虽然在时间划定上有很大的不同，但在论证思路上却有着惊人的一致。至少表现在：

(一)都是以石器形式演变推测审美意识

所有追溯审美意识萌芽的学者，都不同程度地关注石器形式的演变，认为人类审美意识出现的标志就是人们对石器“形式”的注意。当然，他们所说的“形式”，都是指石器形制或外在形状。敏泽虽然认为山顶洞人之前的“北京人”没有审美意识，但他还是强调了石器形式的意义：

> 工具的改进扩大了劳动的成果，这在人类的发展史上，无疑是有重要意义的。但使我们更感到兴趣的是，在这类器物的制造上，我们发现了原始人行为中所包含的明显的文化创造的

① 吴中杰．中国古代审美文化论(第一卷)[M]．上海：上海古籍出版社，2003：14.

> 形式，即在自然界客观规律的暗示下，自然状态的人已经摆脱纯粹动物性感官刺激的愉悦，而具有社会性的审美意识的萌芽。①（着重号引者加）

这其实是在阐发石器形状的规整化对审美意识萌芽的意义。所以，敏泽一方面将人类审美意识的萌芽定位于旧石器时代晚期山顶洞人的装饰品和赤铁矿粉末上；另一方面，从他对石器形式演进的注意上，则可以看出，他在一定程度上又将石器制作的规整化当作审美意识萌芽的标志。这样一种"两可"态度也见于李泽厚的《美的历程》：

> 上溯到旧石器时代，从南方的元谋人到北方的蓝田人、北京人、山顶洞人，虽然像欧洲洞穴壁画那样的艺术尚待发现，但从石器工具的进步上可以看出对形体性状的初步感受。②
>
> 我认为最早的审美感受并不是什么对具体"艺术"作品的感受，而是对形式规律的把握、对自然秩序的感受。③

这里就很明显地将石器形式作为注意的焦点。第一种观点尚且如此，那么第二种和第三种观点就自不待言了。

（二）都是联系艺术谈审美

这个特点在第三种观点那里最明显，由于这些学者基本上是艺术学学者，所以他们在寻找审美意识的起源的时候，都要寻找第一件艺术品。他们认为，人类加工的第一件石器就是第一件艺术品，就是通过艺术品的出现谈审美意识的萌芽。

---

① 敏泽．中国美学思想史（第一卷）[M]．济南：齐鲁书社，1987：5.

② 李泽厚．美的历程[M]//李泽厚．美学三书．合肥：安徽文艺出版社，1999：9.

③ 李泽厚．美学四讲[M]//李泽厚．美学三书．合肥：安徽文艺出版社，1999：558.

在李泽厚那里，这一特征依然存在。当他说装饰品是“人的审美意识的一种物化。这后一种物化，正兆示着艺术的产生”的时候，其实就是将装饰品看作第一件艺术品。正因如此，他才将审美意识的萌芽定位于旧石器时代晚期。

于民主要是从石器的二次加工这一角度谈审美意识的萌芽，但是他经常用的一个术语就是“审美艺术”。在他看来，审美艺术的产生就是审美意识的萌芽。①

（三）都认同一个从实用到审美的理论假设

从实用到审美的理论假设，就是说，审美是从实用中慢慢分化或独立出来的。换言之，人先有物质需要，后来才产生精神需要。再换一种说法，就是人首先注意到的是“用”，其次才注意到“无用”。

这样的理论假设在上述第一种、第二种观点那里，最为明显。持此两种观点的学者之所以分别将审美意识的萌芽定位于旧石器时代晚期、中期，是因为他们认为，此前的人是受物质冲动控制的，其所有的活动都是功利活动，不可能出现审美意识。

这样的一个理论假设，即使在第三种观点里，也可以瞧见一丝端倪。比如，邓福星说：

> 他们对器物的形式感受和形式观念总是同器物的诸如锋利、方便以及制作简易等实用意义联系在一起，而且后一方面往往比前一方面更显重要。所以，形式感和实用性几乎不可分离，审美的形式观念和实用观念是紧密交织在一起的。只有当这一形式观念被物化为非实用性的创造物时，就是说，只有当出现某些完全失去使用意义的器物时，这些创造物的审美意义才有可能独立出来。在这样的意义上，原始工具、武器的外形式以及所由培养的人类形式观念，是后来全部造型艺术形式观

① 参见于民．春秋前审美观念的发展［M］．北京：中华书局，1984：第一章．

念的滥觞。①

对邓福星来说，虽然石器是审美和实用的复合体，但是审美从实用中独立出来，可以说是一种趋势。

第二节　对“审美意识萌芽”问题的若干疑虑

由以上共同点可以看出，这些观点对审美意识萌芽的时代定位虽然不同，但思路却基本相同。正是其共同思路，令人生疑。

一、可否由石器形制推断审美意识

法国考古学家德施雷对史前考古学所下的定义是：“史前考古学者，研究最古史料以前的古器物之学。”②旧石器时代留给我们的器物，当然是石器了，而且差不多只留下石器。石器时代之名，即因此而得。

然而我们切莫以为，石器时代只有石器；切莫以为，石器时代的审美意识就发源于石器，而且只能发生在石器中。张光直曾警告我们说：

> 通过……对整个旧石器时代考古学遗存的描述，可能会给人以如下的印象：整个旧石器时代，人类的文化是原始的，构成其物质文化的主要内容是凿石器。这样的印象是再糟糕不过了。仅有石器遗存来代表我们祖先的物质文化是考古保存上的偶然事件，因为，我们知道，无论是从少数保存至今的非石器时代文化遗存(诸如西欧的洞穴艺术)来进行考古研究，还是从现代渔猎民族的情况来推断，我们旧石器时代的祖先对环境有着充分的了解，也富于能使他们与环境中的对手进行竞争的

---

① 邓福星．艺术前的艺术[M]．济南：山东文艺出版社，1987：55.

② 转引自裴文中．史前考古学基础[M]．裴文中史前考古学论文集．北京：文物出版社，1987：49.

> 机智，也有超出其原始生活的宇宙论和宗教信仰。①

即便对“超出其原始生活的宇宙论和宗教信仰”持存疑态度，我们也应对“仅有石器遗存来代表我们祖先的物质文化是考古保存上的偶然事件”这一点牢记于心。以石器形制的演进来推断审美意识的发生发展，恰恰是要以“偶然”的历史遗存，来推断整个人类精神世界。这又如何推断得出？

C. S. 路易斯（C. S. Lewis）在《历史主义》（*Historicism*）一文中曾设问：“史前陶罐留下来了，因为陶器虽易碎，但却难以毁灭；史前诗歌消失了，因为语词没有付诸书写，就会随风而去。这下是否就有理由得出结论说，史前并无诗歌，或者照历史主义者的标准，诗歌没有陶器重要？”②恰如新石器时代既有陶罐，也有诗歌一样，旧石器时代的审美意识既体现在石器制造上，但更有可能体现在别的地方。

借由旧石器时代的石器演进，来梳理审美意识发生发展的历史，其理论预设就是：（1）即便不是以为石器时代只有石器，也认为石器乃石器时代的本质所系；（2）即便不是以为人的审美意识只体现在石器上，也认为石器制造是审美意识的本质标记。由此理论预设，就暗暗在“石器制造—形式感—审美意识”三者之间建立了一种对等关系。这一对等关系，就暗含在李泽厚的这段话中：

> 上溯到旧石器时代，从南方的元谋人到北方的蓝田人、北京人、山顶洞人，虽然像欧洲洞穴壁画那样的艺术尚待发现，但从石器工具的进步上可以看出对形体性状的初步感受。③

① 张光直．古代中国考古学[M]．印群，译．沈阳：辽宁教育出版社，2002：56.

② Lewis，C. S. Christian Reflections [M]. Walter Hooper ed.，London，1967：109. 该文收入拙译《古今之争：路易斯伦理学文集》（华东师范大学出版社即出）。

③ 李泽厚．美的历程[M]//李泽厚．美学三书．合肥：安徽文艺出版社，1999：9.

即便在中国旧石器时代文化遗存中发现了“欧洲洞穴壁画那样的艺术”，也不能由此推断远古人类的形式感(“对形体性状的初步感受”)，更不能推断远古人类的审美意识。

事实上，从“石器工具的进步”看不出人的形式感的发生发展，只能看出制造工具的“技术进步”。将此技术进步视为精神世界或审美意识的发生发展的唯一标识，即便并未预设“技术决定论”或“经济决定论”，也是预设了一个“历史老人”或一种“绝对精神”。因为听美学家谈论远古时代，假如你仔细留意其说话语气，在字里行间你总能感觉到好像还真有个善心的“历史老人”，总是将每个时代的“点睛之笔”或“路标”留给后人，以便后代追索；或者好像有种“绝对精神”，总是在“自我显现”，让后人从远古遗物中一下子窥见“时代的精神状况”。

问题是，有没有这么一个“历史老人”或一种“绝对精神”？黑格尔的信徒，当然会信其有。可是，当你抱持着这样一种信念去研究历史、研究审美意识的萌芽，你所找到的只会是自己现有观念的投射。因为“欲加之罪，何患无辞”的古训，不只适用于日常生活领域，也适用于历史研究。当你抱持一种信念，在历史上寻找证据以求所谓“历史证明”，你不但总是能够得手，而且每次都会言之凿凿。由黑格尔所津津乐道的“历史与逻辑的统一”所开启的历史研究，往往导致“历史为逻辑让路”，其原因殆在于此。

二、审美与艺术是否同一

就算石器是石器时代的本质所系，传递着石器时代的根本消息，我们也难以由石器制造推断出审美意识。因为任何有过审美体验的人都知道，审美并不等同于艺术，否则，审美就成了艺术家的专利而与普通人无关了。

然而美学专家之所以孜孜于在旧石器时代的石器制造中探寻第一件“艺术品”的痕迹，借以推断审美意识的萌芽，撇开前面的理论预设不论，也至少是将审美和艺术看作一码事。这一预设，在朱狄笔下得到了最直截了当的表达：

> 在审美发生学领域中，“艺术”是处于第一级的；而“美”的问题则是第二级的。①

只不过在这一简洁表达里，借由“艺术”来探求“审美发生”不是一条(可以商榷的)理论预设，简直可以说是一条(毋庸置疑的)理论原则了。

值得注意的是，当李泽厚讲述美学基本理论时，曾明确区分审美与艺术：

> 艺术不等于审美，审美没有实用目的，不是故意追求的结果，是从生产劳动等实践活动中自然得到的。艺术不然，它有很明确的实用的功利的目的。它起源于远古先民的巫术礼仪活动，西方如此，中国亦然。审美起于劳动，艺术起于巫术，二者并不同源。②

审美是否起于劳动，艺术是否起于巫术，我们可以存而不论。但我们至少可以断定，艺术与审美虽有交叉，却是两个不同论域，由“艺术”推不出审美意识。基于二者之别，李泽厚也对审美发生学领域的通行思路表示怀疑：

> 我认为最早的审美感受并不是什么对具体“艺术”作品的感受，而是对形式规律的把握、对自然秩序的感受。③

蹊跷之处恰好就在这里。李泽厚既然认为“最早的审美感受”是“对

---

① 朱狄．原始文化研究[M]．北京：生活·读书·新知三联书店，1988：241.

② 李泽厚．美学四讲[M]//李泽厚．美学三书．合肥：安徽文艺出版社，1999：566.

③ 李泽厚．美学四讲[M]//李泽厚. 美学三书．合肥：安徽文艺出版社，1999：558.

形式规律的把握、对自然秩序的感受”，那么，他将审美意识的萌芽定位于山顶洞人的装饰品，无疑就是自相矛盾。因为任何看过自然世界的人都知道，“对自然秩序的感受”，不用等待“所谓‘装饰品’上的自觉加工”，甚至不用等待“对使用工具的合规律性的形体感受”，只要抬头看天、低头看地就可以了。

笔者在这里引述李泽厚，重点并不在于李泽厚美学思想的自相矛盾，也不在于审美与艺术到底有何区别，而是在于说明即便是理论上曾明确区分审美和艺术的李泽厚，在从事审美发生学探讨时，也免不了自觉或不自觉地将它们混为一谈。至于其他论家的理论糊涂，也就不用再说了。

一旦混淆了审美与艺术，对审美意识的发生学研究就会变成对第一件艺术品的发掘。诸多论家之所以会将“审美意识萌芽”确定在不同时期，并不是由于思路有别，而是因为对第一件艺术品的认定有别。

三、“审美意识萌芽”探索背后的历史主义

对今人而言，石器当然是旧石器时代最重要的历史遗存，因为这也是其唯一遗存。可是，对于旧石器时代的人们而言，石器是不是最重要的呢？假如我们想到，旧石器时代并不是只有石器，再顺道反躬自省一下，大概也就知道答案是什么了。我们有谁敢保证，自己记住的总是自个儿生活中最重要的东西呢？即便是天天写日记，又有谁能保证，记下的重要之事会多于琐屑小事呢？自家生活尚且如此，更何况历史，更何况远古史。整个旧石器时代绵延两百多万年，与此相比，考古发掘的石器，的确是沧海之一粟。

重提这一显见事实，并不是要否定历史研究，恰好是要揭示历史研究之可贵。因为，假如我们体认到，认识自我不只需要依靠自己的记忆，而且需要他人，认识当代社会也需要搜罗爬梳信息资料，那我们也就不难领会历史研究之可贵。

正因历史研究殊为可贵，故我们必须区分历史研究与历史哲学，区分史家(Historian)和历史主义者(Historicist)。史家与历史主义者的区别在于，史家从历史的前提(Historical Premises)中，得出

的是历史的结论(Historical Conclusions)；而历史主义者则试图从历史的前提中，得出超出历史的结论，比如我们整天挂在嘴边的历史规律或人类进步。这一差别，表现在“历史必然”一词的两种含义上：

> 史家和历史主义者，或许都会说某事“必然”发生。不过，出自真正史家之口的“必然”，只诉诸一种“人之根据”(ratio cognoscendi)：由于A发生了，此前“必定”发生了B……而出于历史主义者之口的“必然”，则有着颇不相同的含义。它或许是说，事情结果之所以如此，乃是因为事情的背后有某种终极的、超验的必然性。①

“民，水也；君，舟也。水能载舟，亦能覆舟”，这是史家口中的必然；当我们试图以历史事实证明所谓“历史规律”或“进化论”时，我们遵循的其实是历史主义的逻辑。

历史主义需要历史证据，历史也从来不缺乏证实历史主义的证据。然而历史主义又不需要太多证据，证据太多，就会看到许多反例，会否证历史主义的信条。“裸眼观月，月有颜容；用望远镜，颜容消失。”②在历史主义者的笔下，历史发展脉络之所以总是如此清晰，以至于即便你从未正儿八经读过史书或者根本读不懂史书，也能将人类历史从两百万年前讲到现在，甚至可以从猿进化为人讲起——其根本原因就在于历史主义不需要太多证据。准此，茫昧之远古，恰好是最适合历史主义驰骋的疆场。现代知识人(包括中学生在内)往往对近二三十年的历史懵懂无知，对古代历史也只有“黑暗中世纪”或“封建专制”几个脸谱化的概念，但说起百万年以前的人类历史却总是言之凿凿，便足以证明历史主义的普及程度。

---

① Lewis, C. S. Christian Reflections [M]. Walter Hooper ed., London, 1967: 101.

② Lewis, C. S. Christian Reflections [M]. Walter Hooper ed., London, 1967: 105.

追索“审美意识萌芽”的美学专家说：“陶器的出现和陶器时代的到来，不仅标志着人类文化的开始，同时还标志了华夏文明总体特征的形成，因而也就孕育了华夏审美意识的萌芽。”①这只能表明他是一个历史主义者，因为任何人只要反躬自省，追问自己本人的审美意识“萌芽”于何时，都不会如此言之凿凿。

同理，作为美学家的李泽厚虽然严分审美与艺术，但在追索“审美意识萌芽”时却在二者之间差不多画了等号，恰恰是因为他虽身为美学家，却怀有历史主义者的雄心，想靠着旧石器时代的石器遗存，揭开审美意识发生发展的秘密。

甚至可以说，假如没有这个雄心，审美意识萌芽的问题也不会成为美学热点问题。因为据笔者亲历，越是痴迷于审美发生学或审美意识萌芽，在实际生活中就越是远离美或审美——除了历史主义者，又有谁会热衷于这样的远离自家审美生活的美学研究呢？

前文探讨了“审美意识萌芽”探究背后的三点可疑预设：

(1)即便不是以为石器时代只有石器，也认为石器乃石器时代的本质所系；

(2)即便不是以为人的审美意识只体现在石器上，也认为石器制造是审美意识的本质标记。

(3)第一件“艺术品”的诞生即标志着审美意识的萌芽。

如果我们能区分历史研究和历史主义，我们也就能大致猜到，美学专家之所以对这三点预设几乎没有怀疑，就是因为他们心中有一个更为根本的历史主义预设：就像一部故事有其主要情节一样，人类历史也有一个历史规律，历史研究的任务就是发现历史规律。

四、审美发生学研究的三条进路

以上怀疑文字，很容易给读者留下印象，以为笔者要全盘否定审美发生学研究。故而，有必要谈谈笔者对审美发生学的几点粗浅认识。

---

① 吴中杰．中国古代审美文化论(第一卷)[M]．上海：上海古籍出版社，2003：14.

“审美意识萌芽”问题，是审美发生学的核心问题；但探究远古人类“审美意识萌芽”的问题，只是审美发生学研究的一个分支。审美发生学研究，主要有三条进路：(1)史前考古学；(2)文化人类学；(3)儿童心理学。

这三条进路当中，就其可靠程度或科学性而论，史前考古学最不可靠，文化人类学次之，儿童心理学则最为可靠。如此比对，理由大致有二：

(1)证据的多寡。这是最为显见的理由，因为跟儿童心理学的证据相比，史前考古学提供的证据不只少得可怜，而且距离我们遥远得超乎想象。

(2)对待命题的态度。当我们说儿童心理学进路是最为可靠或最有科学性的，并不意味着其结论一经得出便不可推翻；恰恰相反，倒是意味着其结论只是假说，有待发掘新的证据来修正或推翻。

这大概牵涉何为“科学”的命题。举例来说吧，当我们说“宇宙在空间上和时间上都是无限的”时，我们其实是以一种哲学态度来对待它。我们之所以认为这个命题是一个真命题，是因为我们认定，宇宙在本质上就是无限的。科学家也说“宇宙在空间上和时间上都是无限的”，但科学家之所以这样说，是因为在没有找到宇宙的边界之前，姑且假定宇宙是这样的。对于我们来说，这个命题之所以是一个哲学命题，是因为我们认为这个命题是不可反驳的；对于科学家来说，这个命题之所以是一个科学命题，是因为这个命题有可证伪性(Falsifiability)。换句话说，科学和哲学虽然完全可以言说同一个命题，但对该命题和论域的态度却截然不同。

假如科学命题之“科学”恰恰在于其可证伪性，在于其有待证伪，而不是在于放之四海而皆准，不是在于要人“信仰科学”，那么三条进路当中，当然是儿童心理学进路最“科学”了。

(3)背后的理论预设。任何研究背后，都有其理论预设。即便是曾为现代科学之典范的牛顿力学，也得假设一个“质点”。就其背后的理论预设而论，科学与非科学的一个区别就在于，科学一再申明这个预先的假设，而非科学却一般不加说明，甚至将之奉为放之四海而皆准的信条。

以审美发生学而论，史前考古学进路背后的理论预设，是进化主义(Evolutionism)。因为假如我们不相信人是猴子变来的，又有谁去孜孜于从旧石器时代的石器制造中追寻人类“审美意识萌芽”呢？进化论(Theory of Evolutions)在生物学领域只是解释生命变化的一个假说，而且是一个疑窦丛生的假说；当这一假说，窜入社会科学领域，拿来解释人类起源和人类文明之时，就成了进化主义，就成了非科学家或“半吊子”科学家的信条。

而文化人类学进路的背后，至少有个理论预设，那就是进步论(Progressivism)。如果不是相信人类社会由低级向高级发展，人们便不会将所谓的蛮族或所谓的原始部落比作人类童年的活化石，在其中从事审美发生学研究。

至于儿童心理学进路的背后，当然也有理论预设，“人同此心，心同此理”恐怕就是其中之一。

这三个理论预设相较，我们似乎不难看出其可靠程度之差别。

五、警惕史前考古学进路

假如上述对三条进路的比较有些道理，那么，自然无须全面否定审美发生学，但却应当对史前考古学进路保持足够的警惕。

遗憾的是，在中国大陆美学界，由于20世纪80年代实践美学获得统治地位，审美发生学领域最为热闹的是史前考古学进路，最为冷清的则是儿童心理学进路。

注意，我们只是说需要警惕史前考古学进路，而不是取消。警惕的意思，至少是：

(1)坦率承认其背后的理论预设。我们完全可以抱着进化主义或历史唯物主义的信条去从事“审美意识萌芽”的探究，但是切莫以“科学”之名，认为这些理论预设放之四海而皆准。

(2)区分历史与历史主义。即便我们承认“器物的形制由简单到比较复杂，由粗陋到比较精细；选石由单一到比较多样；制作由一次加工到二次加工；使用功能也逐渐增多”①，就是石器的形制演进的规律，我们还是不能由此得出审美意识发生发展以至于人类精神世界日趋丰富的结论。因为就历史研究而言，这个演变轨迹只能证明石器制造技术的进步，这是由历史前提所能得出的历史结论。至于由此以为，人在满足了物质需要以后，精神生活自然会发展，这显然是一种历史主义的想象。任何人只要自问一下，身处这个产品过剩的消费时代，自己的精神生活状况如何，似乎也就不难认识到这一点。

(3)谨记历史遗存之偶然。即便人类历史确实如进步论所说，经历了一个从低级到高级的发展过程，即便人类起源如进化论所说，人是由动物进化而来，我们也必须谨记，凭借石器遗存来探讨人类审美意识的发生，是迫不得已之举，或者说是权宜之计。原因就是前文提到的张光直先生的警告：石器时代只给我们留下石器，但石器时代并非只有石器；仅有石器遗存来代表石器时代，乃历史之偶然。②

(4)历史很难证明什么。饱受历史主义浸染的现代知识人，动辄就说“历史证明……”，言下之意在说那是一条历史规律。历史，从未证明过任何一条历史规律。我们所津津乐道的历史规律，往往是我们自己的先在信念，只不过将其投射到历史画布上而已。我们之所以凭借那一点点可怜的历史遗存，就对人类起源或审美意识萌芽之类的问题言之凿凿，究其根本，乃是因为我们心里都抱持着进化论、进步论或发展论的信念。这一信念，当然很“现代”

① 邓福星．艺术前的艺术[M]．济南：山东文艺出版社，1987：44.

② 关于历史遗存之偶然，C. S. 路易斯曾打过一个精妙的比方：“当你翻开一个老抽屉(比如说，你父亲的房子塌了)，你难道没觉着奇怪，无足轻重的文件倒是留下来了，而人人都认为值得保存的文件却消失不见？我想，真正的史学家都愿意承认，他赖以工作的过去之遗存，更像是一个老抽屉，而不像是某长篇巨著的点睛之笔(intelligent epitome)。存留或消逝的绝大多数东西，都是因偶然机缘而存留或消逝；换句话说，这一结果的那些原因，跟史家或历史主义者的兴趣没有丁点关系。”(Lewis C. S. Christian Reflections[M]. Walter Hooper ed., London, 1967：109.)

(modern)：

> 对现代人来说，想必自然而然的是：有序宇宙应当出自混沌，生命应来自无生命物，理性应来自本能，文明应来自野蛮，德性来自兽性。在他的心灵中，这一观念得到很多错误类比的支持：橡树来自橡子，人来自精子，现代汽船来自原始小船。①

正因为抱持着这样一种信念，所以我们对其"互补真相"(the Supplementary Truth)，干脆就视而不见："任何橡子都落自橡树，任何精子都来自人，第一只船作为天才之作，是由比它本身复杂很多的东西造成的。"②至于觉察这一"互补真相"，根本用不着什么高深的理论知识，只要有一点点"常识"(Common Sense)就够了。

六、审美发生学研究的有限意义

其实上文所说的警惕的意思，应当还有第五点，即审美发生学研究只具有有限的参考意义，不足以为美学思考奠基。我们先考察其意义，再说其意义之有限。

关于发生学研究的意义，儿童心理学家皮亚杰(Jean Piaget)一语道尽："从儿童来说明成人往往比从成人来说明儿童来得更好些。"③

这个好处，德国艺术史家格罗塞(Ernst Grosse)在《艺术的起源》一书中所说的这两段话，堪称最佳说明：

> 我们应该研究社会现象中最简单的形态，在我们能够明白

① ［英］C. S. 路易斯．切今之事［M］．邓军海，译．上海：华东师范大学出版社，2015：102.

② ［英］C. S. 路易斯．切今之事［M］．邓军海，译．上海：华东师范大学出版社，2015：102-103.

③ ［瑞士］J. 皮亚杰，［瑞士］B. 英海尔德．儿童心理学［M］．吴福元，译．北京：商务印书馆，1980：3.

这些简单现象的性质和条件之前，我们并不希望解释那些较复杂的现象。宗教科学，并不是从发展到最高的文明民族的最复杂的制度研究中开始的，也不是从佛教、回回教或基督教开始的，而是从野蛮部落对于鬼怪恶魔的原始信仰开始的。①

如果一般的繁殖理论而只以最繁荣的哺乳类动物的研究为基础，那理论还有什么价值呢？……自然没有人要求艺术科学否认关于发展得最高最富的艺术形式的研究价值；而且，这些最高的形式，是艺术科学在现在和将来所要研究的最终目的。然而登高是不能飞越的，我们只能慢慢地攀登上去，而且从底层攀登起。②

正是这些颇能说明审美发生学研究之意义的文字，同时说明其局限性。这一局限性，至少表现在：

(1)格罗塞在这里谈的是艺术发生学，而不是审美发生学。二者相较，艺术发生学的证据要好找一些。因为审美，是“悠然心会”之事，是刹那间的内在事件，对于自己来说往往都是“遇之匪深，即之愈希”，我们又如何由外在迹象甚或远古遗存来推断审美意识？而艺术，则至少是外在物件。

(2)即便是对于艺术，从其最原始、最粗糙的状态开始，而不是从艺术的最成熟的状态开始，也只是发生学的研究路向，并不意味着这就是唯一重要的路向。因为至少就艺术学习而言，应该“取法乎上”；至于大艺术家从儿童艺术中得到灵感，那也是“繁华落尽见真淳”，得先经历见识过“繁华”。

七、审美发生学只能探讨“可能性”

再强调一遍，上文所言只是“警惕”，而不是要取消审美发生

① ［德］格罗塞．艺术的起源［M］．蔡慕晖，译．北京：商务印书馆，1984：15.

② ［德］格罗塞．艺术的起源［M］．蔡慕晖，译．北京：商务印书馆，1984：16.

学的史前考古学进路。警惕的意思，一言以蔽之，要为自己的思考划界，只说能够言说的，对不能言说的要保持沉默。

也许正是因为缺乏这份警惕，才导致大多数探索人类审美意识萌芽的学者，孜孜于寻找第一件艺术品或"准艺术品"，从而为审美意识萌芽寻找一个确切起点。皮亚杰曾说："研究起源引出来的重要教训是：从来没有什么绝对的开端。"①寻找第一件艺术品的思路，恰好走的是寻找"绝对的开端"的思路。

既然不能寻找"绝对的开端"，那么，审美发生学还能够言说什么？对此问题，我们由法国社会学家涂尔干(Émile Durkheim)论宗教起源问题的这段话，可以得到一些启迪：

> 如果我们所要了解的起源是最初的确切地点，那么这个问题就毫无科学性而言了，应该坚决地予以拒斥。因为宗教的最初形成并没有确定的时刻，所以我们也没有必要借助玄思，找到通往那个时刻的途径。像所有人类制度一样，宗教并不起始于某个地方。因此，所有这类想法都是极不可信的；它们只是些主观的和武断的构想，没有任何约束。然而，我们所提出的则是全然不同的问题。我们所要做的就是要找到某种方法，将宗教思想和宗教仪轨的最基本形式所赖以为基础的、并始终存在着的原因辨别出来。②

恰如宗教起源问题的关键，并不在于确定一个确切的地点或时间，而是在于考察宗教产生的基本条件；探索远古审美意识萌芽的问题——即便我们承认进化主义是对的，即便从石器制造中还能寻找审美意识的蛛丝马迹——我们所能言说的关键也只是审美意识萌芽的"可能性"，而不是其"现实性"。

---

① ［瑞士］皮亚杰．发生认识论原理·英译本序言［M］．王宪钿，等，译．北京：商务印书馆，1981：17-18.

② ［法］涂尔干．宗教生活的基本形式［M］．渠东，汲喆，译．上海：上海人民出版社，1999：9.

第三节　石器制造和形式感

如前所说，即便我们承认历史唯物主义是对的，借由石器制造来探讨人类审美意识的发生，也是迫不得已之举。既然是出于无奈，那我们就应当尽可能去理解史前人类的处境，设想我们在同样的境况下会产生什么样的举动，从而寻找石器中所蕴含的审美意识的蛛丝马迹。让我们先从关于石器制造的流行说法谈起。

一、对流行说法的一点反思

我们总是喜欢将我们的祖先塑造成整日栖栖惶惶以满足口腹之欲，却还是食不果腹的可怜动物。他们既找不到充足的食物，也没有预防猛禽烈兽的天赋，更没有御寒的毛皮，命运极度悲惨。我们往往认为，“需要是发明之母”①，环境的逼迫使得他们寻求工具以延长器官，去征服自然。

于是我们设想，在如此悲惨的境地之中，我们的祖先到处寻找工具。而在一个偶然的机会里，他们看到一块石头摔碎了，于是猛然产生了一种灵感，第一件石器就在模仿自然的过程中产生了：

> 最初的工具，也可能是出于偶然。他们看到一些砾石在石块上摔破时，可以产生新的锐缘，而这种带有锐缘的石块，较之天然石块要好用、省力得多。此后，当手边没有锐利的天然石块可以利用时，他们便会用一块石头来打击另一块石头，使其产生锐缘。②

概言之，我们也经常把人类制造的第一件石器，看作是环境逼迫下

① 戚廷贵，刘坤媛，赵沛林．美的发生与流变[M]．长春：吉林文史出版社，1992：28.

② 戚廷贵，刘坤媛，赵沛林．美的发生与流变[M]．长春：吉林文史出版社，1992：28.

的偶然产物。

然而，这个说法其实只说对了一半，而忽略了另一半。的确，“需要是发明之母”，但是整日为口腹之欲所缠绕的动物，也许除了饿得发疯的情况之外，难得有什么创造的机会，更不会有闲心去观察石头的一次偶然破裂。即使看见了，也只能是“视而不见”，而不会“常驻于心”，当然也就不可能“重演”或“模仿”这一自然过程。所以，我们在强调“需要是发明之母”时，还需再补充一句：“闲暇是发明之父。”需要和闲暇两者都是发明的必要条件。我们在推测远古时期人类的发明创造时，最好记住怀特海(Alfred North Whitehead)的这句话：“有创造天赋的人进行充满活力的工作时，需要愉快的精神活动作为一种条件。‘需要乃发明之母’是一句荒谬的谚语；‘需要是无用的伎俩的来源’更接近真理。”①

问题也许出在我们对祖先的处境的设想上。美国人类学家马文·哈里斯(Marvin Harris)认为，我们对史前人类处境的设想是维多利亚时代自大心态的产物。他指出，维多利亚时代的人们夸大了所谓野蛮人的物质贫困，同时对工业“文明”带来的好处言过其实。于是“他们把旧石器时代描绘成充满恐惧不安的时代，当时人们白天汲汲于寻觅事物，夜晚则躲进毫无舒适可言的岩洞，蜷缩在火堆旁，洞外到处是巨齿虎”。在人类学家马文·哈里斯看来，真实情况毋宁是：“石器时代的猎人维持生计的工作时间比典型的中国和埃及的农民或当代工人(虽然他们有工会)都要短。至于美食娱乐、审美情趣一类人生乐事，只有今天美国的一流阔佬才能享受到早期狩猎采集者所享受到的乐趣。”②

马文·哈里斯的说法可能过激。也许我们祖先的处境没有他所说的这么乐观，但并没有我们经常设想的那样糟糕。如果真像马文·哈里斯所说的这样好，我们很难想象人类的进化；但是，假如

① ［英］怀特海．教育的目的［M］．徐汝舟，译．北京：生活·读书·新知三联书店，2002：78.

② ［美］马文·哈里斯．文化的起源［M］．黄晴，译．北京：华夏出版社，1988：序言.

像我们所设想的那样糟糕，也同样难以想象我们的祖先在饥肠辘辘的情况下能发明石器。事实的情况可能是，人类远祖的生存处境比起动物来说，最大的不利因素就是失去了“稳定性”。打个形象的比方来说，就像已经告别了“铁饭碗”，开始面临“失业”危险的城市工人。所以，其处境是上述两种不同“叙事”的中间状况——既不乐观，也不悲观。张之恒认为，人类最初的生活条件过于严酷或过于丰裕，都会抑制生产力的发展。① 这无疑是一个值得我们深思的观点。

所以，人类远祖在满足自身生理需要之后，应当有一定的闲暇。也就是说，他们也有一定的“闲心”。北京人在附近两三公里的山坡上采集食物时，还将“手指大小六方体透明水晶”拿回“家”的举动②，就表明他们没有完全被饥饿和恐惧所控制。北京人对珍贵石料的细致加工这一现象③，也说明了同样的问题。

仅有灼人的需要并不能产生创造冲动。罗素曾经说，文明人与

---

① 参见张之恒．中国新石器时代文化[M]．南京：南京大学出版社，1988：15-16.

② 贾兰坡说：“不要小看这群人，他们还是最早的‘矿物学家’呢！就在龙骨山东面二公里紧靠平原的山坡上，他们不仅能采到食物，而且还能找到手指大小六方体透明水晶。他们知道水晶是制造石器的好原料，不但坚硬，而且打破之后，劈裂面整齐、光滑，很容易打成带刃或带尖的石器。不过产量太少，很不容易找到，只要见到就不随意抛弃。”（贾兰坡．周口店：“北京人”之家[M]．北京：北京人民出版社，1975：52.）

③ 裴文中将北京人制造石器的原料分为三种。第一是质地较软的砂岩和火成岩等，大抵是从附近河床上采来的砾石；第二是质地坚硬的石英及其他硅质岩物，这些原料有的采自河床，但是大多数直接采自岩脉。这是最主要的两种原料，对这两类的加工都比较粗糙。值得注意的是第三种原料，也就是北京人周口店一带特别稀缺的燧石、玉髓等硅质岩石。由于这种原料特别稀缺，所以“凡是这类原料制作的石器，加工的痕迹比较显著”（参见裴文中．中国的旧石器时代[M]//裴文中史前考古学论文集．北京：文物出版社，1987：161-162）。从这里我们不但可以看出技术的进步，而且可以看出北京人已经有了我们所谓的“珍贵”的概念。“物以稀为贵”并不是后来文明时代的现象，而是在人类的远古就有了。

野蛮人之不同，主要在于“审慎”(Prudence)，在于“深谋远虑”(Forethought)。① 罗素的说法中，可能有一种文明人的偏见。如果撇开这一偏见，我们就会发现，人之所以为人，就是因为审慎，不管对于所谓的“文明人”还是“野蛮人”来说都是如此。人类的劳动之所以有别于动物的谋食，是因为有罗素所说的“审慎”和“深谋远虑”的成分存在。这也就是说，其驱动力不只有动物性的冲动，也有对于未来的理性考量，或者用海德格尔的话来说，有一种“筹划”的成分在里面。这个筹划，当然需要一定的闲暇，而不是单纯的生理需要就能逼迫出来的。

我们之所以往往将石器制造看作是严酷环境逼迫下的偶然产物，是因为我们将石器制造看得太简单了。其实，我们的祖先创造一个石器的难度，并不亚于我们发明机器的难度。

二、马克思论人的生产

上文所论的流行看法，看似源于马克思，其实是误解了马克思。马克思明确指出，动物只是在直接的肉体需要的支配下生产，而人甚至不受肉体需要的影响也进行生产，并且只有不受这种需要的影响才进行真正的生产。人之所以能“按照美的规律来构造”，就是因为人的生产，人的“真正的生产”，是在不受肉体需要煎逼的情况下的生产②。这种生产，就是罗素所说的“审慎”，也就是海德格尔所说的“筹划”。而我们之所以将工具制造看作是纯物质性的，是因为我们也像罗素一样，对“野蛮人”充满了“文明人”的偏见。

既然人的“真正的生产”就是不受肉体需要煎逼的情况下所进行的生产，那么我们就有理由认为，即使最原始的石器制造，也是物质和精神的复合体。工具制造其实就是一样精神性的活动。意大

---

① 参见[英]罗素．西方哲学史[M]．何兆武，李约瑟，译．北京：商务印书馆，1963：38-39.

② [德]马克思．1844年经济学哲学手稿[M]．中共中央编译局，译．北京：人民出版社，2000：57-58.

利学者巴蒂斯塔·莫迪恩(Battista Mondin)说：

> 实际上，不管是为了发明工具还是为了劳动，人都必须调动他所有的最高级的精神活动——推理能力(去发现工具)、自由、深思熟虑、决策，才能进入行动的领域，实施某项工作。①

在劳动过程中必须调动最高级的精神活动这一点，不管对于现在还是过去，都是适用的。我们忽略的正是这一点。

如果我们承认这一点，那么，我们就必须承认巴蒂斯塔·莫迪恩的这一段话：

> 劳动使人这个有着身体和精神两个维度的存在的一些基本的方面被揭示出来。实际上，劳动是手和意识的果实，这个意识是有理性能力的和自由的。②

人的身体和精神这两个维度，在人制作第一件工具的时候，就具备了。只不过，这时物质和精神还紧紧地缠绕在一起。只有承认了工具制造中的精神性因素，我们才能理解马克思所说的"自由地面对自己的产品"，"按照任何一个种的尺度来进行生产，并且懂得处处都把内在的尺度运用于对象"，"按照美的规律来构造"③。

简而言之，劳动之所以是人与动物的根本区别，是因为人制造工具和使用工具的过程不单是一个物质的过程，同时还是一个精神的过程。

---

① ［意］巴蒂斯塔·莫迪恩．哲学人类学［M］．李树琴，段素革，译．哈尔滨：黑龙江人民出版社，2005：149.

② ［意］巴蒂斯塔·莫迪恩．哲学人类学［M］．李树琴，段素革，译．哈尔滨：黑龙江人民出版社，2005：153.

③ ［德］马克思．1844年经济学哲学手稿［M］．中共中央编译局，译．北京：人民出版社，2000：57-58.

三、形式感与石器制造的内在关联

薛富兴认为，“形式美、形式感始终是人类审美意识的最现实起点，对先民来说如此，对今人来说依然如此”①。如果说“形式美”侧重于客体的特征，那么，“形式感”则侧重于人对事物形式的把握能力或赋予无形事物形式的能力。这种能力正是石器制造这一似乎简单而原始的活动的逻辑前提。

关于这一点，阿恩海姆(Rudolf Arnheim)所说的一段话可以给我们一些启示。他说：

> 柯勒曾经证明，让一个类人猿把树上的一根枝条看成是一根他可以用来勾取笼子外的食物的棍棒，无论如何也不成功。究其根源，大概是因为在它的知觉中树枝同整个树是连为一体的，这是物理对象中固有的联系，又加上得到动物以往经验的加强，就必然会使它把树枝看成是它爬树活动的东西，无论如何也不会把它看成一根可以当工具使用的棍棒。……把树上长的一根枝条看成是一件工具的知觉，与那种把它看作是树的一部分的知觉是绝然不同的。②

需要说明的是，格式塔心理学派领军人物柯勒(Wolfgang Kohler)的实验并不像阿恩海姆所说的那样“无论如何也不成功”，因为他曾经让一只名叫苏丹的猩猩完成了这样的一个行动。③ 但是，阿恩海姆却揭示了一个工具制造的逻辑前提——必须将这根树枝“看作为”(see as)与通常知觉中不同的东西。用地道的格式塔心理学术语来说，就是要将这一根树枝看作是一个“部分”，这个“部分”才

① 薛富兴. 先秦美学的历史进程[J]. 云南大学学报(社会科学版), 2004(06): 83.

② [美]鲁道夫·阿恩海姆. 视觉思维[M]. 滕守尧，译. 北京：光明日报出版社，1987：113.

③ [德]沃尔夫冈·柯勒. 人猿的智慧[M]. 陈汝懋，译. 杭州：浙江教育出版社，2003：87-88.

是“可能的手杖”，而树的“全体”则不是。柯勒指出，人和猩猩的区别就在于：

> 我们在需要的时候，可以把更稳定的视觉上的整体，进行分解；或者说得更正确一些，在同样客观的条件下，成年的人类要比猩猩更容易把视觉的整体分析出来。当人类需要“部分”的时候，会比猩猩更容易地发现它们。①

为什么这样一个被分解出来的或抽象出来的“部分”会成为一根“可能的手杖”？这是因为，一旦我们完成了这样的视觉上的抽象化，我们在抽象中把握的这根树枝的“形状”或“形式”，和“现实的手杖”在形状和形式上是一致的。这种对形状和形式的把握能力，正是我们将不同事物的个体看作同一类事物的基础。这种对不同的共同“形式”的把握能力，就是一种形式感。这种形式感，正是制造工具的逻辑前提。

如果说，将一根树枝看作“可能的手杖”，对猩猩来说是一种艰难活动，那么，在一块光滑的砾石上看出尖锐的“锋刃”，对第一个打制石器的人来说，也是同样地艰难。我们很难设想，一个饥寒交迫的类人猿，能完成这样一个艰难的抽象活动。要在一块整体浑圆的砾石上看出尖利的部分，至少要具备两个条件：一是需要，二是闲暇。只有在这两个条件都满足的情况下，我们说石器是需要逼迫下的偶然产物才有意义。

李泽厚说：“形式美的出现，是以使用——制造工具从事生产的技术活动为前提。”②同样，我们说“形式感”是使用及制造工具的逻辑前提，也未尝不可。这两个命题并不冲突，而是相辅相成。前者是从客观的一面说，后者是从主观的一面说；前者是从所谓的

---

① [德]沃尔夫冈·柯勒．人猿的智慧[M]．陈汝懋，译．杭州：浙江教育出版社，2003：93.

② 李泽厚．美学四讲[M]//李泽厚．美学三书．合肥：安徽文艺出版社，1999：491.

历史本体论立论，后者是从所谓的心理本体论立论。

当然，我们这里还是处在一种哲学思辨的层次上来讨论石器制造的问题，接下来让我们考察一下石器制造的具体技术问题。

四、选择石料：石器制造的基本技术条件之一

石器制造的第一个技术条件，是具备选料能力。并非所有石头都适于制造石器。事实上，人类制造石器所能选用的石料相当有限。关于此，裴文中提出了两点：

> 史前人类采用的石器材料，无论岩石（rocks）或矿物（minerals），要合于相当条件：（1）采取较易，且生产量较大者；（2）硬度大而有韧性（tenacity），质细腻均匀（homogeneous）而无劈裂面（cleavage）者。①

第一个条件可以说是方便原则，纯粹是一种取决于地缘的偶然因素；第二个条件则是一种必然因素，因为这牵涉对石头本身的要求。前者可以解释石料选用之地区差异，后者则可以解释为什么在某地选用此石而不用彼石。正是这个用此不用彼的选择，表明石器制造并不是一件容易的事。我们的祖先必须首先在杂乱的石头堆里，辨认出合适的石头来。这就需要一种“看”的能力。这个“看”，不是“look”，而是“see”。

事实上，如果让我们这些现代人去寻找满足第二个条件的石头，恐怕短时间内也找不出来。而对合适的石器质料的选择，并不是依靠物理学之类的系统知识，而是倚赖于薛富兴所说的“人类对各类外在现实对象物理感性形式（形、色、声等）的敏感、把握与运用”②。这种敏感、把握和运用，为审美意识的出现奠定了基础。

北京人的“珍贵石料”可以说明这一点。通过考察北京人，我

---

① 裴文中．史前考古学基础[M]//裴文中史前考古学论文集．北京：文物出版社，1987：76.

② 薛富兴．先秦美学的历史进程[J]．云南大学学报，2004(6)：83.

们发现他们在选用到处都能找到的砾石以外，还拣取像水晶这样的石料。拣取罕见的水晶的行为，肯定在用水晶加工石器之前。在不知道水晶是加工石器的好原料的情况下，在采集食物的同时拣拾水晶，肯定不是出于水晶“有用”的明确愿望，而是被水晶的晶体形状和光亮所吸引。所以，我们完全可以将这种举动看成和我们在海滩上拣拾贝壳、在河滩上拣拾漂亮石头一样的举动。支配这一举动的并不是什么物质需要，而是一种审美冲动。

裴文中说，石器原料之来源，不出下列三种：(1)采取砾石；(2)开采原料；(3)商业。① 通过商业的途径来获取石料的现象，在旧石器时代是否出现，我们还不能确定。但是，通过开采矿脉的方法来获取原料的途径，在北京人那里就有了：

> 北京人所使用的石器，主要采用两种原料。一种是质地稍软的砂岩和火成岩等，大抵是从附近河床采来的砾石。……另外的一种原料是质地坚硬的石英及其他硅质矿物。有的石英来自河床中被磨圆的砾石，但大部分好像是直接采自岩脉中。②

据贾兰坡统计，北京人“制作石器的原料有脉石英、绿色砂岩、石英石、燧石、水晶和蛋白石等。其中以脉石英最多，砂岩次之，燧石、水晶和蛋白石最少”③。砂岩主要取自河边砾石，其余的通过采矿获得。而人们能在岩层中发现这些石料，这些石料就必然有其视觉上吸引人的地方：

> 石英：硬度7。单晶体呈六方柱状，常成晶簇状、粒状、块状集合体。颜色不一，无色透明的晶体称“水晶”，乳白色

---

① 裴文中．史前考古学基础[M]//裴文中史前考古学论文集．北京：文物出版社，1987：78-79.

② 裴文中．中国的旧石器时代[M]//裴文中史前考古学论文集．北京：文物出版社，1987：161.

③ 贾兰坡．中国的旧石器时代[M]//贾兰坡旧石器时代考古论文选．北京：文物出版社，1984：6.

> 的称“乳石英”，浅红色的称“蔷薇石英”，紫色的称“紫水晶”，烟黄褐色的称“烟晶”，黑色的称“墨晶”。玻璃光泽……①
>
> 蛋白石：硬度5—5.5。蛋白色，含杂质者而呈多种颜色；玻璃光泽或蛋白光泽，透明至微透明。②
>
> 燧石：俗称“火石”。主要由隐晶质石英组成，颜色黯淡无光彩，通常为浅灰至褐黑色。成结核状、透镜状或条带状产于石灰岩中。③

石英和蛋白石因其色泽，就足以引人注意；即使是黯然无色的燧石，因其“结核状、透镜状或条带状”，亦足够醒目。所以，从岩脉中开采的石料，往往在视觉上都不是“普通”的，而是“特殊”的。正是其视觉效果上的特殊之处，使其成为祖先眼中的“图形”(figure)，其余的普通石头则成了“背景”(background)。④ 而在用这些特殊石料制作石器之前，我们的祖先根本不知道这些石料的硬度、韧性等，先是被石料的感性特征所吸引，然后才有可能开采这些石料。

即使对于就地取材的砾石，要用“碰砧法”加工石器，也需要选择扁平的砾石，而不是其他形状的砾石。这同样需要对形式的敏感。

至此，我们从石料的选择上就可以看出，人们即使在石器制造之先，也需要一种“对各类外在现实对象物理感性形式(形、色、

---

① 辞海(缩印本)[M]. 北京：商务印书馆，1989：1841.

② 辞海(缩印本)[M]. 北京：商务印书馆，1989：2035.

③ 辞海(缩印本)[M]. 北京：商务印书馆，1989：1766.

④ “图形”(figure)和“背景”(background)是格式塔心理学的核心术语。意思是说，我们看见(see)某物，其实就是将这个物体从周围的环境中分离出来的一个过程。这时，这个物体成为“图形”，而周围的环境则成为“背景”。如果没有这样的一个过程，那就是“视而不见”，仅仅是一个“look”的动作，而没有“see”的结果。

声等)的敏感”。后来的工具制造使得这种对形式的感觉不断细化、深化，而这种对形式的感觉，则不需要等到三棱大尖状器和石球出现以后才产生。因为，即使是最简单粗糙的石器制作，也是一种有目的、有程序的行为，而不是莽撞或碰运气。

五、心象：石器制造基本技术条件之二

如果说第一个条件是有关质料方面的，那么第二个条件则是有关于形式方面的。美国考古学家迪兹(Deetz)提出“Mental Template”这样一个概念，它是指存在于工匠脑子里的对某一类器物式样的恰当观念。而制作工具和器物的过程，就是将这样的一种观念传递到原材料上去的过程。① 陈淳将这个“Mental Template”翻译成“概念型板”，让我们感到难以捉摸。为了让我们更好地理解迪兹所说的这个“Mental Template”，我们有必要对这一短语逐词进行解释。

“template”一词，指的是我们在从事对金属、石、木等的切割时，所需要的一种样板、模板；前面加一个“mental”进行限定，意谓这个模板并不存在于眼前，而是存在于头脑中。这样，我们就可以将这一概念理解成脑中存在的，有关我们将要加工和制作的工具或器物的造型的模板。其实我们也可以将其理解为柏拉图所说的“理念”或“理式”(Form)，或我国古人所说的“腹稿”“胸中之竹”一类的东西。对于“Mental Template”的翻译，我们可以选用更通俗一些的“心象”来代替陈淳的“概念型板”。

在我们制造工具时，必须有这样一个“心理模板”(Mental Template)存在。只有这样，制造工具的行为才是一种有目的的行

① 参见陈淳．旧石器类型学的理论与实践[M]//徐钦琦，谢飞，王建．史前考古学新进展：庆贺贾兰坡院士九十华诞国际学术讨论会文集．北京：科学出版社，1999：176.

为，而不是无目的的蛮干。这一点，正是先验唯心论的理论贡献。① 康德认为，我们从自然界中认识到的东西，其实就是我们所放进去的东西。② 这一点也是适于石器制造的。马克斯·舍勒(Max Scheler)敏锐地指出，在劳动领域，人对动物的超越不在于人制造工具的能力，而更多的是在于人所独具的形成“工具”概念的能力。③ 这种形成工具概念的能力，其实就是“Mental Template”，就是中国古人所说的“腹稿”“胸中之竹”，就是一种预想形式。英国考古学家科林·伦福儒(Colin Renfrew)和保罗·巴恩(Paul Bahn)曾说：

> 能人制作简单的砾石工具，可以被看成是一个简单的习惯动作，就像大猩猩掰断树棍拨弄一个蚁冢，相比之下直立人制造出阿舍利手斧那样精致的工具，看上去则要进步得多。然而这只是主观印象。……随着时代的发展，工具种类或工具类型越来越带有预先设计的趋势。这意味着每一个工具制造者都有工具类型的概念，不同类别的工具显然是为了满足不同的需要。所以当我们研究早期人类认知能力的时候，就应当考虑工具制造的设计和规划，而后者是高等类人猿如黑猩猩所不具备的。④

两位考古学家的提醒，可以归结为一句话：工具不但是制造出来

---

① 李泽厚也许是中国的马克思主义学者中，首先承认先验唯心论的理论贡献的学者。他说：“对待康德哲学，最重要的是，深入分析它的先验唯心论。因为正是这一方面才是康德哲学的独特贡献。”(李泽厚．批判哲学的批判：康德述评[M]．天津：天津社会科学院出版社，2003：38)

② [德]康德．纯粹理性批判(第二版)[M]．邓晓芒，译．北京：人民出版社，2004：第二版序.

③ 参见[意]巴蒂斯塔·莫迪恩．哲学人类学[M]．李树琴，段素革，译．哈尔滨：黑龙江人民出版社，2005：140.

④ [英]科林·伦福儒，[英]保罗·巴恩．考古学：理论、方法与实践[M]．中国社会科学院考古研究所，译．北京：文物出版社，2004：391.

的，而且是设计出来的。而这个设计，在最初的时候，肯定既朦胧又粗糙。但不管是如何粗糙，都是一种对工具未来形式的预想。

由此，我们可以看出流行说法中所谓的“需要煎逼”的说法靠不住，看到天然砾石在石块上“偶然”摔碎而产生灵感的说法也同样靠不住。且不说适于制造石器的砾石往往十分坚硬，用“碰砧法”或“摔击法”往往都很难弄破，纵然砾石偶然摔破了，也不一定催生出“灵感”。

我们往往认为科学发现是偶然的产物，也经常讲牛顿第一定律与砸在头上的那只苹果的故事。其实这经不住推敲。我们不知被东西砸过多少次，谁在那时想到了引力？列维-斯特劳斯（Lévi Strauss）曾说：“人们企图了解，如果铜矿石偶然进入一座炉子里会发生什么情况。各种各样复杂的实验表明，结果什么也没有发生。”①就像机会总是给有准备的人那样，即便苹果打到牛顿头上真有其事，那我们也要注意，那必须是牛顿或牛顿一类人物的头，否则什么都不会发生。同理，“偶然”摔碎的砾石，只有在符合“内心形式”的情况下，才会被人们所注意，才会激发制造石器之灵感。否则，什么也不会发生。

六、鲁道夫·阿恩海姆论观看物体的三种态度

鲁道夫·阿恩海姆提出，我们观看物体的态度有三种②：

（1）写实主义绘画的态度，其极端形态就是印象派。这种观看努力获得类似于“照相机拍下的照片”的印象。

（2）实用的态度。一棵大白菜，不管在晴日还是在阴天，对于一个家庭主妇来说都是一样的，因为她最关心的不是不同的光线给白菜的颜色带来的变化，而是这棵白菜是否新鲜。所以，在不同的光线下，她关注的是我们在知觉心理学中经常谈及的“视觉恒常性”。这种观看和前一种极端相反，因为前一种观看努力获得背景

① ［法］列维-斯特劳斯．野性的思维［M］．李幼蒸，译．北京：商务印书馆，1987：19，脚注．

② 这三种观看态度与朱光潜所说的人对于古松的三种态度并不完全相似。

对物像产生影响之后的“印象”，而后一种观看则努力排除背景的影响。

(3)审美的态度。这种态度可以说是前两种态度的折中或综合，既保持了物体的视觉恒常性，又兼顾了背景的影响。①

我们可以说第一种观看态度关注的是“变”，第二种关注的是“不变”，第三种态度则将变与不变联系起来，既注意到了“变”，又兼顾了“不变”。

第一种态度是光学发展起来以后的事情，是学校教育的结果。人在自然的状态下，一般不会去进行这种观看，我们的祖先当然更不会。第二种态度，是我们日常生活的态度，也是动物观看世界的一种方式，因为有恒常性的世界才是安全的世界。第三种态度，则是人超出日常实用的一种态度。对于这种态度，阿恩海姆说：“由第三种态度创造出的这类概念，最适合于创造性思维。”②可以说，这第三种态度，正是制造石器所需要的。

七、对审美发生学的一点看法

上文反复申述的无非是这样一个基本事实：石器制造这一看似简单原始的行为，并非没有一定的前提条件。抛开需要和余暇不论，单从“看”的角度而言，打制石器至少需要具备如下条件：

(1)人要将原本既非食物来源又非潜在敌人的“中性”的石头，看作是与自己生存相关之物。这是利用工具的前提，即便所利用之工具是天然的工具，这也意味着超出本能。

(2)并非自然界所有石头都可以用来获取食物或打击敌人。人必须会选择石头，寻找大小、形状都适中的石头。这也就意味着，人必须将大多数“普通”石块当作“背景”，而将少数合用的石头当作“图形”。这需要跟动物不大相同的“看”。

(3)由于自然界绝大多数石头的形状和大小不合于理想，所

① [美]鲁道夫·阿恩海姆．视觉思维[M]．滕守尧，译．北京：光明日报出版社，1987：92-96.

② [美]鲁道夫·阿恩海姆．视觉思维[M]．滕守尧，译．北京：光明日报出版社，1987：96.

以，人开始打制石器。打制石器的一个必要前提就是，人的内心具备所要加工的“石器”的理想形状。这个理想形状，就是前文所说的“心象”，就是设计。

这样的一种“看”，不但是“look”，而且是“see”。不但是“see”，而且是“see as”。

“see”与“look”的区别在于，前者包含了领会，用阿恩海姆的术语来说，是“视觉思维”。① 至于“see as”，则是将某一事物与其在通常知觉中的性质剥离，看成另外的东西。借用德国美学家康拉德·朗格(Konrad Lange)的术语来说，在“看”(see)中，事物的“外观”和“实在”是一体的；在“看作为”(see as)中，“外观”和“实在”则是分离的。② 看见食物就吃，看见猛兽就跑，就是“看”(see)；把一根树枝或一块石头看作是潜在的工具，是“看作为”(see as)。至于讶异于事物的美丽“外观”，自然而然地被吸引，就更是一种“看作为”了，属于席勒所说的“形式冲动”了。③ 概言之，“看”是日常知觉；“看作为”则是创造性知觉。前者属于物质领域，可以说是动物性的；后者已涉入精神领域，是人性的。④

---

① [美]鲁道夫·阿恩海姆．视觉思维[M]．滕守尧，译．北京：光明日报出版社，1987：85.

② 参见[英]李斯托威尔．近代美学史评述[M]．蒋孔阳，译．上海：上海译文出版社，1980：21-23.

③ 席勒区分了人的两种冲动：一种是“感性冲动”，这一冲动关注的是对象的“实在”，这是和动物相同的一面；另一种冲动是“形式冲动”，关注的是对象的“外观”或“形式”，是对对象实在的一种“抽离”，这则是人的特权。在前一种冲动里，在对象的“实在”面前，人是受动的存在；而在后一种冲动里，在对象的“外观”面前，人是主动的存在(详见[德]席勒．美育书简·第26封信[M]．徐恒醇，译．北京：中国文联出版公司，1984)。

④ 虽然知觉心理学研究已经告诉我们，不管是人类的“看”(see)还是动物的看，都是主动的(active)，但是“看作为”则不但是主动的，而且是主体性的(subjective)。换言之，“看”的主动性对于动物来说，是“有机体”的主动性；对于人来说，则还要加上主体的主动性。正是这种体现着主体性的“看作为”为人类所独有。关于动物的“看”的主动性，可参见：[英]E. H. 贡布里希．秩序感[M]．杨思梁，徐一维，译．杭州：浙江摄影出版社，1987：2-3；[美]鲁道夫·阿恩海姆．视觉思维[M]．滕守尧，译．北京：光明日报出版社，1987：85.

人的审美意识，或者更严格地说，“属人”的审美意识，不会产生于“看”(see)之中，而只能诞生于能将“外观”与“实在”分离开来的“看作为”(see as)：①

> 人一旦从事物中分离出形式来，就是人性的开始。动物没有这种分离能力，没有形式感，更没有形式概念。形式的客观方面(感性图形)及与其对应的主观方面(形式感)的发展史，凝聚着人性和审美的发展史。②

需要说明的是，这种“形式感”虽然是审美意识诞生的土壤，但并非审美之专利。我们只是说，“形式感”的土壤，其实在制造石器之时已经具备，而无须等到形状规整的“第一件艺术品”诞生之时。遗憾的是，好多学者在探讨审美意识萌芽的时候，将焦点放在所谓的“第一件艺术品”上，而不去探究审美意识诞生的必要条件。

第四节　诸家观点小瞧北京人石器制造

仔细翻检史前考古学的研究成果，会发现本章前述诸家观点在实证方面出现了不同程度的讹误，甚至有捕风捉影之嫌。当然，任何人都有可能在实证资料方面出错，本书也在所难免。只不过依愚见，这些讹误的产生不是因为所谓的“治学不严”，而是由心中所抱持的颇为可疑的理论预设所致。所以在盘点了这些理论预设之

① 朱狄在追溯艺术的起源时说，详细申述“看作为”对于艺术起源的意义：“原始人和我们一样，有各种各样方式的‘看’，把一只猛犸象看作是猛犸象，这是一种‘看’，它是一种最日常的知觉方式；但‘看作为’却不同了，把一块岩石看作为是一头猛犸象，这就不再仅仅是种日常的知觉方式，在很大程度上，这是一种审美知觉的创造……它不只是种普通的知觉，而是一种创造性的知觉。”(朱狄．艺术的起源[M]．北京：中国青年出版社，1999：51-52)虽然艺术起源与审美发生是两个不同的问题，“看作为”作为一种“创造性的知觉”对二者来说却是共通的。

② 劳承万．审美的文化选择[M]．上海：上海文艺出版社，1991：198.

后，我们有必要借鉴考古学的研究成果，盘点探究“审美意识萌芽”诸论家的实证讹误。

这些讹误里，首要的就是小瞧了北京人的石器制造。让我们先从北京人之前的旧石器时代早期文化遗存说起。

一、北京人以前旧石器时代遗址石器制造

旧石器时代早期，绵延180万年左右，占整个人类历史的90%以上。对于这样长的一段历史时期，我们的了解可以说十分贫乏。但是，我国70多处的考古发现，还是可以为我们提供远古人类生活的“蛛丝马迹”，使得我们可以用尽可能科学的方法来推断这段时期的一些情况。

我国现在发现的最早的史前人类遗址，是距今250万年的四川“巫山人”遗址，这里只发现了一件骨器，可以说是目前发现的最早的工具。①

距今约180万年的山西省芮城县西侯度村，先后发现30余件石制品。② 这些石制品的原料，“除了一件为火山岩、三件脉石英外，其余的都是各种颜色的石英岩”③。从石器制造所需的硬度上看，除了火山岩硬度较小以外，脉石英和石英岩的硬度都是7度，正是合适的石器制造材料。从石器的组合上看，西侯度石器“包括石核、石片、砍斫器、刮削器和三棱大尖状器”④，砍斫器、刮削器和三棱大尖状器这三大类石器之间形制上的明显差别，已经表明了形制和用途之间有了明确联系，也就是说，形制因功能而出现初步的分化或分工。

这里有两件石器值得我们注意。一件是“已发现的最大的砍斫

① 参见吴诗池．中国原始艺术[M]．北京：紫禁城出版社，1996：26.

② 贾兰坡．建议用古人类学和考古学的成果建立我国第四系的标准剖面[M]//贾兰坡旧石器时代考古论文选．北京：文物出版社，1984：202-203.

③ 贾兰坡．西侯度文化遗存[M]//贾兰坡旧石器时代考古论文选．北京：文物出版社，1984：21.

④ 贾兰坡．西侯度文化遗存[M]//贾兰坡旧石器时代考古论文选．北京：文物出版社，1984：21.

器。由于它的加工痕迹很多，给人的印象特别深刻”①。也就是说，在这件砍斫器上出现了二次加工。

另一件是三棱大尖状器(图 1-1，引自《贾兰坡旧石器时代考古论文选》第 29 页)，“可以说是我国石器时代的一种传统性的工具”，这种石器在以后的蓝田人、丁村人那里，“甚至在属于新石器时代早期的鹅毛口遗址也还有相同的类型

图 1-1　西侯度人制造的三棱大尖状器

存在”②。一种石器的形制，如果能有如此之传承，那我们就没有必要怀疑它的形制已经趋于稳定了。因此对“这一类型器物(按指尖状器)，不但不能把它认为是‘偶然的’和‘没有固定方法’生成的东西，也不能把它视作最原始的石器类型”③。相反，我们应当推

① 贾兰坡．西侯度文化遗存[M]//贾兰坡旧石器时代考古论文选．北京：文物出版社，1984：28.

② 贾兰坡．西侯度文化遗存[M]//贾兰坡旧石器时代考古论文选．北京：文物出版社，1984：29.

③ 贾兰坡．谈中国猿人石器的性质和曙石器问题[M]//贾兰坡旧石器时代考古论文选．北京：文物出版社，1984：81.

断，西侯度人心中已经具备了三棱大尖状器的理想形状，也就是说，在内心中已经具备了这个器具的形式，并且按照一定的方法来实现他们的“内心形式”。我们现在所看到的这件三棱大尖状器，只是这一设想或“内心形式”的物化形态而已。这样的一个过程，就是西侯度人对形式的明确感受的标志。

我们所说的蓝田人，其实涉及陕西省蓝田县的公王岭和陈家窝两个文化遗存。前者距今 100 万年左右，后者距今 50 万年左右。①在公王岭发现了 50 多件石制品；在陈家窝发现了 7 件石器。② 蓝田猿人石器原料跟元谋人差不多，主要是石英岩、脉石英和石英砂岩。“蓝田石器最主要的特征是大尖状器、大圆盘形砍砸器、交替剥片而成的砍砸器、刮削器以及石球。”③蓝田人的石器虽然显得粗糙，但是已经出现了第二次加工④；虽然器形显得不规整，但却反映出了蓝田人在努力接近“内心形式”的努力。至于其形状还不规整这一点，我们完全可以用孟子所说的“非不为也，乃不能也”来说明。这些石器中，最值得注意的是大尖状器和石球。我们在这两种石器上，可以看到三角形和圆形这两种基本的几何形状的影子，也就是蓝田人的“内心形式”的迹象。

在距今 50 万～60 万年的元谋人的遗址，发现了 17 件石器，⑤在此从略。

---

① 贾兰坡．中国大陆上的远古居民[M]．天津：天津人民出版社，1978：40.

② 中国社会科学院考古研究所．新中国的考古发现和研究[M]．北京：文物出版社，1984：6. 石制品和石器不同，二者虽然都是人力加工的产物，但是石制品包括石器和遗弃的废料，而石器则是成形的工具。

③ 张光直．古代中国考古学[M]．印群，译．辽宁：辽宁教育出版社，2002：20.

④ 张之恒，吴建民．中国旧石器时代文化[M]．南京：南京大学出版社，1991：164.

⑤ 关于元谋人的年代，最先通过古地磁学测定，其年代为 160 万—170 万年前。后来通过古地磁学对标本的重新测定，其年代已经修正为 50 万—60 万年前。参见张光直．古代中国考古学[M]．印群，译．沈阳：辽宁教育出版社，2002：20-21.

二、北京人遗址的典型意义

在我国70余处旧石器时代早期遗存中，北京人遗址最为考古学界所珍视。这主要是因为：

首先，北京人遗址的文化遗存最为丰富。贾兰坡说："位于北京市西南郊房山县的周口店……发现了四十多个个体的北京人遗骨、十万多件石制品、大批的骨管，大量的灰烬、烧石和烧骨以及百余种脊椎化石。就与之同时代的遗址而言，拥有如此丰富材料的，在世界上还很少见。"①这个优势，往往是其他文化遗址所无法相比的。所以考古学者称："北京猿人遗址是世界上出土人类化石、石制品和用火遗迹最丰富的遗址。"②至于别的旧石器时代早期文化遗存，包括西侯度和蓝田遗址在内，都跟张光直对元谋人遗址的断定差不多："要阐述元谋石器组合的性质还需要更多的发掘。"③

其次，北京人遗址本身有着清晰的年代序列。北京猿人洞，自上而下，共有13个文化层。按照自下而上的顺序，可以将北京人约50万年的生活，分为早、中、晚三个阶段：第13层到第11层，为北京人早期文化遗存，距今40万—70万年；第10层到第4层，为北京人中期文化遗存，距今30万—40万年；第3层到第1层，则为北京人晚期文化遗存，距今20万—30万年。④ 这样的年代序列，无疑显得难能可贵。而这三个时期的石器制造的技术进步，我们可以简单概括如下：

(1)原料选择：早期，原料主要是石英和砂岩；中期，石英用

---

① 贾兰坡．中国的旧石器时代[M]//贾兰坡旧石器时代考古论文选．北京：文物出版社，1984：6.

② 张之恒，吴建民．中国旧石器时代文化[M]．南京：南京大学出版社，1991：166.

③ 张光直．古代中国考古学[M]．印群，译．沈阳：辽宁教育出版社，2002：20-21.

④ 张之恒，吴建民．中国旧石器时代文化[M]．南京：南京大学出版社，1991：167-171.

量大量增加，水晶用量也明显增加，砂岩用量则明显减少；晚期，以优质石英为主，水晶用量增加，砂岩很少使用。

(2)制作方法：碰砧法生产的石片大多属于早期；中期，碰砧法衰落，砸击法上升为主要打片方法；晚期，仍以砸击法为主，碰砧法已基本消失。

(3)石器类型：早期，以刮削器和砍砸器为主，尖状器和雕刻器处于萌芽状态；中期砍砸器大量减少，尖状器大量增加，雕刻器也有所增加；晚期，砍砸器进一步衰落，尖状器猛增，雕刻器进一步发展，石锥即出现于该时期。

(4)器形和修理：砂岩质软粗糙，只适于打制大型砍砸器，不适于第二次加工。伴随着石料的发现，石器的二次整修进一步精致化，石器小型化，形制规整化。

(5)石器类型与功能：早期，石器类型分化不明显，有一器多用的现象；中期，一器多用现象减少；晚期，石器类型趋于稳定，一器多用现象基本消失。①

这样的一个趋势，其实就是整个人类造物史发展趋势的一个缩影：从单一到多样，从统一到分化，从粗糙到精致。这不只表明人的手上功夫的提升，也是人的生活复杂化的表征。

三、北京人石器制造中几个令人瞩目的现象

前面我们从历时角度，说明了北京人石器的演进趋势。这里，我们着重讨论北京人石器制造的几个特别令人瞩目的现象：

(一)石器分工和形制的定型化

北京人的石器有石锤、石砧、砍斫器、尖状器、刮削器等，前两种石器是加工后三种石器的工具。这些石器之间因为用途的不同，已经有了明显的形制方面的区别，也就是说有了类型的存在：

① 张之恒，吴建民．中国旧石器时代文化[M]．南京：南京大学出版社，1991：180-182.

> 不同的石器有着不同的加工，这就说明了有着一定类型的存在，有一定类型的存在，在使用上也必然有一定的分工。……一个很小的、甚至只有几厘米长或者说只有十几克乃至几克重的刮削器，无法想象它能代替巨大的、重达几百克乃至上千克的砍斫器使用；巨大的砍斫器，也难想象能拿它当作只有几克重的尖状器使用。①

这也就是说，虽然对于一些石器我们并不能立即断定其到底属于哪一类型，但是各种器型之间的基本类别已经很清楚，不容混淆。②

器型不同，对原料的选择也不相同。据统计，“砍斫器多用砂岩(占全部原料的80.5%)；尖状器多用脉石英和水晶(共占91%)；刮削器多用脉石英和水晶(共占89.2%)”③。不同的工具使用不同的原料，不同的原料采用不同的加工方法，这就是贾兰坡所说的“因材施用”。

(二)石器制作中的“因材施用”

中国猿人打击石片，主要采用三种方法：(1)碰砧法。手握扁平石块在石砧上碰击，这种方法主要用于砂岩。(2)锤击法。手握石锤由石块的边缘上打击石片，多用于燧石和砂岩。(3)砸击法。

---

① 贾兰坡．中国猿人不是最原始的人[M]//贾兰坡旧石器时代考古论文选．北京：文物出版社，1984：95-96.

② 贾兰坡说：“虽然最小型的砍斫器和最大的刮削器有时难分一些，特别是一些小型砍斫器，当它用于刮削时，也难免不用来刮削，但这由使用痕迹可以观察得出来的，即或暂时还不能区别，也无法否认类型存在，因为能够区别的类型还有不少，同时我们还不能忘记，一直到今天，‘一物两用’甚至‘一物多用’的事实也还是存在的。”(贾兰坡．中国猿人不是最原始的人[M]//贾兰坡旧石器时代考古论文选．北京：文物出版社，1984：96)

③ 贾兰坡．中国猿人不是最原始的人[M]//贾兰坡旧石器时代考古论文选．北京：文物出版社，1984：96.

多用于脉石英。① 碰砧法可以说是最原始的方法，仅仅适应于硬度较低的石料，而且打击下的石片宽而厚。锤击法打击石片，打出的石片长而薄，但比较复杂。北京人用得最多的是砸击法。贾兰坡认为，特别值得提出的是适于脉石英的“砸击法”。他这样描述这种打制石片的方法：

> 脉石英虽然很坚硬，但性脆，用“锤击法”不仅不易打下薄而长的石片来，而常常会把石块打碎；只有用“砸击法”才能打击出适合的石片。“砸击法”，是先在地上放一块大鹅卵石作为石砧，一手把握着一块放在石砧上的脉石英，然后用另一手握着一块鹅卵石作为石锤，用石锤垂直砸击放在石砧上的脉石英块，即可砸出窄长的石片。②

这也就是说，脉石英只能用砸击法来打制石片。相对于碰砧法，脉石英太硬，相对于锤击法，脉石英太脆，所以都不能打制心中想要的石片形式。这就是贾兰坡所说的北京猿人的“因材施用”，这“需要对石头的性质有一定的了解之后才能办到”③。

其实，这种因材施用并不只是突出地表现在砸击法上。即使是最原始的碰砧法，不但要求打制者对于原料硬度有相当程度的认识，还要考虑到原始石料的形状问题。因为只有扁平形的砾石才能用碰砧法打击出石片，扁圆形的砾石则不可能。

(三) 石器加工程序的一致性

石器和石制品不同。制作石器有两个步骤：(1) 打制石片；(2) 对石片进行二次加工。“石片如果既无加工，也没有使用痕迹，

---

① 贾兰坡．谈中国猿人石器的性质和曙石器问题[M]//贾兰坡旧石器时代考古论文选．北京：文物出版社，1984：81.

② 贾兰坡．谈中国猿人石器的性质和曙石器问题[M]//贾兰坡旧石器时代考古论文选．北京：文物出版社，1984：81。

③ 贾兰坡．中国猿人不是最原始的人[M]//贾兰坡旧石器时代考古论文选．北京：文物出版社，1984：93.

它根本不能称为‘器’，还只能说是‘半成品’。打制石片，不管主观愿望如何，如果不进行第二次加工，无论如何也不会生出特殊的、好像有进步性质的石器来。”①石器形制的分化，直接倚赖于对石片的第二次加工。

有第二次加工和使用痕迹的石器与人工制造的石制品的比率，考古学称之为“成器率”。经过贾兰坡的抽样调查，北京人的石器成器率是相当高的，相当于10%。② 这样高的成器率，不但倚赖于对未来器形的明确观念，而且倚赖于加工方法上的固定“套路”。不同类型的石器有不同的加工“套路”，这种现象贾兰坡称之为加工方法的一致性。他以尖状器为例说明了这一点，他说：

> 北京人制作得比较精致的石器，就得算是“尖状器”了。尖状器虽然发现不多，但是由它的制作过程，可以反映出一定的打制技术水平。这一类石器的制作过程是这样：先从石块上打下石片，然后沿着石片把它的一头修制成尖。这一类石器，虽然有大小和厚薄之分，但制造的方法和程序基本上是相同的。在和北京人同时期的世界上任何遗址，还没有如此精致的尖状器发现。③

这也就是说，北京人在制造石器时，不但有了明确的石器外形观念，而且为了把这个装在心中的外形观念外化，又有了一定的固定的程序和办法。打个语言上的比方，就是说，他们不但有了内在的

---

① 贾兰坡．谈中国猿人石器的性质和曙石器问题[M]//贾兰坡旧石器时代考古论文选．北京：文物出版社，1984：80.

② 贾兰坡曾对5700件石器进行了统计，发现有清楚或比较清楚的第二步加工的石器有500余件，约占总数的10%。此后的丁村遗址，就全部的1566件材料统计，真正有第二步加工的石器只有6.6%，可见北京人的石器成器率是相当高的。（贾兰坡旧石器时代考古论文选[M]．北京：文物出版社，1984：93）

③ 贾兰坡．周口店：“北京人”之家[M]．北京：人民出版社，1975：37.

观念，而且掌握了表述这个观念的“词汇”和“句法”。所以，贾兰坡很看重这种尖状器，他说：“上述的尖状器，完全可以代表当时打制石器的技术水平。特别是在‘单面尖状器’中不仅有许多加工精致，而且器形也是相当周正的。由它们加工的一致性，可以证明当时在打制石器的技术上不仅已有了一定的进步，而且在类型上也有着一定的划分。”①

（四）对稀有石料的特别加工

裴文中将北京人制造石器的原料分为三种。一是质地较软的砂岩和火成岩等，大抵是从附近河床上采来的砾石；二是质地坚硬的石英及其他硅质岩物，这些原料有的采自河床，但是大多数直接采自岩脉。这是最主要的两种原料。由于第一种原料质地较软，加之采集方便，所以加工一般很粗糙；而第二种原料由于非常坚硬，大部分又必须直接从岩脉中开采，所以就用了北京人特有的“两极打击”的方法打制石器。

更值得注意的是第三种原料，也就是北京人周口店一带特别稀缺的燧石、玉髓等硅质岩石。由于这种原料特别稀缺，所以“凡是这类原料制作的石器，加工的痕迹比较显著”②。从这里我们不但可以看出技术的进步，而且可以看出北京人已经有了我们所谓的“珍贵”的概念。“物以稀为贵”并不是后来文明时代的现象，而是在人类的远古就有了。这种将某种稀有物质视为“珍贵”的观念，可以说是人超出实用的范围，珍视一些“美”的东西的基础。后来的玉器、青铜礼器其实就是建立在这种“珍贵”观念的基础上的。贾兰坡曾告诫我们不要小看北京人：

> 不要小看这群人，他们还是最早的“矿物学家”呢！就在

① 贾兰坡．中国猿人不是最原始的人[M]//贾兰坡旧石器时代考古论文选．北京：文物出版社，1984：95．

② 参见裴文中．中国的旧石器时代[M]//裴文中史前考古学论文集．北京：文物出版社，1987：161-162．

> 龙骨山东面二公里紧靠平原的山坡上，他们不仅能采到食物，而且能找到手指大小六方体透明水晶。他们知道水晶是制造石器的好原料，不但坚硬，而且打破之后，劈裂面整齐、光滑，很容易打成带刃或带尖的石器。不过产量太少，很不容易找到，只要见到就不随意抛弃。①

水晶的化学成分为 SiO_2，是石英的无色透明的晶体，现在依然是贵重矿石，可用来制光学仪器、无线电器材和装饰品。② 贾兰坡说“他们知道水晶是制造石器的好原料”，而我们有理由猜测，在他们知道这个之前，他们一定是为水晶的光泽和晶体的形状所吸引，而在采集食物的时候，将它们拿进山洞的。如果没有这个被吸引的过程，就不可能有后来的认识。

四、诸家观点如何“小瞧”了北京人

从上文对旧石器时代早期石器制造的简单介绍就可看出，探讨“审美意识萌芽”的诸多论家，都不同程度地“冤枉”了北京人，甚至出现了率意判断的情形。一一详陈前辈的实证讹误，既无必要，也不应该。这里就约略提出几点，但愿并无刻薄之嫌。

（一）关于石器制造的“二次加工”

如前所说，于民将对石器的二次加工列为审美意识萌芽的标志，故而将审美意识萌芽定位于旧石器时代中期。于民说，“北京人”时期不可能出现审美意识，理由主要有两点：(1)对石器的二次加工是审美意识出现的一个前提条件；(2)北京人的石器制作还没有出现二次加工。

由上文的简单考察，就可以发现，不但北京人石器制造当中的二次加工已经极为普遍，而且西侯度人的石器也早就出现了二次

---

① 贾兰坡．周口店：“北京人”之家[M]．北京：人民出版社，1975：52.

② 辞海(缩印本)[M]．北京：商务印书馆，1989：1841，词条“石英”.

加工。

(二)关于石器制造

将审美意识萌芽定位于旧石器时代晚期的观点之所以风行我国学界，是因为人们都将目光瞄准山顶洞人的赤铁矿粉末和装饰品，以为这才是精神生活开始的标志；至于此前，虽有石器制造，甚至可以说是颇为发达的石器制造，在其眼中也只不过表明人类尚处于孜孜于满足口腹之欲的水平。

正是因为这一认定，敏泽在谈到“北京人”时才说：“从‘北京人’所使用的原始的粗糙、简陋的石器来看，它好像是从大自然中随意拣取的。它们多经过简单的敲击加工，成为刃形或锥形，仅能满足某种很低的实用要求而已。”①

撇开前两节所作的理论质疑不论，仅就实证角度看这一论断，大致可以看出这不过是想当然。因为：(1)北京人的石料并非随意拣取，自然界中绝大多数石头并不能用来加工石器；(2)北京人的石器并不粗糙简陋，其制造技术是很发达的。

(三)关于所谓“中国猿人”

于民和敏泽之所以认为旧石器时代早期不可能产生审美意识，与他们将北京人看成“猿人”有关。北京人又称为“中国猿人”，这是北京人遗址初次发现时考古学界的一个通称。于民和敏泽显然是在“还没有真正转化为人”的意义上理解“猿人”这个概念的。事实上，北京人并不是这个意义上的“猿人”②。作这样一种理解，明显是受了名词的误导，而看小了北京人。

(四)关于所谓“盲目的制作行为”

在持“人类创作的第一件艺术品和制作的第一件工具，是同一

① 敏泽．中国美学思想史(第一卷)[M]．济南：齐鲁书社，1987：4.

② 关于这一点，贾兰坡论述颇详。参见贾兰坡《中国的旧石器时代》《谈中国猿人石器的性质和曙石器问题》《中国猿人不是最原始的人》等文。

的”观点的论家笔下，也出现了看轻北京人制作石器的行为的偏见。比如张晓凌，虽然认为第一件石器就是第一件艺术品，却把丁村人和许家窑人之前的石器制造看作是“盲目的制作行为”①。

劈过木头的人大概都知道，在没有现代切割工具的情况下，仅靠一把斧子劈开一块木柴，对劈柴人的要求会有多高。北京人用石头相互砸击的方法加工石器，难度更大。假如我们还体会不到石器制造对旧石器时代居民的难度，那就试着用木头去劈一下木柴。笔者一直感到疑惑的是，现代人为何将石器制造看得那么简单。

第五节　山顶洞人石器制造的衰退和装饰品的出现

考古学界和美学界之所以认为“周口店山顶洞是最著名的旧石器时代遗存之一”②，是因为这里发掘的装饰品在整个旧石器时代数量最大。然而，在讨论装饰品之前，我们还是有必要考察一下山顶洞人的工具制造情况。

一、山顶洞人的工具制造

不知是因为执持僵硬的进步论（总以为后来的时代比前代进步），还是因为将石器看作石器时代唯一重要的东西，诸多论家都高估了山顶洞人的石器制造。翻检考古学家的研究成果，看到的则是相反景象：旧石器时代晚期山顶洞人的石器制造，跟旧石器时代早期的北京人相比，倒退了许多。

（一）山顶洞人的石器

山顶洞遗址所发现的石器很少，张之恒的统计数字为 25 件。这些石器并不典型。因为其石料选择没有超出北京猿人的范围，在砸击技术上赶不上北京人，石器也只有刮削器和砍砸器两类。所

① 张晓凌．中国原始艺术精神［M］．重庆：重庆出版社，2004：42.

② 张光直．古代中国考古学［M］．印群，译．辽宁：辽宁教育出版社，2002：46.

以，张之恒认为山顶洞人的石器制造有一种退化的趋势。①

关于山顶洞人的石器，裴文中在20世纪60年代提供的却是另一种解释：

> 山顶洞人时代，人类已经能够制作比较精致的各种各样的石器。但是，周口店地区极少良好的石材(例如燧石)，由于这种自然环境的制约，当时的人类扩大了生活的方式，山顶洞人的工具发展到骨角器方面。②

这一解释中所说的原料缺乏，似乎站不住脚。因为，此前的北京人的石器数量之多，似乎就是一个反证。山顶洞人的工具发展到了骨角器方面，倒是一个不错的解释。从这个角度来看，这种退化也许是打制石器慢慢退到历史后台的表征。

(二)美学家对山顶洞人石器制造的高估

李泽厚和敏泽在将审美意识萌芽定位于山顶洞人时，都犯了一个错误，那就是高估甚至想象了山顶洞人的石器制造。李泽厚说：

> 北京人的石器似尚无定形，丁村人的则略有规范，如尖状、球状、橄榄形……。到山顶洞人，不但石器已很均匀、规整……③

这个说法显然是有问题的。因为山顶洞人的石器加工不但比起丁村人远为逊色，而且甚至比不上北京人。同样的错误也出现在敏泽那里。他曾论证，山顶洞人审美意识的萌芽也表现在石器上：

---

① 张之恒，吴建民．中国旧石器时代文化[M]．南京：南京大学出版社，1991：269.

② 裴文中．中国的旧石器时代[M]//裴文中史前考古学论文集．北京：文物出版社，1987：170-171.

③ 李泽厚．美的历程[M]//李泽厚．美学三书．合肥：安徽文艺出版社，1999：9.

> 审美意识的萌发，主要表现在以下几个方面：
>
> 首先，从这些工具的制造中，开始出现了重视形式美的萌芽，人们可以从中看出它们都程度不同地具有均衡或对称的形式，出现了具有规则性的样式，例如长、长方、菱形以至圆形等等，而和前此的不求形式截然不同。这不仅说明了原始人对客观世界规则性的进一步认识，而且说明了在工具制造中，开始体现了真正原始意义上的形式美的萌芽。这种形式美的萌芽，无疑是此后大大丰富、发展起来的形式美之滥觞。
>
> 其次，是从这些工具的制造中，开始出现了重视色彩美的审美意识的萌芽。在当时的工具中，还出现了黑晶石等富有色泽感的石料工具，和前此不求质地、色泽截然不同。这种外饰之色，对于劳动工具的改进并无什么实际的意义，却有力地说明了经过长期的劳动实践，原始人的审美意识已经开始离开纯粹实用的意义，而向着独立的方向迈进了。①

这显然是不准确的。具体表现在：(1)前此的石器制造并不是"不求形式"，而是因为技术条件的限制，制造不出规整的形状。就像对于没有圆规的人，所画的圆形往往很"扁"，但这并不意味着他们心中所理解的"圆"就是"扁"的。孟子所说的"非不为也，乃不能也"足以解释技术对石器形状的限制。(2)前此的石器制造也不是"不求质地、色泽"，而是伴随着技术的进步，石器的小型化，更多的颜色鲜艳的石料进入工具领域。这种石器的颜色更不是什么"外饰之色"，而是石料本有的。"外饰之色"一词可以用来指称染装饰品的赤铁矿粉末，但不能用来指称石器原本的颜色。

需要再说明的是，之所以会有这样的实证讹误，并不是因为治学不严。在我们看来，这完全是"观念先行"的结果。因为观念先行，我们在讲历史和逻辑的统一的时候，往往就成了历史为逻辑让路，就会出现虚构的"北京人"和"山顶洞人"。

---

① 敏泽．中国美学思想史(第一卷)[M]．济南：齐鲁书社，1987：5-6.

（三）山顶洞人的骨角器

山顶洞人的骨角器，发现数量也不是很多，但有两件器物特别能代表那个时代：

> 骨角器中具有代表性的是1件骨针和1件赤鹿角。骨针较好，仅针孔残缺，残长82毫米，针身微弯，刮磨得很光滑。针眼系用尖状器挖成的，针眼处直径3.1毫米，最大直径3.3毫米。赤鹿角1件，上部断残，主干大部保存。枝杈被人工截去，表面经过刮磨，尖端残缺。其用途，有人认为是矛头，有人认为是“指挥棒”。①

从这两件骨角器上，我们可以看出山顶洞人已经掌握了挖孔、刮磨、截断技术。而且，从“针眼系用尖状器挖成”，我们完全可以想象尖状器“尖”的程度。所以，这两件器物所反映的工具制作技术，是不容否认的。“毫无疑问，骨针的发现证实了山顶洞人在距今大约两万年前后，便已经用整张兽皮一类的材料缝制出衣服来了，揭开了服饰文化史上最早的篇章。”②对于上面所提到的鹿角，裴文中则有另外一种描述：“我们在山顶洞中曾发现一件鹿角，表面用石器刮平，后来经过摩擦使用，闪闪有光，表面好像刻有花纹，由于侵蚀的关系，花纹已经不清楚了。”③如果裴文中对花纹的推断是准确的，那么我们就可以称之为“装饰”。这种花纹是对工具的装饰，是实用器具上的一种附加的东西。

贾兰坡曾用“可怜的石器和精致的骨器”④一语概括山顶洞人

---

① 张之恒，吴建民．中国旧石器时代文化[M]．南京：南京大学出版社，1991：283.

② 沈从文．中国古代服饰研究[M]．上海：上海书店，2002：2-3.

③ 裴文中．中国的旧石器时代[M]//裴文中史前考古学论文集．北京：文物出版社，1987：171.

④ 贾兰坡．中国大陆上的远古居民[M]．天津：天津人民出版社，1978：123.

的工具制造情况，这一概括可以说是极为准确的。然而，其最精致的东西并不是骨器，而是装饰品。

二、山顶洞人的装饰品

“迄今距山顶洞遗址发现已有七十多年的历史，这里仍然是中国旧石器时代出土最多人体佩饰的地点。”①山顶洞共发现了141件装饰品，其中包括钻孔小砾石1件、穿孔石珠7件、穿孔海蚶壳3件、穿孔兽牙125枚、穿孔鱼骨1件、有刻道的骨管4件。②这些装饰品中，有三个现象值得我们特别注意。

第一，7件穿孔小石珠和1件有孔的小砾石是山顶洞人最高技术的代表物。③ 贾兰坡这样描述这几件装饰品：

> 在这批材料中，以钻孔的石珠（共有7个）做得最精巧、细致。它的最大直径是6.5毫米，原料为白色石灰岩。制作手续是，先把一块小石片小心地敲击成近四方形或多角形，然后把底面磨平，最后再从背面钻孔。钻孔的椭圆形小砾石只有一件，原料为微绿色的火成岩，长39.6毫米，大部分为原来的河水磨光面，只有一面经过人工的研磨；它的最大特点是，孔是从砾石的两面对钻的。懂得对钻，而且对得相当准确，这只有在智慧发展到一定的水平的时候才能办到。④

磨制出直径在6.5毫米以下的石珠，并在上面穿孔，这足以说明人在装饰品上所倾注的心力。而钻孔的小砾石的原料，肯定是在千万

① 邓聪．玉器起源一点认识［M］//杨伯达．中国玉文化玉学论丛．北京：紫禁城出版社，2002.

② 张之恒，吴建民．中国旧石器时代文化［M］．南京：南京大学出版社，1991：282-283.

③ 裴文中．中国的旧石器时代［M］//裴文中史前考古学论文集．北京：文物出版社，1987：171.

④ 贾兰坡．中国大陆上的远古居民［M］．天津：天津人民出版社，1978：125.

个砾石中挑选出来的最“完美”的一块石头。然而自然界再完美的砾石，也极少两面对称，总是一面薄，另一面厚。于是山顶洞人就研磨厚的一面，使得小砾石的形状更趋完美。总之，这几件装饰品不但反映了当时的最高技术水平，而且表明人们当时对装饰品的加工可以说是精益求精。

第二，穿孔兽牙最多，兽牙中又以食肉动物的犬齿为最多。对于这个现象，贾兰坡提供了如下解释：

> 为什么更多地使用犬齿作装饰物？我认为可能含有两重含义，一方面是因为犬齿比较美观，齿根最长，齿腔较达，从两面挖孔很容易穿透。另一方面，犬齿在全部牙齿中是最少的，在食肉动物的牙齿中也是最尖锐有力的。……大概是取其中最少的容易记忆，取最尖锐有力的牙齿更能表现其英雄。①

这个解释其实说明了选取犬齿做装饰品的四个原因：(1)犬齿比较美观，至少比臼齿美观；(2)犬齿数目最少，所以标志性比较强；(3)犬齿的形状，给人一种有力的感受；(4)穿孔方便。后来的其他解释，大多不出贾兰坡之右，所以从略。简而言之，之所以取犬齿，不但是因为它的美观，而且是因为其中包含一定的意味。

第三，有25件装饰品用赤铁矿粉末染成红色②，并且用海蚶壳作材料。人们一般认为，“赤铁矿产于河北省宣化一带，距周口店100多公里。海蚶壳产地最近是渤海，距周口店有200公里”③。地质钻探结果却表明，当时的海岸线就在北京附近，比现在近得多；而赤铁矿也不是来自宣化，考古学者曾在附近1公里找到赤铁

① 贾兰坡．中国大陆上的远古居民[M]．天津：天津人民出版社，1978：126-127.

② 沈从文．中国古代服饰研究[M]．上海：上海书店，2002：4.

③ 张之恒，吴建民．中国旧石器时代文化[M]．南京：南京大学出版社，1991：286-287.

矿碎块。①即使是这样，这两样东西，仍然是很难得到。因为，周口店在北京西南郊，离城50公里，而海岸线在东面。赤铁矿即使在附近就有，亦需“开土采矿”方可获得②，矿石采来之后，还需研制成粉末。

通过以上考察，我们发现，这些装饰品都是比较“珍贵”的东西。穿孔的砾石、石珠因加工精细而珍贵；兽牙，尤其是犬齿，因难以获取而珍贵；赤铁矿粉末因要开土采矿而珍贵；海蚶壳则因离海滩较远而珍贵。既然很是珍贵，那么能不能将其归入现代人所谓“奢侈品”之列呢？也就是说，它们之所以成为装饰品，会不会是因为“物以稀为贵”呢？再更进一步，山顶洞人为什么佩戴装饰？

三、山顶洞人佩戴装饰的原因

山顶洞发现的141件装饰品，足以证明山顶洞人已经佩戴装饰品，而且很珍视这些装饰品。那么为什么佩戴装饰品呢？

贾兰坡说：“山顶洞人佩戴装饰品的目的主要是为了显示他们的英勇和智慧；当然也免不了吸引异性。”③这里所说的显示英勇，指的是兽牙；所说的显示智慧，指的是穿孔石珠；至于吸引异性的说法，则是从民族学资料中得到的启发。

沈从文的解释，是对这一说法的细化：

> 山顶洞人的一百四十一件装饰品中，兽牙、犬齿占了绝大的比例，达一百二十五件之多，不应当是一种无意义的现象。最初，拔取野兽的犬齿可能是猎手的纪念品，随后演化为装饰。青年男子把它佩戴于身，还具勤劳、勇敢与胜利的象征。而某些细小石珠等饰品的选材加工和制造，则可能是对于妇女

① 贾兰坡．中国大陆上的远古居民［M］．天津：天津人民出版社，1978：127.

② 贾兰坡．中国大陆上的远古居民［M］．天津：天津人民出版社，1978：127.

③ 贾兰坡，黄慰文．周口店发掘记［M］．天津：天津科学技术出版社，1984：71.

> 们才能智巧的表现。作品尽管非常原始，除打孔加工外，大多完全保持着自然形态，但却充满劳动、创造的审美情感，不存在后世那种炫耀财富或者表示尊贵的观念。①

没有“炫耀财富和表示尊贵的观念”，就是说，山顶洞人的装饰品不但不同于现代贵妇人的项链，而且不同于后来的作为地位标识的饰物。

沈从文的这个解释，可以说是对国内主流见解的一个最全面的说明。其要点是，这些装饰品是有一定意义的，人们之所以生前佩戴它，死后还要随葬，是因为这些东西反映了智慧和勇气，即一种“劳动、创造的审美情感”。

我们当然相信这之中有一定的意义。如果没有意义的成分，就很难想象他们会用当时最先进的技术制作它们，并将它们长期佩带于身②，甚至在埋葬的时候，也放在死者的周围。③ 而且这个意义，除了“智慧和勇气”这种“劳动、创造的审美情感”以外，可能还有宗教的情感在里面。这种宗教情感，从装饰品染成红色方面来说也许有些牵强，但从装饰品随葬这一点，就能反映出。所以，我们完全有理由将这些装饰品看成是李泽厚所说的“有意味的形式”。而李泽厚认为彩陶纹饰才是“有意味的形式”，嫌太晚。④

如果真如此，这里就有了一个问题：装饰品从一开始就是一种“有意味的形式”吗？这个问题，山顶洞人的赤铁矿粉末可以给我们些许启示。

---

① 沈从文．中国古代服饰研究[M]．上海：上海书店，2002：4.

② “这批装饰品以穿孔的兽牙最多，共120个，孔是用很锐利的石器从齿根两面挖成的。有的孔已经摩擦得很大，很光滑，表明曾佩带过很久。”(贾兰坡，黄慰文．周口店发掘记[M]．天津：天津科学技术出版社，1984：68)

③ 穿孔石珠“发现于青年女性头骨附近”。(张之恒，吴建民．中国旧石器时代文化[M]．南京：南京大学出版社，1991：283)

④ 李泽厚．美的历程[M]//李泽厚．美学三书．合肥：安徽文艺出版社：22-38.

四、赤铁矿粉末与圣俗二界之分

山顶洞人的装饰品中有好多是用赤铁矿粉末染过的①，而且在墓地也发现了赤铁矿粉末。对于这种现象，裴文中的解释是：

> 红色是石器时代任何人类最常用的颜色。如果推测其原因，可能是红色的颜料易于寻找，又有驱逐野兽的作用。这在世界各种人类中广泛地存在，与特定的文化无关。②

裴文中猜测红色有驱赶野兽的作用，也许并不正确。因为斗牛士一直用红色激怒野牛，这一现象足以说明，在某些情况下，红色不但不能驱逐野兽，反而会引起野兽的攻击。至于猜测红色更容易寻找，这也显得缺乏根据，因为自然界最容易寻找的颜色并不是红、黄、蓝这样的原色，而是一些调和色。值得注意的是，裴文中的解释重点在于这种颜色的特殊使用与特定文化无关，而是有着人类普遍性。

国内学界的主流见解与裴文中不同，并不认为这是一个普普通通的现象，而是有着特殊意涵的。这一意涵是原始宗教观念所赋予的：

> 山顶洞人住在上室，而以陡崖之下的下室作为埋葬死者的墓地。在下室发现了三具完整的人头骨和一些身体上的骨骼。在人骨的周围散布有赤铁矿粉末，是墓葬的可靠标志。用赤铁矿粉末埋葬死者的习惯不仅在周口店有，在欧洲的同时期的遗址里发现更多，这种习惯一直延续到新石器时代。这种红色物

① 据沈从文统计，有25件用赤铁矿粉涂染成了红色，他认为这是“目前所知最早的矿物着色工艺染制品”。（沈从文．中国古代服饰研究[M]．上海：上海书店，2002：4）

② 裴文中．中国的旧石器时代[M]//裴文中史前考古学论文集．北京：文物出版社，1987：171.

> 质，可能被认为是血的象征，人死血枯，加上同色的物质，希望他(或她)们到另外的世界永生。①

清楚地划分出生者和死者的“住地”，足以表明山顶洞人已经有了两个世界的概念。正因为有了两个世界的概念，人才会郑重地埋葬死者。在死者之墓地撒下赤铁矿粉末，而在生者的住处却不撒播，足以说明他们认为生者和死者处在两个截然不同的世界。红色的形式，在这里至少起了标识两个不同世界的作用。所以我们有理由认为，这里红色已经成为一种文化“符号”，至少成为一种“能指”。至于其“所指”是不是企求永生的观念，我们在没有得到更好的解释之前，姑且认为就是这样。

法国著名社会学家涂尔干认为，宗教现象的核心就在于圣俗二界之分。② 从这个意义上讲，山顶洞人已经有了宗教生活。在死者周围撒赤铁矿粉末，是丧葬仪式的一部分，并且有一定的含义，而这种含义往往是一种宗教情感所赋予的。

我们切莫将这种现象，简单地看作是一种蒙昧或迷信，认为这是人类社会低级阶段的特有产物，并进而认为“原始宗教是现实生活在人们意识中的一种歪曲了的反映，是人们还无法有效地征服自然的时候，在精神世界中的幻觉”③。而是要认识到：山顶洞人之所以有丧葬仪式，并在死者周围撒赤铁矿粉末，并不是因为他们无知；而是因为他们和我们一样，已经有了所谓的“死亡意识”，已经有了“人终有一死”的遗憾和悲慨，所以撒下赤铁矿粉末以求永生。对于这种观念，我们并不能以原始蒙昧来轻易定性，而是要意识到这是人类一种永恒的愿望和冲动，只不过那时用赤铁矿粉末，现在则用一些别的东西来表示。

---

① 贾兰坡．中国大陆上的远古居民[M]．天津：天津人民出版社，1978：121.

② 参见[法]涂尔干．宗教生活的基本形式[M]．渠东，汲喆，译．上海：上海人民出版社，1999：第一章。

③ 张之恒，吴建民．中国旧石器时代文化[M]．南京：南京大学出版社，1991：288.

张光直说："骨架周围的部分泥土撒有赤铁矿粉，暗示出可能举行过某种埋葬仪式。"①处于科学时代的我们，不是照样需要丧葬仪式吗？我们为死者敬献花圈，并在丧葬仪式上祝死者"永垂不朽"的行为，和撒赤铁矿粉末并没有本质上的不同。所以，这里的要点是，他们和我们一样，拥有生命意识或宇宙意识，而不能简单地认为他们对世界的认识是低级的，而我们的认识是高级的。

五、动物也进行装饰吗？

要考察人的装饰问题，我们就必须考虑动物有没有装饰。据一些研究动物的学者观察，动物也进行装饰。达尔文对动物之中的装饰，尤其是鸟类的"装饰"的研究，早已为我们所熟知。关于动物为什么装饰，达尔文归因于"性选择"。装饰或美化有利于"性选择"，性选择又使得装饰变本加厉。②

鸟类装饰中最奇特的莫过于著名的澳洲凉棚鸟(bowerbird)③了。这种鸟会用各色的物件，为自己修建凉棚(bower)：

> 这种凉棚是建筑在平地之上、用鸟羽、介壳、枯骨、树叶布置装点起来，而专为求爱之用的，它并不是巢，巢是营建在树上的。④
>
> 小小的园丁鸟为了求偶要建起舞台或展示场。它把枯叶和杂物都清除掉，腾出一块空处并且每天都要用嘴把精心选定的某些树木的新鲜叶子啄下来，然后叼回来装饰这块地方。它把

---

① 张光直．古代中国考古学[M]．印群，译．辽宁：辽宁教育出版社，2002：47-48.

② 参见[英]达尔文．人类的由来[M]．潘光旦，胡寿文，译．北京：商务印书馆，1993：584.

③ "bowerbird"有两种翻译：潘光旦、胡寿文在《人类的由来》中译本中译为"凉棚鸟"，学术界的大多数著作则译为"园丁鸟"。按理来说，本书应当从众。但为了行文方便，我们还是用潘、胡二位先生的翻译。

④ [英]达尔文．人类的由来[M]．潘光旦，胡寿文，译．北京：商务印书馆，1993：582.

树叶浅色的一面露在外边，如果发现放反了，它会把树叶翻个面。通常它还会在这块展示场上加上一些零碎的蜗牛壳。①

在这里我们可以看到，凉棚鸟用来装饰的东西是“精心选定的小物件”。这些小物件，除了白色的枯骨、五颜六色的介壳和树叶之外，还有好多：长尾鹦鹉的蓝色尾翎、从澳洲土著居民那里衔来的制作得很光洁的石战斧和染蓝的棉花、圆石子、粉红色的嫩芽和嫩枝，等等。② 这些东西要么色彩绚丽，要么形状规则，要么表面光洁，所有这些，正和我们所喜爱的物件有着很大的相似之处。也就是说，它们所选择的东西和我们认为是“美”的东西有很大的相似之处。

不管凉棚鸟的选择和我们眼中“美”的东西如何相似，动物的装饰仅仅服务于性选择，似乎是不可避免的结论。但是，我们从柯勒对黑猩猩的观察中却发现了例外，黑猩猩也喜欢“装饰”，但却不是在繁殖季节，看起来和繁殖无关。柯勒观察到这样的几种现象，很值得我们注意：

猩猩们喜欢将各式各样的东西，以这种或那种方式携带在身上。我们差不多每天都能看到这些动物走路的时候，在他们身上总带有一根绳索或一块破布、一片草叶、一截嫩枝。如果把一根金属链条交给戚喜哥（按：猩猩站一个猩猩的名字），她就立即将它们围在颈上。他们常常携带了大量的树枝和荆条，将它们挂满全身。③

猩猩喜欢将喜欢的各种东西放在下腹和上股之间……一件东西只要放进那里，我们就很难再得到它。例如，戚喜哥非常

① ［英］E. H. 贡布里希．秩序感［M］．杨思梁，徐一维，译．杭州：浙江摄影出版社，1987：13.

② 参见［英］达尔文．人类的由来［M］．潘光旦，胡寿文，译．北京：商务印书馆，1993：632.

③ ［德］沃尔夫冈·柯勒．人猿的智慧［M］．陈汝懋，译．杭州：浙江教育出版社，2003：77.

> 小心地照管光滑的石子；如果她原本蹲伏在地板上，当她起身变换位置时，她会牢牢地、小心地按住它；再坐下时，她会感觉到它，并使它转动；你可没有办法让她把石子抛开，到了傍晚，她就把石子带到她的屋子里。①
>
> 当猩猩用所有的装饰物打扮起来时，他们会顽皮地作出自高自大状，并自得其乐。②

猩猩们的这种行为，我们完全可以称为“装饰”。因为他们将各式各样的东西挂在身上的时候，会显得“自高自大”。在这里，我们发现，黑猩猩的装饰行为在很多方面和我们很相似：(1)喜欢在身上挂东西，尤其是在脖子上；(2)喜欢光滑的石子；(3)装饰起来的时候，会显得“自高自大”，并“自得其乐”。另外，我们在“猩猩喜欢将喜欢的各种东西放在下腹和上股之间”这一举动里，可以看到服装的影子。一个英国哲学家认为，“衣服的创制不是为了保暖，而是为了装饰”③，也许有一定的道理。柯勒认为，猩猩们的这种装饰行为，和我们一样，是一种身体意识的表现：

> 没有一个观察者会不注意到动物身体上的物体，具有广义的装饰功能。猩猩在身上披挂着各种东西傲然阔步，不仅看起来逗人发笑，而且似乎也给他们自己带来一种天真的愉快。……然而像这样的原始的装饰……这完全基于猩猩自身很强的身体意识。这是一种庄严和自豪的感觉，就像人类用饰带和长长的直达腿部的流苏装饰他们时所产生的感觉一样。……只要无论什么东西随着我们的身体一起摇动，我们就会感觉到

---

① ［德］沃尔夫冈·柯勒．人猿的智慧［M］．陈汝懋，译．杭州：浙江教育出版社，2003：80.

② ［德］沃尔夫冈·柯勒．人猿的智慧［M］．陈汝懋，译．杭州：浙江教育出版社，2003：81.

③ 参见［英］达尔文．人类的由来［M］．潘光旦，胡寿文，译．北京：商务印书馆，1993：867.

格外的富有，格外的威严。①

我们拥有装饰品之后的感觉或举动，跟黑猩猩何其相似。

至此，我们可以说，动物也进行装饰，而且大部分动物的装饰活动，都跟性选择有关。贾兰坡说山顶洞人的装饰品和“吸引异性”有关，在这里我们可以得到一些暗示性的确证。但是，通过引用柯勒的观察结果，我们发现，黑猩猩也会在“性选择”范围以外进行装饰，而其装饰习惯和我们又是如此相近。这就说明，超出“性选择”范围的装饰，在黑猩猩的水平上就有了。由此，我们断言旧石器时代早期的人已具有审美能力，也并不是一种专断，而是有动物学家观察结果的间接支持的。

既然我们不能以是否仅仅服务于“性选择”来划定人和动物在审美问题上的界限，那么，界限在哪里呢？在身体装饰问题上，人和动物有什么不同？

六、人猿之别：文化与历史

如果说古典的学问基本都在竭力划清人与动物的界限，那么，自从达尔文以来，人们逐渐注意到了人与动物的相似之处。这样的一个趋势，甚至波及文化人类学。美国人类学家 R. M. 基辛指出，以前的人类学强调人与动物的差异，而现在开始寻找连续性。他说：“我们开始强调其连续性，而非极端的差异，这使我们更清楚地了解人类和其他灵长类的共通性，我们是怎么变成人的，我们与禽兽的差异等等。”②

在审美和装饰上，人和动物的连续性，我们在前面已经作了简单的分析。那么，人在什么地方和动物，尤其是黑猩猩分手了呢？这也就是人与动物的区别问题。关于人与动物的区别，我们当然会

① ［德］沃尔夫冈·柯勒．人猿的智慧［M］．陈汝懋，译．杭州：浙江教育出版社，2003：78.

② ［美］R. M. 基辛．当代文化人类学概要［M］．北晨．编译．杭州：浙江人民出版社，1986：11.

想起“劳动”或“制造工具”。但这样的答案，往往会使我们忽视“劳动”或“制造工具”背后的东西。所以在这里，我们先把这个答案“悬搁”起来，从另一个角度开始探讨，然后再回到它。

达尔文在比较鸟类的审美和人类的审美的区别时说：

> 在一切动物之中，看来鸟类是最懂得审美的，人类当然不在此限，而它们的鉴赏能力和我们人的也很近似。这一点，从我们对鸟的鸣声的欣赏，从我们的妇女，文明社会的也罢，野蛮民族的也罢，都喜欢借鸟羽来作头饰，以及爱用各种有色的宝石，而此种宝石的光彩未必比某些鸟种的垂肉和不长羽毛的一些光皮肤更见得鲜艳——从这些，就足以得到说明。不过，在人类，经过文化的熏陶之后，美的感觉显然是远为错综复杂的一种心理反应，而且是和各种理智的观念联系起来的。①

这也就是说，虽然鸟类所喜欢的东西的特征和我们所喜欢的东西的特征很相近，甚至没什么两样，但是我们的审美感觉经过了“文化的熏陶”，变得“错综复杂”，远离了本能反应的行列，进而和“理智的观念”联系了起来。换言之，人类的审美活动，从“意味”层面跟鸟类的审美活动划清了界限。同样的事实，也反映在黑猩猩的装饰上。虽然比起鸟类来说，黑猩猩的装饰已经不再纯粹受性冲动的支配，甚至出现了柯勒所说的和我们一样的“身体意识”，但是，黑猩猩只是对一些形式比较珍视，我们很难看到其中的“意味”，因为其装饰并没有经过“文化的熏陶”。

文化的熏陶又从何而来？从历史而来。钱穆曾说：“中国文化，表现在中国以往全部历史进程中，除却历史，无从谈文化。”②对于人类文化来说，又何尝不是如此。动物正是因为没有历史，所以没有“文化的熏陶”。

---

① ［英］达尔文．人类的由来［M］．潘光旦，胡寿文，译．北京：商务印书馆，1993：556.

② 钱穆．中国文化史导论［M］．北京：商务印书馆，1994：弁言.

柯勒认为，黑猩猩和人的区别，“除了语言的缺乏之外”，还有“‘猩猩生活于其中的时间’，可向后延伸或向前追溯到多长”的问题。他说：“除了语言的缺乏之外，猩猩在这方面的范围是极其狭小的，而正是在这个方面，我们发现人猿和人类甚至原始人之间的主要差别。”①这个“生活于其中的时间”，就是历史。美国学者迪萨纳亚克则说得更绝对，认为动物根本没有过去和将来的概念：

> 其他动物可以被认为是生活在一个连绵不断的现在之中，通常和昨天已经发生的事情以及明天可能发生的事情没有关系，但是，在旧石器时代中期或晚期，如瓦尔特·布尔克特在评述宗教的生物学起源时所说，人类肯定逐渐开始“痛苦地意识到过去和未来”了。②

没有过去和将来，只有现在，就意味着没有历史。

历史，并不是过去发生的事情的总和。过去的事情千千万万，以致这样的总和，就像康德所说的“物自体”一样不可知。历史是人对过去的自觉的反思或回望，对未来的忧心或“筹划”。正是这种反思和忧心，使得过去的事件成为可把握的。所以，历史使人并不生活于单纯的当下之中，而是让当下成为过去和将来的交汇点。这一点，我们由达尔文论述人的道德心和动物的社会性本能的差别，就可以约略看出。

达尔文认为，人的道德心有三个来源：首先，动物界中“到处都有的种种社会性本能的自然本性”；其次，“人对他的同类所表示的赞许或不赞许能有所领会”；第三，“他的心理才能的高度活动能力”。第一个来源是人与动物所共有的；后面两个来源，则使人的道德心区别于动物的“自然本性”。他说：

---

① [德]沃尔夫冈·柯勒．人猿的智慧[M]．陈汝懋，译．杭州：浙江教育出版社，2003：231.

② [美]埃伦·迪萨纳亚克．审美的人[M]．户晓辉，译．北京：商务印书馆，2004：85.

> 天地间有一个道德性的生物和其他生物不同，他懂得回顾他过去的种种行为和这些行为的动机——也就是懂得对某些动作与动机表示同意，而对另一些表示不同意……由于这样的一种心理状态，人不可能不既要向前看看，又要向后看看，而把过去所接纳的种种印象比较一番。因此，当某些欲望或情欲暂时把他的社会性本能一度制胜之后，他会反省一下，而把这一类已过的情欲冲动在当时业已削弱了的印象为一方，和无时无刻不存在的社会性本能为另一方，而进行一番比较，然后他就会感觉到这后一种本能在得不到满足时所遗留在后面的那种不满和慊然的心情，从而下定决心将来必须要改变作风——而这就是良心了。① (着重号引者加)

这也就是说，正是这种左右掂量、前思后想，使得“社会性本能”上升为“良心”。如果说左右掂量意味着人的道德心在空间维度上超出动物，那么前思后想则意味着人的道德心在时间维度上超越动物。也就是说，正是“历史”或“历史感”使得人超越了动物。

七、历史唯物主义论域中的劳动与历史

人类的历史从哪里开始呢？按照历史唯物主义的观点，从劳动和制造工具开始。劳动和制造工具并不仅仅是由于当下的欲望的煎逼，还有“审慎”、海德格尔所说的“筹划”的成分。

我们接着本章第三节所说的苏丹(一个猩猩的名字)发明“跳杖”游戏和尝试通过“跳杖”的方法取得食物往下说。经过苏丹的发明与尝试，“手杖已在猩猩的手里成为一种普遍的工具；猩猩差不多已在任何情境中，都能利用它。当手杖的利用已成为公共的知识和财产的时候，它的功能就极快地得到了扩展和变异”②。猩猩们

① ［英］达尔文．人类的由来［M］．潘光旦，胡寿文，译．北京：商务印书馆，1993：925-926.

② ［德］沃尔夫冈·柯勒．人猿的智慧［M］．陈汝懋，译．杭州：浙江教育出版社，2003：62.

拿它来做好多事情，有时当作“汤匙”来喝水，有时当作“杠杆”来撬东西，有时用来挖掘；有时当作实用工具，有时当作玩物。不管当作什么东西，运用手杖的活动很快变成一种“时尚”①。

但是，这并不意味着猩猩已经具有了人类意义上的劳动。因为，人与动物在这里出现了临界点。柯勒说：“即使最原始的人类，在手头没有工具可利用的客观条件下，他也预备好用来挖掘的手杖，虽然他当时并不去进行挖掘。这种准备活动是与文化的发生联系在一起的。”②正是这种居安思危的“准备活动”，使人具有了历史。这种准备活动不同于有些动物对于过冬粮食的囤积，因为人的这种准备活动不是受本能的支配，而是因为错误或教训的指引。

人类的历史感，其实在很大程度上就是对自己错误的自省意识。对于动物，是无所谓错误的，因为动物可以完全依靠自己的本能生活。人从诞生的那一天起，就注定要犯错误。劳动的历史，就是不断犯错误、反省错误并修正错误的历史。对错误的反省，使得动物的“社会性本能”变成了“良心”，使得人在暂时用不着工具的情况下准备“工具”。

这里牵涉将制造和利用工具看作一种物质现象还是精神现象的问题。我们认为，二者兼而有之。这样的一种断定好像背离了历史唯物主义，其实不然。马克思认为，人的社会活动可以分为三个方面：(1)满足人的第一需要，即物质需要；(2)已经得到满足的需要生产新的需要；(3)人的再生产。③ 第一需要是人与动物所共有的，而新需要的生产，动物是没有的。如果说第一需要是物质需要，那么第二需要则是精神需要。同样人的再生产，也不是简单的“动物性”繁殖，而是对“人”的延续。所以，人的再生产不但包括生理意义上的繁衍，而且包括文化—心理意义上的传承。值得注意

---

① ［德］沃尔夫冈·柯勒．人猿的智慧［M］．陈汝懋，译．杭州：浙江教育出版社，2003：62-67.

② ［德］沃尔夫冈·柯勒．人猿的智慧［M］．陈汝懋，译．杭州：浙江教育出版社，2003：281.

③ 马克思恩格斯选集(第一卷)［M］．中共中央编译局，编．北京：人民出版社，1972：32-33.

的是，马克思在分析了这三个方面之后，说：

> 不应把社会活动的这三个方面看做是三个不同的阶段，而只应看做是三个方面，或者，为了使德国人能够了解，把它们看做是三个“因素”。从历史的最初时期起，从第一批人出现时，三者就同时存在着，而且就是现在也还在历史上起着作用。①

既然不能将这三个方面看作三个不同的“阶段”，而应当看作三个“成分”或“因素”，我们就不能认为，我们必须要等到很长一段时间以后，等到物质需要完全满足之后，才有可能产生精神现象，而应当认为，劳动活动本身就是物质需要和精神需要的复合体。我们之所以坚持从实用到审美，从物质到精神，是因为我们将“因素”看成了“阶段”，把逻辑意义上的“第一”理解成“时间先后”意义上的“第一”。

这也就是说，在劳动开始的时候，历史就开始了。人类的历史，就是劳动的历史，就是物质需要和精神需要相互促进、相辅相成的历史。马克思说：

> 五官感觉的形成是迄今为止全部世界历史的产物。②
>
> 人的眼睛与野性的、非人的眼睛得到的享受不同，人的耳朵与野性的耳朵得到的享受不同，如此等等。③

这样的见解，只有在我们将劳动理解成一个复合体的时候，才有意义。

---

① 马克思恩格斯选集(第一卷)[M]. 中共中央编译局，编 . 北京：人民出版社，1972：33-34.

② [德]马克思 . 1844年经济学哲学手稿[M]. 中共中央编译局，译 . 北京：人民出版社，2000：87.

③ [德]马克思 . 1844年经济学哲学手稿[M]. 中共中央编译局，译 . 北京：人民出版社，2000：86.

可以说，正是历史，使得山顶洞人的穿孔兽牙和石珠不同于园丁鸟修建新房时所叼来的小物件。劳动的历史使这些兽牙和石珠象征力量与智慧，而不仅仅具有外观上的美丽。历史使得本来“无意味的形式”变成了“有意味的形式”，并使得相同形式的“意味”随历史之变迁而变迁。这样一个历史赋予形式以意味的过程，也就是李泽厚所说的“积淀”：

> 人的审美感受之所以不同于动物性的感官愉快，正在于其中包含有观念想象的成分在内。美之所以不是一般的形式，而是所谓的“有意味的形式”，正在于它是积淀了社会内容的自然形式。所以，美在形式而不即是形式。离开形式(自然形体)固然没有美，只有形式(自然形体)也不成其为美。①

李泽厚将“有意味的形式”放在陶器纹饰上，我们则认为，山顶洞人的装饰品和赤铁矿粉末就是“有意味的形式”。而且从理论上讲，在旧石器时代早期，就应当有一种模糊的意味在石器加工中了。但是，由于考古发现材料所限，我们在此只能臆测，而不敢断言。

达尔文说：“人和高等动物在心理上的差别虽大，这种差别肯定是个程度上、而不是种类上的差别。”②就“无意味的形式”而言，人和动物肯定只有“程度上”的差别；但如果就“有意味的形式”而言，人和动物则有“种类上”的差别。

第六节　审美与实用

前文说过，所有参与“审美意识萌芽”问题讨论的学者，虽观点各异，却共同秉持“从实用到审美”这一理论预设。依此预设，

---

① 李泽厚．美的历程[M]//李泽厚．美学三书．合肥：安徽文艺出版社，1999：34.

② [英]达尔文．人类的由来[M]．潘光旦，胡寿文，译．北京：商务印书馆，1993：189.

实用先于审美，审美是从实用中慢慢分化或独立出来的。

他们大多认为，人的物质需要主宰人类的时间很长，只是到了很久以后，在温饱问题解决之后，人们才逐渐注意到了石器的“美”，于是就开始了对石器的“美”的加工。这样，审美就从实用中生长出来了。这一说法看似有理，实际上掩盖了许多问题。

一、节约律与浪费律

我们之所以习惯于从实用到审美的观点，是因为我们习惯了一个说法，那就是：我们的先祖除了满足口腹之欲之外，很难做一些对于口腹之欲“无用”的事情。而这些“无用”之事，只有在经过漫长的石器使用历史、人类逃脱饥饿之后，才有可能产生。通过前面的考察，我们就发现这一说法其实靠不住，只是我们这些“文明人”的一种想象。

事实上，通过考察石器制作的前提条件，尤其是选料方面的条件，我们就会看到，我们的先祖经常在做一些对他们当前的口腹之欲“无用”的事情。之所以做这些事情，往往是为这些岩石的形状或色泽所吸引。而要把这些醒目的岩石从岩脉中挖掘出来，需要花比采集水果更大的心力。这时，他们并不知道这些东西后来会成为“用具”的原料，会从“无用”转化为“有用”。

不管人们对审美和实用下怎样的定义，有一点是十分清楚的，那就是实用遵从的是“节约律”，而审美遵从的是“浪费律”。这也就是说，人的实用考虑遵从的是怎样用最节省精力的方式来满足口腹之欲，而审美则好像是对原本可以用来满足人的口腹之欲的时间或精力的一种浪费。事实上，人类制造石器过程中的一部分工作，其实并没有遵从“节约律”，而是遵从“浪费律”。美国著名美学家H. 帕克曾说：

> 人类的一切行为自然有大量多余的成分。把它加以节约，减少到自我保存和控制环境所必须的程度，是第二性的现象，不是第一性的现象，是在竞争和大自然的逼迫下不得不这样节约。只有当活动很困难或者活动的成果不容易得到的时候，人们才单单为了活动成果的缘故而对自己的活动加以约束。只有

> 到那时，完成这种活动才成为一件强制性的事情，自然和社会也才把必要和法则的严肃性和限制性加于活动之上。但是，一等到大自然和社会组织毫不吝啬地满足人们的需要时，或者让他摆脱紧迫的事务得到一个喘气机会时，人们的活动就恢复其自发性。儿童的活动、富人的活动和一切人在休假日的活动就是例证。我们来把交易中的谈话和游历家的言谈比较一下吧。在交易中，人们只讲一些简短必要的话语。在游历家的言谈中，语言表现除其自身而外别无目的，因而也就变成娓娓而谈，从容不迫了。在这里，简短扼要已经不再可贵，海阔天空、拉拉杂杂的闲谈代替了内容狭窄、一本正经的谈话。①

节约律是第二性的现象这一说法，我们可以表示不同意，但我们必须承认，“海阔天空、拉拉杂杂的闲谈”与“内容狭窄、一本正经的谈话”比起来，明显是一种浪费，是一种多余。正是这种浪费和多余，使得我们的语言变得无比丰富。如果没有这种浪费，那么人的语言也很难超出蜜蜂的“舞蹈”的水平。同样，与需要满足的口腹之欲相比，被石头的色泽所吸引，并花心力去玩弄它，就是一件多余的事情，是一种浪费。但正是这种浪费，使人有可能超出生物性的存在。

大自然对人类远祖也许残酷了一些，因为人的生活开始变得不稳定，充满了危机；但大自然对人类并不吝啬，它还是提供了足够的资源，让人去做一些“闲事”。北京人拣取山坡上的水晶就是这类闲事之一。

如果没有生活的“不稳定性”，人能完全依靠本能生活，人不会去生产工具；同样，如果没有足够的闲暇从事所谓“多余”的事情，人也不会从石头滩上挑选“特殊”的石料，进行石器加工。要知道，石器加工是要进行很多次尝试的。那种认为石器制造纯是因为口腹之欲逼迫的说法，显然忘记了，好多我们现在看起来很容易

① ［美］H. 帕克．美学原理［M］．张今，译．桂林：广西师范大学出版社，2001：14.

的活动，在最初的时候，往往经过了无数次尝试和无数次失败。

如果一个人一辈子都在“节约律”的支配下说话，我们相信，他的语言不会超出蜜蜂的“舞蹈”的水平。同样，如果人类在最初的时候，就因口腹之欲的煎逼，没有丝毫喘气的机会，遵从严格的“节约律”行事，那么他也就很难超出动物的水平。我们可以说，正是人类生活中的“浪费”和“多余”的成分，造就了人的一双“好奇”的眼睛。这双好奇的眼睛，不但是审美的生理基础，而且是人类的科学知识的生理基础。这双眼睛，并不是人在制造石器之后才有的，而是石器制造的前提之一。所以，我们有理由假定，最早的石器是一种实用与审美的复合体。

二、石器制造是实用与审美的复合体

我们说石器制造是审美与实用的复合体，也许显得有些主观，但如果我们考察一下动物利用工具的情况，就能得到一些暗示。德国著名心理学家柯勒曾经注意到这样的一个现象：

> 猩猩日常对物体的运用和摆弄，差不多完全是在呆板的“游戏”中进行的。①

这些游戏，不会给它们带来什么直接效益，只增加了一些“生活上的乐趣”。但是，柯勒发现，那些在游戏中所产生的这种或那种“探弄”，却具有很大的实际用处。在口腹之欲的刺激之下，它们就会用到自己的游戏成果。

据柯勒记载，用木杆或手杖来做跳跃，首先是黑猩猩苏丹发明的。后来，得到了好多黑猩猩的模仿。它们之所以从事这种运动，“不是出于情境‘迫使他们非跳不可’”，而是出于一种游戏冲动，就“像儿童踩高跷只是为了‘取乐’一样”(见图1-2)。但是，一旦设计情境，让它们去拿高处的食物，就发生了以下的情况：

① [德]沃尔夫冈·柯勒．人猿的智慧[M]．陈汝懋，译．杭州：浙江教育出版社，2003：57.

图 1-2　柯勒的猩猩“游戏”

这种游戏的方式很快发展为一般的工具的利用(1914 年 1 月 23 日)。苏丹想取得目的物(在实验的过程中)而没有成功，因为目的物挂得太高了。他从地上向空中连续跳了几次，都没有用处；于是他拿起放在附近的手杖，将它高举起来，似乎想把水果击落下来，但立即改变了主意。他把手杖竖立在目的物底下的地上，像上面所叙述的那样重复地进行“攀登的跳跃”，连续做了好几次。他的动作带有一些玩笑的成分，好像在说：“这没有多大用处!”但事实却不然。在下次(2 月 3 日)，他做得很坚决，而且碰到了更好的机会；他拿到了一块坚实的木板。这块木板非常沉重，他几乎无法把它举起来。于是，他把木板放好后，爬到木板上，再向目的物跳去。在场的 3 个观察者都认为他未必能够用这种方式来取得水果，这块不随人意的木板，有 3 次在他爬上顶端之前，就已跌落下来，但在第 4 次的尝试中，他获得了成功，扯下了水果。①

① [德]沃尔夫冈·柯勒．人猿的智慧[M]．陈汝懋，译．杭州：浙江教育出版社，2003：58-59.

苏丹的成功，得到了其他大猩猩的模仿。它们却没有了苏丹那么多次的尝试，而是很顺利地用它们在游戏中练就的本领来取得食物。苏丹发明“跳杖”，出于一种游戏冲动；而将这个游戏的成果用于实用领域，则是逼迫的产物。如果说前者是一种发明，那后者更是一种发明。如果没有出于游戏冲动的“日常对物体的运用与摆弄”，仅仅有情境的逼迫，猩猩是不可能用这种奇特的、出乎观察者意料方法来取得水果的。而将游戏的成果运用于实用领域，并不是一次成功的，而是经历了多次的尝试和失败。

如果我们将苏丹用游戏的成果取得食物的举动，叫作利用工具，那么我们就会发现，这个工具是一个审美与实用的复合体，是“无用”的冲动和“用”的冲动的结合，是“浪费律”和“节约律”的结合，并不单纯是环境逼迫的产物。

如果说黑猩猩能给“无用”的东西找到“用处”，那么我们就没有必要怀疑我们的祖先也能做到这一点。事实上，在石器制造付诸实用之前，有一个发现石料、把玩石头的“无用”的阶段。具有形式感的审美的眼睛，使人能够发现石料；无用的游戏冲动使得人把玩石料；而现实的需要则使得加工石器的活动离开动物的游戏的范畴。制造石器，有逼迫的成分，但也有从容的成分；有实用的成分，但也有审美的成分；有“节约律”的成分，但也有“浪费律”的成分。换言之，有物质的成分，也有精神的成分。就像人的语言既有“简约”的成分，又有“繁缛”的成分一样，石器制造中也既有必需的成分，也有超出必需的成分。如果没有这超出实用的成分，人是不可能超越动物的。因为口腹之欲，是人和动物所共有的。而这种超出实用的成分，并不是等到人的物质欲望可以稳定满足的时候才出现的，而是在一开始就有了。

事实上，我们之所以坚信从实用到审美的说法，是因为我们坚信存在着一个阶段，其中“人”的生活已经“稳定”。在此阶段，人可以从容不迫地满足自己的物质欲望，于是，审美就出现了。但是，这样的一个阶段，好像从来没有出现过，至少到现在还没有出现。人的生活一直处于一种不稳定状态，即使到现在，比起动物的生存来说，我们的生活依然是充满“危机”的。审美并没有等到这个“危机”消灭之后才出现，而是和“危机”共存。

我们与其相信通常所说的，人的审美只有在物质丰裕到一定程度之后方能产生，倒不如相信，人不管多么穷困，还是有一双审美的眼睛的。美国人类学家博厄斯说：

> 据我们所知，世界上任何民族，不论其生活多么艰难，都不会把全部时间和精力都用于食宿上。生活条件较丰实的民族，也不会把时间完全用于生产或终日无所事事，即使最贫穷的部落也会生产出自己的工艺品，从中得到美的享受，自然资源丰富的部落则能有充裕的精力用以创造优美的作品。①

这番话如果适于现在，那么也一定适于往古。

简而言之，我们认为，最早的石器是实用和审美的复合体，人类的审美意识在开始制造石器的时候就有了。但这并不是说，远古人类制造的石器就是艺术品或工艺品。审美和艺术是两码事。艺术品是在人类石器制造技术发展到一定程度时才产生的，但审美意识却不是这样。因为，制造石器是以对形式的某种敏感为前提的。当然，人对形式的敏感，是伴随着人的生活实践不断发展的，但这已经是“成长”甚至“开花结果”的问题，而不是审美意识“萌芽”的问题。

三、石器演变的“实用增进”

在人类一开始的器物制造中，审美和实用两种成分还是混为一体的，随着加工技术的提高，这两种成分开始逐渐分化、分离、分立。这样的一个趋势，就是戚廷贵所说的石器“向审美增进型和实用增进型两个方向发展”②。

---

① ［美］弗朗兹·博厄斯．原始艺术［M］．金辉，译．贵阳：贵州人民出版社，2004：1.

② 戚廷贵，刘坤媛，赵沛林．美的发生与流变［M］．长春：吉林文史出版社，1992：64.

审美增进的趋势，我们最容易注意到。从北京人的外形并不规整的石器，到丁村人的三棱大尖状器和许家窑人的石球，最后到山顶洞人的磨制穿孔装饰品，我们很容易得到审美增进的印象。这个审美增进的印象，也容易使我们得出从实用到审美的结论。

值得我们注意的是，叙述“审美增进”这一趋势时，我们选取的往往是每一个时代的代表性器物。但如果我们注意一下每一个时代的非代表性石器，就会发现这些石器遵从的是一条“从审美到实用”的路向。砍斫器在北京人心目中的地位，肯定比在山顶洞人心目中的地位，要高出很多。事实上，每一项发明或创造在一开始的时候，往往附有很多精神价值，而到了后来，则慢慢褪色，成了纯粹的物质性的东西。我们这个时代的电话、电脑是如此，石器时代的石器也是如此。这样的一个趋势，则是从审美到实用的趋势。

“实用增进”的趋势，也可以用来解释所谓的石器技术倒退现象。前章说过，张之恒就认为山顶洞人的石器制造有一种退化的趋势。① 这样的一种退化现象在山西怀仁鹅毛口遗址里也有体现：

> 鹅毛口的石器绝大多数是打制的，其中的一些类型很原始，例如打制巨厚石片的方法，由器身两面加工的手斧及厚尖状器等，从旧石器时代早期就已出现；而某些类型如石斧、石锄、石镰等，又具有新石器时代特征。因此我们认为鹅毛口遗址的时代应属于新石器时代早期。这与地层的解释也基本相合。②

鹅毛口遗址虽然属于新石器时代遗存，但还保留着许多旧石器时代早期的石器。我们在考察人类造物历史的时候，注意到的往往是能反映其时代特征的东西，而不会注意那些“原始”的东西。但实际

① 张之恒，吴建民．中国旧石器时代文化[M]．南京：南京大学出版社，1991：269.

② 贾兰坡．山西怀仁鹅毛口石器制造场遗址[M]//贾兰坡旧石器时代考古论文选．北京：文物出版社，1984：192.

上，原始的东西依然存在，只不过在新的格局中换了地位和角色而已——由历史的前台退到历史的后台，由历史河流的表面沉淀到历史河床的底部。

这些退到历史后台的东西，往往是长时间地“保持”其原始状态，甚至会出现退化的情形。贾兰坡曾对丁村人的三棱大尖状器和鹅毛口的尖状器作过比较，他发现，虽然这两个遗址都属于他所说的“匼河-丁村系”这一文化系统，但是鹅毛口的尖状器从总体上比起丁村人的尖状器，出现了技术上的衰退。① 这种工具造型和加工技术上的衰退，完全可以用“实用增进”来解释。也就是说，伴随着技术的进步，以往曾吸引人的东西，逐渐被“节约律”所支配，慢慢地变为纯实用的东西。我们现在不是还制作一些用完就扔的工具吗？这些工具在远古的时候，却是了不起的发明。就像我们现在所习用的一些普通词汇，却曾经是富有诗意暗示性的语词。这样的一种趋势，就是实用增进的趋势，就是以往新异的东西在后来变成普通物件的过程。

但是从这里，我们并不会得出从审美到实用的结论。历史的发展既不单纯是从实用到审美，也不单纯是从审美到实用，而是审美和实用逐渐分化以至于彼此分立的一个过程。

---

① 贾兰坡．山西怀仁鹅毛口石器制造场遗址［M］//贾兰坡旧石器时代考古论文选．北京：文物出版社，1984：185.

第二章　陶器纹饰：写实与抽象

对美学界来说，“我国新石器时代的陶器装饰艺术，主要表现在器皿造型和装饰图案两方面”①。所以，关于陶器的最普遍的理论问题，就是陶器造型和纹饰均是从写实走向抽象的问题。本章将主要讨论，这一流行观点在什么意义上是有效的，又在什么意义上是无效的。集中讨论“从写实到抽象”之后，将顺带讨论一下“味觉论”(即中华民族审美意识源于“味觉”的观点)和“彩陶消退”现象。

第一节　陶器纹饰：从写实到抽象？

“从写实到抽象”是艺术发生学领域的一个观点，即最初的艺术总是写实的，而几何图形则是写实图像简化的结果。这既是我国学界的主流观点，也是西方学界的主流观点。② 正因如此，当学者说“在我看来，从写实到抽象是原始艺术发生发展的一个实际过程”③，只不过是在主流见解前加了“在我看来”而已。这大概是流布甚广的见解的特点——因其流布甚广，学者总以为无可置疑，纷纷会到其中讨邀“理论安全”。

“从写实到抽象”理论，主要有两个支撑点：(1)考古学支持，此为事实根据。宏观地看，欧洲旧石器时代艺术是写实的，而新石

---

① 吴山．中国新石器时代陶器装饰艺术[M]．北京：文物出版社，1982：1.

② 参见朱狄．原始文化研究[M]．北京：生活·读书·新知三联书店，1988：262.

③ 刘锡诚．中国原始艺术[M]．上海：上海文艺出版社，1998：48.

器时代艺术则以几何图案为主；微观地看，一些考古学家所梳理的一些纹样的发展序列也说明了同样的问题。(2)认识论支持，此为理论根据。这是古老的模仿论的延续，即认为处于人类低级阶段的任何创造，包括美的创造，不能不从模仿开始。如果真是这样，那么，“从写实到抽象”就成为艺术发生的“铁律”，无可更改。

本章拟从这两个方面入手，仔细检讨一下这一学说。

一、苏秉琦对于仰韶彩陶四种纹饰演变序列的梳理

欧洲旧石器时代艺术和新石器时代艺术的差异，并不能为“从写实到抽象”提供事实根据。李斯托威尔说得很有道理：“如果以为新石器时代的艺术家，从他的旧石器时代的先驱者那儿吸取了教训，从而创造了一种新的风格，那便会是错误的。因为新石器时代的艺术家，根本不知道他以前的艺术作品。”①所以我们这里主要考察一下，中国考古学家所梳理的一些纹样的发展序列。

美学界学者之所以主张，陶器纹饰的演变都遵循一个由写实到抽象的过程，源于苏秉琦对仰韶彩陶纹饰演变的出色分析。苏秉琦通过研究庙底沟类型泉护村遗址的陶器，分析出了植物花纹中的两个演变序列：

> 植物花纹中，构图比较复杂，序列完整的有两种：第一种，类似由蔷薇科的覆瓦状花冠、蕾、叶、茎蔓结合成图；第二种，类似由菊科的合瓣花冠构成的盘状花序。自然，它们是一种高度概括的工艺美术图案，不能同写生画相比。②

这样的序列出自同一地点、同一文化时期，所以我们不能质疑其可靠性。但是我们也必须注意：(1)苏秉琦只是梳理了两个图案序

---

① ［英］李斯托威尔．近代美学史评述［M］．蒋孔阳，译．上海：上海译文出版社，1980：200.

② 苏秉琦．仰韶文化的若干问题［M］．苏秉琦考古学论述选集．北京：文物出版社，1984：163.

列，并没有说明所有的陶器花纹都是从写实到抽象；(2)苏秉琦说“我们揣想它所表现的是菊科花卉”①，这只是“揣想”，而不是确凿无疑。(3)即使最初是写实，那它们也是“一种高度概括的工艺美术图案，不能同写生画相比”。

苏秉琦还梳理出了庙底沟类型鸟纹的演变过程(图 2-1，引自《苏秉琦考古学论述选集》第 166 页)，并说：“鸟纹图案是从写实到写意(表现鸟的几种不同形态)，到象征”，“鸟纹也是在Ⅱ与Ⅲ式之间，从工笔的形似变为写意的神似”②。半坡类型的鱼纹(图 2-2，引自《苏秉琦考古学论述选集》第 168 页)也有一个相似的演变序列：

图 2-1　庙底沟类型鸟纹序列

> 鱼纹的变化序列可以分为四式，说明如下：
>
> Ⅰ式：写实鱼形，画在盆的里壁；
>
> Ⅱ式：简化写实鱼形，画在盆的里壁；
>
> Ⅲ式：图案化鱼形，鳍消失，上下对称，画在盆的腹部外壁；
>
> Ⅳ式：发展的图案鱼形，各部分解为几何图案纹。③

苏秉琦所梳理的鸟纹和鱼纹由写实到抽象的演变序列，不同于前

① 苏秉琦．仰韶文化的若干问题[M]．苏秉琦考古学论述选集．北京：文物出版社，1984：165.

② 苏秉琦．仰韶文化的若干问题[M]．苏秉琦考古学论述选集．北京：文物出版社，1984：167.

③ 苏秉琦．仰韶文化的若干问题[M]．苏秉琦考古学论述选集．北京：文物出版社，1984：169.

面蔷薇纹和菊纹的地方在于，它们的初始图案的写实特征极为明显。

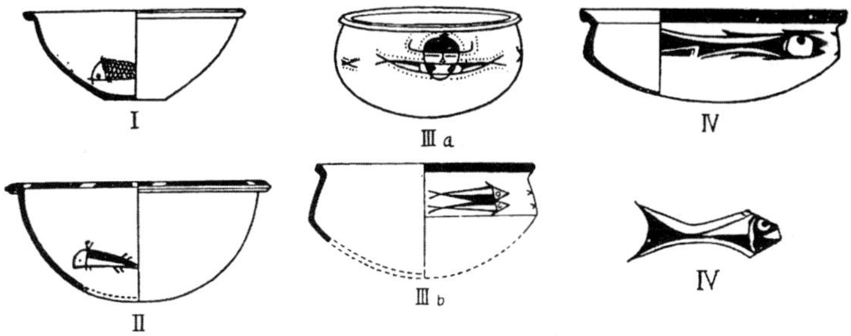

图 2-2　半坡类型典型器物鱼纹序列

即使我们认为苏秉琦的分析是有道理的，我们也必须注意，他并没有断言，所有的彩陶纹饰都遵循着一个从写实到抽象的发展历程。这样的断言，是美学界做出的。

二、美学界论“从写实到抽象”

“和全世界各民族完全一致，占据新石器时代陶器纹饰走廊的，并非动物纹样，而是抽象的几何纹，即各式各样的曲线、直线、水纹、漩涡纹、三角形、锯齿纹种种。”①从写实到抽象的理论，就是要解决这占绝大多数的几何纹饰的来源问题。

美学界最先关注彩陶纹饰转变的，也许要算李泽厚。他在《美的历程》一书中，引用了考古学者所梳理的彩陶纹饰从写实到抽象的发展序列，并论证说：

> 仰韶、马家窑的某些几何纹样已比较清晰地表明，它们是由动物形象的写实逐渐变为抽象化、符号化的。由再现（模拟）到表现（抽象化），由写实到符号化，这正是一个由内容到

① 李泽厚．美的历程［M］//李泽厚．美学三书．合肥：安徽文艺出版社，1999：23.

> 形式的积淀过程，也正是美作为“有意味的形式”的原始形成过程。①

李泽厚用这样的一个发展序列，来论证美是“有意味的形式”这一命题。依李泽厚，现在看起来似乎是纯形式的东西，其实经历了一个“由内容到形式的积淀过程”，“即是说，在后世看来似乎只是‘美观’‘装饰’而并无具体含义和内容的抽象几何纹样，其实在当年却是有着非常重要的内容与含义，即具有严重的原始巫术礼仪的图腾含义的”②。在李泽厚看来，因为几何纹饰是从图腾形象简化而来的，所以这些在我们今天看来似乎是纯粹的形式美的东西，其实是有意味的，是“有意味的形式”。关于这些纹样是否从一开始就有图腾含义，我们将于后文讨论，这里主要关注李泽厚的论证过程。

值得我们注意的是，凭借“仰韶、马家窑的某些几何纹样”，不能证明所有几何纹样均从写生纹样发展而来，因为我们从部分无法推知全体。李泽厚似乎认识到了这一逻辑困难，所以在总结时又说：

> 陶器纹饰的演化是一个非常复杂而困难的科学问题，尚需深入探索。但尽管上述具体演变过程、顺序、意义不一定都准确可靠，尽管仍带有很大的推测猜想的成分和甚至错误的具体结论，但是，由写实的、生动的、多样化的动物形象演化为抽象的、符号的、规范化的几何纹饰这一总的趋向和规律，作为科学假说，已有成立的足够根据。同时，这些从动物形象到几何图案的陶器纹饰并不是纯形式的“装饰”、“审美”，而具有

① 李泽厚．美的历程[M]//李泽厚．美学三书．合肥：安徽文艺出版社，1999：24.

② 李泽厚．美的历程[M]//李泽厚．美学三书．合肥：安徽文艺出版社，1999：24.

> 氏族图腾的神圣含义，似也可成立。①

李泽厚虽然主张从写实到抽象，但他只是将其看作一种有一定证据支持的科学“假说”，并非“铁律”。既为科学假说，那么肯定有猜测的成分。而且这里所引用的证据只是动物纹样的演变，并没有考虑几何纹饰。所以这样的一个从写实到抽象的演变，也不能说明所有的几何纹饰都来自象生纹饰的简化。

在敏泽那里，用以支持其论点的证据仍然是动物纹样的演变，他也认为所有的几何纹样都来自写实纹样(饰)的简化：

> 在出土的陶制品的绘画中，虽然写实、摹拟与几何化、图案化常常是并存的，但在总体上，它们之间却经历着一个由前者向后者发展的过程。从仰韶和马家窑的某些几何纹样的历史演变来看，这些图案经历了一个由对动物形象的模拟、写实，而逐步演化为抽象化几何化的过程。②

和李泽厚不同的是，他没有强调几何纹饰都是“有意味的形式”，但是他却为“从写实到抽象”提供了一种哲学依据。在敏泽看来，处于人类低级阶段的任何创造，包括美的创造，不能不从模仿开始：

> 怎样做的问题，从审美主体方面说，除了自然存在的规律之外，他们既无先验的关于某种形式美的概念，也没有现成的模式可资遵循。所以人类的任何创造，包括美的创造，是不能不自模仿开始的。③

---

① 李泽厚．美的历程[M]//李泽厚．美学三书．合肥：安徽文艺出版社，1999：33-34.

② 敏泽．中国美学思想史(第一卷)[M]．济南：齐鲁书社，1987：10.

③ 敏泽．中国美学思想史(第一卷)[M]．济南：齐鲁书社，1987：9.

敏泽之所以认为陶器纹饰都经过了一个从写实到抽象的过程，是因为他认为，人在低级阶段既没有现成的模式，又没有先验的形式，所以不能不模仿自然。因此，敏泽所举的例证和李泽厚差不多，但是因为敏泽认为，人的任何创造都“不得不”从模仿开始，所以推证所有的几何纹饰都来源于写实，就不难想见了。

事实上，我国美学界的主流继承的是李泽厚、敏泽的观点，即由鱼纹、蛙纹或鸟纹演变的实例推知所有的几何纹饰都来自模仿、写实：“多种形式的装饰纹样，都是在模拟了自然物象之后发展而成。”①

这样一个从写实到抽象的论点，似乎也是国际学界的主流。朱狄说：“主张史前艺术中写实主义风格在前，抽象风格在后的基本上一直占统治地位，不仅如此，在对现代部族艺术的看法中也可见到同样情况。”②比如格罗塞就认为，“原始造型艺术在材料和形式上是完全模仿自然的”③。朱狄认为这样的主流观点是可疑的：

> 就目前的史前考古学材料来看，最早的艺术作品还是抽象符号。当然，这也很难由此断定抽象符号一定发生在先，写实形象一定发生在后，这个问题不是由推论可以解决的。我们还需要更多的地下发掘加以证实。④

既然最早的艺术作品还是抽象符号，这就说明，“从写实到抽象”这样的论断虽然得到了一定的考古材料的支持，但若断言所有的纹饰都遵从这样的发展脉络，显然还是一种“推论”。

---

① 徐思民．中国工艺美术史[M]．济南：山东教育出版社，2002：12.

② 朱狄．原始文化研究[M]．北京：生活·读书·新知三联书店，1988：262.

③ [德]格罗塞．艺术的起源[M]．蔡慕晖，译．北京：商务印书馆，1984：144.

④ 朱狄．原始文化研究[M]．北京：生活·读书·新知三联书店，1988：262.

三、程金城对“从……到……”的反思

对“从写实到抽象”这一主流观点做了深刻反思的学者，据笔者所见，当数程金城。他不是刻意要反对这个观点，而是要反思这种思路：

> 关于彩陶的纹饰中具象与抽象的关系，以前的讨论常常陷入一种模式，即在讨论者的脑海中总要找到一条有迹可循的轨迹，即“从……到……”的“过程”框架，不是“从”具象“到”抽象，就是“从”抽象“到”具象，两者必居其一。这实际上是一种思维模式在出发点上的两个极端。①

他之所以认为这一思路是有问题的，并不仅仅是因为这种思维模式的僵化，而且是因为在我们今天看来是抽象图形的东西，在远古时期可能是具象：“原始时期的抽象表现并不是一种理性的抽象概括，而是一种不得已时所表现出来的绘画手法，是想具象而不能时所采取的方法。”②这也就是说，原始人的初衷是表现具象，但是由于技术条件的限制，其具象结果在我们看来是一种抽象。

所以他认为，如果我们非要“套用抽象与具象的概念，那么，可以说原始艺术中的抽象是带有具象动机的抽象，具象是带有抽象手法的具象”③。

他进而提出，抽象与具象，这是人类精神活动的两种需要，它们的并存是由人性的需要所决定的。这两种因素在后来不是相互代

---

① 程金城．远古神韵：中国彩陶艺术论纲[M]．上海：上海文化出版社，2001：183.

② 程金城．远古神韵：中国彩陶艺术论纲[M]．上海：上海文化出版社，2001：183-184.

③ 程金城．远古神韵：中国彩陶艺术论纲[M]．上海：上海文化出版社，2001：184.

替，而是交替发展，且呈周期性的发展变化。①

简而言之，程金城的反对理由有两点：(1)我们现在所理解的抽象和具象(大多数学者称之为写实)，并不适合讨论远古时期；(2)抽象和具象是人类精神生活中共存的两种需要。关于这两点，我们在下一节再做进一步分析。我们在这里要特别指出的是，他虽然反对“从……到……”这样的“过程”框架，但是他在论及彩陶的纹饰时，似乎又在主张一种从写实到抽象的观点：

> 自然纹饰和几何纹饰的区别不是绝对的，前者是后者产生的基础之一，而两者又都是对物象的观察、构形的结果。②

说自然纹饰和几何纹饰的区别不是绝对的，显然和他前面的分析是一致的。但是，说自然纹饰是几何纹饰产生的基础之一，其实就和我们前面所说的“从写实到抽象”并没有什么不同。因为，“从写实到抽象”的主流论点的核心就是，几何纹饰来源于自然纹饰或象生纹样。所以，他虽然在理论上反对“从……到……”这种叙事策略，但实际上还是认同了“从写实到抽象”。

四、从写实到抽象的认识论基础

程金城虽然对“从写实到抽象”这种叙事策略作出了深刻的反思，指出这种“从……到……”的思维方式是一种极端思维，但最终还是在解释几何纹样的起源上，又重新回到“从写实到抽象”上去了。之所以如此，是因为他在认识论上并没有走出“从写实到抽象”的范围。

如前所说，敏泽之所以根据苏秉琦所梳理的纹饰演变序列，得出所有的几何纹饰都是来源于写实纹样的简化的结论，是因为他认

---

①　程金城．远古神韵：中国彩陶艺术论纲[M]．上海：上海文化出版社，2001：184.

②　程金城．远古神韵：中国彩陶艺术论纲[M]．上海：上海文化出版社，2001：96.

为，对于纹饰的制作来说，既无先验的关于某种形式美的概念，也没有现成的模式可资遵循。换言之，这也就是说，敏泽之所以主张圆形只能来自太阳的写实图形的简化，是因为先验的圆形是不存在的。正是因为反对先验论，所以我们的大多数学者都主张“从写实到抽象”。

但是，从先验的形式美并不存在这个事实，无法得出人类的任何创造都“不能不自模仿开始”这一结论。我们之所以觉得这个推理是如此自然，是因为我们还在固守一个古老的“非此即彼”的立场：既然不是来自先验直觉，那么就一定来自后天经验。概言之，不是先验论，就是经验论。

我们知道，先验论和经验论是西方近代哲学上两种极端相反的认识论立场。经验论和先验论的对立，是在知识起源问题上对立，而不是其他。① 在关于知识起源的论争中，经验论坚持认为，一切知识的最终源泉是观察；先验论则坚持认为，知识的终极源泉是对清晰而明确的观念的理智直觉。②

由于自然界并不存在直线、三角形、圆形等几何图形，对于这些几何图形的来源的解释，也可以看出经验论和先验论的分歧。以圆形为例，先验论当然认为，圆形是先验存在的，先验存在的圆形才是完美的，而圆的经验存在，则是不完美的；经验论则认为，根本没有所谓的圆的先验形式，圆只能来自人的现实经验，是对无数我们现在看来是“圆形”的事物进行概括和抽象的结果。

如果一个人坚持先验论的立场，那么在陶器纹饰的演变上即使不会持一种“从抽象到写实”的理论，也会以为几何纹饰是先天就有的；如果坚持经验论，则肯定会持一种“从写实到抽象”的理论。程金城所说的“从……到……”的两个极端，可以说就是这两种认识论的反映。我们要走出“从……到……”的思维模式，仅仅指出

---

① 参见[美]梯利．西方哲学史[M]．葛力，译．北京：商务印书馆，1995：283-285.

② 参见[英]卡尔·波普尔．猜想与反驳[M]．傅季重，等，译．上海：上海译文出版社，1986：4.

其思维方式的机械性是不够的，还必须反思这两种认识论。如果我们在认识论上，仍然在先验论和经验论的二元对立中打转，那么，我们就永远摆脱不了“从……到……”的思维模式。所以，我们有理由认为，从写实到抽象的认识论基础就是经验论。

摆脱近代以来的经验论和先验论的二元对立，可以说是康德以来的西方哲学的一个“永恒的焦虑”。专门在这里讨论认识论，肯定会有些走得太远，但是心理学等学科的研究成果却为我们走出这个二元对立提供了可能。我们下一节就集中讨论这个问题。

五、对几何纹饰来源的其他说法

关于几何纹饰的来源，除了李泽厚、敏泽所主导的从写实图像简化而来这一观点以外，还有其他的一些观点。吴山详细地列出了几何纹饰的几个来源：

(1)受编织、纺织、缝纫的影响，产生有规律的几何形纹，如篮纹、绳纹、席纹、折线纹等；(2)受螺蛳壳和蚌壳的启发，产生螺旋纹；(3)太阳的圆、水的波动、山的起伏，产生圆点和波纹；(4)鱼纹、鸟纹等从写实到写意，到象征；(5)由直接的制陶工具和制作的方法所遗留或引起的，如模制法产生篮纹、捏制法所留指印产生雷纹、泥条盘筑法产生螺旋纹、堆筑法产生同心圆纹、轮制法产生线纹。①

虽然吴山在此并没有明言几何纹饰都来自写实，他只是总结说“这些纹饰的构成，导源于生活，导源于劳动”②，但是他所说的这几个来源，除了最后一个以外，似乎都是在说几何纹饰都来源于写实或模仿。而且最后由陶器的制法所产生的纹样，我们似乎都可以在前面的几个因素中找到，所以我们有理由认定他还是主张“从写实到抽象”的。

① 吴山．中国新石器时代陶器装饰艺术［M］．北京：文物出版社，1982：9-17.

② 吴山．中国新石器时代陶器装饰艺术［M］．北京：文物出版社，1982：9.

在关于几何形陶器的来源问题上，吴山则明言了“从写实到抽象”的观点：

> 从大量的原始考古材料进行排比表明：新石器时代的器皿造型，是人类在改造和利用自然的过程中产生的。首先可能是利用自然物体略加改造，就作为器物使用；以后就摹拟自然形象进行造型，多数可能是摹拟当时某些植物形态成型，少数是摹拟动物、人物和器物成型；再以后，在原有器皿造型的基础上，加以改进和再创造，使之更实用，更美观。①

既然陶器造型都是先“摹拟自然形象”，后来才有几何形体，那么陶器纹饰就不难想见了。我们不妨先假设吴山所说的几何纹饰的来源是正确的，但问题还是存在：

其一，编织、纺织、缝纫的有规律的几何形图案，是在模仿什么呢?

其二，自然界的东西多种多样，有规则的，有杂乱的，为何人类单单就受螺蛳壳和蚌壳的规则的螺旋形象的启发?

其三，如果人最初并没有圆的概念，那么又怎样从“太阳的圆”中抽象出一个“圆”来?

其四，制作陶器留下的印记，多半是杂乱的印痕，而非规则的线条，如果人没有对规则图形的特别喜好，又如何只选中这些，而抹掉那些?

要言之，所有的几何纹饰都是有节奏、有韵律的线或面的组合，那么人又凭借什么能在自然中抽取这些有规律的组合，而不是相反？没有发现形式美的眼睛，就没有形式的美。马克思说：“只有音乐才激起人的音乐感；对于没有音乐感的耳朵来说，最美的音

---

① 吴山．中国新石器时代陶器装饰艺术[M]. 北京：文物出版社，1982：1-2.

乐毫无意义。”①我们是否可以说，没有辨认规则图案的形式美的眼睛，那么太阳的圆、山的起伏、水的波纹也就没有意义呢？所以，吴山的条分缕析，其实还是没有解决问题。我们认为，对于几何纹饰的来源问题，不能只从“对象”的角度来寻找，还要从“人”的角度来寻找。

总之，鸟纹和蛙纹也许遵循了一个“从写实到抽象”的序列。至于占绝大多数的几何形纹饰，说它们都起源于写实图形，就有些武断了。如果我们仅根据考古学界所梳理出来的几个例证，来说明所有几何纹饰都源于写实，那就更是以偏概全。况且，写实图形又是从何而来？我们在最初学习画画的时候，可是想写实也做不到的。如果我们考虑到这一事实，那么我们就必须考虑，我们所遵循的“从……到……”的思路是否有问题。凡斯种种，都是下面要探讨的。

第二节 “从写实到抽象”理论所忽略的几个问题

要摆脱认识论上先验论和经验论的二元对立，我们就不能仅仅关注二者的区别，而且要关注二者的共同点。

我们知道，人为了把握世界，从逻辑上讲，必须完成两样工作：一是获取信息，二是加工信息。经验论和先验论的一个共同特点就是，将这两个工作看成是截然不同的两个阶段，分别属于人的两种认识能力：知觉只负责获取信息，至于加工信息，则是属于思维的任务。这样，知觉和思维、感性和理性就成了对立的两个极端。经验论认为知识源于前者，而先验论认为知识源于后者。概言之，正是感性与理性、感知与思维的二元对立，使得先验论和经验论成为认识论上的非此即彼的选择。然而，格式塔心理学对知觉的研究，却否定了这样的对立。

① [德]马克思．1844年经济学哲学手稿[M]．中共中央编译局，译．北京：人民出版社，2000：87.

一、我们如何观察自然

对格式塔心理学来说，“see”与“look”不一样，人的视觉结果和视网膜成像不一样。其间差异，我们从自己为什么将太阳、人头或鸡蛋首先看成圆的这个现象，就可以约略看出。我们知道，太阳的视网膜成像并不总是圆的，但我们还是一如既往地将太阳看成圆的。在格式塔心理学家看来，其原因在于圆形是最简单的。“人的眼睛倾向于把任何一个刺激式样看成已知条件所允许达到的最简单的形状。”①所以，对于近似圆形的东西，如人头、鸡蛋，我们都首先将其看作是圆形的。这样的一种倾向，就是视知觉中的“简化”倾向，用通俗的话来说，就是以简驭繁。只有通过以简驭繁，世界才是可把握的、可理解的。

这样的一个以简驭繁的过程，并不是在视觉收集了相关物像以后，思维进行抽象的结果，而是在视觉活动的当下就发生了。人的视觉活动，并不是像摄像机一样，仅仅提供客观物体的光学成像；而是一个有选择的探索过程，也是一个主动组织外在刺激的过程。因为，“所有感觉材料差不多都有着丰富的多样性，但是，假如这些性质不能被组织成为明确的形状序列(系统)，它们在智力的产生中发生的影响就很小”②。换言之，自然界的外在刺激是无限的，假如没有经过视觉活动的组织整理，那么我们的思维将不堪重负。眼睛并不是将所有的刺激都尽收眼底，而是看其想看的，看其能看的。概言之，“视觉乃是一种积极的器官”③。这种积极地“看”的过程，格式塔心理学家称之为“完形”过程。由于这个完形过程有我们习惯上归于思维的功能，所以阿恩海姆称之为“视觉思维”：“一切知觉中都包含着思维，一切推理中都包含着直觉，一切观测

① ［美］鲁道夫·阿恩海姆．艺术与视知觉［M］．滕守尧，朱疆源，译．北京：中国社会科学出版社，1984：64.

② ［美］鲁道夫·阿恩海姆．视觉思维［M］．滕守尧，译．北京：光明日报出版社，1987：61.

③ ［美］鲁道夫·阿恩海姆．视觉思维［M］．滕守尧，译．北京：光明日报出版社，1987：63.

中都包含着创造。”①

我们之所以认为圆形产生于对自然界种种接近于圆形的物像的抽象，是因为我们往往将选择、组织外在刺激的活动，看作思维的专利。事实上，如果视觉不能完成思维专利的活动，仅仅像摄像头那样工作的话，那么我们将一无所见。纷乱的色彩、嘈杂的声音之所以会使感官疲劳，就是因为这些刺激无法被把握，无法组织成为一个整体。换句话说，无法简化，无法以简驭繁。复杂得无法整理的刺激，就能称为刺激了：

> 真正重要的东西是，一件正在被人观看的物体，只有当它被发现同某种“组织”成的形状一致或相合时，才能说它被真正知觉到了。②

知觉系统无法处理的信息，从来不会传到大脑指挥部。这样一个整理和组织刺激的过程，在知觉过程中就完成了。知觉系统不会将所有的乱七八糟的东西，一股脑儿塞给思维。

所以，格式塔心理学提醒我们，人对世界的整体把握先于局部把握。以简驭繁，就是一种整体把握。整体把握由于必须首先保证对象是可把握的，所以细节不是首先要关注的对象，后来之局部把握就是以细节来修正整体把握的过程。将太阳、人头和鸡蛋看作圆形，就是一种整体把握。只有在整体把握之后，人们才会注意到这三者在细节上的不同。就像我们总是先将所有的人都看作人，尔后才注意到不同的人的差别一样。先有整体把握，后有局部把握来修正整体把握的过程，用波普尔的话来说，就是一个“猜想与反驳”③的过程。说成是猜想与反驳的过程，就意味着我们开始的整

① [美]鲁道夫·阿恩海姆．艺术与视知觉[M]．滕守尧，朱疆源，译．北京：中国社会科学出版社，1984：58.

② [美]鲁道夫·阿恩海姆．视觉思维[M]．滕守尧，译．北京：光明日报出版社，1987：74.

③ 参见[英]卡尔·波普尔．猜想与反驳[M]．傅季重，等，译．上海：上海译文出版社，1986：第一章.

体把握可能是错误的，但是这个错误却是一个有价值的错误，因为“即使在人类的错误中，同样潜藏着对一切事物之规律的认识”①。

将太阳看作是圆的，并用一个圆形来再现它，可以说是错误的，但却是整体把握所必需的。后来在周围加上一些表示光线的射线，则是属于反驳，属于局部修正。猜想只是起点，而局部修正的过程则没有终点。

认为圆形产生于对自然界所有圆形物体的抽象，而这种抽象活动只能发生在人的高级阶段的“从写实到抽象”的理论，其实就是主张，我们先是搜集细节，然后才有整体把握。这并不符合人“看”世界之事实。

我们从格式塔心理学对视觉活动的研究发现，支持经验论和先验论的感性和理性的二元对立并不存在。经验论和先验论都犯了同样一个错误，那就是将为了分析描述方便而设定的感知和思维的区分实体化了，使之分别对应于两种认识能力。由此，割裂感知和思维，认为感知只是给思维提供“特殊”材料、思维完成“一般”的抽象，并认为感性知识是混乱的、低级的，而理性知识则是清晰的、高级的②——概言之，割裂感性和理性，并鄙视感性，是二者的共同缺陷。

既然感性和理性的二元对立只是为了分析方便的一种人为设定，而在实际的认识过程中并非如此，那么经验论和先验论所争执的问题就会失去根据。

二、两种格式塔

布伦士维克(E. Brunswick)设计实验，证明了他称之为“经验的格式塔”的存在，与“几何的格式塔”相对立。例如，制作这样的一

① [美]鲁道夫·阿恩海姆. 视觉思维[M]. 滕守尧，译. 北京：光明日报出版社，1987：45.

② 参见[美]鲁道夫·阿恩海姆. 视觉思维[M]. 滕守尧，译. 北京：光明日报出版社，1987：42；[美]梯利. 西方哲学史[M]. 葛力，译. 北京：商务印书馆，1995：284-285.

个图形，这个图形介于一只手和一个用五根对称的羽毛组成的图形之间，然后用速示器向人们迅速展示这个图形。结果发现，成年人中有一半的人把图形向对称图形方向修正，而另一半的人则把图形改向手的形状。前者证明了“几何格式塔”，而后者则说明了“经验的格式塔”。① 不管是看成对称图形还是看成手形，都不是原图形的视网膜成像，而是做了修正，做了简化。所以，这两种格式塔都服从格式塔心理学所说的视觉中的“简化”趋向。

“几何格式塔”对于图形的修正或简化，使得不规则的图形变得规则，从而使得图形变得优美；而“经验格式塔”的简化，使得没有意义的图形有了意义，从而使得一种形式产生了意味。这两种处理看起来是截然相反的，一种走向了规则的几何图形，另一种则走向了写实图形。但二者却来源于同样一个模糊的图形，并且其产生都服从同样的视觉规律。

经验格式塔的存在，其例证不仅见于实验室，我们在器物装饰中也可以找到例证。博厄斯明确反对从写实到抽象的说法：“没有必要认为所有非写实的装饰图案都是从写实图案发展而来的。”②他在一些“原始”部落制品中找出了明确的相反序列，其中的一个例证是阿拉斯加爱斯基摩人的缠线板（图 2-3，引自博厄斯《原始艺术》第 86 页）。这种缠线板的起始形状是一只驯鹿的角，先切成规则的形状，后来逐渐制成动物的形象：“有一个三个顶端做成海豹头，另一端制成鳍状，当中用长线相连；还有一个做成一只狼的形状，但其形状被扭曲了，狼头在一端的一个分叉上，前腿在同一端的另一分叉上，另一端的两个分叉雕成两只后腿。”③

① ［瑞士］皮亚杰．结构主义［M］．倪连生，王琳，译．北京：商务印书馆，1984：40.

② ［美］弗朗兹·博厄斯．原始艺术［M］．金辉，译．贵阳：贵州人民出版社，2004：87.

③ ［美］弗朗兹·博厄斯．原始艺术［M］．金辉，译．贵阳：贵州人民出版社，2004：86.

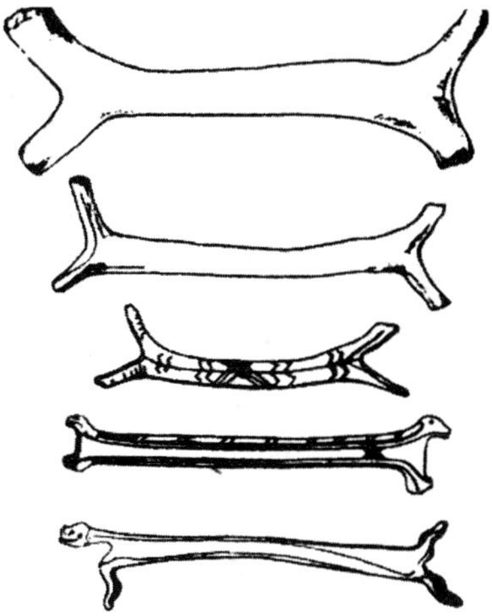

图 2-3 阿拉斯加爱斯基摩人的缠线板

缠线板的原始形状虽然在一定程度上可以说是规整化了的几何形状，但在一定程度上也是一种模糊的形状，是一种有进一步的加工或简化可能性的形状。因纽特人将这样的一个基本规整的几何形状，改造成动物形象，可以说是视觉中的“经验格式塔”在起作用。他们在这个粗糙的原始形状中发现了雕刻出动物的可能性。这样，本来没有意义的一个东西，便产生了意义。这个意义正是人赋予的。当然，几何格式塔可以使这个原始形状变得更规整，可以使其进一步几何化。进一步几何化的序列之所以没有见到，是因为在两种格式塔可能性参半的情况下，人们选择哪一种格式塔，主要受风俗习惯影响。对于我们这些经过祛魅的现代人来说，可能几何格式塔要占上风，而对于因纽特人来说则是相反。

另一个例证是阿拉斯加的针盒（图 2-4，引自博厄斯《原始艺术》第 85 页）。“这种针盒是一个当中微微凸起的管子，上端有凸圆，凸圆之下有两个对称的纽。在管身上，穿过凸圆有一条窄凹槽，槽的两边用平行的双线将凸圆与管身割开，线的下端各有若干分叉，凸圆的两端和凹槽的上端边缘上均刻着线条，管的下端刻着一圈交错的花纹。”①有的针盒上的两个纽是海豹头的形状(c)，有的凸圆做成海象头(d)，或其他适合于凸圆形状的形象(e)。

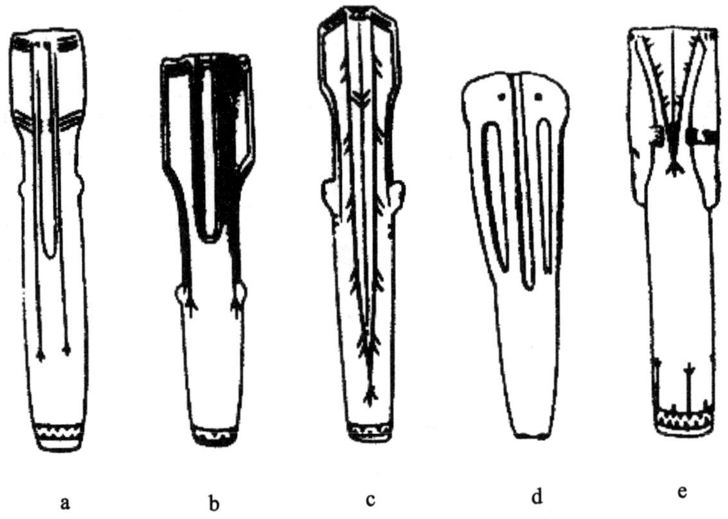

图 2-4　阿拉斯加的针盒

如果说，缠线板的演变说明了视觉中的经验格式塔，可以使得基本规则的几何形状演变为逼真的写实形象，那么，阿拉斯加针盒则说明了，即使规则的几何图形，也会由于经验格式塔的强势作用，向写实形象转变。博厄斯说：“如果说这些加在针盒上的动物形象是几何纹样的来源，那是不可能的。相反……不论凸圆和双纽的起源何在，最初的纹样却是几何形的。同时可以想见，当初的制造者可能是喜欢雕刻动物形象，以致创造出了上述各种形态。”②这也就是说，人对动物形象的喜欢，或者说人对有意义的形象的喜欢，使得经验格式塔占了绝对优势，以至于原本已经制作十分精美

① [美]弗朗兹·博厄斯．原始艺术[M]．金辉，译．贵阳：贵州人民出版社，2004：85.

② [美]弗朗兹·博厄斯．原始艺术[M]．金辉，译．贵阳：贵州人民出版社，2004：86.

的几何形针盒，并没有向几何化进一步演进，而是向象生化演进了。这也就是说，从抽象到写实，也是可能的。

三、儿童绘画的启示

从一个既像是几何图形又像是象生图形的模棱两可的形状中，发展出写实图形的现象，也可以从儿童绘画见出。

朱狄曾将儿童绘画的发展过程，分成“瞎涂”(Scribble)、“图解”(Schematic)和“写实”(Realistic)三个阶段。① 这个区分，可能来自赫伯特·里德。

因为赫伯特·里德正是根据这个现象，才提出“艺术的偶然性起源”(chance origin)理论。② 他观察到，给一个已经能够抓住笔的一岁小孩纸和笔，在没有人指导的情况下，他们会有这样的行为：

> 一开始，这名儿童仅仅在纸上画上几笔和乱画一气；随后，他就会对铅笔在纸上的运动发生兴趣。接着，他会在纸上有节奏地画上一些线条或圆圈。后来越来越复杂，直到他的“图画”成为一片乱七八糟的线条。在这些乱七八糟的线条中，他将突然认出碰巧构成的图形：在他看来，这里或那里的一个圆圈、一条线或两条线很像他的母亲。其他几条线交叉便可画成房顶，再加上一两条线就像一幢房子了。因此，这名儿童在碰巧创作了一幅描摹物体的画之后，便希望或渴望重复自己的成功——有意做自己以前碰巧做成的事。这样，这名儿童的脑中就产生了“艺术欲”(will-to-art)。③

赫伯特·里德将一个一岁左右的儿童的绘画分为三个阶段：(1)涂

① 朱狄．艺术的起源[M]．北京：中国青年出版社，1999：78，82.

② [英]赫伯特·里德．艺术与社会[M]．陈方明，王怡红，译．北京：工人出版社，1989：6-9.

③ [英]赫伯特·里德．艺术与社会[M]．陈方明，王怡红，译．北京：工人出版社，1989：7.

画阶段，“仅仅在纸上画上几笔或乱画一气”；(2)“有节奏地画上一些线条或圆圈”，这一阶段虽然几何图形比较规则，但是并无整体之安排，所以最终还是“乱七八糟”；(3)偶然成形阶段，或者可以叫“顿悟阶段”，即突然在这些乱七八糟的图形中发现具象图形，于是对这些图形进行有目的的改造，创作了一幅“写实”图像；(4)重复以前的成功。

赫伯特·里德所描述的儿童绘画的这种阶段性，在动物学家莫瑞斯的笔下得到了更详尽的展示①。莫瑞斯所描述的过程基本上同样支持赫伯特·里德所说的“艺术的偶然性起源”理论。除了这一点外，值得我们注意的是：

(1)在莫瑞斯所描述的这个过程中，我们发现偶然发现与好奇在儿童绘画中的特殊地位。儿童和猩猩最初并不知道铅笔可以在纸上留下线条，因为一个偶然的机会，他们发现了这个。这个偶然发现所带来的惊奇，可以从他们的神情看出。正是这种惊奇，使得他们不断尝试。同样的惊奇发生在儿童突然发现一些图形“像”母亲的面孔这一阶段。用我们美学的行话来说，前一个惊奇在于发现可以在世界上留下痕迹，而后一个惊奇则在于可以给本来无意义的东西赋予意义。亚里士多德说，知识来源于惊奇，其实对于美的创造又何尝不是如此呢？

(2)莫瑞斯将儿童绘画的发展分为截然不同的两个阶段：一是跟猩猩共有的阶段；二是超越猩猩的阶段。这个分界线就是将“带斑点的圆圈”看成(see as)是母亲面孔的“顿悟”阶段。这个顿悟，其实就是经验格式塔在起作用，是给无意义的散乱图形赋予意义的过程。正是这种顿悟，成了人和动物的分水岭。美国心理学家加登纳说：“在媒介(比如声音或姿势)或艺术形式(比如音乐或舞蹈)中创造符号和欣赏符号的能力被看成是艺术发展的主要先决条件，这

---

① 参见[美]D. 莫瑞斯. 裸猿[M]. 周兴亚，等，译. 北京：光明日报出版社，1988：83-85.

是一种只有人类才具备的先决条件。”①三岁儿童在本无意义的图形中突然发现母亲面孔图像的过程，其实就是“符号”产生的过程。

(3)基本的几何图形，如圆形、三角形、方形等，并不需要从写实图形发展而来，随着手臂的有规则的运动，就可以形成基本规则的图形。这些图形具备我们前面论述两种格式塔时所说的那个初始图形一样的模糊性，所以既可以从中产生写实图像，也可以产生几何图案。实际上，只要对这些图形做一些简化，就可以产生规整的几何图形。所以，上面所说的儿童绘画演进的阶段性，并不会支持一种从抽象到写实的结论，而是说，几何图案和写实图形有着同样的产生可能性。

四、先制作后匹配

“从写实到抽象”的理论不但忽略了感知过程的“格式塔性”，从而将观察自然简单化了；而且忽略了写实图形的实际制作过程，从而将写实图形的制作简单化了。

从儿童绘画中我们可以看到，最初的写实图形来自一种突然“发现”，突然发现一个图案很像一个写实图像，于是经过局部的加工修改，我们终于得到了一个较为“完美”的写实图像。这样的一个从初始图案到写实图形的过程，也表现在现代的绘画训练之中。

学过素描的人都知道，好的美术老师并不是一开始就给我们一个模特或者给我们一张照片，让我们去忠实再现，而是教我们一些类似于套路或者程式的东西。这些套路或程式包括：头的轮廓大致相当于一个竖放的椭圆，成人的眼睛位于这个椭圆的二分之一的高度上，鼻端则位于这个椭圆下半部分的二分之一处，耳朵的上端大致与眼睛平齐，下端大致与鼻端平齐。将眼睛所在椭圆的中轴线五等分，每只眼睛的宽度就是其中的五分之一，等等。一句话，首先教给我们的是如何用几何的方法，构造一个人的头像的大致轮廓。

① [美]H. 加登纳. 艺术与人的发展[M]. 兰金仁，译. 北京：光明日报出版社，1988：57.

这样的一个轮廓肯定是“一般”的头像轮廓，而不是“特殊”的头像轮廓。即便是在写生训练时，也不是让我们去观察模特，然后一丝不苟地描出他的面庞的轮廓；而是先让我们构造基本图式，然后再依照我们对这个人的细致观察，修改底稿，力图忠实地再现这个人的面庞。

如果翻看一下教授素描技巧的书籍，就会发现，这种书籍往往首先教我们如何将鼻子看成是几个长方体的组合。至于我们所熟知的鸟类画法，则是在教我们如何将一只鸟看作是几个蛋形的组合。这种用几何图形组合来构造某一物类的“一般”形象的方法，并不是具有悠久写实传统的西方的专利，我们中国也莫不如此。《芥子园画谱》就教我们如何用一些程式来构造一般物像，它甚至为用蛋形来组合鸟的形状提供了一个哲学根据：“须识鸟全身，由来本卵生；卵形添首尾，翅足渐相增。”①可见，程式是中西共同的东西。

这种用简单的几何图形组合而成的初始图形，我们可以称为“图式”，更确切一些，则应当称为“初始图式”。后来的再现，就是通过观察对象的细部，对这样的初始图式进行不断矫正的过程，直到接近再现对象为止。贡布里希说：

> 没有一种媒介，没有一个能够加以塑造和矫正的图式，任何一个艺术家都不能模仿现实。我们知道古人把他们的图式看作什么：他们把那些图式叫作准则(canon)，即艺术家为构成一个似乎可信的人像不能不知道的那些基本几何关系。②

我们之所以不会描摹一只鸟，是因为我们不懂这个初始图式，当然就更不知道如何对这个初始图式加以矫正了。打个比方来说，我们不知道描摹鸟类的一些基本词汇，即使知道这些“词汇”，也不知

① (清)芥子园画谱：草虫翎毛[M]. 天津：天津古籍出版社，1990：239.

② [英]E. H. 贡布里希. 艺术与错觉[M]. 林夕，等，译. 长沙：湖南科学技术出版社，2004：107.

道将这些基本词汇组成一个有意义的语句的“语法”。任何写实图形都是需要初始图式的，就像任何语言都需要词汇和语法一样。贡布里希说：“没有中性的自然主义。艺术家跟作家一样，需要一套语汇才能动手搞现实的一个‘摹本’。”①写实图形的基本“词汇”就是几何图形，其语法则是组合一些几何图形时所形成的“位置关系”（图 2-5，引自贡布里希《秩序感》第 30 页）。

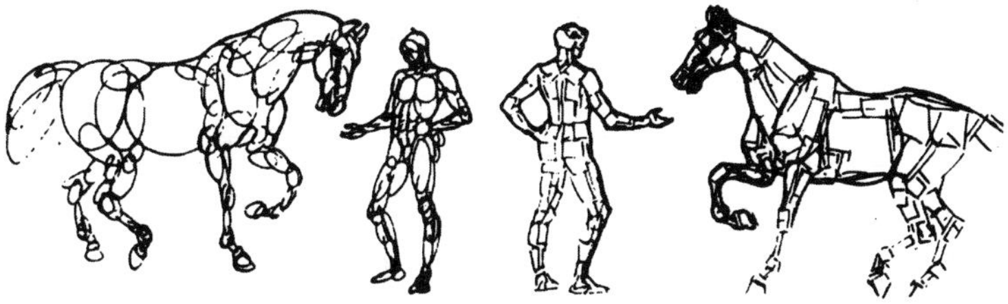

图 2-5 沃尔特·克莱恩：两种速写程序

对于一个想学习绘画的人来说，“只有在他学会构成鸟的物像以后，他才应该走到外面观察他所希望描绘的那些鸟，只有在最后他才应该记录这样一些区别性特征，首先是该种类的特征，其次是那个别的鸟的特征”②。这个“构成鸟的物像”的初始过程，就是掌握画鸟所需基本词汇和基本语法的过程，也就是构成我们所谓的“初始图式”的过程；而后来的矫正过程，则是增加词汇的过程。整个这一过程，用贡布里希的话来说，就是“先制作后匹配”（making comes before matching）③。

“先制作后匹配”，从绘画实践的角度，说明了格式塔心理学所说的整体把握先于局部把握；同时也说明了，制作一般图式的能

① ［英］E. H. 贡布里希．艺术与错觉［M］．林夕，等，译．长沙：湖南科学技术出版社，2004：61.

② ［英］E. H. 贡布里希．艺术与错觉［M］．林夕，等，译．长沙：湖南科学技术出版社，2004：108.

③ ［英］E. H. 贡布里希．艺术与错觉［M］．林夕，等，译．长沙：湖南科学技术出版社，2004：84.

力直接制约着写实程度。写实绘画的发展过程，从一个侧面来说，其实就是图式语言发展的过程。在突然发现一个图案“像”母亲面孔之后，儿童使图形趋于完美的活动之所以会持续十几年的时间①，就是因为儿童制作几何图式的能力低下。因而可以说，制作几何图式的能力和绘制写实图像的能力是同步发展的。

主张所有的几何图形都来自对写实图形的简化的论家，并没有考虑到绘画的实际过程。他们之所以认为能画出写实图画属于人类创造的低级阶段，而能画出几何图形属于高级阶段，就是将写实图像之制作简单化的结果。

通过这一节的简单考察，至少可以得出以下结论：(1)格式塔心理学对知觉的探讨，并不支持感性和理性的二元对立，经验论和先验论并不是一个非此即彼的选择，因此“从写实到抽象”或“从抽象到写实”都失去了认识论根基；(2)视觉中的两种格式塔说明几何图形和写实图像产生的可能性是相等的，这个事实也不支持我们在探讨陶器纹饰时所用的“从……到……”的模式；(3)制作几何图形的能力直接制约着写实图像的绘制。从写实到抽象的理论，无疑将这些东西都简单化了。

五、两种知识论：“脑似水桶理论”与“脑似探照灯理论”

前文说到，绝大多数学者之所以固守“从写实到抽象”，除了片面引用考古学家的研究成果以外，更是因为他们在认识论立场上，仍在近代哲学的先验论与经验论的二元对立中打转，主动选取了经验论的立场：“怎样做的问题，从审美主体方面说，除了自然存在的规律之外，他们既无先验的关于某种形式美的概念，也没有现成的模式可资遵循。所以人类的任何创造，包括美的创造，是不能不自模仿开始的。”②

卡尔·波普尔将这种认识论，形象地称为“脑似水桶理论”

① 参见[美]D. 莫瑞斯．裸猿[M]．周兴亚，等，译．北京：光明日报出版社，1988：85.

② 敏泽．中国美学思想史(第一卷)[M]．济南：齐鲁书社，1987：9.

(bucket theory of the mind)。依此理论，“我们的精神便类似于容器——一种水桶——知觉和知识都累积在里面”。值得注意的是，这种理论既包括古典认识论中的经验论，也包括先验论。只不过对于培根来说，知觉就相当于“应时的熟葡萄”，需要勤恳耐心地收割，并且如果耐心地榨取，便会从中流出“知识的纯酒”；而对于康德来说，知觉本身好比原料，从外面流入水桶中，经过类似消化工序之类的加工，最后变成“发酵酒”一样的知识。换句话说，近代哲学之所以在知识论问题上，一直在经验论与先验论的二元对立中打转，只是因为人将“心灵”比作一个水桶。①

走出认识论上的这种二元对立，波普尔提出一种“脑似探照灯理论”(searchlight theory of the mind)。关于这种认识论的道理，贡布里希在《秩序感》一书中，以动物(哪怕是草履虫这样的最低级的动物)为例，做了出色的阐发：

> 毫无疑问，动物作出种种反应需要一定的“程序”。简要地说，动物要生存就得有能力解决两个基本问题，即要能够回答“什么?”和“哪里?”这两个问题。换言之，动物必须查明它周围环境里的物体对它意味着什么，是不是需要把有些东西归入食物的可能来源类或归入危险的潜在源泉类。这两种情况无论哪一种都要求它采取适当的行动，或定居，或追踪，或逃遁。要采取这些行动就必须要先有某种内在装置。这种装置现在被称作较高等动物和人所具有的“认知地图”(cognitive map)，即一套坐标系统，在此坐标系统上可以把富有意义的物体标示出来。②
>
> 严格地讲，动物的反应是基于假设，而不是基于知识。……动物的反应有赖于内含的假设，即动物撞到的物体将

① 参见[英]卡尔·波普尔. 客观知识[M]. 舒炜光，等，译. 上海：上海译文出版社，1987：352.

② [英]E. H. 贡布里希. 秩序感[M]. 杨思梁，徐一维，译. 杭州：浙江摄影出版社，1987：2-3.

> 仍然留在原来的地方，不然的话，动物改变了运动方向后还可能撞到同一物体上。①

这也就是说，即便动物仅仅是在“本能”层面上对环境作出反应，它们的反应也不像“刺激-反应理论”所说的那样，只是一个完全被动的过程，而是一个主动的过程，用波普尔的术语来说，也是一个“试错”(trial and error)的过程。因为动物要生存，至少需要将刺激分为两类，一类是食物的可能来源，另一类是危险的潜在源泉；动物并不是对于自然界的所有刺激都作出反应，要对有害的或有利的刺激保持警觉，必须会省略，必须要对与自己无关的刺激无动于衷。

动物尚且如此(即便是最低级的动物)，那么人的心灵(mind)当然不是“水桶”一个或洛克所说的“白板”(tabula rasa)一块，毋宁说，更像是一座“探照灯”。为此，波普尔区分了观察(observation)与知觉(perception)：

> 观察是知觉，不过是有计划和有准备的知觉。我们并不是“有”观察(像我们可以“有”感性经验一样)，而是“从事”观察(导航者甚至“经营”观察)。……每个观察都由问题、假设(或者任何我们会使用的名称)来开路；不管怎样，观察总是由一些使我们感兴趣的东西、一些理论性的或推测性的东西先行。正因如此，观察总是选择性的，并且总是预设一些选择原则。②

波普尔的这一哲学洞见，得到了知觉心理学和格式塔心理学的证

---

① [英]E. H. 贡布里希．秩序感[M]．杨思梁，徐一维，译．杭州：浙江摄影出版社，1987：4.

② 参见[英]卡尔·波普尔．客观知识[M]．舒炜光，等，译．上海：上海译文出版社，1987：352.

明。① 也正是这一洞见，激发贡布里希提出“先制作后匹配”的理论。可以说，正是在认识论上固守“脑似水桶理论”，才使得许多美学专家固守“从写实到抽象”的教条，才使得他们对石器制造充满了很多不切实际的想象。

第三节　对陶器纹饰演变的一点看法

前面两节主要是对美学界所流行的“从写实到抽象”的理论进行反思，所以前两节主要是否定性的，意在使我们摆脱“从写实到抽象”的思维模式。在反思了这种思维模式之后，我们则需要简单地考察一下中国新石器时代陶器纹饰的产生与发展，并提出一些自己的看法。

一、几何纹饰的发生

和大多数学者不同，郎树德将彩陶纹饰分为四类：(1)以点、直线、弧线构成的几何形花纹；(2)植物形纹饰；(3)动物形纹饰；(4)独特的、意义不明的、神秘而怪异的一些纹饰，如“卐”字纹、“山”形纹、八卦形纹等。② 其中第一种纹饰数量最多。从本章第一节我们可以看到，“从写实到抽象”所要解决的就是几何纹饰到底从何而来的问题。

我们认为，要考察彩陶几何纹饰的起源，我们没有必要走那么远，从象生纹样中去推测其来源。只要观察一下彩陶以前的陶器制作，我们就会发现，这一类纹饰在彩陶之前的素陶上就已经存在了。

彩陶以前的陶器，以素面为主。对这些陶器而言，器形的规整和表面的光滑就是一种装饰。后来则出现了以刮、压的方式所产生的一些纹饰，关于这些纹饰的产生，郎树德的描述还是比较贴近实

① 关于波普尔的“脑似探照灯理论”与格式塔心理学及知觉心理学研究成果的共通之处，详参贡布里希《秩序感》之“导论”。

② 郎树德，贾建威．彩陶[M]．兰州：敦煌文艺出版社，2004：8-9.

际的。他说：

> 陶器生产之初，没有刻意装饰的纹饰，但加工过程中手捏、片状物刮削、拍打器壁等往往会留下一些不规则的印痕。随着人们审美意识的增强，他们逐渐将这种不规则的印痕转变为有意的、规则的纹饰，如成排的剔刺纹、一圈的手窝纹等。早期陶器上大量出现的绳纹是在木棍上缠绕绳索滚压器壁而形成的纹饰，既可增强陶胎的坚实度，又能起到美化陶器外壁的装饰效果，一举两得。后来只起装饰作用的纹饰种类越来越多，逐渐演变为单纯的装饰花纹，也因此，人们对陶器的装饰也越来越注重。随着工艺条件具备，彩陶便应运而生了。①

这里的关键问题是，不规则的加工印痕为什么会变成规则的几何图形。格式塔心理学所描述的“几何的格式塔”可以提供一个理论上的说明。加工过程中所留下的印痕都是不规则的，不规则的“形”往往难以把握，所以要么将这些不规则的印痕抹掉，要么就对这些不规则的印痕进行改造，将其转化成规则的。规则的几何图形，产生于不规则的加工印痕。这些规则的纹饰，其实就是彩陶之中的几何纹的先祖，只不过一种是通过刮压的方法产生，另一种是涂彩的结果。因此，几何纹饰的来源完全没有必要从写实图形的简化中寻找答案。

那么我们在这里是不是在坚持一种先验论的立场呢？显然不是的。因为我们在这里并不倡导规则图形是人脑中先验存在的，而是说人有一种对规则图形的喜好，有一种在不规则的图形中发现规则的倾向。换言之，并没有一种先天的形式，但是对形式的感觉却似乎是先天存在的。这种感觉就是形式感，用贡布里希的话来说就是一种秩序感。

贡布里希曾用了跟孟子证明“人性本善”同样的方法，证明人有一种天生的“秩序感”(sense of order)：

---

① 郎树德，贾建威．彩陶[M]．兰州：敦煌文艺出版社，2004：7.

> 我们有一种根深蒂固的倾向，即把秩序视为具有建立秩序能力的大脑的标志。因此，每当我们发觉自然界里存在着规律性，我们便会本能地感到惊讶。有时我们在树林中散步，我们的视线会被排列成非常完美的环形的蘑菇所吸引。民间传说之所以把这种蘑菇环称做仙女环（据说由于仙女跳舞而使茂草中长出围成环的蘑菇），是因为人们似乎难以想象这样有规律的蘑菇竟会是偶然产生的。①

我们之所以创造这样一个仙女的神话，是因为我们难以想象这样的蘑菇是非人为因素造就的。（图 2-6，引自 E. H. 贡布里希《秩序感》第 11 页）。同理，我们人类祖先面对周而复始的有规律的日落日出，除了设想它受“神”操纵或者它本身是“神”以外，还会如何想？从这个意义上来说，人是将自己的“秩序感”投射到了自然界，从而造出一个神来。造神的活动，就是人用自己所具有的发现秩序的能力，来发现秩序，并解释秩序的开始。人的精神生活其实在发现自然界的特异的东西时就开始了。

图 2-6　仙女环蘑菇

① ［英］E. H. 贡布里希．秩序感［M］．杨思梁，徐一维，译．杭州：浙江摄影出版社，1987：10-11.

被仙女环所吸引，并不是因为我们有了几何学的知识，而是因为这个圆环形的规律性。和仙女环的规律性的形状相比，大自然却显得有些混乱。“正是混乱与秩序之间的对照唤醒了我们的知觉”①，这种知觉不是简单的对刺激的被动的感觉，而是对秩序的探求。卡尔·波普尔在《客观知识》中说：“我先是在动物和儿童身上，后来又在成人身上观察到一种对规律性的强烈需求——这种需求促使他们去探寻各种各样的规律。”②这种对规律性的需求，就是人类形式感。我们常常说，自然界的变化是有规律的，但是如果我们回顾一下自然界给我们的印象，我们便会发现自然界在大多数情况下是混乱的。换用格式塔心理学的术语来说，大多数情况下的无规律性，就成了“底”；而极少数的规律性现象，则成了“图”。无规律性和规律性形成了格式塔心理学所说的“图—底”关系。就像人们往往将注意力放在图形而不放在背景上一样，人们首先注意到的是大自然中的规律。换言之，我们之所以发现自然界的秩序，是因为我们有一双寻找秩序的眼睛。正是这一双眼睛，使人类看到了昼夜的交替和四季的轮回。亚里士多德说的人类的知识来源于“惊异”，这种惊异感肯定是由混乱与秩序之间的对照所产生的。

这并不是在宣扬先验论，而是在说明人的能动性。正是这种能动性，使人们能够发现规则的形式，并制造规则图形：

> 一般来说，人为自己创造的世界是一个由简单几何形状构成的世界。③
>
> 正因为几何形状在自然界中是很少见的，所以人类的脑子

---

① ［英］E. H. 贡布里希．秩序感［M］．杨思梁，徐一维，译．杭州：浙江摄影出版社，1987：12.

② 转引自［英］E. H. 贡布里希．秩序感［M］．杨思梁，徐一维，译．杭州：浙江摄影出版社，1987：1.

③ ［英］E. H. 贡布里希．秩序感［M］．杨思梁，徐一维，译．杭州：浙江摄影出版社，1987：10.

就选择了那些有规律性的表现形式。①

可以说，没有一双寻找秩序的眼睛，没有对秩序的特别喜好，就没有几何形状。虽然人的头脑中没有先验的规则的几何图形，但是却有对这种图形的把握能力和喜好倾向。从抽象到写实的理论，否认先验形式的存在，却将人的形式感也否定了。正是这种形式感，促使人们将陶器加工过程中所留下的不规则的印痕改造成为规则的几何图形。也正是这种形式感，使人类的编织条纹呈现规则形状，使人受大自然中规则形状的启发。主张几何纹饰来源于自然的启发或来自劳动实践的论点，如果离开了人的知觉的能动性，将是不可理解的。

郎树德说，几何纹饰的“制作目的可以说是单纯的对美的追求”②，换言之，纯粹是为了美观，纯粹是出于对规则的喜爱。这种对规则的喜爱，使得最初的几何纹饰都是简单而规则的。

二、几何纹饰的发展

然而规则的图形，都有一个缺陷，那就是容易流于单调。荷加斯说：“单纯而不多样就会显得十分平淡乏味，顶多也只是不使人讨厌而已。”③所以，对于规则的图形，人们往往会产生一种矛盾的心态：

凡是简单规则的形，即好的形，都会引起一种矛盾的反应——即既想保留它，又想改变它。想保留它，是因为它看上去舒服、自在、合理；想改变它，是因为它单调、一般、规

① ［英］E. H. 贡布里希．秩序感［M］．杨思梁，徐一维，译．杭州：浙江摄影出版社，1987：15.

② 郎树德，贾建威．彩陶［M］．兰州：敦煌文艺出版社，2004：9.

③ ［英］威廉·荷加斯．美的分析［M］．杨成寅，译．北京：人民美术出版社，1984：31.

则、无多大刺激性。①

正是这种对于简单规则的“形”的既想保留又想改变的矛盾态度，使得几何形纹饰虽然变得多样，但是却仍然有一定的秩序。可以说，人对简单规则的几何纹饰的矛盾态度，成就了一种“多样统一”的形式美。因此我们可以推想，在将不规则的印痕转化为规则的纹饰之后，接下来的发展自然就是这种纹饰种类的多样化，以及随图案多样化而来的装饰专门化。这时，并非不规则的图形成了改造的起点，而是规则图形成了改造的起点。如果我们可以把规则几何纹饰的出现称为纹饰的发生的话，那么后来对这种规则的几何纹饰做出改变，使其不断多样化的过程，可以称为纹饰的发展：

> 从早期到晚期，主体图案大多以圆点、直线、弧线、圆圈、三角纹构成，其中三角纹的使用贯穿始终，早期多直边，中期多弧边，晚期变化多样。②

三角纹的这种发展过程就是由简单到多样的过程，是对单纯的、规则的几何图形既保留又修改的结果。郎树德以甘肃彩陶为主要例证来说明这个趋势，而这样的一个由直到曲的发展过程，也可以从半坡类型向庙底沟类型的演变看出。至于弧边的更进一步变化，我们可以根据严文明对彩陶纹饰的研究来说明。

其实，美学界在说明陶器纹饰的演变时，往往只注意到了苏秉琦所揭示的写实图像简化的这样一个序列，而没有考虑严文明所梳理的几何纹饰发展序列。

跟大多数学者一样，严文明将也庙底沟彩陶花纹分为两类，一类是象生花纹，另一类是几何花纹。在严文明看来，庙底沟彩陶花纹中，只有鸟纹和蛙纹属于象生花纹，其余的都是几何花纹。他把

---

① 滕守尧．译者前言[M]//[美]鲁道夫·阿恩海姆．视觉思维．滕守尧，译．北京：光明日报出版社，1987：18.

② 郎树德，贾建威．彩陶[M]．兰州：敦煌文艺出版社，2004：154.

几何花纹分为 11 种，其中以“垂弧纹、凸弧纹、花瓣纹和回旋钩连纹最多，最富特征，因而也最具有代表性”①。这四种花纹中，除了花瓣纹以外，其余三种似乎都是从简单的几何形纹饰发展到复杂的几何形纹饰，而不遵循所谓的“从写实到抽象”的轨迹。兹举垂弧纹以说明严文明所梳理的几何形彩纹发展顺序（图 2-7，引自严文明《仰韶文化研究》第 55 页）。

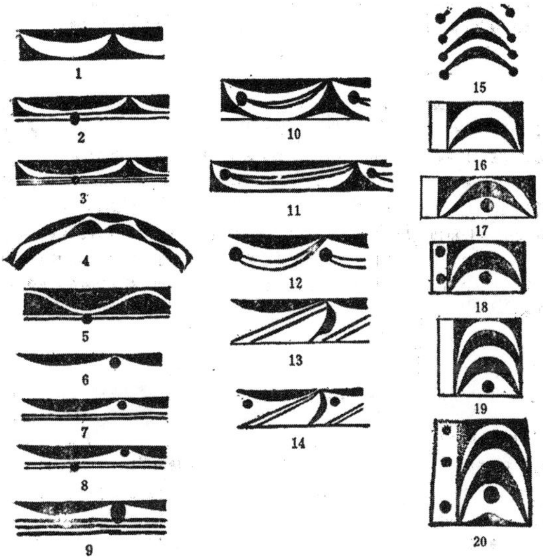

图 2-7　垂弧纹和凸弧纹的演变

严文明将垂弧纹分为五式：

Ⅰ式（1~3）上部一列垂弧，下部一列凹边三角，两垂弧相接处同时连接三角顶点。又分Ⅰa，即原式；Ⅰb，于凹边三角下加一横线，并缀以圆点；Ⅰc，于凹边三角下加两横线，亦缀以圆点。

Ⅱ式（4、5），上部一列垂弧，下部一列反弧相咬。又分Ⅱa，即原式；Ⅱb，于反弧下加一横线，上缀圆点。

Ⅲ式（6~9），上部一列垂弧，并于垂弧相接处饰以圆点。又分

① 严文明．仰韶文化研究［M］．北京：文物出版社，1989：56.

Ⅲa，即原式；Ⅲb，垂弧下加两横线；Ⅲc 垂弧下加两横线，并于横线上缀以圆点；Ⅲd，垂弧下加以三条横线。

Ⅳ式(10~12)，上部一列垂弧，并于每一垂弧下饰以向左抛掷的似流星索的纹样，其根部与垂弧相连接。又分Ⅳa，垂弧下加凹边三角；Ⅳb，垂弧下亦加凹边三角，唯仅两边内凹；Ⅳc，仅有垂弧加流星索纹。

Ⅴ式(13~14)，上部一列垂弧，与每一垂弧相应又有一侧弧和一双斜线，侧弧与双斜线之上端与垂弧相连接。又分Ⅴa，即原式；Ⅴb，斜线上方实以圆点。①

严文明所勾勒的这个垂弧纹的演变序列，可以说是几何纹样从简单到复杂、从单一到多样的过程。这样的一个发展过程，正是由滕守尧所说的对于简单规则的“形”既想保留又想改变的矛盾态度决定的。这样一个过程，也见于花瓣纹(图 2-8，引自严文明《仰韶文化研究》第 55 页)。

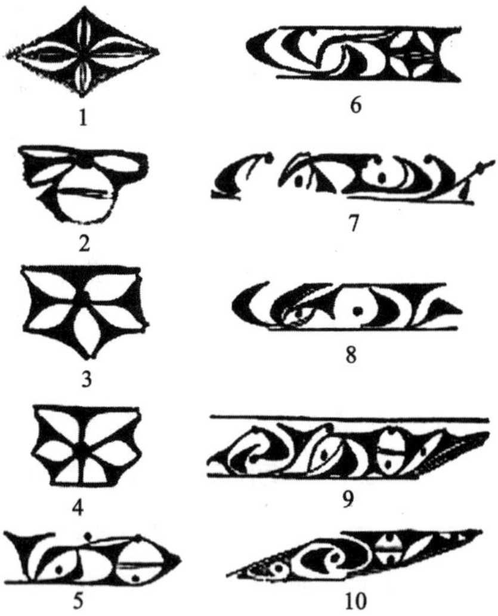

图 2-8　花瓣纹和回旋钩纹的演变

① 严文明．仰韶文化研究[M]．北京：文物出版社，1989：50-52.

严文明将花瓣纹归为几何纹饰，当然我们也可以将其看作写实纹饰，甚至后者的可能性更大一些。如果看作几何纹饰，这个序列就是一个由规则简单图案发展到“多样统一”图案的过程。如果看作写实纹饰，那么这样的一个演变过程就是一个由僵硬到活泼，对整体把握所产生的初始图形添加细节进行修正的过程：花瓣由四个增加到五个和六个，开始没有花蕊，后来的图形则用圆点表示花蕊。即使我们将其看作写实图形，我们也没有发现“从写实到抽象”论者所主张的从写实图像中抽绎出规整的几何图形的过程，毋宁说，起初的图形倒像是规整的几何图形，而后来的图形则越来越生动活泼，越来越不规则。

对同样一种图案可以作几何纹饰和写实纹饰两种解释的，还有严文明所说的回旋钩连纹。严文明所说的回旋钩连纹，其实和苏秉琦所说的蔷薇科图案与菊科图案十分相近。如果说对于花瓣纹来说，我们将其看成写实纹样的可能性比看成几何纹样的可能性大一些的话，那么对于这种回旋钩连纹，我们则认为其为几何纹样的可能性更大。这从一个侧面证明，苏秉琦所勾勒的序列只是一种“揣想”，而不是“断言”；同样也说明了，苏秉琦所说的图案即便最初是写实，也是一种高度概括的工艺美术图案，不能同写生画相比。

三、写实纹饰的演变

我们知道，在“所有含彩陶的考古学文化中，其纹饰主体均为几何形图案，动植物图案永远是少数”①。就是这永远占据少数的动植物图案或象生纹饰，引导人们得出了一个所有的陶器纹饰都经过了一个“从写实到抽象”的过程的结论。虽然我们前面对于“从写实到抽象”的理论提出了多方面的质疑，但是象生纹饰的确都经过了一个从写实到抽象的过程。由于好多我们常说的植物纹样也可以看作几何纹样，所以“从写实到抽象”的过程就集中反映在动物纹样上：

---

① 郎树德，贾建威．彩陶[M]．兰州：敦煌文艺出版社，2004：159.

> 鱼纹的发展呈现出从具象到抽象、复杂到简单的艺术演进规律。①
>
> 鱼纹的发展变化总体趋势是不断地简化，自然形态的鱼纹经概括和取舍逐渐凝练为固定化的图案，写意的表现手法逐渐取代了写实的风格。②

我们在这里发现，几何纹样的发展过程几乎和动物纹样的发展过程相反，前者是从简单到复杂，后者是从复杂到简单。对于前者，我们可以从人对简单规则图形的既想保留、又想改变来解释，那么对于后者呢？

要解释这样的一个现象，我们最好从写生纹样的制作说起。以鲵鱼纹彩陶瓶（图 2-9，引自郎树德、郭建威《彩陶》第 27 页）为例，

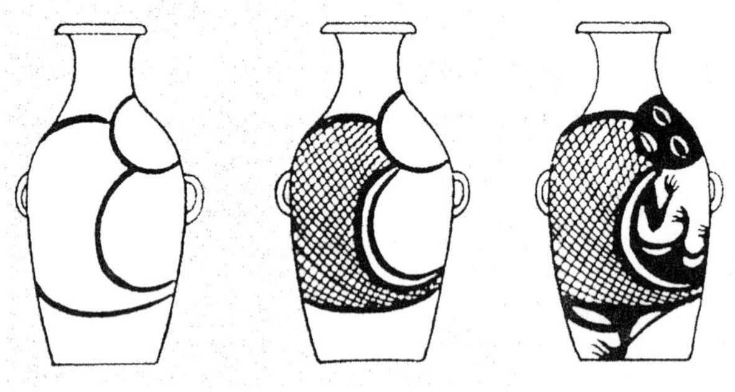

图 2-9　鲵鱼纹绘彩次第

这种写生纹样的制作过程“应是先勾勒鲵鱼的身躯之后再绘其躯体内的网格纹及肢体”③。这样一个先勾勒轮廓、后填充的过程，其实就是贡布里希所说的“先制作后匹配”的过程——先构造一个整体图式，后进行局部修正。构造整体图式的能力，直接制约着写实

① 郎树德，贾建威．彩陶［M］．兰州：敦煌文艺出版社，2004：154.
② 郎树德，贾建威．彩陶［M］．兰州：敦煌文艺出版社，2004：159.
③ 郎树德，贾建威．彩陶［M］．兰州：敦煌文艺出版社，2004：27.

纹饰的质量。用郎树德的话来说，“绘画技能的熟练程度直接影响着彩陶的质量和美观”①。所以写实纹样的发展过程，就是一个绘画技能不断走向成熟的过程，也是整体图式不断明晰化的过程。严文明在解释蛙纹和鸟纹的演变(图 2-10，引自严文明《仰韶文化研究》第 313 页)时准确地指出了这一点：

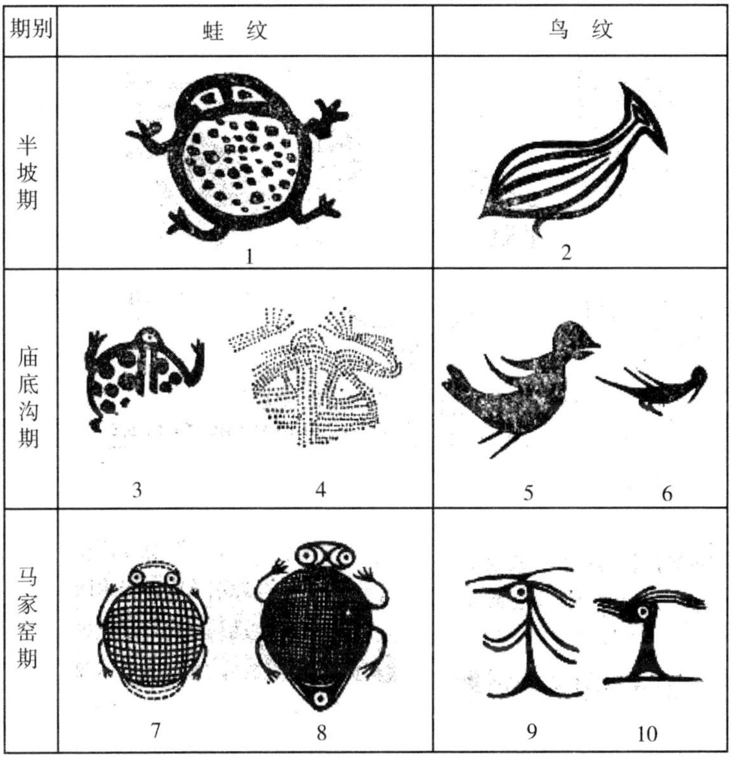

图 2-10　仰韶文化蛙纹和鸟纹的演变

把半坡期到庙底沟期再到马家窑期的蛙纹和鸟纹联系起来看，很清楚地存在着因袭相承、依次演化的脉络。开始是写实的，生动的，形象多样化的，后来逐步走向图案化，格律化，

① 郎树德，贾建威．彩陶[M]．兰州：敦煌文艺出版社，2004：27.

规范化，而蛙、鸟两种母题并出这一点则是始终如一的。①

这也就是说，这个从写实到抽象的过程，其实就是一个写实纹饰制作不断格律化、规范化的过程。就像诗歌的格律化过程一样，这是一个程式化的过程。我们现代人都反对程式化，但是对于任何艺术来说，程式化是一个必然的阶段。贡布里希指出：

> 历史学家知道，对于公式的这种反感是较近时期的新事物。许多早期的文明恐怕未曾理解在我们的批评中起着如此作用的程式和灵感二者之间的差异。没有一种艺术传统像中国古代的艺术传统那样着力坚持对灵感的自发性的需要，但是，我们正是在那里发现了完全倚赖习得的语汇（acquired vocabulary）的情况。②

程式化意味着对媒介的把握和驾驭能力的提高，意味着制作的方便自如。动物写实纹样其实就是几何图式走向简单明晰的过程，其实就是制作写实形象能力提高的过程。所以动物纹样“从写实到抽象”的演变，并不是从写实图像中产生几何图形，而是几何图形和写实图像相互促进，是进一步熟练掌握造型“语汇”的过程。如果是这样，我们在本章第一节所引的敏泽的“在出土的陶制品的绘画中，虽然写实、摹拟与几何化、图案化常常是并存的，但在总体上，它们之间却经历着一个由前者向后者发展的过程”这句话，也可以倒过来说，那就是：虽然动物纹饰走过了一个从写实到抽象的过程，但是“写实、摹拟与几何化、图案化常常是并存的”。

四、对于“从写实到抽象”的几点补充说明

即使我们承认动物纹饰“从写实到抽象”的演变，此演变也是

① 严文明．仰韶文化研究[M]．北京：文物出版社，1989：312-313.

② ［英］E. H. 贡布里希．艺术与错觉[M]．林夕，等，译．长沙：湖南科学技术出版社，2004：109.

制作技术逐渐成熟的过程，而不是一种几何纹样从无到有的过程。所以，在承认动物纹饰“从写实到抽象”的演变之后，还是要补充说明以下几点：

(1)由于我们习惯以“从写实到抽象”来解释几何纹饰的来源，因而对写实纹饰的演变所做的许多描述，无疑有过度阐释之嫌。其中一个典型例证就是对鱼纹演变的梳理，这个序列也经常成为证明规则几何图形来源于写实图形的简化的根据(图 2-11、图 2-12，引自吴山《中国新石器时代陶器装饰艺术》第 14、15 页)。然而，三角形并不需要从鱼纹简化而来。关于这一点，前文既做了理论说明，也从彩陶纹饰中找到了证据。前面已说，三角纹贯穿于仰韶彩陶纹饰的始终，而且规则的三角形往往出现在早期，而不是晚期。早期出现的规则三角形就包括直角三角形和等腰三角形，所以，我们有理由认为前面所引的鱼纹演变序列是被过度阐释了。

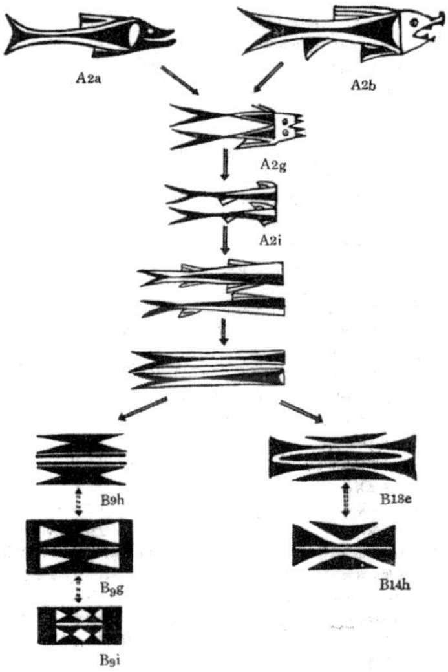

图 2-11 半坡鱼纹复合演化推测图(一)

(2)这里所谈到的“写实与抽象”，跟我们今日所理解的写实与抽象很不一样。程金城就注意到了这一点：

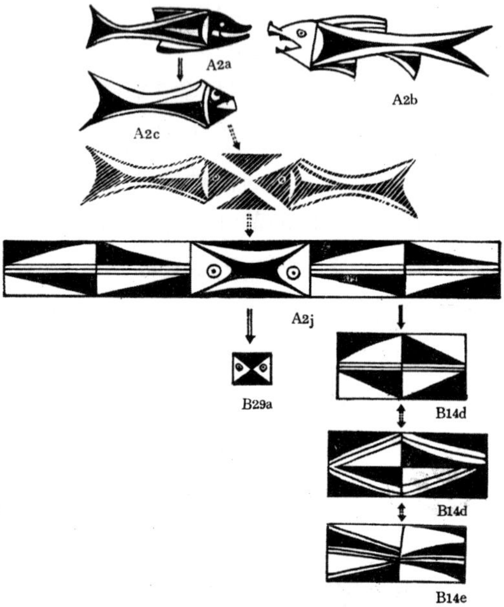

图 2-12 半坡鱼纹复合演化推测图(二)

> 原始时期的抽象表现并不是一种理性的抽象概括，而是一种不得已时所表现出来的绘画手法，是想具象而不能时所采取的方法。同时这种抽象带有美化陶器的装饰意味，它和现代艺术的抽象是不同的，与写意画中的抽象也是不同的。“原始抽象”方法应该是一个具有特定含义的概念术语。①

也就是说，我们在说彩陶纹饰中的“抽象”风格时，我们一定要考虑两个因素。一是技术的因素。正像我们不能将《诗经》中一些格律不整齐的诗句称为自由体一样，我们也不能把一种几何风格的写实图像看作是重神似而不重形似的“写意”。在艺术史的编写中，

① 程金城．远古神韵：中国彩陶艺术论纲[M]．上海：上海文化出版社，2001：183-184.

以晚期阶段的观点去解释早期作品的错误做法屡见不鲜①，这种错误可以简称为“以今律古”。好多学者正是因为犯了这样的错误，从彩陶上的动物纹样的几何痕迹，来说明我国的写意传统。二是这些动物纹样是一种器物装饰，而不是后来意义上的写实艺术。既为器物装饰，就要服从器表区域的几何划分，所以图案化是器物装饰的第一要求。只有这样，不但安排起来方便，而且制作也相对容易。动物纹样不断地几何化，也可以看作一个不断图案化的过程。

(3)几何纹饰并不一定都是“有意味的形式”。“从写实到抽象”不但关注几何纹样的来源问题，还关心形式美中的意味。在大多数学者看来，动物纹样都是图腾象征。所以，动物纹样的演变过程就是李泽厚所说的“有意味的形式”的形成过程，就是“内容积淀为形式”的过程。前面的讨论已经说明，几何纹饰并不是象生纹饰简化的结果，从这个角度来论证所有的几何纹饰都是“有意味的形式”，恐走得太远。而且这一思路还存在对“图腾”一词的误用问题。我们知道，图腾是文化人类学研究中的一个基本概念，它往往是人们崇敬的对象，往往与禁忌联系在一起。将鱼纹等动物纹饰看作图腾崇拜的产物，显然有些不合适。郎树德明确地指出了这一理论困难：

> 作为图腾崇拜的、受到全体社会成员崇敬的动植物，是本群落成员的祖先，是不能随意捕杀或损坏的，换言之，作为本群落成员广泛捕杀的动物根本不可能是他们的图腾。半坡遗址中出土了不少的鱼钩、鱼叉等捕鱼工具，那么将鱼认定为其图腾的徽号显然是不适当的。②

所以，即使对于象生纹样来说，也并不是所有的都具有象征意义。

(4)关于陶器造型的起源问题。虽然并没有人明确主张陶器

① [美]鲁道夫·阿恩海姆．艺术与视知觉[M]．滕守尧，朱疆源，译．北京：中国社会科学出版社，1984：247.

② 参见郎树德，贾建威．彩陶[M]．兰州：敦煌文艺出版社，2004：9.

造型的演变也遵循“从写实到抽象”的过程，但是大多数学者仍然认为，滚圆的陶器造型源于对自然界的圆形物体的模仿。先是模仿自然造物造型，后来才有规则的几何形状。① 所以，我们有理由将这种论点归为“从写实到抽象”。跟纹饰中的几何形状一样，陶器的圆形并不需要模仿葫芦等自然造物而产生。更进一步说，假如圆形需要从对葫芦的模仿过程中才能抽象出来，那么最早的陶器造型就应当是拟生形的，而不是圆形的。事实上，如果最早的陶器不是圆形的，陶轮的发明就变得不可理解。其实，整个陶器制作技术的进步，就是人们对于陶器造型的滚圆程度精益求精的过程。所以圆形一直是陶器制作的首选，是陶器造型的初始图式，后来的发展其实就是对这个圆形不断改造的过程。所以，对于陶器的几何造型的解释，人们犯了和在几何纹饰问题上同样的错误。

我们在此申明这些问题，意在说明所谓的“从写实到抽象”，只能解释一部分现象，并不能作为一条纹饰演变的基本规律。

第四节　对于“味觉论”的一些思考

关于陶器的流行论点，除了“从写实到抽象”外，还有“味觉论”。可以说，“味觉论”是我国学界寻找中国美学民族特质的一个代表成果，其核心论点是：西方的审美理论以视觉、听觉为中心，而中国的审美理论则以味觉为中心。味觉论又可分为两个层次：(1)理论话语层次。在这个层次上形成了独具特色的审美概念体系，如味、韵味、趣味等。(2)审美心理层次。认为中国人的审美意识发源于味觉。这两个层次是不同的，就像名与实并不是一回事一样。我们先简单谈一谈理论话语层次上的“味觉论”。

---

① 吴山．中国新石器时代陶器装饰艺术[M]．北京：文物出版社，1982：1-9；徐思民．中国工艺美术史[M]．济南：山东教育出版社，2002：8-9.

一、理论话语层次上的“味觉论”

美感、审美这些词汇肯定是西学东渐的产物，中国古人在谈论我们现在所谓的美感和审美的时候，一般用“味”，由此形成了趣味、韵味、味外之味等以“味”字为核心的概念家族。所以，陈望衡将“味”称为“美感理论的核心范畴”①。这也就是说，以“味”来形容审美，似乎是中国古典美学理论话语的一个传统：

> 中国古典美学用得最多的概念是“味”。味的本义是味觉，但中国古典美学说的味，实际上只是一个比喻。它说的是精神性的体悟。②

既然只是一个比喻，那么肯定是话语的问题，而不是实在的问题。换言之，“味”作为中国古代美学理论的核心范畴，只是一个“名”的问题，而不是一个“实”的问题。蔡元培早就指出，我国文学家固然常用趣味、兴趣、神味等语词作为理论术语，这当然“属于美学的范围，但严格讲起来，这种都是假借形容”，并不能说明他们真正首肯味觉作为审美的器官。③

为什么非得需要“味”这样的一个比喻来言说审美感受呢？难道直说不行吗？事实上，美学研究的一个“局限”就是“除了用比喻外，没有什么别的方法可以表达审美反应”④。因为审美反应往往“微妙玄通”，我们用分析性的话语去解析它，很容易产生庄子所说的“七窍凿而混沌死”的尴尬局面。所以对于混沌的审美反应，最好还是用一个比喻来形容。用比喻来说明审美反应，其实在某种

---

① 陈望衡．中国古典美学史[M]．长沙：湖南教育出版社，1998：10.

② 陈望衡．味觉与中国传统美学[M]//陈望衡．境外谈美．石家庄：花山文艺出版社，2003：266.

③ 参见陈伟．中国现代美学史纲[M]．上海：上海人民出版社，1993：105.

④ [英]E. H. 贡布里希．秩序感[M]．杨思梁，徐一维，译．杭州：浙江摄影出版社，1987：214.

程度上就是以另一个混沌置换这一个混沌，是一种不了了之的迫不得已的办法，毕竟谁不想将问题用明晰的语言表述清楚呢？但是，一旦觉得用明晰的语言往往表达不清楚，甚至越说越糊涂，人就自然地选择了比喻。

维柯说："人类心灵还另有一个特点：人对辽远的未知的事物，都根据已熟悉的近在手边的事物去推断。"①审美反应相对于味觉体验来说，无疑属于"辽远的未知的事物"的行列，而味觉体验则属于"近在手边的事物"。所以，用"味"来形容审美，可以说是很自然的一件事情。

以"味"来喻审美，肯定是一种美学理论话语上的局限，因为"品味毕竟只是一种比喻。事实上，审美欣赏活动要比品味复杂得多，深奥得多，困难得多。我们甚至可以说，它们之间存在着本质的差别"②。但这一局限仍值得尊重，因为"味"毕竟还是一个很不错的喻体：

> 比起别的感觉来，味这种感觉的确要精细得多，微妙得多，它难以言传，只有亲自品尝方才得之，因此，用它来比喻审美体验就显得非常合适。③
>
> "味"一头连着审美深入，含有审美探寻、咀嚼、品研的意思，它或可作为"悟"的前导，又是"悟"后审美心理活动的自由延伸。"味"的另一头连着审美享受，它具有品味的意思，"味"表示此种审美享受无比的美妙、神奇、绵绵不绝。④

"味"字的确很传神地描绘出了审美的特征，既有感性的当下满足，也有理性的无穷回味。所以，以"味"为核心的概念体系，来描述

---

① ［意］维柯．新科学［M］．朱光潜，译．北京：人民文学出版社，1986：83.

② 蒋孔阳．美学新论［M］．北京：人民文学出版社，1993：304.

③ 陈望衡．当代美学原理［M］．北京：人民出版社，2003：111.

④ 陈望衡．中国古典美学史［M］．长沙：湖南教育出版社，1998：10.

美感体验，是一个不错的选择。它让不可言说的美感体验成为可言说的，让难以把握的暂时成为可以把握的。人只有在言说和把握之后，才能谈得上探究。所以，尽管审美欣赏活动和品味之间有蒋孔阳所说的“本质的差别”，尽管以品味来形容或比喻审美有其“局限”，但我们还是可以将这个局限称为“伟大的局限”。

实际上，以“味”来形容审美，并不是中国人的专利，英文中的“taste”、德文中的“Geschmack”、法文中的“gout”等词语，既有品味的意思，也有审美、鉴赏的意思。① 同样，用“味”来作“喻体”，也不限于审美领域。《礼记·中庸》中所说的“人莫不饮食也，鲜能知味也”显然是一种比喻，这个比喻的“本体”不是美感，而是“道”。

总之，在美学理论话语层面上，“味”是一个比喻，而且是形容美感的一个很不错的比喻。西方人也在使用此类比喻，但远没有像中国美学理论话语中那样，形成一个以“味”为中心的概念家族。② 所以，我们有理由认为，中国古代的美感论的中心范畴就是“味”。如果说任何一种理论话语都有一个核心隐喻或“本喻”的话，那么“味觉”无疑就是我国古代美感论的核心隐喻或“本喻”。

二、由词源学所支持的、审美意识层次上的“味觉论”

审美意识层次上的“味觉论”，将理论话语层次上的“味觉论”实体化了。这种理论认为，中国人的审美意识发源于味觉体验，而西方人的审美体验则发源于视觉。中国人的审美心理，从一开始就和西方人的不同。这一理论得到了两方面的支持，一个是词源学的证明，另一个是陶器的发达。我们首先讨论第一个。

从词源学的角度来论证中国人的审美体验源于味觉，从而主张

---

① 参见李泽厚．中国美学史（先秦两汉编）［M］．合肥：安徽文艺出版社，1999：74；［日］笠原仲二．古代中国人的美意识［M］．杨若薇，译．北京：生活·读书·新知三联书店，1988：10-11，脚注．

② 参见陈望衡．中国古典美学史［M］．长沙：湖南教育出版社，1998：11．

审美心理层次上的“味觉论”的“第一人”，大概就是日本学者笠原仲二。这个“第一”不但是说他提出这一见解最早，而且说他的考证最为详尽。

他所撰《古代中国人的美意识》一书，于1979年在日本出版。1984年，《美学译文》第3辑(中国社会科学出版社)刊登了笠原仲二的文章《“美”字在〈说文〉中的本义和审美意识的起源》的中译版，该书之中心观点尽在此文中。1987年北京大学出版社出版了该书魏常海之中译本，1988年生活·读书·新知三联书店又出版了杨若薇之中译本。由中译本出版之快，就可以想见笠原氏观点影响之大。

该书从《说文解字》中所说的“美，甘也，从羊从大。羊在六畜主给膳也。美与善同意”(《说文解字·羊部》)入手，经过详细的文字考证，得出了一个结论：“中国人最原始的审美意识起源于‘膘肥的羊肉味甘’这一古代人的味觉感受。”①这当然不是说，古代中国人审美时没有视觉、听觉等方面的愉悦，而是说，这些愉悦都来自“味觉”这种官能性体验。先有羊肉的“甘”所带来的味觉愉悦，才有“羊大”所带来的视觉快感。换言之，先有与人的生存本能密切相关的“甘”，后才有视觉方面的“羊大”。据此，笠原仲二为中国人的美意识的发展排出了这样的一个序列：

> 就“美”字在《说文》上的本义来思考，总的说来，中国人的审美意识在其初级阶段上，最初根源于“甘”这一官能性的味觉美，然后是与味觉美的悦乐感关系最为密切的嗅觉美，以及视觉—触觉美，最后是听觉美。②

这个序列，即是一个逐渐远离官能性愉悦的过程——越是往后，距

① ［日］笠原仲二．古代中国人的美意识［M］．杨若薇，译．北京：生活·读书·新知三联书店，1988：3.

② ［日］笠原仲二．古代中国人的美意识［M］．杨若薇，译．北京：生活·读书·新知三联书店，1988：42.

离人的生存本能就越远。这样的一个逐渐远离官能性愉悦的过程也表现在“色”上。一般认为，“色”的本义是“男女之交媾”或“性欲”，所以“美色”的“美”首先是一种官能性的愉悦，其次才是视觉上的快感。

总之，笠原仲二以“告子曰，食、色，性也”(《孟子·告子上》)、“饮食男女，人之大欲存焉”(《礼记·礼运》)两语中所说的“食”与“色”为契机，探讨中国古代美意识的起源，并得出了这样的结论：

> 中国人的审美意识，在其初级阶段，一般还是从与肉体的、感觉的东西有着直接关系的对象中触发而产生。……约束中国古代人们的美的体验，是魅惑灵魂、摇动人心那样的一个深刻激烈的感受，而且在最原始性上，主要是所谓“食”，其次是“色”，即意味着对于满足人最重要的本能的自然性欲求的官能性的感受。①

这一段话包含了笠原仲二对中国美意识的起源的探讨所得出的两个结论：(1)中国人的审美意识，在其初级阶段，是食、色方面的官能性的感受；(2)食、色两者之中，食具有优先地位。总之一句话，“中国人的原始审美一般直接起源于官能的味觉体验”②。

在笠原仲二看来，这里就出现了中西差异。他说，西方人一般让美感专属于视觉、听觉这样的高级感官，将“由嗅觉、味觉、触觉得到的官能性快感作为动物性感觉贬斥在(艺术性)美的领域之外。与此相反，中国古代人在五觉(或者除触觉以外的四觉)中，没有意识到任何高、卑、上、下的审美价值差别”。之所以会出现

---

① ［日］笠原仲二．古代中国人的美意识［M］．杨若薇，译．北京：生活·读书·新知三联书店，1988：36-37.

② ［日］笠原仲二．古代中国人的美意识［M］．杨若薇，译．北京：生活·读书·新知三联书店，1988：10.

这样的差异，是因为中国古代人“把美意识最究极的根源放在味觉上”。①

以上所述的就是由词源学证据所支持的审美意识层面上的“味觉论”。

三、由笠原仲二的“味觉论”所引发的几种观点

笠原仲二的这一观点，在中国影响巨大。该理论一经提出，就立刻引起了国内学界对于“美”字本义的注意。曾经有那么一段时间，关于“羊大为美”还是“羊人为美”成了学界讨论的一个热点。于是，就产生了两种理论，一个是与“羊大为美”相应的“味觉论”，另一个是与“羊人为美”相应的“图腾说”。

（一）朱狄的“图腾说”

朱狄可以说是我国学界研究审美发生和艺术起源问题的泰斗。他首先反对笠原仲二的“味觉论”，转而主张美感体验来自图腾信仰：

> 我的看法刚好相反，“美”的概念来源于图腾信仰，不但与“甘”字毫无关系，而且正因为它来源于图腾信仰，因此正如图腾的禁忌那样，这样的动物是不能吃的。证据就是甲骨文上的“美”字的集中写法似乎都来自一个来源，即头戴图腾标志的人的形象。②

在朱狄看来，“羊大为美”的那个“大”，其实是“大人”；上面的那个“羊”，也不是“羊”，而是人头顶上的四只羊角的装饰品。“原始人何以要头戴如此笨重的装饰品？只要我们一提出这个问题，那么

① ［日］笠原仲二．古代中国人的美意识［M］．杨若薇，译．北京：生活·读书·新知三联书店，1988：43.

② 朱狄．原始文化研究［M］．北京：生活·读书·新知三联书店，1988：100.

事实就很清楚，答案只可能有一个：这是一种图腾标志。……这样的‘人’当然既非个体亦非群体，而是一种神化了的实体，一种美和善的精神象征。”①所以准确的解释应当是“羊人为美”。

因此，到底是“羊大为美”还是“羊人为美”，不仅有关“美”字的两种解读，而且是一种立场分歧，即最初的美意识是生物性的官能愉悦还是社会性的精神升华的问题。

(二)李泽厚的调和立场

李泽厚面对“味觉论”和“图腾说”，明显地采取了一种调和的立场。他认为，从字源上来讲，是“羊人为美”，但这个“美”不是审美意义上的“美”，而更多的是一种“善”。审美意义上的“美”或“不同于‘善’的‘美’”，则与味觉相关：

> 这种明显地不同于“善”的“美”，在最初指的就是能直接给人以感官享乐的声、色之美，而且连味的美也包括在内。②

所以，在对“美”字的解释上，他同意“图腾说”所主张的“羊人为美”；但是在美意识的起源上，却认同“味觉论”。当然在这里，他并没有像笠原仲二那样明确地给视觉、听觉、味觉排先后顺序，甚至可以说只是附带提了一下味觉。但是在接下来的一段文字中，就特别强调了味觉在审美意识起源上的意义：

> 从人类审美意识的历史发展来看，最初对与实用功利和道德上的善不同的美的感受，是和味、声、色所引起的感官上的快适分不开的。其中，味觉的快感在后世虽然不再被归入严格意义上的美感之内，但在开始时却同人类审美意识的发展密切

① 朱狄．原始文化研究［M］．北京：生活·读书·新知三联书店，1988：100-101.

② 李泽厚．中国美学史(先秦两汉编)［M］．合肥：安徽文艺出版社，1999：73.

> 相关。这从字源学上也可以清楚地看到。如德文的“Geschmack”一词，既有审美、鉴赏的含义，也有口味、味道的含义。英文的“taste”一词也是这样。中国的“美”字，最初时象征头戴羊形装饰的“大人”，同巫术图腾有直接关系，虽然其含义同后世的“美”字有关，但所指的是在图腾乐舞或图腾巫术中头戴羊形装饰的祭司或酋长。在比较纯粹意义上的“美”的含义，已脱离了图腾巫术，而同味觉的快感相连了。①

既然特别强调味觉的意义，那么我们就有理由认为他还是倾向于“味觉论”的立场。

李泽厚之所以持一种调和“图腾说”和“味觉论”的立场，显然与他所说的“内在自然的人化，是我关于美感的总观点”②有关。这种“内在自然的人化”的意思，说得通俗一些，就是“吃饭不只是充饥，而成为美食；两性不只是交配，而成为爱情”；说得抽象一些，则是“在感性而不只是感性”③。“在感性”使得他从“食”与“色”两个方面来探讨美意识的起源，“不只是感性”则是他强调美感的超越官能性愉悦的性质。这就是他所说的“美感的矛盾二重性”：

> 总起来说，美感就是内在自然的人化，它包含着两重性，一方面是感性的、直观的、非功利的；另一方面又是超感性的、理性的、具有功利性的。这就是我在1956年提出的“美感的矛盾二重性”。④

---

① 李泽厚．中国美学史(先秦两汉编)[M]．合肥：安徽文艺出版社，1999：74-76.

② 李泽厚．美学四讲[M]//李泽厚．美学三书．合肥：安徽文艺出版社，1999：512-515.

③ 李泽厚．美学四讲[M]//李泽厚．美学三书．合肥：安徽文艺出版社，1999：516.

④ 李泽厚．美学四讲[M]//李泽厚．美学三书．合肥：安徽文艺出版社，1999：516-517.

这也就是说，他认为美感从一开始，就包含了“味觉论”所强调的感性愉快和“图腾说”所强调的精神升华。

(三)许龙对于“羊大为美”的另一种解释

许龙对味觉论的反驳可以说是“倒戈一击”。他通过文字考证分析，也认为是“羊大为美”。但是他从“羊大为美”，却得出了和笠原仲二截然不同的结论：“羊大为美”首先是视觉的快感，其次才与味觉上的“甘”相连。换言之，“美”字的本义与视觉相关，至于味觉上的意义，则是引申义：

> 随着时间的推移，文字使用的普及，且与日常生活愈益密切，由“羊”与“大”构成的“美”字字义演变为“羊大为美”，而在古人看来，形体丰满肥大、肉多脂厚的牲畜，其滋味必然可口好吃，故“美”字又有“甘美”之意。凡此种种，均是后来“美”字的引申义、衍生义。至此，我们就可推测：古代中国人的审美意识并非源于味觉体验，而是发源于对“羊”“大”外在形状姿态的视觉感受性。①

既然中国人的审美意识来自“对‘羊’‘大’外在形状姿态的视觉感受性”，那么，中国人的审美意识也和西方人没有什么区别，都是起源于一种视觉快感。

四、通过字源学考据来探讨中国古代审美意识起源问题的困难

张本楠在《古代中国人的美意识》一书的“中译本前言”里，对笠原仲二的论证表示怀疑：

> 古代中国人美意识起源于感官愉悦的观点，书中所论尽管

① 许龙．中国古代“美”之本义形成新探[J]．江西社会科学，1995(3)：110.

是持之有据，言之成理，然作为一种意识形态，特别是美意识这样复杂的观念，仅仅通过文字训诂而断言其起源于味觉快感等，显然是远远不够的。①

这也就是说，字源学探讨对于美意识的起源问题来说，仅仅具有参考意义，而不具有决定意义。将主要论据放在字源学探讨上，无疑会出现逻辑上“推不出”的错误。

笠原仲二的“味觉论”所面临的这一困难，并没有被上文所说的三位学者所克服。他们虽然对笠原仲二的“味觉论”作出了不同角度的反思，但却和笠原仲二一样，企图从汉字“美”的本义上去探索中国古代审美意识的起源问题。

当然，朱狄曾明确反对单从文字考据的角度去立论，认为这种词源学的探讨只有很有限的参考意义，并不能充分说明美意识的起源问题：

假如对审美意识起源的考察只停留在《说文》对“美”的解释上，完全因袭古人的看法，实际上是得不到正确答案的。《说文》在释“芳”时也说“芳也，从黍从甘”，那么根据这种解释“美”与“芳”是同源的，它们都来自“甘”，但这种词源学是决不能真正解开审美发生之谜的。而且在方法论上与弗洛伊德是一样的：想以一个孤证去覆盖几万年的历史。在我看来，正像不能用小阿尔伯特的性欲倒错的病例去覆盖整个人类的图腾起源一样，也不能用“美，甘也，从羊从大”去覆盖人类的审美起源。只有在更为深远的人类精神的原始实体即图腾信仰中才能找到“美”字形成的历史背景。②

① 张本楠．中译本前言[M]//[日]笠原仲二．古代中国人的美意识．杨若薇，译．北京：生活·读书·新知三联书店，1988.

② 朱狄．原始文化研究[M]．北京：生活·读书·新知三联书店，1988：101.

但是在他的论述中，甲骨文中“美”字的意义对他来说还是一个重要根据。假如“美”字的原义不是他所说的那样，他的结论肯定会发生改变。所以，在对于“美”字的原义的倚赖上，他和笠原仲二基本相同。李泽厚和许龙，当然也不例外。

即使我们承认字源学研究对于探讨中国人的美意识具有非凡的意义，我们也不一定非要考证“美”不可。因为，美学是一个来自西方的学科的中译名，好多学者认为这一中译名并不准确，但“约定俗成谓之名”，既然已经这么用了，那么就这么称呼吧。

但如果我们从“美学”这一译名出发，认为美学的核心概念就是“美”，认为对审美意识的起源来说，“美”字在汉语中的意义极为重要，那我们就犯了一个错误。这个错误和“萧伯纳”姓“萧”名“伯纳”的错误一样，都是“以名律实”。事实上，有好多学者注意到，“美”字并非中国美学理论中的核心概念：

> 中国古典美学体系的中心范畴并不是“美”。只抓住一个“美”字根本不可能把握中国古典美学体系。①
>
> 在中国古典艺术思想史的整个方面，“美”其实既非中心的范畴性观点，也非最高层次的范畴性观念。换言之，“美”这一范畴在中国古典艺术思想领域里的地位要比西方低得多。②

“美”字并非核心范畴，并不能引导我们得出比中国古代“有美无学”③更极端的结论，即中国古典不但没有“美学”，而且没有“美”或“审美”。事实上，就像我们说“审美”在古代是用“味”来表述一样，我们现在所谓的“美”（英文“beauty”意义上的“美”），在中国

① 叶朗．中国美学史大纲[M]．上海：上海人民出版社，1985：24.

② 丁宁．艺术史：中西比较的课题[M]//丁宁．绵延之维：走向艺术史哲学．北京：生活·读书·新知三联书店，1997：321-322.

③ 笔者并不同意张法所提出的中国古代“有美无学”这一论点[邓军海．对中西比较美学的几点反思[M]．文艺理论研究，2005(4)：53-54]。

古代也许并不用“美”字来称呼。陈望衡指出：

> 在审美品评这个系统中，“美”诚然也是范畴之一，但不是核心范畴，核心范畴是“妙”。①

核心范畴是不是“妙”，我们还可以怀疑或者有另外的提法，但是“美”在中国古代审美品评系统中的地位不如“妙”这一点，却是无疑的。

果真如此，那么通过字源学证据来寻找古代中国人审美意识的理路就显得越加可疑了。无论是笠原仲二，还是对他的观点作出应和或反对的学者，似乎都没有注意到这个问题。

五、由发达的陶器所支持的审美意识层面上的“味觉论”

一些学者，首先援引笠原仲二对“美”字的字源学分析及其结论，并进一步将“味觉论”与中国的饮食文化联系起来，再将饮食文化的发达溯源到考古发现的陶器上。笠原仲二的字源学证明所存在的问题，我们在前文中已经作了简单的分析。我们这就以林少雄的论述为例，重点看看考古学证据是否支持“味觉论”。

我们知道，陶器主要是炊具和饮食用具。所以，从中国新石器时代陶器的发达，我们自然不难推想中国人这一时期的饮食的发达程度。饮食的发达，又使人的“味”的概念体系的发达成为可能。我们当然承认发达的陶器对人的“辨味”能力的促进。但是承认这一点，并不能引导我们得出中国人的美意识源于“味觉”的结论，因为发达的陶器不是中国的专利，而是整个人类新石器时代普遍存在的现象。所以，如果发达的陶器能证明中国人的美意识发源于“味觉”，那么也能证明整个人类的审美意识发源于味觉。如果说整个人类的审美意识发源于味觉，那么又和笠原仲二对“美”字的分析不一致了。在笠原氏那里是中国人的美意识发源于味觉，而西方人不是。

① 陈望衡．中国古典美学史[M]．长沙：湖南教育出版社，1998：11.

当然，从考古学的角度去论证中国人的美意识发源于味觉，也可以从“彩陶：‘美化’饮食生活”①的角度去立论，但即便从这一角度去论证，我们也必须承认，拥有发达绚丽的彩陶艺术的也非中国一家。赫伯特·里德说：“希腊与中国艺术是完美的陶器艺术的典范。”②这个概括是否全面，我们可以不论，重要的是它引导我们承认其他地域的发达彩陶艺术的存在。

这里就牵涉我国学界笠原仲二“味觉论”的追随者的一个根本矛盾，这个矛盾就是“中国人”和“人”的矛盾。也就是说，他们有时候像笠原仲二那样说“中国人”的美意识发源于味觉，在另一些时候又说“人”的美意识必然发源于味觉。譬如林少雄：

> 中国人原初的美意识，就是这样先起源于味觉，然后依次扩展到嗅觉、视觉、触觉、听觉，又从官能性感受的“五觉”扩展到精神性的“心觉”，最后涉及自然界和人类社会的整体，扩展到精神、物质生活中能带来美与美感的一切方面。③

林少雄的这一段话是在引用了笠原仲二的研究之后说的一段总结性质的话，他所排的顺序，也跟笠原氏基本一致。这也就说明，他在认同“味觉论”的时候，是在说“中国人”。然而在用陶器为“味觉论”提供器物方面的证明的时候，却似乎又站在“人”的立场上了：

> 因为陶器的发明一方面为人类的饮食生活提供了可以追求味觉享受的最基本的饮食器具，使人类自此以后可以开始稳定而经常的熟食生活。另一方面形态各异、用途众多的饮食器具的产生，为人们细腻多样的烹饪技巧和微妙敏感的辨味感受提

① 廖群．中国审美文化史·先秦卷[M]．济南：山东画报出版社，2000：21.

② [英]H. 里德．艺术的真谛[M]．王柯平，译．沈阳：辽宁人民出版社，1987：22.

③ 朱立元．天人合一：中华审美文化之魂[M]．上海：上海文艺出版社，1998：426.

> 供了可能。……在整个人类的认识和审美意识还处于萌芽状态、没有发展到应有的高度时，人们不可避免地将美感(及其对象)与快感(及其对象)联系在一起，所以将五味、五色并列共举，而以五味居首，可见人类最初的审美活动产生于日常饮食中味觉对美味的悦乐。①

既然说“人类最初的审美活动产生于日常饮食中味觉对美味的悦乐”，那么就不能说中国人的美意识起源于味觉了，因为这样说是没有意义的。

“中国人”和“人”毕竟不是一个概念。可以说，我国学者所主张的“味觉论”的最大矛盾就是，时而从“中国人”的角度来立论，时而从“人”的角度来立论。之所以会产生这样的矛盾，则源于他们的证明方法。林少雄说：

> 从现有的考古资料可以看出，史前人们的审美意识，最初起源于人们的日常饮食活动，这也就是说，华夏文明中的审美意识，最初起源于人的味觉器官，这可以从“美”字的本义得到证明。②

这一段话就说明，他们试图用王国维所说的“双重证据”——从文字和实物两个方面——来论证中国人的审美意识最初起源于味觉。王国维的“双重证据”对于研究中国古史的意义，自然是有目共睹。但是从对“美”字的字源学分析和陶器两个方面来证明“味觉论”，却必然导致我们上面所说的自相矛盾的现象。这是因为“美”字在汉语中的写法是独特的，仅仅凭借字源学探讨的笠原仲二很容易得出“中国人”的美意识源于味觉的结论。与此相对，陶器的发达却

---

① 林少雄．人文晨曦：中国彩陶的文化读解［M］．上海：上海文化出版社，2001：209-211.

② 吴中杰．中国古代审美文化论(第一卷)［M］．上海：上海古籍出版社，2003：14.

是人类的一个普遍现象，所以如果陶器证明中国人的美意识源于味觉，那么全人类也是这样。事实上，如果我们细看林少雄的这一段话，就会发现他在前半句说“史前人们”，而在后半句说“华夏文明中的审美意识”；前半句是说“从现有的考古资料可以看出”，而后半句则是“从‘美’字的本义得到证明”。所以，“中国人”和“人”的不一致，恰好是“美”字和陶器这两个证据不一致的表现。

六、对林少雄的“中国人的审美意识起源于‘陶器时代’”观点的一点看法

在讨论了“味觉论”之后，我们就可以回过头来看一看第一章第一节所搁置的林少雄的关于中国人的审美意识起源于陶器时代的说法。

即便“陶器时代”这个提法有其科学性，我们还是会发现此提法同样存在我们所说的“中国人”与“人”的矛盾。林少雄说：

> 陶器的出现和陶器时代的到来，不仅标志着人类文化的开始，同时还标志了华夏文明总体特征的形成，因而也就孕育了华夏审美意识的萌芽。①
>
> 陶器时代的到来，就意味着整个文明时代的到来，因而也就意味着整个民族审美意识的全面展现。②

说陶器时代意味着文明时代的到来，意味着人类文化的开始，这显然是在说“人”；当说陶器时代意味着华夏审美意识的萌芽或民族审美意识的全面展现的时候，是在说“中国人”。既然中国人的审美意识是“萌芽”或“展现”于陶器时代的，那么西方也应当如此。至于林少雄所说的陶器时代以前的审美意识只是个体的，而种系的

① 吴中杰．中国古代审美文化论(第一卷)[M]．上海：上海古籍出版社，2003：14.

② 吴中杰．中国古代审美文化论(第一卷)[M]．上海：上海古籍出版社，2003：12.

审美意识的发生则在陶器时代，我们就更不知道这是就“人”而言还是就“中国人”而言了。

郎树德反对“陶器时代”的说法，认为这是“置考古学时代基本分期与考古成果于不顾，随意想象任意发挥的错误观点”①。这种批评并非没有道理，因为石器时代、铜器时代、铁器时代这样的提法，并没有我们前面所分析的“人”与“中国人”之间的矛盾。而在“陶器时代”这样的提法中，我们则发现在“人”和“中国人”之间的这样一种两可态度。这种两可态度，足以说明“陶器时代”这一提法其实更多的是一种想象，而不是一个科学术语。

七、对“味觉论”的一点看法

有两个层次的味觉论，一个是理论话语层次的，另一个是审美心理层次的。

从理论话语的层面上来讲，以“味”为中心隐喻或本喻的审美话语体系，反映了中国美学的民族独特性，因为由中国人以“味”为中心隐喻，不能推知他国人也必然以“味”为中心隐喻。但是在审美意识起源的问题上，中国人的特例反映的是人类普遍性。如果说我们中国人的审美意识发源于味觉，那么也就必须假定人类的审美意识也发源于味觉。

打一个浅显的比方，各个时代的计时工具反映了民族特殊性，但是计时工具背后的“时间”，则反映了人类的共通性。中国古代的计时工具和西方的不同，并不意味着中国人的“时间”和西方人的“时间”不同。好多学者在强调民族特殊性的时候，可以说混淆了这两个层次。这种混淆，使他们的理论矛盾重重。

笔者认为，理论话语层次的“味觉论”不但是我们应当承认的，而且是我们应当接着发展的。因为以“味”为中心隐喻的富有民族色彩的审美话语，给我们现代人提供了一个不同于西方的观察和描述审美现象的视角，就像西洋的美学话语体系给我们提供了一个不同于中国古代的视角一样。我们发展它，就意味着我们会走出西方

① 郎树德，贾建威．彩陶[M]．兰州：敦煌文艺出版社，2004：前言．

话语的单一性。但是在审美心理层次上，说中国人的审美意识发源于味觉，而西方不是，则是我们所不敢苟同的。

正因为将两个层次的“味觉论”混为一谈，所以许多美学学者在谈起仰韶彩陶时，总是抓住一点考古发现，就驰骋美学想象。这一点不只表现在审美心理层次的“味觉论”之中，也表现在美学界对仰韶彩陶由盛到衰的解析之中。

第五节　仰韶彩陶：从兴盛到衰退

“仰韶文化以磨光红陶和彩陶为其显著特征。”①彩陶一直是仰韶文化中考古学界和美学界讨论最多的一个因素。由于仰韶彩陶如此引人注目，所以仰韶文化曾被称为“彩陶文化”。“彩陶文化”这一名称，因其缺乏科学性，现在基本上废置不用②；但是彩陶处于仰韶文化研究的中心位置，则毋庸置疑。

一、什么叫“仰韶文化”

仰韶遗址“所代表的文化是中国最著名的新石器文化。具有讽刺意味的是，仰韶遗址本身不再被认为是该文化的典型遗址”③。1921年，考古学者在河南渑池仰韶村发现了一处新石器时代晚期村落遗址，后来又在黄河流域的其他地方，陆续发现了同样性质的村落1000余处，“根据考古学上的惯例，以最先发现的仰韶村来命名同一系统的文化，于是，这许多性质相同的遗址，就被称作‘仰韶文化’”④。

关于仰韶文化的“文化时期”问题，有两种意见。一种意见认为仰韶文化是属于新石器时代晚期，这是比较普遍的一种观点。与

① 安志敏．中国新石器时代论集[M]．北京：文物出版社，1982：6.

② 安志敏．中国新石器时代论集[M]．北京：文物出版社，1982：60.

③ 张光直．古代中国考古学[M]．印群，译．沈阳：辽宁教育出版社，2002：97.

④ 安志敏．仰韶文化[M]．北京：中华书局，1964：2-3.

此相应的“相对年代”是前后绵延2000多年，“绝对年代”是大约从公元前5000年发生，到公元前2700—前2600年最后消亡。① 另外一种意见则认为是属于新石器时代中期，安志敏在1960年提出这一观点。他说：“应该把仰韶文化上提到新石器时代中期，它的开始和极盛时期还是应该较早的。”②但安志敏并没有进行年代分析。后来张之恒将仰韶文化划归到新石器时代中期的后期，他认为其“相对年代”是1700年，其“绝对年代”为大约距今6100年至4400年，也即公元前4200—前2500年。值得注意的是，这两种意见对于仰韶文化的相对年代和绝对年代的分析，并无多大出入，有出入的仅是到底应当算作晚期还是中期。这其实在很大程度上取决于论者如何界定文化时期了，所以，我们可以对此存而不论。

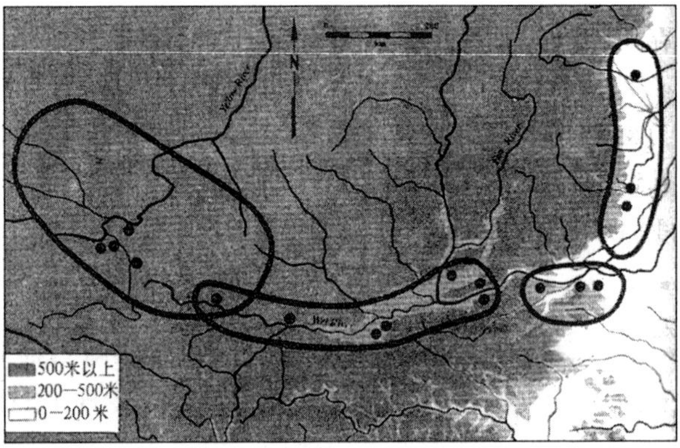

图2-13　仰韶文化的地域类型及主要遗址的所在地图

关于仰韶文化，学界一般分为四个地域类型(图2-13，引自张光直《古代中国考古学》第98页)：(1)渭水和汾河下游诸类

① 参见严文明．仰韶文化研究[M]．北京：文物出版社，1989：336；张光直．古代中国考古学[M]．印群，译．沈阳：辽宁教育出版社，2002：96.

② 安志敏．中国新石器时代论集[M]．北京：文物出版社，1982：73.

型；(2)豫中诸类型；(3)豫北和冀南诸类型；(4)甘肃、青海诸类型。① 在这四个地域中，渭水和汾河下游诸类型处于仰韶文化的中心。仰韶文化以这一地区为中心，向外推进，向西北方向推进最远，从而形成了所谓的“甘肃仰韶文化”，就是我们所说的“甘肃、青海诸类型”。由于考察古器物，我们不但必须注意器物的时代问题，还要注意器物的出土地点②，所以我们只选择其中的一个地域，即中心地域的仰韶文化。

过去我们曾经将仰韶文化分为半坡和庙底沟两种类型，其实，半坡和庙底沟只是仰韶文化中心地域的两种类型，既不能视为仰韶文化的两个阶段，也不能看作仰韶文化的两个类型。③ 对于这一地域的仰韶文化遗存，基本已经被接受的一种分期是，将这一地域的仰韶文化分为早期(半坡类型)、中期(庙底沟类型)、晚期(西王村类型或晚期半坡类型)三期。④ 半坡类型约公元前4800年到公元前3600年；庙底沟类型约公元前3900年到公元前3000年；西王村类型的下限，不会晚于公元前2700年。⑤

① 张光直．古代中国考古学[M]．印群，译．沈阳：辽宁教育出版社，2002：98.

② 李济曾说：“要肯定器物的史料价值，有两个不可少的条件。第一，当然是它时代的本身。……第二个不可少的条件，就是它出土的地方。……它的重要性实在不下于第一点。在同一个时期，安阳出土的一件青铜器与湖南洞庭湖一带出土的同样的青铜器，其历史意义是不一样的。……这可以说是古器物学‘相对论’。”(李济考古学论文选集[M]．北京：文物出版社，1990：74)这种“古器物学‘相对论’”要求我们不但要选择一个研究比较充分的，而且要选择一个有一定的历史延续性的文化地域。这样，在考察陶器的形制和纹饰的演变时，才会既兼顾时间因素，又兼顾文化地域因素。满足这样的条件的首选地域，应当是黄河流域。

③ 参见苏秉琦．仰韶文化的若干问题[M]//苏秉琦考古学论述选集．北京：文物出版社，1984：173.

④ 参见张光直．古代中国考古学[M]．印群，译．沈阳：辽宁教育出版社，2002：99.

⑤ 参见中国社会科学院考古研究所．新中国的考古发现和研究[M]．北京：文物出版社，1984：46.

二、半坡类型陶器

半坡类型因西安半坡遗址而得名。严文明说："什么是半坡类型呢？……以西安半坡为代表吗？半坡遗址很不单纯。……半坡遗址应当以半坡早期为代表，不要笼统地以整个遗址为代表。"①我们认为，他的提醒是有道理的。因为我们既然将半坡类型划为中心地域仰韶文化的早期阶段，那么就不应当笼统地将所有半坡遗存的陶器都纳入研究范围。关于早期半坡陶器的基本特征，严文明描述如下：

> （一）陶器绝大多数为红色，少数为灰褐色，手制，有些口沿经过慢轮修整。
>
> （二）造型以平底器为最多，次为圜底器和尖底器，除个别鼎的残片可能属于早期外，基本上不见三足器和圈足器。一般无嘴、无流、无把，只有尖底瓶有竖耳，尖底罐有泥突，有些泥质罐有小鼻。
>
> （三）主要陶器有钵、盆、瓶、罐、翁五类……
>
> （四）多数陶器有纹饰，绳纹为主，其次为弦纹、锥刺纹和彩纹。
>
> （五）彩陶都是用黑彩直接施于原色地子上，以外部和缘面画彩为主，有些浅腹盆有内彩。动物花纹比较发达，鱼纹为主，次为人面纹、山羊纹和鸟纹；图案花纹以宽带纹为主，次为三角纹、斜线纹、菱形纹、梭形纹、辫形纹、细腰纹和折波纹等，基本上是由直线或直边的三角、方块、长条等组成的，很少使用曲线，显得特别规整。②

这里，我们可以看出半坡类型和前仰韶陶器的不同点：

（1）从制陶技术方面看，已经出现对口沿的慢轮修整。这种用

① 严文明．仰韶文化研究［M］．北京：文物出版社，1989：110.

② 严文明．仰韶文化研究［M］．北京：文物出版社，1989：110-111.

最先进的技术，率先对口沿部分进行重点加工，表现了人们一以贯之的对于形状的强调。

（2）器形逐渐复杂。复杂之原因在于功用方面的分化。

（3）纹饰已经比较普遍。基本继承的是前仰韶陶器的纹饰方法，即用压、拍、刻、刺等留下有规律、有节奏的物理印记来进行装饰。这种装饰，显然是出于一种美化的形式冲动，而不会有什么意味在里面。（图 2-14、图 2-15）

图 2-14　小口细颈锥刺纹壶（半坡类型，高 19.1 厘米，口径 4.2 厘米。1958 年陕西省宝鸡北首岭出土，中国历史博物馆藏）

图 2-15　指甲纹罐（半坡类型，左边高 17.8 厘米，口径 5 厘米。陕西省西安半坡遗址出土，陕西省西安半坡博物馆藏）

（4）已经出现彩陶，数量较少。这种数量上的少，可以说明彩陶相对于其他陶器来说是一种特殊器物。李松说："彩陶作品和当时原始氏族社会人们的生与死都有着密不可分的关系。"①这也许有些言重，但是，彩陶在所有陶器中具有一定的特殊地位当是无疑的。因为，好多的彩陶盆、钵是翁棺葬的中所用的"棺盖"。

(5)彩绘"以外部和缘面画彩为主，有些浅腹盆有内彩"，这恰好暗示出彩绘部位的顺序：口沿——外壁——内壁。(图2-16)。

(6)彩陶数量虽然比较少，但纹饰却相当成熟。红与黑的对比，纹样的发达，图案花纹的规整，足以说明这一点。

(7)纹样上，几何纹样远远多于象生纹样。在象生纹样中，率先出现的是动物纹样(图2-17)。几何纹样中，率先出现的是规则的几何图形。这是一个很值得注意的现象，我们在下一章讨论陶器纹饰时，再作集中分析。

图2-16　几何纹钵(半坡类型，左边高9厘米，口径14.8厘米，半坡遗址出土，西安半坡博物馆藏)

简而言之，在半坡早期，制陶技术已经有了很大的进步。技术上的进步，为彩陶的出现提供了可能。如果我们可以将彩陶看作艺术品的话，那么这种艺术品是在技术问题解决以后才有的。博厄斯说："艺术的开端出现在技术问题完全解决之后。"②但制造艺术品

① 李松．中国美术·先秦至两汉[M]．北京：中国人民大学出版社，2004：1.

② [美]弗朗兹·博厄斯．原始艺术[M]．金辉，译．贵阳：贵州人民出版社，2004：41.

图 2-17 彩陶鱼鸟纹细颈瓶（半坡类型，高 21.6 厘米，口径 2.1 厘米，1958 年宝鸡北首岭出土，中国历史博物馆藏）

的冲动，或者说审美的冲动，却是在先进技术问题解决之前就有了。所以，从出现的第一件艺术品来寻找审美意识的起源，就相当于把结果当成原因。审美意识是审美意识，艺术品是艺术品，二者不容混淆。

三、庙底沟类型陶器

庙底沟类型因河南陕县庙底沟遗址而得名。庙底沟的仰韶遗存也分为两期，人们常说的庙底沟类型是指庙底沟一期遗存。

"庙底沟期不但比半坡晚，经济文化的发展水平也比半坡期高。"①这种总体上的进步，也表现在陶器上：

(1)陶器虽然还处于手制阶段，但慢轮修整口沿已经很普遍。

(2)彩陶所需要的细泥红陶的数量开始占大多数。"报告中复原的陶器有 690 件，陶器的质料，据研究者报告可以分为四个系统：(1)细泥红陶，占 57.02%；(2)夹砂粗红陶，占 32.62%；(3)泥质灰陶，占 10.34%；(4)细泥黑陶，占 0.03%。"②

① 严文明．仰韶文化研究[M]．北京：文物出版社，1989：118.

② 参见李济．华北新石器时代文化的类别、分布与编年[M]．李济考古学论文选集．张光直，李光谟，编．北京：文物出版社，1990：181.

(3)彩陶数量增加。正是前两个进步，使得庙底沟时期的彩陶在所有陶器中所占的比例大大增加。因为，如果没有慢轮修整口沿的普遍化和细泥红陶的普及，彩陶制作肯定是受限制的。庙底沟出土的彩陶片所占比例是 14.02%。但是"任何一件彩陶器，其饰彩的部位平均只及全器约一半的地方，不少下腹和底部并不饰彩，因而被统计到素陶中去了。从这一角度估算，庙底沟的彩陶器，很可能达到全部陶器的 25%~28%"①。而在所有的文饰陶中，彩绘文占 40%。②

前文所说的都是技术进步，或至少可以说与技术进步直接相关。其纹饰和半坡类型的差别，则一般看不出，和技术的直接关联：

(1)出现深红色和白色陶衣。彩绘大多加于细泥红陶上，这些陶器器表本来已经很光滑，有时还在原来的底子上涂一层深红色或白色陶衣，以深红色为多。"陶衣是指由于在陶器坯体表面涂刷了一层含铁量很高的细泥浆，经焙烧后在器表形成一层薄薄的色衣而得名，其作用不仅使陶器外观更漂亮，而且能起到防开裂、防渗漏等作用。"③换句话说，陶衣固然是因为实用需要而产生的，但选择红色和白色，可以说也是出于一种审美需求。在细泥红陶上涂深红色，用我们现在的话来说，就是为了让红的更红："深红色的光泽有时发亮。"④在现在看来还红得发亮的底子上画出黑色的花纹，其颜色对比度，自然比原来的直接绘彩要高得多。如果涂以白色陶衣，彩绘则红黑兼用，同样是为了增强陶器本身的光泽和颜色之间的对比。这种在原本已经很光滑的表面上涂陶衣的举动，用绘画上的行话来说，就是不但注意"图形"，而且开始留神"背景"。这样

---

① 严文明．仰韶文化研究[M]．北京：文物出版社，1989：49.

② 李济．华北新石器时代文化的类别、分布与编年[M]//李济考古学论文选集．张光直，李光谟，编．北京：文物出版社，1990：181-182.

③ 许志勇．陶器化学组成分析在新石器时代考古研究中的意义[J]．北方文物，2004(4)：105.

④ 李济．华北新石器时代文化的类别、分布与编年[M]．李济考古学论文选集．张光直，李光谟，编．北京：文物出版社，1990：181.

做的效果就是：对比强烈，色彩绚丽（图 2-18、图 2-19）。

图 2-18 彩陶花瓣纹盆（庙底沟类型，高 12.2 厘米，口径 20.3 厘米，河南陕县庙底沟出土，中国历史博物馆藏）

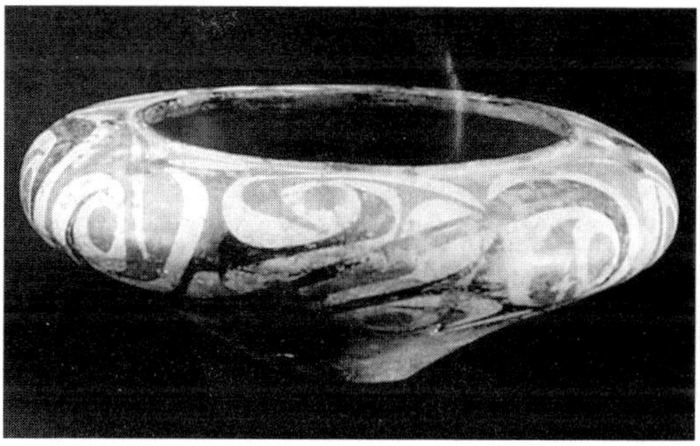

图 2-19 彩陶涡纹曲腹盆（庙底沟类型，高 20 厘米，口径 33.3 厘米，河南陕县庙底沟出土，西安半坡博物馆藏）

（2）动物花纹减少。和半坡类型一样，庙底沟的彩陶花纹也可以分为两大类，一类是写实性花纹，另一类是几何形花纹。严文明仅仅把发现的三例蛙纹和一例鸟纹认作几何形花纹①，这也许有些太拘于“写实”标准；苏秉琦认为好多花纹其实是植物纹，是对植

① 严文明．仰韶文化研究［M］．北京：文物出版社，1989：50.

物进行变形处理的结果，应当归入象生花纹。① 即使这样，这种几何形花纹占绝大多数的情况和半坡类型并无什么不同。不同的是，半坡类型中常见的动物纹在庙底沟只留下三例蛙纹和一例鸟纹。李松说："鸟纹是庙底沟类型彩陶的主要纹饰之一。"②这里所说的"主要"是什么意思，显然需要加以说明。

(3)几何形纹饰由"正"到"变"。严文明概括庙底沟的花纹说："花纹多用曲线，显得活泼流畅；不像半坡那样呆板和甚至存在人面纹等神秘的宗教色彩。"③也许和庙底沟的曲线比起来，半坡的直线显得呆板，但我们最好不用这样的术语，因为"呆板"一词显然带有一丝贬义，我们最好还是用一些比较客观的术语来描述这种变化。半坡类型的几何花纹就是追求规则，试图画出规则的几何图案，所以其风格可以用"正"字来形容。与此相应，庙底沟的几何图案则仿佛是"变"。因为我们在庙底沟陶器上，再也看不到直线，也没有规则的圆形和三角形，看到的只是对这种规则几何图形的有意识的改变。只有在追求到"正"之后，人才会追求"变"；就像作文，只有在"有法"之后，才想"无法"。

(4)一旦人从追求"正"进入到"变"，那么图案的多样化和装饰的繁缛化就不可避免。张之恒说："彩陶多、彩纹繁缛是该类型的主要特征之一。"④这种多样与繁缛，从庙底沟彩绘花纹的难以归类上就可以略见一斑。⑤

(5)出现附加堆纹。彩陶的出现，并不意味着非彩纹饰的消

① 参见苏秉琦．仰韶文化的若干问题[M]//苏秉琦考古学论述选集．北京：文物出版社，1984：163-167.

② 李松．中国美术·先秦至两汉[M]．北京：中国人民大学出版社，2004：7.

③ 严文明．仰韶文化研究[M]．北京：文物出版社，1989：119.

④ 张之恒．中国新石器时代文化[M]．南京：南京大学出版社，1988：50.

⑤ 关于庙底沟陶器几何形花纹的分类和命名，可以说我们在学者们中间很少能发现共同的称呼和相近的归类。比如，如果我们对照李济、张之恒和严文明的描述，就很难想象他们在描述同一个文化遗存。

失。超过一半的庙底沟陶器还是用其他方式来装饰。原来就有的纹饰，或沿用，或不用，当然也有新增的：

> 庙底沟仰韶文化层所出的陶器，表面的文饰除了用彩绘表现外，还有附加堆文、镂空文、席印文、布印文及篮印文等。①

沿用的是绳纹、席印纹、篮印纹，此前所常用的锥刺纹和指甲纹等不见了，出现了附加纹。这些附加纹为数很少，只是“在几件残陶器上发现鸟头和蜥蜴的塑饰”②。但这种装饰方法和以前的不同，因为以前的这类装饰是用“减法”，而这里是用“加法”。

这些变化，可以说跟技术进步没有任何直接关联。但是，间接的关联还是有的。因为，只有技术的进步才能保证彩陶的繁荣，也才能保证装饰的多样化。要而言之，庙底沟彩陶可以说是整个仰韶文化中心地区彩陶制作的最高峰；相对于半坡类型，庙底沟类型真可谓“踵其事而增华”。

四、西王村类型陶器

西王村类型以山西芮城西王村遗址而得名。继庙底沟彩陶的繁丽之后，彩陶变得少见了。这种情况是我们在西王村类型中所看到的：

> 陶系仍以红陶为主，但灰陶所占比例较半坡类型和庙底沟类型为高，约六分之一。纹饰以绳纹、附加堆纹最多，篮纹次之，细绳纹又次之，出现了少数方格纹和极少彩绘。彩绘仅有红底红彩和红底粉白彩两种。花纹简单，仅见条纹、圆点和波

① 李济．华北新石器时代文化的类别、分布与编年[M]//李济考古学论文选集．张光直，李光谟，编．北京：文物出版社，1990：181.

② 中国社会科学院考古研究所．新中国的考古发现和研究[M]．北京：文物出版社，1984：43.

> 折纹三种。……出现了镂空圈足豆和带流罐。①

不但彩陶变得少见了，而且纹饰也变得简单了。这种纹饰的简单化既表现在彩绘上，也表现在用“加减法”所进行的装饰上。这种消退不能用技术的倒退来解释，因为灰陶和黑陶数量的增加、镂空圈足豆和带流罐的出现就是技术进步的表征。

彩陶在仰韶文化晚期突然消退的现象，最明显地表现在半坡遗址的晚期遗存中。严文明认为半坡遗存其实可以分为三期，这三期之间，区别甚为明显：

(1)半坡早期，就是我们所说的半坡类型；

(2)“半坡中期的彩陶花纹都是图案性的，可以确定的只有垂弧纹、回旋钩连纹和花瓣纹三种”②，近似于庙底沟类型；

(3)“半坡晚期彩陶已极为稀少，可以确定的只有1例，为平行的红色线条，饰于Ⅲ7d盆的缘面，与早期或中期彩陶的风格迥异。”③

对于这样的一个转折，严文明的解释是，从西王村或半坡晚期，仰韶文化由盛转衰。彩陶由繁荣到消退，就是仰韶文化由盛转衰的表现。他将仰韶文化分为四期：

第一期，公元前4900—前4000年；

第二期，公元前4000—前3500年；

第三期，公元前3500—前3000年；

第四期，公元前3000—前2500年。④

我们所讨论的半坡类型属于第一期，庙底沟类型属于第二期。仰韶文化由盛转衰就发生在第二期和第三期之间。所以这四期也可以分为前后两个阶段：“前两期为早期阶段，是生产逐步发展，社

---

① 中国社会科学院考古研究所．新中国的考古发现和研究[M]．北京：文物出版社，1984：43-46.

② 严文明．仰韶文化研究[M]．北京：文物出版社，1989：74.

③ 严文明．仰韶文化研究[M]．北京：文物出版社，1989：75.

④ 严文明．仰韶文化研究[M]．北京：文物出版社，1989：151-152.

会繁荣，整个文化的统一性加强，特征日益形成和完善的阶段；后两期为晚期阶段，是分化趋势日益明显，自身特色逐渐衰落的阶段，是社会开始分化，新的文化因素孕育和滋长的阶段，是向龙山文化过渡的阶段。"①这也就是说，早期阶段是自身特征突出的阶段，是文化特征趋向统一的阶段，是上升阶段；而晚期阶段则是一个消退、分化、下落的阶段。要言之，早期是"盛"期，晚期是"衰"期。严文明这样描述彩陶由盛转衰：

> 前两期是逐渐增加的，后两期则逐渐减少以至基本消失。第一期只有单色彩，在西部全为黑彩，在东部则或为黑彩或为红彩。第二期仍以单色彩为主，同时出现白衣和红衣，在白衣上常兼用黑、红二色彩。第三期和第四期有时单色彩，以红色为主。……前两期有象生性花纹，后两期几乎消失。前两期的图案花纹多用几何图形构成，不过第一期多用直边几何图形（宽带、三角、菱形、细腰形等），第二期多用曲边几何图形（圆点、凹边三角、新月形等）；后两期多用线条构成花纹，曲线和直线并用，带状网格纹是这两期的基本图案。②

我们认为，严文明对仰韶文化的"四期两段"的划分是持之有据、言之成理的。不仅是彩陶纹饰，他所描述的其他方面的变化也支持他的这种划分。但是，我们接受了这样一种阶段划分，并不意味着彩陶消退的现象得到了解释。解释这一现象应当是我们美学界的一个任务，尤其是关注形式审美的美学研究的一个任务。

第六节　美学界对彩陶消退的几种解释

研究新石器时代，彩陶无疑是美学界所关心的主要对象。而对于彩陶消退的现象，大多数著作付诸阙如。当然，也有一些学者注

---

① 严文明．仰韶文化研究[M]．北京：文物出版社，1989：150.

② 严文明．仰韶文化研究[M]．北京：文物出版社，1989：145-146.

意到了这一现象，如李松："这个时代的彩陶艺术审美特色由华美而走向繁丽，到晚期则由绚丽之极复归于平淡。"①他所谓的"绚丽之极复归于平淡"，说的其实正是彩陶消退现象，但是他却以古人常言的"质文代变"，将此问题轻松带过了。只有极少数学者，不但注意到这个现象，而且尝试作了一点解释。

一、学界的通行思路：李泽厚的解释

李泽厚并没有特别注意这个所谓的彩陶消退现象。但是，他对新石器时代晚期陶器变化的描述，经常被引用；他的那种叙事策略，也为我们大多数学者所遵从。所以有必要分析一下。

我们知道，李泽厚的《美的历程》一书，是按照所谓"时代精神"来描述历史变迁的。在他看来，陶器纹饰在新石器时代晚期之所以发生变化，是因为"时代精神"发生了变化。对于彩陶消退现象，美学界袭取的就是李泽厚的这一思路。有不少学者，曾大段引用李泽厚的如下文字：

> 从半坡、庙底沟、马家窑到半山、马厂、齐家(西面)和大汶口晚期、山东龙山(东面)，陶器纹饰尽管变化繁多，花样不一，非常复杂，难以概括，但又有一个总的趋势和特征却似乎可以肯定：这就是虽同属抽象的几何纹，新石器时代晚期比早期要远为神秘、恐怖。前期比较生动、活泼、自由、舒畅、开放、流动，后期则更为僵硬、严峻、静止、封闭、惊畏、威吓。具体表现在形式上，后期更明显是直线压倒曲线、封闭重于连续，弧形、波纹形减少，直线、三角凸出，圆点弧角让位于直角方块……即使是同样的锯齿、三角纹，半坡、庙底沟不同于龙山，马家窑也不同于半山、马厂……像大汶口晚期或山东龙山那大而尖的空心直线三角形，或倒或立，机械地、静止状态地占据了陶器外表大量面积和主要位置，显示出

① 李松．中国美术·先秦至两汉［M］．北京：中国人民大学出版社，2004：14.

> 一种神秘怪异的意味。红黑相间的锯齿纹常常是半山—马厂彩陶的基本纹饰之一，却未见于马家窑彩陶。神农氏的相对和平稳定时期已成过去，社会发展进入了以残酷的大规模战争、掠夺、杀戮为基本特征的黄帝、尧舜时代。母系氏族社会让位于父家长制，并日益向早期奴隶制的方向进行。剥削、压迫、社会斗争在激剧增长，在陶器纹饰中，早期那种种生态昂然、稚气可掬、婉转曲折、流畅自如的写实的和几何的纹饰逐渐消失。在后期的几何纹饰中，使人清晰地感受到权威统治力量的分外加重。至于著名的山东龙山文化晚期的日照石锛纹样，以及东北出土的陶器纹饰，则更是极为明显地与殷商青铜器靠近，性质在开始起根本变化了。它们作了青铜器的前导。①
>
> 陶器纹饰的美学风格由活泼愉快走向沉重神秘，确是走向青铜时代的无可置疑的实证。②

参照上一节所作的梳理，我们便可以看到，李泽厚对彩陶纹饰变化的描述不只问题重重，甚至有想当然的成分。因为彩陶的纹饰不是由曲线走向直线，而是相反。

然而，我们这里讨论的重点不是李泽厚描述的情况是不是符合历史，而是探讨李泽厚的论证思路。贯穿上面两段文字中的一个核心思想就是反映论。更具体一点说，就是彩陶纹饰之所以改变，是因为时代精神发生了变化。而时代精神为什么变化，是因为时代变了，是因为母系氏族社会变为父系氏族社会，并进而向阶级社会转变。母系氏族社会的气氛是欢乐的、愉快的、和谐的，与此相应的彩陶纹饰则是开放的、自由的、活泼的；父系氏族社会以及后来的阶级社会则是恐怖的、残酷的、血腥的。既然从一个和平、欢乐的年代走向了一个残暴、恐怖的年代，那么纹饰就不得不变。人的心

---

① 李泽厚．美的历程[M]//李泽厚．美学三书．合肥：安徽文艺出版社，1999：37-38.

② 李泽厚．美的历程[M]//李泽厚．美学三书．合肥：安徽文艺出版社，1999：39.

灵，可以说是时代精神的镜子，彩陶的纹饰则可以说是镜中所成的镜像。照镜子的人变了，镜像自然要变。然而彩陶纹饰，真的自始至终就是时代精神的反映吗？在我们看来，至少一开始并不是这样的。因为人们制作并装饰器物，并非完全受制于时代。时代可以在彩陶纹饰上留下烙印，我们因而得到某个时代的一些“蛛丝马迹”，然后组成一幅极不完整的时代画面。这样合乎逻辑，但也是出于无奈。中国古人所谓“治世之音安以乐，其政和。乱世之音怨以怒，其政乖。亡国之音哀以思，其民困。声音之道，与政通矣”(《礼记·乐记》)，其道理或许就在于此。然而，我们必须谨记，这是在凭蛛丝马迹推想，所推想的时代画面永远极不完整。换句话说，“声音之道，与政通矣”的那个“通”，是有很大折扣的。

如果我们忽视了这一点，把我们通过蛛丝马迹所获得的残缺画面当成一种时代精神，再用这个大写的整体性的时代精神来解释我们只能获取“蛛丝马迹”的那个总体，其可靠性就很难保证了。反映论逻辑的困难也许就在这里。同理，用时代精神的演变来解释彩陶的消退也是靠不住的。因而，我们不得不寻找其他可能的解释。

二、邓福星的解释

邓福星大约注意到了彩陶消退现象。他在《艺术前的艺术》一书中，将史前艺术分为五个时期，即成长期、第一繁荣期、过渡期、第二繁荣期和衰变期。他认为，第一繁荣期艺术成就的代表是岩画，“第二繁荣期可以与之呼应并与之媲美的便是彩陶”①。第二繁荣期之后的衰变期里就包含着彩陶的“衰变”。“衰”是指衰落。他说：

> 以往的优越地位逐渐削弱。陶制品也如此，尽管昙花一现的蛋壳陶或白陶在工艺制作和艺术成就上达到了很高的水平，但也不过是衰落期的回光返照，并不代表陶器的全面繁荣。如果说它们可以标志陶器最高水平的话，那么同时也宣告了陶器

① 邓福星．艺术前的艺术[M]．济南：山东文艺出版社，1987：73.

艺术行将衰落。①

而“变”则是指新的艺术的萌芽、成长和成熟。所以，对于邓福星来说，所谓的彩陶的消退，其实就是这样一个社会转型中新老交替的现象。

从这里我们就可以看出，邓福星和李泽厚一样，也是从社会转型的角度为彩陶的衰退寻找理由的，也就是说，都坚持一种外在论或反映论的立场。略微有所不同的只有两点：(1)邓福星的描述范围是全人类的史前艺术，而李泽厚说的只是中国；(2)邓福星将社会转型一直追溯到生产方式上，而李泽厚只追溯到政治生活上。虽然有这两点不同，但是由于邓福星和李泽厚的思路是基本一致的，所以他对于衰变期陶器的变化的描述，跟李泽厚的描述也相差不远：

> 社会中经常发生的战争、掠夺、残杀、恐怖等，反映在美学观念上是动乱、威严、神秘和雄强，它们逐渐地取代了原来的和谐、安定、轻松和欢快。②
>
> 陶器的纹饰在这一时期也具有显著特点，即在风格上由和谐轻快到动荡神秘。③

前面的和谐属于母系社会，而后面的动乱属于父系社会。社会的巨大变革必然引起美学观念的转变。

邓福星是从陶器的器形和纹饰两个方面来描述衰变期的陶器的，他着墨最浓的是纹饰。从上面引用的文字可以看到，邓福星对纹饰变化的描述和解释与李泽厚几乎如出一辙，没有必要在这里再多加讨论。然而他对陶器器形变迁的描绘，虽是一笔带过，却似乎给了我们另一种启示：

---

① 邓福星．艺术前的艺术[M]．济南：山东文艺出版社，1987：85.

② 邓福星．艺术前的艺术[M]．济南：山东文艺出版社，1987：92-93.

③ 邓福星．艺术前的艺术[M]．济南：山东文艺出版社，1987：90.

> 衰变期陶制品的器形更加丰富多样。一部分器形趋向于装饰性的繁复。与此相适应的，上边的彩绘纹饰趋于简化。①

这也就是说，彩陶在马家窑的繁盛之后，之所以突然减少，也许与人的造型能力的增进有关。更具体地说，也许与技术进步有关，如与陶器质料的改进有关。关于这一点，在邓福星的描述中找不到更多的说明，我们将在下一节作专门之考察，看能不能找出器形繁复与纹饰简化相伴随的证据。

三、林少雄的解释

将彩陶的消退作为一个独立问题提出来的，是林少雄。他这样描述我们所说的这种彩陶消退的现象："与彩陶的发生不同，彩陶的结束可以说是兔起鹘落，突然消失，成了留给后世的不解之谜。"②这里，有两点和前面两位学者的观点不同：(1)对于前面两位来说，彩陶的消退是一种渐变，是一种过渡；林少雄则注意到这样一个逐渐消退的过程其实不存在，存在的是一种"兔起鹘落"式的"突然消失"；(2)既然是一种"兔起鹘落"式的"突然消失"，自然是一个大问题，而不是一个小问题。林少雄称之为"留给后世的不解之谜"。这种对问题的重视也是前面两位学者所没有的。

林少雄对这个"留给后世的不解之谜"作专章来分析，并从五个方面来揭示谜底：(1)男女地位的变化；(2)盛极必衰；(3)铜器的出现；(4)陶器社会功能的变化；(5)男女地位变化所引起的审美观念的变化。这五个方面在具体内容上有一定重叠，我们合并一下同类项，就留下了三个：

(1)男女地位的变化。

林少雄所说的男女地位变化，其实就是指母系社会向父系社

① 邓福星．艺术前的艺术[M]．济南：山东文艺出版社，1987：89.

② 林少雄．人文晨曦：中国彩陶的文化读解[M]．上海：上海文化出版社，2001：312.

会的过渡，以及此过渡所带来的审美观念的变化。林少雄也引用了我们上面所引的李泽厚的大段文字来对这一点进行阐释，说的内容和李泽厚、邓福星的差不多，这里不再多说。值得注意的是，虽然这样的解释没有理论上的困难，这种理由可以解释一种“逐渐”消失或消退，却无法解释彩陶“兔起鹘落”式的“突然消失”。

(2)盛极必衰。

“盛极必衰”是我们常常用来解释我们所无法解释的东西的一种策略。林少雄也用来解释彩陶的突然消退：

> 一般说来，人类的任何一种物质文化创造，从其诞生的那一天起，在不断地成熟和完善的过程中，总会在某一时期达到其顶峰，然后一旦达到这个顶峰，也就意味着其衰变走向没落，这是不可抗拒的历史规律。……如果一种物质创造在其功用和形式上已达到了相当完善而无法再向前发展的地步，那么它就必然地呼唤新的创造物的出现，同时也就为新的创造提供了新的契机。原有的事物因无法向前发展而走向衰微和对新生事物的期待，这就不断地加速了该事物的迅速消亡。正是在这个意义上，陶器(包括彩陶)的遽然消失也就是理所当然的事了。①

“盛极必衰”同样不能说明那种“兔起鹘落”式的“突然消失”。因为所谓的“盛极必衰”的“不可抗拒的历史规律”，其实在某种程度上是建立在一种生命有机体的隐喻上的，即任何一种文化创造就像人一样，有一个出生、成长、衰老和死亡的过程。即使彩陶也服从“盛极必衰”这样一个“不可抗拒的历史规律”，那么它的消亡也应当是逐渐衰老、死亡，而不是“猝死”。所以，林少雄所提供的这个解释，并没有说明他所提出的问题。

---

① 林少雄．人文晨曦：中国彩陶的文化读解[M]．上海：上海文化出版社，2001：313.

更进一步讲，“盛极必衰”并不能算作一种科学的解释，而是一种类比思维，因为彩陶毕竟不是生命有机体。

(3)铜器的登场和陶器社会功能的变化。

按照林少雄的“盛极必衰”原理，任何东西在到达顶峰之后，就必然走向衰微，而且呼唤新的东西。对于陶器来说，这个新的东西就是铜器。由于铜本身相对于陶的优越性和技术上的领先水平，所以铜很快就获得了“主导地位”，新老交替就这样完成了。他很形象地描述了这个过程：“在这位呱呱坠地的就急于表演的小弟弟面前，谦恭的大哥哥悄无声息地隐入了台旁的幕后，宽容而又关爱地注视着小弟弟的表演。”①然而这样形象的描述，无疑不能算作一种科学解释，毋宁说是一种文学想象。

林少雄所说的陶器社会功能的变化，与他所描绘的新老交替和社会转型是相关的。他认为，“陶器时代”的社会是平等的，所以“陶器在当时是一种普遍的社会大众化的物质文明”。然而进入青铜时代之后，私有制、阶级分化，使得以前的平等不存在了，统治者垄断了新的青铜器：

> 由于彩陶自身的发展规律，以及统治者兴趣的转移，他们对彩陶的疏远与冷落，同时也就剥夺了广大被统治者制作和使用彩陶的权利，于是彩陶失去了其继续发展的社会基础，必然走向衰微。②

以上转述的就是林少雄所说的社会功能的变化，但他并没有说明这个功能变化是什么。同样，林少雄虽然提到了“彩陶自身的发展规律”，却未作进一步解释。更值得注意的是，林少雄将彩陶的“兔起鹘落”式的“突然消失”归咎于青铜。然而，彩陶消退之时，铜器

① 林少雄．人文晨曦：中国彩陶的文化读解[M]．上海：上海文化出版社，2001：313.

② 林少雄．人文晨曦：中国彩陶的文化读解[M]．上海：上海文化出版社，2001：314.

尚未诞生，陶器还在造，只不过彩陶突然变少了而已。总之，林少雄虽第一个注意到彩陶突然消退这一现象，但他所提供的解释，并不能回答他所提出的问题。

至此我们就可以看出，上面三位学者的解释主要是一种外在论的解释，也就是说，企图从社会变革的角度去解释彩陶的消退。我们并非认为外在论的解释就要不得，而是认为，外在论的解释应当建立在内在论解释的基础上。也即只有在探讨了陶器制作的内部规律之后，我们联系社会环境才是有意义的。

邓福星和林少雄也曾试图进行内在论的解释，也即从陶器制作的发展来解释彩陶消退这一现象。但是，我们很遗憾地看到，邓福星提出一个器形繁复化和纹饰简化相伴随的猜想，而没有论证；林少雄提到了“彩陶自身的发展规律”，却没有说明。他们止步的地方，正是我们的出发点。要解释彩陶消退的现象，正应当从他们所忽略的内在论解释入手。这就意味着，我们必须看看彩陶消退之后的陶器制作。在没有考察彩陶以后的陶器之前，最好不要去玄想猜测。

第七节　技术进步与彩陶消退

我们在前文中考察彩陶的发生、发展、繁荣以及衰落的时候，只关心了陶器的装饰和细泥红陶的比例，而没有关心陶器制作技术和其他陶质的演变。如果我们将其他陶质的演变也考虑在内的话，也许就能找到彩陶突然消退的原因。严文明说：

> 各期陶器的颜色是不同的，而变化的总趋势是先红后黑或灰。不论哪个小区，开始几乎都是红色或红褐色的，以后逐渐出现部分黑陶、灰陶，最后发展到以灰陶或灰黑陶为主，甚至出现白陶。这个转变的关键时期，在渭河流域是从半坡晚期开始的，在晋南豫西是西王晚期，河南中部是秦王寨类型，冀南豫北是大司空类型等。单是根据这一点就可以把整个仰韶文化

分为早晚两大阶段。①

这也许就提示我们，彩陶之所以消退，是因为陶器技术进步。彩陶消退之后的陶器，并不是不进行装饰了，而是用另外一种方式装饰，那就是在质料上面下功夫。我们首先考察一下这个问题。

一、彩陶发展基本相同的轨迹

彩陶消退并不是仰韶文化中心地域所独有的，其他几个地域类型的彩陶都经历了繁荣之后的突然消退。为了节省篇幅，我们将通过列表来展示这样的一个过程。为了保持材料的统一性，下面对其他几个地域类型的描述都是来自张之恒的《中国新石器时代文化》一书。

(一)仰韶文化豫中诸类型陶器演变

以豫中为中心的地区，其新石器时代文化的发展序列是：裴李岗→大河村→秦王寨→王湾。其陶器演变情况如表 2-1 所示。

表 2-1 **仰韶文化豫中诸文化类型的陶器演变②**

	裴李岗	大河村	秦王寨	王湾
陶器质地	陶器以泥质红陶的数量最多(占总数的 68%以上)，夹砂红陶次之(占总数的 28%以上)，泥质灰陶的数量最少	大河村一期以红陶为主，灰陶次之，有极少量的白陶。大河村二期仍以红陶为主，灰陶次之	陶器以红陶为主，灰陶次之	陶器以灰陶为主，红陶次之，有少量的白陶

① 严文明．仰韶文化研究[M]．北京：文物出版社，1989：141.

② 参见张之恒．中国新石器时代文化[M]．南京：南京大学出版社，1988：73-84.

续表

	裴李岗	大河村	秦王寨	王湾
制陶技术	均为手制，大多为泥条盘筑	一期以手制为主，部分器物的口沿经慢轮修整。二期仍以手制为主，口沿修整比一期普遍	制法仍以手制为主，但轮制已从口部扩大到腹部	以轮制为主，手、轮兼制次之
器表装饰	器表绝大多数为素面，有纹饰的很少。纹饰有指甲纹、篦点纹、弧线篦纹、划纹、乳丁纹等	一期有一定数量的彩陶。二期彩陶数量、绘彩种类、彩纹花样都比一期多	彩陶数量较多，花纹繁缛。彩绘有红、棕、灰、黑等几种颜色，红、黑彩有时并用。有灰陶施彩的。彩陶绝大多数施白衣，红衣很少	彩陶比较少。纹饰以绳纹为最多，次为弦纹和附加堆纹，有很少量的条纹

(二)仰韶文化豫北和冀南诸类型陶器演变

豫北和冀南诸类型的发展序列是：磁山文化→后冈一期→大司空一期→后冈二期。陶器演变如表2-2所示。

表2-2　　**仰韶文化豫北和冀南诸类型陶器演变①**

	磁山文化	后冈一期	大司空一期	后冈二期
陶器质地	磁山一期以夹砂褐陶的数量最多，夹砂红陶次之，细泥红陶最少。磁山二期则夹砂褐陶数量减少，夹砂红陶和细泥红陶的数量增多	以泥质红陶为主，次为夹砂粗红陶，有很少的细泥黑陶和夹砂粗灰陶	以灰陶数量最多，红陶次之，黑陶极少。各种陶色均有不纯正的现象	陶器以泥质灰陶和夹砂灰陶为主，泥质黑陶和泥质红陶的数量很少

① 参见张之恒．中国新石器时代文化[M]．南京：南京大学出版社，1988：84-97.

续表

	磁山文化	后冈一期	大司空一期	后冈二期
制陶技术	陶器制作均手制。一些器皿的内壁凹凸不平，器形不规整，常见歪扭变形的现象	以手制为主，大多用泥条盘筑，慢轮修整比较普遍	制法豫北多模制，口沿轮修比较普遍；冀南多手制，兼用模制	陶器的制作有轮制、手制和模制
器表装饰	纹饰以绳纹最多，编织纹和篦纹次之，有少量的附加堆纹和剔刺纹。陶器火候不高，细泥红陶为930℃，夹砂陶为850℃	器表多素面，纹饰有线纹、弦纹、划纹、锥刺纹和附加堆纹。彩陶的数量较少，彩绘主要用红色，黑彩较少使用。彩纹较简单	器表以素面或磨光为主。有少量彩陶(彩陶占陶器总数的9%)。彩陶的数量，早期多于晚期	纹饰以绳纹为最多，其次为篮纹和方格纹，有少量的弦纹、附加堆纹、划纹、指甲印纹等

(三)仰韶文化中心地域陶器演变

为了便于比较，我们将本章第五节所说的中心地域陶器情况，按老官台→半坡→庙底沟→西王村的序列，列表2-3。

表2-3　**仰韶文化中心地域陶器演变**

	老官台	半坡	庙底沟	西王村
陶器质料	陶色多为褐色或灰褐色	大多数为红色，少数为灰褐色	细泥红陶、夹砂粗红陶占89%以上，泥质灰陶占10%；细泥黑陶零星出现	仍以红陶为主，灰陶所占比例约六分之一

续表

	老官台	半坡	庙底沟	西王村
陶器制作	手制	手制，出现慢轮修整	手制，慢轮修整经常化	手制为主，口沿轮修已相当盛行
器表彩绘	口沿涂彩	彩陶出现	彩陶繁荣	彩陶锐减

(四)以上三类型对比的初步结论

从上面的表格中我们至少可以看到以下几点：

(1)陶器质料经过了“褐陶→红陶→灰陶→黑陶→白陶”这样一个演化序列，这个过程与严文明的描述基本吻合。

(2)其他地域的彩陶发展和仰韶彩陶的发展序列基本上一样。先是有在口沿涂红色宽带的彩陶的萌芽；后来细泥红陶占据主要地位，出现轮修，有少量彩陶；再是轮修经常化，彩陶繁荣；最后，繁荣后的突然跌落。所以也基本遵从“老官台→半坡→庙底沟→西王村”这样的发展轨迹。也就是说，随着技术的进步、质料的改进，彩陶随之演变。

(3)彩陶的发展繁荣，与慢轮修整技术的普及和泥质红陶比例的增加相关。

(4)彩陶的消退与轮制技术和灰陶占据主导地位相关。

我们知道，时间越靠后，技术越进步。所以，我们可以说，是技术的进步催生了彩陶，也是技术的进步促使彩陶消退。而且，彩陶的消退不是青铜器走上历史舞台的结果，而是细泥红陶的领主地位被细泥灰陶取代的结果。那么接下来的问题就是，细泥红陶的领主地位为什么会被细泥灰陶所取代。也就是说，彩陶的消退有什么必然性吗？

(五)彩陶消退与技术进步的关系

许志勇用化学定量分析的办法得出的一些数据，也支持了严文明所指出的陶器颜色的变化趋势。他说：

> 以陶胎化学组成中的 Fe_2O_3 含量为主线，观察各组，其均值分别为：裴李岗—磁山组，7.768%；北首岭—半坡组，6.956%；庙底沟类型组，6.295%；仰韶晚期组，6.243%；庙底沟二期组，5.300%；龙山文化组，5.229%，其中龙山早期，5.084%，龙山晚期，4.187%。这样就会很容易地发现，陶胎中 Fe_2O_3 的含量由早到晚明显具有逐渐下降的趋势，尤其是裴李岗—磁山组与龙山文化组的 Fe_2O_3 含量平均值竟相差达2.5%。若将上述6个组段合并为时段范围更大的裴李岗—磁山组、仰韶文化组和龙山文化组等三个组段的话，三组 Fe_2O_3 含量的平均值分别为7.768%、6.668%和5.244%，则明显呈阶梯状下降趋势。再联系到上述各相关遗存陶色的总体状况，就可以得出：从以红色陶为主，Fe_2O_3 含量略大于7.2%；到以灰色陶为主，Fe_2O_3 含量约在5.2%，两者相差接近2%，前后共经历了3000余年的时间。在这一时期内，随着生产技术的进步，陶土用料范围的扩大，已经可以使用含铁量相对低一些的制陶原料了。或者说，使用低含铁量陶土是陶器烧制技术进步的结果。而陶器色彩的演变所反映的当时人们审美观念的变化，是伴随着生产技术的阶段性发展而嬗变的。①

陶器质地由红陶到灰陶，再由灰陶到黑陶，是陶胎中 Fe_2O_3 减少的表现。而 Fe_2O_3 的减少，则是生产技术进步的结果。技术的进步使得泥质红陶失去了主导地位，所以，首先是技术进步引起了人的审美观念的变化，而不是所谓的“时代精神”。

那么接下来的问题就是，技术上的进步如何又与 Fe_2O_3 的减少联系在一起呢？我们知道，陶器中 Fe_2O_3 的多少，一方面取决于原料中的含铁量，但另一方面更重要，是陶窑设计和烧制技术的水

① 许志勇．陶器化学组成分析在新石器时代考古研究中的意义[J]．北方文物，2004(4)：104.

平。现在的研究结果表明，“陶器的陶色取决于制陶原料的化学组成，烧制陶器时的窑内气氛、烧成温度以及是否经过窑内或窑外渗碳”①这样的四个因素，后面的三个因素无不与陶窑的改进有关。关于陶窑改进与陶器成色的关系，我们可以从庙底沟二期文化的陶窑设计略见一斑。

二、庙底沟二期文化的陶器

庙底沟一期文化，即是我们在本章第五节所说的代表仰韶文化中心地域彩陶最高峰的庙底沟类型的代表，庙底沟二期就是发掘于同一地点的后期文化遗存。严文明认为，庙底沟二期是属于西王村类型之后的仰韶文化。② 但是学界普遍认为，庙底沟二期则是处于仰韶文化向河南龙山文化过渡的阶段，其主要特征是龙山文化的，可认为是早期龙山文化。③

在庙底沟一期陶器中，彩陶比例可能占陶器总数的 25% ~ 28%，而与此相对，二期彩陶却很少：

> 陶器的质料以夹砂粗灰陶为最多，泥质灰陶次之，细泥红陶及细泥黑陶仅占极少数；特别是细泥黑陶在这里还不到百分之一……它们的陶质坚硬，火候当和仰韶文化相差不远……前两种陶系的颜色从灰褐色以及黑灰色，往往在同一件器物上颜色也不一致，说明在烧窑技术上还比较原始……除夹砂粗灰陶以外，陶胎有薄达 0.2 厘米者，应是蛋壳陶的前身。……彩绘仅限于细泥红陶。④

---

① 许志勇．陶器化学组成分析在新石器时代考古研究中的意义[J]．北方文物，2004(4)：106.

② 参见严文明．仰韶文化研究[M]．北京：文物出版社，1989：136.

③ 参见中国社会科学院考古研究所．新中国的考古发现和研究[M]．北京：文物出版社，1984：70.

④ 安志敏．中国新石器时代论集[M]．北京：文物出版社，1982：137-138.

由于彩绘仅限于细泥红陶，细泥红陶数量的锐减直接导致了彩陶的衰退。关于庙底沟一期和二期陶器质料的变化，李济给我们提供了详细的数据说明：

表 2-4　**李济所统计的庙底沟一期和二期陶器质料变化情况**　（单位：%）①

	细泥红陶	夹砂红陶	夹砂灰陶	细泥灰陶	细泥黑陶	总计
仰韶文化层	57.02	32.62	0	10.34	0.03	100.01
龙山文化层	2.05	0	66.45	30.62	0.88	100.00

从两期文化的对比中，我们看到：一期的夹砂红陶完全被二期的夹砂灰陶代替；一期占大多数的细泥红陶，到了二期仅仅只有2.05%；细泥灰陶则呈明显的上升趋势；细泥黑陶虽然比例还不到1%，但上升趋势还是比较明显的。李济得出结论："龙山文化陶人大概已经把先前烧红陶的习惯放弃了，而着重于灰陶；黑陶在数量上的增加，更表现了一种新的技术发展。"②

这种新的技术，就是人们控制陶窑中的氧化焰和还原焰的技术。庙底沟遗址所发现的一座陶窑便能说明这种技术，也能说明红陶为什么退出历史舞台：

> 庙底沟一号窑，由火膛、火道和窑室等几部分构成。火膛较深，火口较小；由火膛引出两股主火道，再由主火道分出六股支火道通向窑室。窑室略呈圆形，直径不到一米，底部有箅，箅上有25个火眼与火道相通。多火眼的窑箅能使窑室内的热力得到充分利用，并使窑室内部受热均匀。窑壁上部向内微收成弧顶状，以便于封窑。这种结构的陶窑，在高温密封

① 李济．黑陶文化在中国上古史中所占的地位［M］．李济考古学论文选集．张光直，李光谟，编．北京：文物出版社，1990：196.

② 李济．黑陶文化在中国上古史中所占的地位［M］．李济考古学论文选集．张光直，李光谟，编．北京：文物出版社，1990：196.

> 时，可促使陶土中的氧化铁还原，使陶器变为灰色或黑色。①
>
> 这里的窑址虽形状较小，但是在结构方面却比较进步，如火膛不像西安半坡3号窑和三里桥等仰韶窑那样长，而是利用窄深的火膛，借火力向上的作用通过火道和火眼以进入窑室的。根据残存窑壁的弧度看，它也许是封顶的，可能烧到最后阶段封闭窑顶，使陶器发生还原作用，因此在陶器中产生了大量的灰陶。②

如果我们将这个陶窑和半坡时期的陶窑相比，我们就会发现陶窑设计上的种种改进，其主要目的在于提高火力的利用率。而窑壁内倾，形成一个较小开口，便于封窑，就更是如此了。往往是在陶器烧制的最后阶段，才开始封窑。一旦窑顶被封，火焰就由氧化焰变成还原焰。陶胎中的 Fe_2O_3 由于缺乏氧气，就被还原成 FeO，于是红陶就变成了灰陶或黑陶。这种封窑技术必须建立在建筑技术进步的基础上，所以往往出现得比较晚。可以说，正是陶窑设计的晚期改进，使得灰陶成为陶器的主流。

细泥灰陶和细泥红陶相比起来，陶质坚硬，胎壁变薄，所以很容易取代细泥红陶。这也就是说，技术的进步，使得细泥红陶被逐渐淘汰，从而使彩陶消退。而这种制造细泥灰陶的技术，正是细泥红陶的烧制技术所孕育的。严文明指出，彩陶的出现必须有一定的技术基础：

> 人们在旧石器时代就知道绘画了，但到新石器时代早期学会制造陶器时，并不在它上面画彩。因为那时做的陶器质地粗糙，颜色发暗而不均匀，画出花来很不好看，故一般用刻画和拍印等手段进行装饰。仰韶文化以前的老官台文化等基本上处在这一阶段……只有等到发明了陶窑，能够比较熟练地控制火

① 张之恒．中国新石器时代文化[M]．南京：南京大学出版社，1988：59.

② 安志敏．中国新石器时代论集[M]．北京：文物出版社，1982：137.

> 候，烧出经过充分氧化的浅色（红色）陶器，并且在陶土加工方面也积累了较多的经验，能够做出质地细腻和表面光洁的地子时，才有可能在上面画陶彩。仰韶文化正是因为具备了这些条件，才有美丽的彩陶的出现。①

这也就是说，彩陶的出现至少有两个条件：（1）质地细腻、颜色均匀、表面光洁；（2）发明陶窑并熟练控制火候，能烧出细泥红陶来。据安志敏估计，庙底沟一期的陶器烧制温度为 1100～1400℃。② 而这个温度，比起老官台陶器的烧制温度，就要高多了。彩陶发展史，就是不断提高陶土加工技术和改进烧制技术的历史，也是陶壁越来越坚硬、陶胎越来越薄、器表越来越光滑的历史。从这个角度来讲，随着技术的演进，灰陶的出现就是必然的了。

由于灰陶比起红陶来说，在硬度、表面光滑度、陶胎的厚度上，都有无可比拟的优越性，所以一旦灰陶烧制技术出现，人们势必将更大的精力放在这个新事物上。灰陶的颜色和质地，并不适宜彩绘。在庙底沟二期遗存中，也发现了在灰陶杯上彩绘的痕迹，是在烧好陶器以后再在上面绘上红色花纹，但花纹已经脱落。③ 这就说明，当时人们也进行过彩绘的尝试，但是最终还是放弃了。人们的装饰欲望或者说审美需求，从此转移到了另一个方面，在器表的光滑度、胎壁的厚度、陶器的造型上面下功夫，而不再在彩绘上满足自己的审美需求了。所以，彩陶之突然消退，从技术演进的角度来讲，是必然的。

这个必然趋势，正是林少雄所说的"彩陶自身的发展规律"，也正是邓福星所说的"衰变期陶制品的器形更加丰富多样。一部分器形趋向于装饰性的繁复。与此相适应的，上边的彩绘纹饰趋于简化"。而彩陶的突然消退，正好发生在严文明所说的仰韶文化的早

① 严文明．仰韶文化研究[M]．北京：文物出版社，1989：130.

② 安志敏．中国新石器时代论集[M]．北京：文物出版社，1982：132.

③ 安志敏．中国新石器时代论集[M]．北京：文物出版社，1982：138.

期和晚期之间。

如果说庙底沟二期的灰陶"往往在同一件器物上颜色也不一致"，"在烧窑技术上还比较原始"，还是一种从仰韶文化向龙山文化过渡的状态的话，那么，后来随着灰陶烧制技术的不断改进，随着过渡时期的结束，就向着龙山黑陶不断迈进了。

三、需警惕"时代精神决定论"

成也萧何，败也萧何。促使彩陶兴盛和衰退的"萧何"，正是技术的进步。

由于美学界往往喜欢将彩陶当作陶器形式审美制作中的典范，并且常常从时代精神的角度去解释彩陶的衰退，从而忽略了技术因素和陶器质地变化对陶器形式审美风尚变化的支配作用。所以，相对于大多数学者的论述，本章对陶器制作技术的强调多了一些，而基本忽略了时代变迁，这无疑是一种缺憾。但是，对于本章的中心问题来说，我们认为这种忽略是必要的，因为我们不可能面面俱到。我们这样做，只是出于行文"技术"上的考虑，而不是要刻意反对从时代精神的角度去论证或解释审美风尚的变化。

我们只是认为，对于彩陶盛衰问题来说，技术的演进是内在因素，而时代精神则是外在因素。换言之，技术的进步是必然的因素，而时代精神则是偶然的因素。时代精神，假如有一个总体的时代精神的话，可以解释审美风尚的偶然的变化，但却不能解释彩陶必然衰退。

我们不是在鼓吹一种"技术决定论"，但我们明确反对"时代精神决定论"。这是因为，时代精神往往是一个不可把捉的因素，尤其是大写的时代精神，往往会成为我们后来者的一种想象，所以容易流于主观。比如，我们所抽绎的新石器时代精神，其实就是我们站在现代人的立场上在陶器纹饰中所看到的精神气象，如和谐与狞厉。如果再反过来用这样的一个时代精神来全面解释彩陶的变化，则不但会陷入循环论证，从而在逻辑上说不过去，而且容易武断专一。相对来说，从技术演进的角度来解释，倒显得客观一些。

第三章　玉石之分：形式与意味

如果说前面所探讨的石器和陶器属于日常生活领域，那么接下来要讨论的玉器则属于特殊领域。关于玉器的特殊性，我们从《说文解字》中对“玉”的解释就可略见一斑：

> 玉，石之美有五德者。润泽以温，仁之方也。䚡理自外，可以知中，义之方也。其声舒扬，专以远闻，智之方也。不挠而折，勇之方也。锐廉而不忮，洁之方也。象三玉之连，丨其贯也。(《说文解字·玉部》)

许慎的解释虽然反映的是东汉时期的观念，但也预示了一个事实，那就是玉的外观或性质，极容易使人产生想象，使人将人类社会中所特有的一些价值“投射”于其上。

人的世界之所以不同于物理世界，就是因为人的世界不是现成的，而是人构建的结果，是人所构建的一个有意义的世界。在这个有意义的世界中，一些特殊的东西，往往会被赋予特殊的价值和意味。玉器就属于这样的一个特殊对象，而不是一种简单的矿物。

无论“玉”在人的世界中怎样珍贵，在物理世界中，它只是石头的一种，人类一开始并没有赋予它一些特殊价值和意味。本章探讨的一个主题就是，人类将特殊的意味赋予特殊的形式时，经历了一个怎样的过程。在探讨这个问题之前，有必要简单回顾一下学界围绕“玉”与“玉器”两个概念的争论。

第一节　玉与玉器

我国学界关于“什么是玉”，有多种观点。张仁山将其分为两类：一类是“一玉说”，另一类是“多玉说”。其中“多玉说”，又分为“两玉说”“三玉说”“玉石说”“宝石说”“两义说”“自由说”六种。而在学界占主导地位的是“两玉说”和“两义说”①。这两种说法也与本书论题相关，所以，我们在这里主要讨论这两种。

一、矿物学界的“两玉说”：软玉与硬玉

国际上一般认为，真玉(true-jade)只有软玉(nephrite)和硬玉(jadeite)两种。其中软玉是指具叶片状的微晶习性的透闪石阳起石岩，硬玉指的是具微晶粗晶结构的单矿物硬玉岩。② 在中国，软玉以产于新疆的和田玉为代表，而硬玉以产于缅甸的翡翠为代表。

从矿物学角度将玉分为软玉和硬玉，来自德穆尔(Alexis Damour)分析。他于1863年发表了对来自我国圆明园的和田玉及翡翠的矿物学分析成果，将它们分别命名为“nephrite”和“jadeite”。前者为一透闪石变种矿物，后者为辉石类的钠铝硅酸盐新种矿物。德穆尔1881年又发现，来自中美洲的玉也属“jadeite”。这样就确定了玉所包括的两个种属。③

这里有几个事实值得我们注意：

(1)将真玉分为软玉和硬玉，是科学分析的结果。分析的样本则是和田玉和翡翠。

(2)按照真玉包括软玉和硬玉的观点，中国古代的真玉一直只有软玉一种，这种情况一直延续到明清之交缅甸翡翠以一定规模输

① 参见张仁山．什么是玉：玉辨之一[J]．珠宝科技，2002(3)：50-53.

② 参见Harlow，G. E.，Sonrenson，S. S. 玉：产状及交代作用成因[J]．丁海侠，编译．岩石矿物学杂志，2002(21)(增刊)：124.

③ 参见王春云．玉的概念、命名、种属和分类研究[J]．地质地球化学，1992(6)：24-29.

入中国时为止。①

(3)我们现在所说的“玉”，对应于英文中的“jade”。

(4)根据过去公布的硬度测定材料，软玉的摩氏硬度(Mohs' Hardness)为 6 ~ 6.5 度，硬玉为 6.5 ~ 7 度。日本人首先将“nephrite”和“jadeite”翻译成“软玉”和“硬玉”。

(5)从辞源角度讲，“nephrite”“jadeite”和“jade”三个矿物学名称，最早都是起源于美洲同一种绿色石头。②

正是这些事实，引发学界思考“什么是玉”这个问题。

二、考古学界的“两义说”：广义与狭义

考古学界基本采纳了矿物学分析所建立的玉的概念。然而，对于考古学研究来说，这里却有两个困难：

第一，现代的科学分析手段，非专业人士不能掌握，古人也根本没有，“玉的科学概念，只有地质矿物界的专家和少数收藏家知其涵义，其他专门做玉器的和研究玉的人确实所知甚少”③。

第二，以矿物学上的“真玉”观念去分析古代器物，尤其是上古器物，好多都是假玉。

正是因为这两个困难，考古学界对于矿物学上“玉”的观念提出了一定的修正，认为玉分广、狭二义。夏鼐说：

> 今日矿物学上，玉是专指软玉(nephrite)和硬玉(jadeite)，是二者的总称。玉器在今日中国有广、狭二义：广义的仍是指许多美石，包括汉白玉(细粒大理石)、玉髓(石髓)、密县玉(石英岩)、岫岩玉(蛇纹石，包括鲍文石)等；狭义的或比较

---

① 参见张仁山．翡翠辨(之一)[J]．珠宝科技，2003(3)；张仁山．翡翠辨(之二)[J]．珠宝科技，2003(4)．

② 参见王春云．玉的概念、命名、种属和分类研究[J]．地质地球化学，1992(6)：24-29；张仁山．翡翠辨(之一)[J]．珠宝科技，2003(4)：42.

③ 杨伯达．玉石之美：读玉札记之一[J]．美术观察，1999(10)：75.

严格的用法，也是专指软玉和硬玉。①

这也就是说，只有狭义的“玉”在今天才被视为“真玉”。而广义的玉，则包括“美石”。对于中国古代玉器来说，自然要用这个广义的“玉”的概念：

除了这两种(按指 nephrite 和 jadeite)外，还有蛇纹石系、大理石系、石英系、绿泥石系的矿物和岩石，都可以呈现白至绿色温润半透明的色泽，也都是中文里广义定义下的“玉”。②(邓淑蘋)

《尚书》、《尔雅》等文献中记载有关各地产玉的资料，这些文献中所载的“玉”，应包括各种质地的玉和似玉之美石。③(邓淑蘋)

从文字发展隶意方面考察，古人所释从玉的字，字义大体有两类解释，一类包含玉、名玉、美玉、玉之美者、玉名、玉属、玉似石等七种释意；另一类包含石之次玉者、石之似玉者、美石次玉、石之美者等五种释意。④(杨伯达)

“玉”在中国古代文献中是指一切温润而有光泽的美石。⑤(夏鼐)

古代中国所谓的玉，是指石之美者，都归在玉类。所以，称中国古玉为“玉石”，涵义更为准确。⑥(彭林)

---

① 夏鼐．有关安阳殷墟玉器的几个问题[M]//中国社会科学院考古研究所．殷墟玉器．北京：文物出版社，1982：2.

② 邓淑蘋．百年来古玉研究的回顾与展望[M]//殷志强．中国古代玉器[M]．上海：上海文化出版社，2000：322.

③ 邓淑蘋．百年来古玉研究的回顾与展望[M]//殷志强．中国古代玉器[M]．上海：上海文化出版社，2000：324.

④ 杨伯达．中国古代玉器面面观[J]．故宫博物院院刊，1989(1)：35.

⑤ 夏鼐．有关安阳殷墟工器的几个问题[M]//中国社会科学院考古研究所．殷墟玉器[M]．北京：文物出版社，1982：2.

⑥ 彭林．文物精品与文化中国[M]．北京：清华大学出版社，2002：73.

引用这么一大堆说法，目的就在于说明两个问题：(1)对于上古玉器的研究，应当采用广义的“玉”的概念；(2)考古学界对玉分出广狭二义，既然是将矿物学界所区分的软玉和硬玉，一道划入“狭义”的玉，那也就说明考古学界的“两义说”，仍是以矿物学界的“两玉说”为基础。

就古器物研究而言，考古学的“两义说”，的确解决了矿物学“两玉说”的现代科学气息所带来的困难，但对于中国古器物研究，这一修正仍嫌不足。因为中国古代有明确的玉、石之分。如果说狭义的玉，由于其所带有的现代科学气息，对于中国古人不合适的话，那么，广义的玉将美石包括在内，也同样对中国古人不合适。

三、中国古人的“两义说”

中国古代有明确的玉石之分，“玉石俱焚”这一成语就是明证。而最早的玉石之分，也许要数我们所熟知的《礼记》中的这一段文字：

> 子贡问于孔子曰：“敢问君子贵玉而贱碈者何也？为玉之寡而碈之多与？”孔子曰：“非为碈之多故贱之也、玉之寡故贵之也。夫昔者君子比德于玉焉：温润而泽，仁也；缜密以栗，知也；廉而不刿，义也；垂之如队，礼也；叩之其声清越以长，其终诎然，乐也；瑕不揜瑜、瑜不揜瑕，忠也；孚尹旁达，信也；气如白虹，天也；精神见于山川，地也；圭璋特达，德也。天下莫不贵者，道也。《诗》云：‘言念君子，温其如玉。’故君子贵之也。”(《礼记·聘义》)

杨伯达认为，“贵玉贱碈”的观念中的“玉”，就是“和田玉”；“碈”则是蓝田玉、岫岩玉、南阳玉之类的“彩石”。① 张仁山也认为这里所说的“玉”就是“和田玉”。这个“碈”则是我国历史上最为著名

① 参见杨伯达．中国古代玉器面面观[J]．故宫博物院院刊，1989(1)：33.

的似玉之石“岫岩石”(Serpentine)①。

然而这样的准确说明，似乎只有“现代科学”意义，对于理解古人似乎帮助不大。因为岫岩玉(又称蛇纹石)，“与闪玉的外观非常相似，连现代矿物专家也无法单凭肉眼和放大镜分辨开来”②，而“贵玉贱硌”在古代却是一个源远流长的传统，玉石之分是古人一直严守的区分。所以，要理解古人缘何“贵玉贱硌”，不得不顾及古人所说的“玉德”，不管它在现代学人眼中如何的“不科学”。王春云的解释，显然顾及了这一点：

> 这些认识虽然只是人类文化学意义上的，但已经包含了相当多的朴素的科学的认识，为人们明辨真玉提供了很好的(虽然有时仍然是比较模糊的)、科学的和人文的双重标准。其所说明的玉的科学特征即“玉德”或“玉性”是：①细腻致密的结构，极高的韧度与较大的硬度(“缜密以栗”“不挠而折”)；②滋润柔和的光泽、良好的光洁度与较好的半透明度(“温润而泽”“鳃理自外，可以知中”)；③虽有棱角却不甚锋利的断口(“廉而不刿”“锐廉而不忮”)；④敲击时发出清越舒扬、可以远闻的声音；⑤具有特征的纹理及可能的特征包裹体(“瑕不掩瑜，瑜不掩瑕”)。③

同样的阐释也集中反映在张仁山的《什么是玉德：玉辨之三》一文中④。这些阐释至少说明了两个问题：(1)“玉德说”对于“玉”的诗意的描绘，并非一种想象，而是有一定的基础。“贵玉贱硌”说明，最迟在《周礼》的成书年代，中国已经有了严格的玉石之分。(2)研究中国古代的玉石之分或“贵玉贱硌”，考古学界的“两义说”也是

---

① 张仁山. 什么是玉德：玉辨之三[J]. 珠宝科技，2002(4)：50-51.

② 参见邓聪. 玉器起源的一点认识[M]//杨伯达. 中国玉文化玉学论丛. 北京：紫禁城出版社，2002.

③ 王春云. 中国古代对玉的朴素的科学的认识[J]. 珠宝科技，1994(3)：7.

④ 张仁山. 什么是玉德：玉辨之三[J]. 珠宝科技，2002(4)：50-51.

捉襟见肘，因为考古学毕竟是一门现代学问，它所理解的狭义的玉，仍是以矿物学的“两玉说”为根底。

于是就有学者提出新的“两义说”：广义的玉，“玉，石之美”；狭义的玉，“玉，石之美，有五德”①。这一说法的根本要点在于，我们在研究上古玉器的时候，应当遵从“玉，石之美”这个广义的概念；在研究“贵玉贱碈”时代之后的玉器的时候，应当持“玉，石之美，有五德”这个狭义的概念。

可以说，上古时期的玉石之分日趋严格、日趋清晰，就是由“玉，石之美”这一广义的“玉”向“玉，石之美，有五德”这一狭义的“玉”逐步靠近的过程。至于“贵玉贱碈”，只有在具备了分辨玉和碈的能力之后，说玉的外观就是仁、义等道德品质的象征，才有可能。所以，本章采用的玉的概念，源自后一种“两义说”。

四、什么是玉器

与“什么是玉”这个问题密切相关的一个问题就是“什么是玉器”。

在上古器物研究领域，玉石之分，首先就是玉器与石器之分。关于玉器和石器之分，依照最为严格的标准，大致有三点区别：

(1)质料的角度。玉器就是用玉加工而成的器物。

(2)技术的角度。“玉不琢，不成器”。玉器就是用“如切如磋，如琢如磨”这样的专用技术加工而成的器物。由于“软玉”比一般的石料硬度要高，而且很稀少，所以不可能用打击的方法“开料”，而只能运用“介质的间接摩擦作用”来切割玉料。所以，玉器和石器加工技术在“开料”上就显出巨大的差别。牟永抗认为，这种开料技术就是古人所说的“琢”②。

(3)功能的角度。这个角度凸显的是玉器的精神性，即玉器的典型特征是服务于人的精神生活，而不是服务于人的物质需求。对

---

① 参见王春云．中国古代对玉的朴素的科学的认识[J]．珠宝科技，1994(3)：6-9.

② 牟永抗．良渚玉器三题[J]．文物，1989(5)：65.

玉器的这一特点强调最多的是邓聪，他认为，“玉器的本质是具有象征意义的器物”①，“以美石制成具有象征意义的器物，都可称为玉器”②。

符合这三点区别的玉器，可以称为“狭义”的玉器。至于在实际研究中，不同的学者对待这三个不同角度，当然有明显的主次之分，会在某个标准上严格一些，在其他标准上则宽松一些。如杨伯达认为玉器的特点有三个：(1)贵重的材料；(2)材质美，“温润而泽”，硬度较高；(3)跎具加工。③ 这主要是从质料和技术的角度去立论的，至于其精神功能，则基本没有考虑：

> 凡经过人们加工改造过的玉(传统文化的玉、矿物学的玉)，具有几何形体或肖生等新造型，以适应新的社会需要的实用性工具、器皿和非实用性的饰品、美器、神器、瑞器、祭器、礼器、佩饰、摆设以及绘画性的、雕镂性的艺术品等，均为玉器。④

与此截然相反，邓聪认为玉器之所以为玉器，是因为其精神属性。他认为，从质料和技术的角度并不能区分玉器和石器，也不符合史前玉器制造的事实：

> 石器和玉器在技术上的承传关系相当明显，这样的制作技术差别的因素，很难作为考虑玉器和石器区分的主要的标准。
>
> 蛇纹石(serpentines)与闪玉的外观非常相似，连现代矿物专家也无法单凭肉眼和放大镜分辨开来。良渚玉器中蛇纹石和闪玉两者都具备，只有运用现代矿物学中显微结构分析等手

---

① 邓聪．玉器起源的一点认识[M]//杨伯达．中国玉文化玉学论丛．北京：紫禁城出版社，2002.

② 邓聪．玉器起源的一点认识[M]//杨伯达．中国玉文化玉学论丛．北京：紫禁城出版社，2002.

③ 参见杨伯达．中国古代玉器面面观(二)[J]．故宫博物院院刊，1989(2)：31.

④ 杨伯达．中国古代玉器探源[J]．中原文物，2004(2)：54.

> 段，才能够将上述两者准确地分别出来，将闪玉者称为玉器、蛇纹石者称为似玉或假玉。问题是这种现代科学的划分，能否反映良渚人原来的行为意识？有一些良渚墓葬出土闪玉玉器比例上的差别，是否反映当时人类分辨闪玉的能力？①

正是因为他关注古人的"行为意识"，所以他力主从精神功能角度区分石器与玉器。

即便是主张三者兼顾的学者，实际上也是有所轩轾的。如吴汝祚、牟永抗一方面说："玉器需要具备的社会属性的美和德，矿物学上的涵义和制作上的工艺技术，这三者必须联系起来进行分析考察。"②但是另一方面却实际上只强调技术：

> 玉器，并不是玉制成器物的通称。玉器制作上有"玉不琢，不成器"之说，"琢"就是以砂为介质的间接摩擦。在琢玉的专用工具——"砣"出现之前，琢表现在对玉料的剖割(拉丝)成坯过程中的线切割、锯切割、管钻等方面。所以，是否经过"琢"，是判别玉器的条件。若是制作方法与石器一样的，以玉材制成的生产工具，我们只能称它为玉质石器。③

这种既主张三者不可偏废、又只强调其中一点的论家，还有王永波，只不过他所偏重的是质料罢了："只有当人们在理念上形成了广义玉概念，玉制品才能成为完全意义上的玉器。"④

众多学者之所以会在"什么是玉器"的观点上形成这么大的分歧，甚至在同一学者身上还会出现自相矛盾的现象，是因为学界面对着一个共同的问题：怎样看待史前玉器？凭什么我们称史前玉器

---

① 参见邓聪．玉器起源的一点认识[M]//杨伯达．中国玉文化玉学论丛．北京：紫禁城出版社，2002.

② 吴汝祚，牟永抗．玉器时代说[J]．中华文化论坛，1994(3)：31.

③ 吴汝祚，牟永抗．玉器时代说[J]．中华文化论坛，1994(3)：31.

④ 王永波．玉器研究的理论思考[J]．中原文物，2002(5)：26.

为“玉器”，而不称它为石器？

我们认为，对于史前玉器研究来说，这三个标准中的任何一个都显得过于严格。所以在探讨玉器之前，脑海中有必要形成这样一个关于玉器的广义概念：(1)质料的角度，采用“石之美者”这一广义的玉的概念；(2)技术的角度，把不是用“介质的间接摩擦作用”这样的开料技术所制成的器物也称为玉器；(3)功能的角度，将玉质石器和玉质装饰品也纳入玉器的范围。这个宽泛的概念，也是考古学界通行的广义的玉器概念：“将透闪石—阳起石系列的软玉以及与此有关的玛瑙等质地坚硬、色泽晶莹且琢磨精美的器具统称为玉器。”①

第二节　最原始的玉石之分与形式感

邓聪说：“玉器是人类象征性思维物化的反映。世界玉器起源的初期，玉器以坠和珠为显著。一些玉器的饰物有模仿兽牙的形状，显示玉器出现的背景之一是源于人类对自然界猛兽的畏意和崇拜，与追求美的意识似无密切的关系。”②然而，玉器真的从一开始就富于象征意味，从而和人追求美的意识没有关系吗？本节主要讨论这个问题。

一、北京人特别加工的石器

玉器来源于石器。玉器不但在加工技术上与石器有承继关系，就是在质料和功能方面，也与石器有一定的亲缘关系。关于玉器在质料和技术方面对于石器的承继，邓聪也是承认的。所以，追溯原始的玉石之分，还得从玉质石器说起。

从“玉、石之美”这样的广义的角度去理解玉，那么，所发现的最早的玉质石器就是旧石器时代早期人们用美石所加工的石器。

---

①　杨晶．长江下游地区史前玉器研究[J]．东南文化，1994(4)：37.

②　邓聪．玉器起源的一点认识[M]//杨伯达．中国玉文化玉学论丛．北京：紫禁城出版社，2002.

杨伯达说：

> 从出土的旧石器时代的石器来看，属石之美者大致有水晶、玛瑙、透闪石、蛇纹石等稀有石材，石之不美或丑者有石英、石英岩、脉石英、花岗岩、片麻岩、燧石、硅质岩、细砂岩、角页岩等等不下数十种石材。在迄今所出土的远古石材中，其稀少者就是周口店“北京人”遗址中出土的水晶器。水晶亦名“水精”，又名“水玉”，可知古人已将水晶列为玉材的一种，至迟从距今70万年—20万年的“北京人”就从距其住地两公里以外的花岗岩土坡上采集水晶，说明他们已能初步区分石之美与不美的两大类材料。①

所有这些美石都具有质地细腻、光泽莹耀、色彩鲜艳、硬度较高的特点。值得注意的是，用这些外观比较“美”的材料所制作的石器，往往比其他外观平常的材料制成的石器，在加工上要精细一些。这种对“美观”石材特别对待的现象，对于我们探讨形式美感来说十分有意义，也可以给我们判定最早的玉石之分，提供若干启示。

(一)外观的美吸引北京人发现这些特殊石材

对于特殊石材的特别对待，是建立在对特殊石材的特殊性的发现上的。这些石材的特殊性就是“美观”——外观的美。美观吸引了北京人注意力的现象，在水晶上表现得特别突出(图3-1)：

> 水晶的英文名称为Rock-crystal，是根据希腊文Krystallos演变而来的，其含义为“洁白的冰”，形象地刻画了水晶清亮、透彻的外观。水晶是透明度高，晶形完好的石英晶体。……水晶多为无色透明，含杂质者可呈紫、黄、粉红、褐、灰、黑等颜色。透明度好，晶面玻璃光泽，断口油脂光泽。……硬度7……水晶类宝石的价值评价因素为颜色、透明度、重量和

① 杨伯达．玉石之美：读玉札记之一[J]．美术观察，1999(10)：75.

净度。①

这一段文字说明，不但水晶的名称得自其美丽外观，而且现在人们衡量水晶的标准，仍然是其外观的美。可以说，水晶正是因为其美丽的外观进入人的视野，并一直受到珍视。对于北京人来说，也应如此。贾兰坡说北京人已经“知道水晶是制造石器的好原料”②，我们则要强调，他们被水晶的美丽外观所吸引先于对水晶的硬度的认识。如果没有这个被吸引的过程，不可能有后来的认识。

图 3-1　水晶

(二)对特殊石材的特别对待：物以稀为贵

北京人之所以会对这些特殊材料进行特别的加工，除了其美观之外，还有一个重要的原因：稀有。在自然界中，这种美观的石材并不是到处都是的，而是很稀少的。“物以稀为贵”，正是因为自然界大多数石材没有这样美观，所以这些石材就成了相对于一般石材的特殊石材，其他石材则成了普通之物。特异之物，往往吸引更

① 图片及文字均引自：http：//csite. diy. myrice. com/clife/jewel. html.

② 贾兰坡. 周口店：“北京人”之家[M]. 北京：北京人民出版社，1975：52.

多的注意，引人特别对待。用格式塔心理学的术语来说，一般石材成了“背景”，而这些美观而稀有的特殊石材则成了“图形”。

可以说，北京人的这种对一般石材和特殊石材的区别对待，是玉石之分的雏形。这种特别加工，不仅标志着技术的进步，而且标志着我们所谓的“珍贵”的概念。“物以稀为贵”并不是后来文明时代的现象，而是在人类的远古就有了。而后来的玉器、青铜礼器其实就是建立在这种珍贵观念的基础上的。

二、最初的玉石之分

北京人所特别注意的这些石材还不是玉材，用这些特殊石材所加工的石器当然也不是后世的玉器，但是对特殊石材特别对待的现象，却含有后来玉器诞生的因子。我们姑且从质料、技术和功能三个方面论述之：

（一）质料方面：“玉，石之美”

“玉在石中曰璞”①，“玉”往往包在岩脉之中。人们制作玉器有一个首要的前提，就是发现璞中之玉。最初的玉材，并不是从岩脉中开采出来的，而要么从砾石堆中拣来②，要么是在加工石器的过程中，发现了包裹在“石”中的“玉”。③ 如果没有北京人的这种对于“美观”石材的发现能力，那么玉材也不会出现。所以，这些特殊石材即便还不是“玉”，也算得上是玉的前身。

（二）给特殊材料以特别待遇：“玉不琢，不成器”

对这样的特殊石材的特别加工，还是用打制的办法，没有后世

① 李迺宣，张承鋆．玉说[M]//玉说汇编．北京：书目文献出版社，1993：55.

② 参见贾兰坡．周口店：“北京人”之家[M]．北京：北京人民出版社，1975：52. 本书第一章第四节曾说明这一点。在砾石堆中拣取玉石，并不是上古时期独有的，昆仑山下的百姓，还在河床中寻找和田玉的“籽玉”。

③ 参见彭林．文物精品与文化中国[M]．北京：清华大学出版社，2002：74.

所说的“琢”的功夫。但是，在技术问题上我们应当从“关系”的角度去考虑，而不要仅从“实体”的角度去观察。如果说新石器时代对玉材的“琢”相对于石器磨制技术是先进技术的话，那么北京人对特殊石材的特别加工，也是在这些石材上面用了最先进的技术。所以，从“关系”的角度来看，两者是一样的，都是给特殊材料以特别待遇。

（三）功能方面：审美增进

这种对于美观而稀有的石材的特别对待，其实已经超出了实用的范畴，虽然这些器物还是实用工具。因为从纯实用的角度考虑，这些特殊加工就是多余的，甚至是一种“浪费”。但是这种“浪费”，却是一种有意义的浪费。

如果本书第一章所说的最原始的石器是实用和审美、物质和精神的复合体这一论断可以成立的话，那么，这种“浪费”就意味着石器制造向“审美增进”方向迈进。“物以稀为贵”，对这些石材的多余加工，反映的恰好是对美观而稀有的材料的珍视。这种珍视，“以稀为贵”的态度，其实也包含着人们对它赋予特殊意味的可能性。所以，虽然这些石料还不是玉料，这些器物还不是后世的玉器，但是人们对它们的珍视，和人们对玉器的珍视在性质上是一样的。如果没有这种珍视，后世玉器的产生将是不可想象的。

要言之，虽然这些材料还不是玉材，这些器物也还是石器，但是从人们对它们的态度上，我们看到了后世对待玉材和玉器的态度的雏形。杨伯达将这些不是软玉的材料称为“第一代玉材”，将“北京人”用这些材料“精心”加工的石器称为“第一代玉器”①，是很有道理的。至于后来的玉石之分的发展，就是沿着“审美增进”一路迈进的过程，就是从玉质石器走向玉质装饰品的过程。

---

① 参见杨伯达．追溯玉器之渊源：从文物精华展红山文化玉器谈起[N]．中国文物报，1999-10-18.

三、细石器和真玉的出现

安志敏说："玉器的出现当导源于人类以美石加工的饰物为开端。"①吴锐也说了大意基本一致的话："最早偏离生产工具功能的石器是装饰品。"②这两句话综合起来就是说，最先出现的非实用的玉材加工器物，应当是玉质装饰品。而从玉质石器到玉质装饰品，走过了一个漫长的历史过程。远古茫昧，我们只能从仅有的石器遗存，找到一些蛛丝马迹：

(1)旧石器时代早期，北京人已经将特殊石材和一般石材区别对待。

(2)旧石器时代中期，许家窑人所加工的石器"五彩缤纷"，曾让贾兰坡初次见到时感到"十分诱人"。这也就意味着美石在石器制造中逐渐普及。

(3)旧石器时代晚期，石材外观的"美"集中表现在细石器上。在我国旧石器时代考古中，细石器的发掘和研究一直是一个薄弱环节。但我们在下川细石器中仍可以看到，伴随着石器逐渐变小，整个石器的颜色也就遵循着一条由单一到多样、由灰暗到鲜亮的发展路线。

(一)许家窑人五彩缤纷的石器

许家窑人距今约 10 万年。③ 贾兰坡推测，他们是北京人的一支后裔。④ 许家窑的石器材料很丰富，仅 1976 年发现的石器材料

① 安志敏．古玉研究的几个问题[M]//张政烺先生九十华诞纪念文集编委会．揖芬集：张政烺先生九十华诞纪念文集．北京：社会科学文献出版社，2002：57.

② 吴锐．中国思想的起源[M]．济南：山东教育出版社，2003：209.

③ 贾兰坡．中国大陆上的远古居民[M]．天津：天津人民出版社，1978：93.

④ 贾兰坡．中国大陆上的远古居民[M]．天津：天津人民出版社，1978：94.

就有 15000 件，故有人称之为“工具仓库”①。贾兰坡曾这样描述他在 1974 年首次发掘时所见到的许家窑石器：

> 石器的原料为玛瑙、各色燧石、蛋白石、水晶、脉石英等等，五彩缤纷，十分诱人；但引人注目的并非它们的颜色鲜艳、漂亮，而是石器的加工细致和它们数量的丰富。②

出土的石器，能引得考古学家用“五彩缤纷，十分诱人”来形容，可见其颜色鲜艳程度。用于打制这些石器的原料，在旧石器时代早期，只是偶尔使用；而在旧石器时代中期，则由于技术的进步和矿物知识的增加，其使用范围更广泛。所以，小石器颜色多样、富有光泽，就成为一个必然趋势。这个石器色泽越来越美的趋势，在旧石器时代晚期的下川石器中，表现得比旧石器时代中期的许家窑石器更突出。

（二）下川细石器

“细石器工业是下川文化的核心”③，下川遗址又是“目前我国已发现的旧石器晚期遗址中细石器最丰富发达的一处”④。下川遗址位于山西省中条山东坡，地跨垣曲、沁水、阳城三县，共有细石器地点 16 处，因沁水县下川一带的石器丰富，故作为代表，统称为下川文化遗址。其年代与山顶洞人相当。⑤

---

① 贾兰坡．中国大陆上的远古居民[M]．天津：天津人民出版社，1978：98.

② 贾兰坡．中国大陆上的远古居民[M]．天津：天津人民出版社，1978：96.

③ 贾兰坡．中国大陆上的远古居民[M]．天津：天津人民出版社，1978：131.

④ 中国社会科学院考古研究所．新中国的考古发现和研究[M]．北京：文物出版社，1984：26.

⑤ 参见贾兰坡．中国大陆上的远古居民[M]．天津：天津人民出版社，1978：129-130.

下川“细石器的主要原料是燧石，其中有以黑燧石占绝对多数，灰、白、紫、绿等色次之，其他原料如水晶、脉石英、石英岩等为数很少”①。这些原料均色泽鲜艳，均适于加工小石器和细石器。整个旧石器时代的石器有一个趋势，就是石器的小型化趋势②。伴随着石器逐渐变小，整个旧石器时代石器的颜色也就遵循着一条颜色由单一到多样、由灰暗到鲜亮的过程。石器色泽上的悦目，在旧石器时代末期到达极致。

（三）真玉的出现

也就是在旧石器时代晚期，出现了真玉。以我们今天可见的出土资料来看，1983 年辽宁海城仙人洞旧石器时代晚期遗址上出土的玉片为最早。该玉石片还不能算是典型玉器，但却是距今 2 万—3 万年以前我国远古人利用闪玉（Nephrite）打造工具的最早信息。③在旧石器时代晚期出现真正的玉材并不是一个偶然现象，因为细石器是在“有石英、玛瑙、石髓、燧石等石材和具有一定技法的条件下，所制造的工具”④。从石器制作技术的角度来讲，细石器的出现需要以间接打击法和压制法作为保证，所以“细石器应是石器制作加工技术不断进步的前提下，石器形态趋于小型化的结果”⑤。技术上的进步，不但使得剥离的石叶越来越小，而且使得石核越来越小，这样就给“璞”中之“玉”的出现提供了技术保证。所以，在

---

① 张之恒，吴建民．中国旧石器时代文化［M］．南京：南京大学出版社，1991：270.

② 贾兰坡说：“远古人类使用的打制石器，一般地说，在发展过程中是从大变小的；特别是从旧石器时代晚期起，在世界范围内广泛出现了被称为‘细石器’的细小石器。”（贾兰坡旧石器时代考古论文选［M］．北京：文物出版社，1984：194）关于石器的小型化趋势，也可参看于志勇的论述［于志勇．试论中国北方细石器的起源［J］．考古与文物，1995（1）］。

③ 参见杨伯达．巫-玉-神泛论［J］．中原文物，2005（4）：63.

④ 于志勇．试论中国北方细石器的起源［J］．考古与文物，1995（1）：15.

⑤ 于志勇．试论中国北方细石器的起源［J］．考古与文物，1995（1）：13.

细石器繁荣的阶段，出现真玉，是完全可以想象的。

这时，虽然出现了真正的玉材，但是这种玉材并没有水晶等“美石”那么具有吸引力。因为真正的玉有一个特点，那就是不经过磨制，其特有的光泽显现不出来。唐太宗说：“玉虽有美质，在于石间，不值良工琢磨，与瓦砾无别。”①唐太宗说的虽然是后世的事情，但是对于远古人类还是适用的。在磨制技术出现之前，纵然在细石器加工的过程中剥离出了玉材，但是打制技术却没有给玉材一个让人们“发现”“注意”的机会。这些玉材，仍然是石器的原料，无法步入装饰品的殿堂。概言之，玉材虽然“出现”，但还没有被人“发现”。人们发现玉材的美，必须等到磨制石器时代。

四、磨制技术和玉质装饰品

磨制技术最早并不是用于石器制造，而是用于装饰品的制作。具有美丽外观的材料，用当时最先进的磨制与穿孔技术，制作成装饰品，在旧石器时代晚期就出现了。作为广义的“玉”的美石，当然也在这个行列之中。山西朔县峙峪遗址所发现的磨制石墨，山顶洞遗址所发现的七个钻孔的小石珠(原料为白色石灰岩)和一个钻孔的椭圆形小砾石(原料为微绿色的火成岩)，都属于用“美石”所制作的“非实用”的装饰品。这些装饰品，按照广义的玉的概念，可以称为玉质装饰品。

我们在第一章曾经提到，促使旧石器时代晚期的先人用这么大的心力来制作几乎毫无实用价值的装饰品的原因，首先是人的审美天性，这具体表现在：(1)同时用来磨制装饰品的材料，除了“美石”之外，还有兽牙、蚌壳等物，这些物品无一例外都有吸引人的外观；(2)用“美石”所磨制的装饰品，都追求形状的规则对称。所以可以说，用最先进的磨制与穿孔技术制作装饰品，首先是出于人的审美冲动，出于人对形式美的感受和喜爱。但人类的装饰品不同于动物的装饰的地方在于，人的装饰品是“器”，是有意识地加工

① 转引自一生．玉不琢不成器：先秦玉器巡礼[J]．金属世界，2003(3)：25.

的产物；而动物的装饰则是“物”，仅仅停留在无意识的冲动的阶段。

“发现”具有醒目外观的“物”的能力，是人与动物之所同；人将“物”加工成具有醒目外观的“器”，则是人与动物之所异。对作为“物”的“美石”的发现，标示着人的形式冲动；对作为“物”的“美石”特别对待，并让其脱离实用品的范围，则是人的有意识的审美追求。可以说，“器”与“物”的区别，就是有意识和无意识的不同，也是人与动物的不同。是否受审美冲动的支配或者在多大程度上受审美意识的支配，则是作为装饰品的“器”和作为实用工具的“器”的区别。如果说北京人那里的玉质石器在某种程度上标志着审美意识的萌芽，那么我们可以说，山顶洞人那里的玉质装饰品则标志着审美意识的发展，标志着审美第一次完全独立于实用。

所以，虽然在旧石器时代晚期的玉质装饰品中并没有真玉，真玉还是充当着石器或兵器的材料，并没有脱离实用，但是这些装饰品的制作为真玉制作的装饰品的出现，在技术和精神方面提供了条件。

五、真玉制作的装饰品和玉质装饰品的繁盛

如前所述，虽然在旧石器时代晚期就已经“出现”了真玉，但是由于技术条件的限制，真玉的美并未被人所发现。随着旧石器时代晚期装饰品制作的繁荣，以及新石器时代磨制技术的普及，真玉也就必然加入美石的行列，成为装饰品的材料之一。

“迄今中国东北地区的兴隆洼文化，发现有早于距今8000年前软玉制作的玦饰，可能是世界上已知人类最古老的耳部饰物。”①这个玦饰是否为世界上最古老的耳部饰物，我们不能贸然确定，但它为我国考古发现的最早的真玉装饰品，是大家公认的。这也就意味着，随着磨制技术从装饰品领域普及到石器制作领域，人们终于在石材中“发现”了真玉的“美”，真玉终于成为“美石”家族中的一

---

①　邓聪．从河姆渡的陶质耳栓说起[J]．杭州师范学院学报，2000(2)：14.

员。但是相对于装饰品领域来说，真玉又可以说只是“出现”，而没有被人所“发现”。其根本原因在于，当时整个美石家族在装饰品领域还没有获得特殊地位，遑论真玉。也就是说，必须先有广义的玉的凸显，然后才有狭义的玉的特殊。

旧石器时代晚期的装饰品中，“有玉石材料做成的，也有海蚶、河蚌，有珍珠及多种动物的牙骨制品”①，而且以后者占多数。到了新石器时代，广义的玉在装饰品中逐渐凸显。我们这里就以魏正瑾对马家浜文化玉质装饰品的考察为例来说明这个问题。

马家浜文化是环太湖地区已知最早的新石器文化。其早期遗存距今约 7000 年，晚期遗存距今约 6000 年，大约延续 1000—1500 年。② 马家浜文化可分为早、晚两期，早期以罗家角为代表，晚期以马家浜遗址为典型。马家浜文化玉器从总的方面来看，表现出一定的原始特征：

(1) 玉器数量少。马家浜文化的十多处遗址中，仅出土玉质装饰品 50 余件。

(2) 玉器的主要功能是装饰，器形也比较单一。早期主要是管状饰，晚期则有玉玦。

(3) 玉材主要有玛瑙、玉髓、蛇纹石、萤石等，尚未鉴定出真正的软玉，如阳起石制作的玉器。

(4) 玉器还没有在人的精神世界中占有特殊的地位。即使在晚期墓葬中，玉器也仅占器物总数的 15%~20%。

(5) 制作技术水平不高，器形略有不规整，还出现钻孔歪斜的现象。

但是这处于玉器原始初级阶段的 50 余件玉器，却证明了“玉质装饰品的发生、发展是它的一个典型文化因素”③。我们从马家

---

① 徐思民．中国工艺美术史[M]．济南：山东教育出版社，2002：33.

② 参见魏正瑾．马家浜文化玉质装饰品考察[J]．农业考古，1999(3)：57；张之恒．长江下游新石器时代文化[M]．武汉：湖北教育出版社，2004：104、112.

③ 魏正瑾．马家浜文化玉质装饰品考察[J]．农业考古，1999(3)：57.

浜文化早、晚两期的对比就可以看到这一点。早期，骨、角、牙等饰物占多数，玉饰数量很少。如罗家角遗址，在文化层中仅出土玉管饰 2 件，同时出土有骨管饰 1 件，骨角牙制的坠饰 4 件。

如果不嫌武断的话，我们可以将旧石器时代晚期到新石器时代早期的装饰品按材质分为两大类：一类是取自动物身体上的骨、角、牙、蚌等天然材料；另一类则是美石（当然，还有陶质的装饰品，但毕竟是少数）。这两类材料都是因其外观的美，而被人用作装饰品的制作材料的。但是，二者却有一个很大的不同，即前者的"美"并不倚赖于打磨，其光泽、色彩是天然具备的；而后者的"美"的彰显，却更多地倚赖于打磨、抛光。根据这一点，我们可以将其分别称为天然材料和人工材料。马家浜文化中，玉质装饰品增多的过程，其实就是人工材料在装饰领域逐渐取代天然材质的过程。

在长江下游，和太湖地区的马家浜文化同时的著名遗址，还有宁镇地区的南京北阴阳营遗址和宁绍地区的河姆渡遗址。长江下游这三个遗址虽然各有其地域特点，但出土玉器均以装饰玉为主，也大致经过了和马家浜文化玉器同样的历程：

> 三支文化玉质装饰品的使用有着共同的内涵和基本特征。它们大体上都在距今 7000 年以后开始了用玉制作人体装饰物的进程。文化发展的整个期间，玉质与骨、角、陶质饰品始终共有，玉饰数量在不断增加，所占比例在提高。用玉仍处于以"石之美者"为标准的阶段，玉质的选择范围比较广泛，玉石不分，就地取材现象普遍存在。加工制作上一般尚处于延续使用传统的石器加工工艺的阶段，还没有发明采用专门用于玉器加工的一整套工艺方法和程序，玉饰产品的几何规整度不高。玉饰器形以玦、璜、管饰为基本组合，二种器形及使用本身也有一个发展定型的规范过程。这些共同的玉器文化因素，是确定长江下游文化区系特征的重要组成部分。①

① 魏正瑾．马家浜文化玉质装饰品考察［J］．农业考古，1999（3）：60.

这就说明，玉质装饰品逐渐取代牙、骨、角质装饰品是一个普遍现象，而不是马家浜文化所特有的。这种现象之所以会是普遍的，是“因为磨制技术在旧石器时代晚期就已出现，但当时主要用于制作骨器和装饰品。从新石器时代开始，广泛用于制作各种工具”①。随着磨制石器的普及，玉的美逐渐被人“发现”。

六、玉质装饰品占据装饰主流的意义

尤仁德将装饰玉的出现，比作“史前审美意识的一次飞跃”。他说：

> 玉的美随磨制工艺的应用而充分显示出来，体现人类第一次对材质美的热情。玉的光泽柔润是区别和高贵于其他装饰物的根本形式美特征，也是满足审美要求的基本前提；精心的琢磨，使人开始并永远告别粗糙笨拙而得初步工妍美的享受，是史前审美意识的一次飞跃。②

他在另一篇文章中，又将装饰玉的出现称为“崇玉观念的第一次升华”：

> 人之爱美天性，在装饰玉上表现得极为突出充分。玦(耳饰)、璜(项饰)、环、管、珠、系璧及各样动物造型的玉佩，比起一万八千年前北京山顶洞人以石珠、贝壳、兽牙为装饰品来，其审美价值大大提高，成为中国人崇玉审美观之开端，比之于玉质生产工具，装饰玉体现出崇玉观念的第一次升华。③

---

① 张宏彦．中国史前考古学导论[M]．北京：高等教育出版社，2003：114.

② 尤仁德．装饰玉和艺术起源[J]．故宫文物月刊(台北)，1996(9)：67.

③ 尤仁德．由历史层面看中国的崇玉观念[J]．故宫文物月刊(台北)，1994(2)：111.

不管是“史前审美意识的一次飞跃”还是“崇玉观念的第一次升华”，都是相对于玉质石器和其他质料的饰物而言的。比之于玉质生产工具，装饰玉的出现意味着人对玉材的一种“提升”，使其脱离实用领域，进入精神领域。比之于其他材质的装饰品，装饰玉逐渐占主导地位，则意味着人们对精心琢磨所创造的“美”的珍爱程度，远远高于不经过加工或较少经过加工的。前者说明崇玉观念来源于玉质生产工具，人们因为“发现”这种石材的特殊的美，从而给其特殊待遇，使其独立于实用领域。后者则说明，虽然人类审美意识萌芽的标志是脱离实用的，而且离实用越远，审美意识的发展程度越高，但是从根本上来说，审美意识和实用保持着千丝万缕的联系。如果说，玉材从服务于实用工具到服务于装饰品的功能变化，反映了人的爱美天性——对形式优美的特别石材的特别对待，那么，玉质装饰品出现并取代角、牙、贝等装饰，则反映了人喜爱更富有意味的饰物。概言之，玉质石器之所以会发展到玉质装饰品，是因为其形式；而装饰玉之所以会在装饰领域取得压倒性的优势，是因为其意味。

事实上，中国人之所以会有崇玉观念，这种崇玉观念之所以会历久弥新、绵延不绝，就在于玉有一个重要的特点，其形式的美往往是与艰辛的劳动相伴的。形式的美刺激人的爱美天性，而艰辛的劳动则赋予此形式以丰富的意味。也就是说，玉之所以美，其原因在于玉除了给人以感性愉悦之外，还因为它身上可能有更多的意味，给人以更大的理性空间。再进一步说，美的东西之所以美，除了其自然属性之外，还有社会属性。我们将某种东西看作是美的，就意味着我们注意这个东西的形式，并尝试赋予这个东西以意味。美是一种价值，或者说审美就是一种价值赋予。对人没有意味的东西，是谈不上任何价值的。我们一般不会在意树叶的外形的美，除非我们联想到自然创化或生命奇迹。所以，意味，形式中的意味，就是人的形式感和动物的形式感的根本区别。更进一步说，对于动物来说，这个世界无所谓美丑善恶，而对人则是美丑两判、善恶分明的。

由此，装饰玉能逐步取代骨、角等饰物的原因，基本上可以分为两条：(1)客观方面，技术进步为玉的形式美的显现提供了可能性；(2)主观方面，人，具有自我意识的人，永远珍爱意味悠长的形式。我们知道，至少从山顶洞人开始，我们的远祖就在佩戴装饰品。这些装饰品之所以得到了山顶洞人的珍爱，甚至在死后还要埋于墓葬之中，其原因在于，它们不但形式优美，而且富于精神意味。学者们将其意味总结成象征智慧和勇敢，还是有一定道理的。相对于石珠、兽牙等装饰品来说，玉质装饰品的意味空间要大得多。"如切如磋、如琢如磨"，切磋琢磨越多，玉就越美。玉的外观的美中，凝结着更多的人的智慧。相比之下，磨制并钻孔的石珠和穿孔的兽牙蚌壳中虽然也凝结着劳动的智慧，但是分量要小得多。所以，装饰玉在人体装饰领域取得主导地位，从人的自然性的角度来看是偶然的，从人的社会性的角度来看却是必然的；从技术条件的角度来看是偶然的，从人的主观的角度来看却是必然的。

七、从南京北阴阳营遗址出土玉器看装饰玉的意味

在上面所说的三个遗址中，以南京北阴阳营发现的装饰玉数量最多。该遗址第四层墓葬所代表的文化，年代大致与马家浜文化晚期后段相当。该层发现墓葬258座，出土玉质装饰品294件，另外还有著名的南京雨花石76件和绿松石残件1件，共计371件，"是迄今为止，长江下游这一阶段新石器文化出土玉器最为丰富的遗址"。在随葬的294件玉器中，璜，100件；玦，46件；环，17件；管，86件；坠，37件；条形饰，2件；珠，1件；泡，1件。① 可以说，这些玉器基本是装饰玉，而且相对于骨、角饰来说，取得了压倒性的优势。我们就从这些装饰玉的使用情况，来专门探讨其意味问题。

① 参见魏正瑾．马家浜文化玉质装饰品考察[J]．农业考古，1999(3)：60；罗宗真．南京北阴阳营新石器时代遗址出土玉器的初步研究[M]//罗宗真．探索历史的真相：江苏地区考古、历史研究文集．南京：江苏古籍出版社，2002.

要探讨意味问题，我们就得简单概括一下南京北阴阳营遗址中富有精神意味的现象：

(1)居住区和墓葬区严格分开。“北阴阳营遗址的基本布局是，西部为墓葬区，东部为居住区。东部住地废弃后，曾作墓地，其上有墓13座。”①这是人在观念上对两个世界的划分的表现。

(2)埋葬基本有了一定的程式。“人骨保存很差，从残存的情况观察，一般头朝东北，少数的头向南，均为单人葬，仰身直肢的最多，还有很少的俯身葬、二次葬等。”②这说明不同的方位已经具有了不同的意义。

(3)随葬品摆放有一定的模式。“遗物放置位置相对固定，大体有规律可循，遗物类别以石器和陶器为主，玉器次之，出土的玉器绝大多数都是在墓葬中发现。”③这说明对于物品的摆放，不同的位置具有不同的意义。

(4)盛妆入殓。就出于墓葬的玉器而言，“玦多出于人骨的耳边，当为耳饰；璜的形状半环，两端有孔，多出于人骨的胸前或腰际，当为佩饰；珠和坠的形状有长、圆、三角等种，大小各不相同，都有孔，出土时有的和管在一起，管坠往往成组发现成为串饰，犹如后世的项链，也当是佩饰”④。这说明当时死者是佩戴饰品入葬的。

(5)也有随葬品位置不固定的情况。如没有经过加工的雨花

---

① 张之恒．长江下游新石器时代文化[M]．武汉：湖北教育出版社，2004：67.

② 中国社会科学院考古研究所．新中国的考古发现和研究[M]．北京：文物出版社，1984：142.

③ 罗宗真．南京北阴阳营新石器时代遗址出土玉器的初步研究[M]//罗宗真．探索历史的真相：江苏地区考古、历史研究文集．南京：江苏古籍出版社，2002：252.

④ 罗宗真．南京北阴阳营新石器时代遗址出土玉器的初步研究[M]//罗宗真．探索历史的真相：江苏地区考古、历史研究文集．南京：江苏古籍出版社，2002：253.

石，“有的放入人口中，有的置于陶器内，当有原始信仰的用意”①。

(6)近90%的墓中有随葬品，每座一般在10件以下，随葬品中实用工具占多数。“绝大多数墓葬都有生产工具随葬，说明他们生前都是参加生产劳动的，尚未出现脱离生产劳动的、高居于一般氏族成员之上的显贵。”②

在所有这些现象里，如果我们要找一个根本的东西的话，那就是人们给予物理时空以情感意义。涂尔干说：

> 空间的表现是感官经验材料最初达成的协调。……空间本没有左右、上下、南北之分。很显然，所有这些区别都来源于这个事实：即各个地区具有不同的情感价值。既然单一文明中所有人都以同样的方式来表现空间，那么显而易见的是，这种划分形式及其所依据的情感价值也必然是同样普遍的，这在很大程度上意味着，它们起源于社会。③

物理世界不同于人类世界的一个根本特点，就在于物理世界里的时空是匀质的，而人类世界的时空则是异质的。“四方上下曰宇，往来古今曰宙”，对于人来说，对时空的区分，就意味着不同方位、不同时刻具有不同的意义。人之所以为人，就是赋予没有意义的世界以意义。人的死亡，在物理世界中是一件没有意义的“事情”(thing)，但是在人的世界里却是一个重要的“事件”(event)。事件和事情的区别在于，事情往往是平淡无奇的，而事件却是震动人心

① 中国社会科学院考古研究所．新中国的考古发现和研究[M]．北京：文物出版社，1984：142.

② 张之恒．长江下游新石器时代文化[M]．武汉：湖北教育出版社，2004：78.

③ [法]涂尔干．宗教生活的基本形式[M]．渠东，汲喆，译．上海：上海人民出版社，1999：12.

的。人类之所以看重生老病死，是因为人是马克思所说的“类存在物”①。说得通俗一点，就是人具有这样的一种能力，即能够将他人的死亡看成是另一个“我”的死亡，将他人的诞生看成是另一个“我”的诞生，如此等等。相对于日常生活来说，生老病死无疑是一种特殊事件，而不是平淡无奇的事情。在这样的一个特殊事件中，人所做的一切事情都是有一定含义的。如果说，在平时的生活中，人佩戴装饰还有吸引异性的生物性成分在内的话，那么，在人死后，还要给死者佩戴装饰，则几乎全是社会性的含义。崇玉观念之所以为观念，就是因为人在观念上认为，装饰玉不但对生者是有意义的，而且对死者也是如此。所以，我们在说装饰品反映了人的爱美天性时，我们一定要记住，这种爱美天性既有生物性的成分，也有社会性的成分。

实际上，人们并不是时时刻刻都佩戴装饰的，至少在夜间睡觉的时候不佩戴，在参加日常生产的时候和一人独处的时候不佩戴。人佩戴装饰的时候，往往是在正式(formal)场合。正式场合，无疑是一个重要(significant)场合。非正式(informal)场合无所谓形式(form)，而正式场合却有一定的形式，这个形式的极端表现就是礼仪。“礼别异”，正是这个旨在区别的“礼”，会将匀质的生活分为正式场合和非正式场合两种截然不同的场合，使这两个场合分别具有不同的意义。这样的礼仪或正式场合的程式化行为，在山顶洞人那里就出现了，在北阴阳营则是愈加完备，后来的正式程度或程式化程度则更深。

区分正式场合和非正式场合，无疑是建立在人的形式感的基础上的。因为人的形式感就是能给不同的物理形式，赋予不同的社会意味。而且这种社会意味，往往是随着社会的变迁不断变化的。就像不同的语言符号，在不同时代具有不同的含义一样。玉，当然也不例外。

---

① 参见[德]马克思.1844年经济学哲学手稿[M].中共中央编译局，译.北京：人民出版社，2000：57.

第三节　良渚玉器

“从20世纪20年代至今，从考古工作发掘出土的文物中得知，新石器时代特别是中晚期，玉器遗存多达7000多处，出土各类玉器20余万件，遍布我国远古版图的东西南北中。”①但从遗址分布的集中程度来看，玉器则主要出土于我国的东、南沿海地区，呈“半月形分布”。在这一半月地带，有三个玉器中心：东北地区，以红山文化为代表；东部地区，以龙山文化为代表；长江下游地区，以良渚文化为代表。② 在这三个玉器中心里，又以长江下游地区玉器遗址分布最为集中。这一节，将以对良渚玉琮的分析为主，探讨玉礼器的形式与意味。首先简单介绍一下杨晶对长江下游史前玉器发展脉络的研究。

一、长江下游地区史前玉器的发展与礼玉的出现

杨晶将这一地区的史前玉器发展演化划分为两期四段，早期的绝对年代大体在公元前5000年至前4000年后期，晚期在公元前3000年初期到前3000年末期前后。

（一）早期

早期包括两段。“玉器以玦、璜为主，还有玱和系璧、管珠、坠等装饰品，大多属于随身附带的小件器物，造型简单，朴素无纹，与同时期其他质料的装饰品没有明显区别，表现出玉作加工比较初始阶段的特征。”③早期墓葬中的玉器，杨晶的统计如表3-1所示。

---

① 何松．中国史前时期玉器的主要分布地域与特征及其文化[J]．宝石与宝石学杂志，2005(2)：37.

② 参见李关平．史前玉器审美研究[D]．南开大学哲学系硕士学位论文，2002：11.

③ 杨晶．长江下游地区史前玉器研究[J]．东南文化，1994(4)：41.

表 3-1　　　　　　杨晶所统计的早期两段墓葬变化①

期	段	墓地	墓葬分类	墓数	随葬品数量					随葬品数值			占随葬品的比例(%)	
					陶	石	骨	玉	合计	最高	最低	平均	墓数	随葬品数
早期	一	圩墩	有随葬墓	40	40	22	24	9	93	9	1	2.32	100	100
			玉器墓	6	4	3		9	16	4	2	2.66	15	17.2
			无玉器墓	34	36	19	24		77	9	1	2.25	85	82.8
	二	崧泽	有随葬墓	31	146	11	1	13	171	14	2	5.5	100	100
			玉器墓	8	63			13	76	14	4	9.5	24	44
			无玉器墓	23	83	11	1		95	9	2	4.1	74	56

表 3-1 的圩墩(中层)墓葬，属于马家浜文化；崧泽(中层)墓葬，反映的是崧泽文化。继马家浜之后就是崧泽文化，崧泽文化又是良渚文化的前身。从一段到二段，我们可以发现如下的演变趋势：

(1)整体上是无玉器墓占多数，有玉器墓呈增长趋势。

(2)随葬品数量逐渐增长。

(3)随葬品中陶器和玉器在数量上呈增长趋势，而石器和骨器的数量呈下降趋势。尤其是骨器，逐渐退出随葬品的舞台。

(4)随葬品数量差距逐渐加大。

所以，早期墓葬反映的，仍然是玉质装饰品逐渐占据人的装饰领域主流的“渐变”过程。这样的一个“渐变”过程，在晚期被一个“突变”所打断。

(二)晚期

晚期也包括两段。这一时期比起前一时期的主要不同之处有：

(1)有玉器墓和无玉器墓之间的差异愈来愈明显，即使玉器墓之间，也出现墓的规模和随葬品数量上的悬殊。

(2)出现礼仪玉，如琮、钺、璧、冠状饰，这些礼仪用器只见

① 杨晶．长江下游地区史前玉器研究[J]．东南文化，1994(4)：45.

于规模较大的墓。

(3)璜、管珠、系璧等装饰玉成组出土，在颈部连成串饰。

(4)和早期玉器的质朴无文相对，玉器上出现繁缛的纹饰。①

把这些情况综合起来，我们就可以说，礼仪用玉和玉器纹饰的出现，都与社会分化相关。是人和人之间的贫富差距和社会地位的悬殊，导致了玉充当礼仪用器，行使"礼别异"的社会功能。从装饰玉到礼仪用玉，是一个突变的过程。这个突变发生在晚期的三、四两段之间。我们还是从杨晶对墓葬的统计表格来说明这个问题(表3-2)：

表3-2　**杨晶所统计的晚期两段墓葬变化②**

期	段	墓地	墓数	规模	随葬品数量					随葬品数值			占随葬品的比例(%)	
					陶	骨	石	玉	合计	最高	最低	平均	玉器	玉礼器
晚期	三	青墩上层	11	约2×1	21	1	15	15	52	9	4	6	28	
		张陵山	2	2.8×1.7	30		23	34	87	46	41	43.5	39	4.5
	四	反山	11	3×2	37		54	1100	1191	196	44	108	92	13.8

表3-2中所列的青墩上层和张陵山上层墓地属于良渚文化早期遗存，反山墓地则属于良渚文化鼎盛时期的墓地。这里要说明的是，反山墓地中的玉器数量是以"组"为单位统计的。从三、四两段可以看出以下演变趋势：

(1)墓的规模似乎仅仅是逐渐变大。

(2)随葬品数量激增，青墩上层11个墓中只有52件随葬品，反山11个墓中就有1191组。

(3)四段的随葬玉器数量比起三段来说，有了一个飞跃。与此相比，陶器和石器随葬数量的变化，可以忽略不计。

① 杨晶．长江下游地区史前玉器研究[J]．东南文化，1994(4)：43-45.
② 杨晶．长江下游地区史前玉器研究[J]．东南文化，1994(4)：45.

(4)礼仪玉的数量和礼仪玉在玉器中的比例，均突然增加。

这些现象都说明，到了良渚文化时期，社会分化加剧，极少一部分人成为特殊的人群，玉器突然成为极少一部分人才有资格拥有的东西；而绝大多数人则成了普通民众，只能享有普通器物。玉器不但成为财富的象征，更成了社会地位的标记。这在学界已成定论，兹不赘述。我们这里，就良渚文化的主要玉礼器，探讨形式和意味的关系问题。

二、礼玉：良渚玉琮

“良渚文化遗址中，玉器是最重要的文化内涵，几乎达到无墓不出玉的程度，这在史前考古中是绝无仅有的。”①关于良渚玉器的种类，学者们的分类也各不一样。如张之恒将良渚玉器分为礼器、装饰品、生活用器和工具、组装件和杂器四类②，然而对于大多数学者来说，良渚玉器主要分为礼玉和装饰玉两类。③ 在这两类之中，以礼玉最为著名。刘斌说：“从一定意义上讲，良渚大墓中的所有玉器，都应是与祭祀相关的玉礼器。”④这话其实也并不过分。

在礼玉中，琮无疑是最突出的。这不只是因为“综观所有随葬玉器，以琮的加工最为精致”⑤，而且是因为玉琮以良渚遗址出土最多，至商代式微，在西汉成为绝响⑥。所以，玉琮在某种程度上就成了良渚玉器的代表，甚至成了良渚文化的象征。

---

① 彭林．文物精品与文化中国[M]．北京：清华大学出版社，2002：76.

② 参见张之恒．长江下游新石器时代文化[M]．武汉：湖北教育出版社，2004：153.

③ 参见王明达．反山良渚文化墓地初论[J]．文物，1989(12)：50；吴桂兵．长江流域龙山时代玉器初步研究[M]//四川大学历史文化学院考古学系．四川大学考古专业创建四十周年暨冯汉骥教授百年诞辰纪念文集．成都：四川大学出版社，2001：196.

④ 刘斌．试论良渚玉器纹样与玉礼器形态的关系[J]．故宫文物月刊(台北)，1997(3)：123.

⑤ 王明达．反山良渚文化墓地初论[J]．文物，1989(12)：50.

⑥ 参见杨建芳．玉琮之研究[J]．考古与文物，1990(2)：56-57.

(一)良渚玉琮的形制

琮按其形制特征，分为三类：(1)镯式琮(图 3-2)；(2)弧边短方形琮(图 3-3)；(3)方柱形琮。琮的形制演变也是遵从这样的一个序列。这样的分类和演化序列的归类，是学界的主流。①

图 3-2　瑶山 9 号墓玉琮

图 3-3　瑶山十二号墓玉琮

① 参见张之恒．长江下游新石器时代文化[M]．武汉：湖北教育出版社，2004：155；刘斌．试论良渚玉器纹样与玉礼器形态的关系[J]．故宫文物月刊(台北)，1997(3)：123；杨建芳．玉琮之研究[J]．考古与文物，1990(2)：59.

(二)良渚玉琮的前身

关于良渚玉琮的前身是什么，学界主要有以下两种意见：

(1)由于首先出现的是镯式琮，所以琮的造型源于镯。此说首先由日本学者梅原末治提出。

(2)典型玉琮的特征是“外方内圆牙身”，所以，陈大年于1937年推测琮来源于方瓡式玉管。

现在的学者有主张前者的，如杨建芳①；有主张后者的，如周南泉②；也有同时主张两个来源的，如邓淑蘋③。所以，关于玉琮形制的起源，我们也可以说，学界主要有三种意见。这些意见共同说明了一个问题，即从形制方面来说，玉琮这种良渚玉器中的“重器”，和此前的玉质装饰品有着一定的血缘关系。

上述看法都是从玉琮的形制方面去推测其前身的。关于这种思路，霍巍、李永宪表示反对。他们认为，低矮的琮和方柱形琮，分别来源于大汶口文化的牙琮和骨、牙雕筒④。这一说法并没有得到考古学界的认同。即使这一推测是可能的，我们也必须知道，“大汶口文化的人们盛行装饰”，其著名的牙、骨器在起始阶段首先是作为装饰品存在的⑤。所以，这一说法同样也说明了礼器的前身为装饰品。

(三)良渚玉琮的质料与加工

良渚玉琮的质料，“绝大部分属透闪石—阳起石玉，偶见石质

① 参见杨建芳．玉琮之研究[J]．考古与文物，1990(2)：62.

② 参见周南泉．玉琮源流考：古玉研究之一[J]．故宫博物院院刊，1990(1)：82.

③ 参见邓淑蘋．狂飙中的玉琮[J]．故宫文物月刊(台北)，1986(10)：26-28.

④ 参见霍巍，李永宪．关于琮、璧的两点刍议[J]．考古与文物，1992(1).

⑤ 参见中国社会科学院考古研究所．新中国的考古发现和研究[M]．北京：文物出版社，1984：93-94.

琮”①。至于其加工，严文明有这样一段描述：“其加工更是十分精细。现代加工玉器的基本方法，如线割、锯割、管钻和抛光等，当时均已采用，并应用了先进的跎具。许多玉器上都有美丽的花纹。例如在一件玉琮上就雕刻了八个神人兽面纹，神人头戴羽冠，身披皮甲，并戴一兽面护胸，显得十分威严神圣。整个画面只有三厘米高，却刻得十分复杂。有时在一毫米宽度内就有四五道刻纹，看过的人无不叹为观止。”②这也就是说，良渚玉琮在质料和技术两个方面，都达到了狭义的玉器的标准。尤其是良渚玉琮上所谓的“神人兽面纹”，其加工精细程度，更让学者惊叹。邓淑蘋说：

> 先民在极简陋的设备下，能发挥他的毅力和耐心，细细琢磨出均衡、对称、柔美、有力的花纹，主要是由于宗教信念使然，换句话说，这些雕琢了特殊花纹的玉器，可能被视为通神的礼器，人们要借助它与神祇祖先打交道以求得福祉。③

也就是说，费这么大的心力来制作这样精细的纹饰，肯定不是简单地为了追求感性愉悦，而是有一种宗教热忱在里面的。换言之，不是为了追求形式的美观，而是为了显现抽象的意味。要讨论良渚玉琮的功能，显然躲不开这个所谓的“神人兽面纹”。

三、良渚玉琮上的“神人兽面纹”

良渚玉器纹样虽然可谓是姿态万千，但是却存在一个主题，即我们通常所说的神人兽面纹，一种头戴羽冠的人神形象④。而对于

① 周玮．良渚文化玉琮基本特征的考古学观察[J]．江汉考古，2004(2)：43.

② 严文明．良渚文化：中国文明的一个重要源头[J]．寻根，1995(6)：8.

③ 邓淑蘋．天命玄鸟，降而生商：古玉花纹所反映的古代信仰[J]．故宫文物月刊(台北)，1986(6)：26.

④ 刘斌．试论良渚玉器纹样与玉礼器形态的关系[J]．故宫文物月刊(台北)，1997(3)：118-119.

良渚玉琮来说，则是所有的玉琮上面都有这个纹样：

> 在良渚文化中，造型上无论方圆，凡可称为琮的，均施刻有那种半人半兽的主神图案。①
>
> 所有已发现的良渚文化玉琮，不论尺寸大小，节数多少，在每件每节上均镂刻或繁或简的神人形象，或是神人和神兽组合图案。②

在良渚文化网(www. lzsite. gov. cn)上公布的良渚玉器图片中，有一件1981年3月瓶窑出土的素面琮。但这个素面琮的发现，并不能导致对凡琮都有神人兽面纹这个事实的怀疑。原因有二：(1)现在还不能确定这个素面琮就是良渚文化时期的产物；(2)按照杨建芳对玉琮形制的研究，这种素面琮只能是良渚文化之后的产物③。

(一)什么是“神人兽面纹”

我们通常所说的“神人兽面纹”是在20世纪80年代出土的“琮王”上发现的，原报告中将这个“神人兽面纹”称为“神人与兽面复合像”：

> 纹饰区之一是四个正面的直槽内上下各有一个神人与兽面复合像，共八个。……神人的脸面作倒梯形。重圈为眼，两侧有短线象征眼角。宽鼻，以弧线勾画鼻翼。阔嘴，内以横长线再加直短线分割，表示牙齿。头上所戴，外层是高耸宽大的冠，冠上刻十余组单线和双线组合的放射状羽毛，可称为羽冠；内层为帽，刻十余组紧密的卷云纹。脸面和帽冠均是微凸

---

① 刘斌．试论良渚玉器纹样与玉礼器形态的关系[J]．故宫文物月刊(台北)，1997(3)：123.

② 王明达．反山良渚文化墓地初论[J]．文物，1989(12)：50.

③ 杨建芳将玉琮分为两式，素面琮属于Ⅱ式，而良渚玉琮则属于Ⅰ式[杨建芳．玉琮之研究[J]．考古与文物，1990(2)：57-59]。

> 的浅浮雕。上肢形态为耸肩、平臂、弯肘、五指平张叉向腰部。下肢做蹲踞状，脚为三爪的鸟足。……在神人的胸腹部以浅浮雕突出威严的兽面纹。重圈为眼，外圈如蛋形，表示眼眶和眼睑……眼眶之间有短桥相连……宽鼻，鼻翼外张。阔嘴，嘴中间以小三角表示牙齿。①

这个纹饰一经发现，便引起了学界对良渚玉器纹饰的关注。学界基本上都将这个纹饰看作良渚玉器纹饰的"完整形态"，其他的纹饰都是这个纹饰的程度不同的简化形态。这样，原本多样的纹饰就成了统一主题的各种变体，即不管这些纹样如何变化，都包括两部分，一为人面纹，二为兽面纹。这种变体纹饰出现在琮、璜、带钩、柱形器、冠状饰、三叉形冠饰（图 3-4）、半圆形冠饰、锥形饰、琮形管等 10 余种玉器上，唯一的不同就是在琮上，每件每节都饰有这种图案。于是，人们就索性将这种"神人与兽面复合像"称为"良渚神徽"或"神徽"②。我们在下面的文字中，也将使用"神徽"这个名称。

（二）良渚神徽的分类及演变

良渚玉琮上的神徽，学界一般分为三式。对于三式典型形态的确定，则各不相同③。虽然各不相同，但基本都同意如下演变规律：

（1）由繁到简。"琮上刻的纹饰图案，演化轨迹是由精细繁缛向简单抽象化发展"④；"对照这三式琮的兽面纹情况，可见是沿

---

① 浙江省文物考古研究所．浙江余杭反山良渚墓地发掘简报［J］．文物，1988（1）．

② 参见王明达．反山良渚文化墓地初论［J］．文物，1989（12）：52．

③ 参见周南泉．故宫博物院藏的几件新石器时代饰纹玉器［J］．文物，1984（10）：43；王明达．反山良渚文化墓地初论［J］．文物，1989（12）：52；刘斌．良渚文化玉琮初探［J］．文物，1990（2）：30．

④ 张之恒．长江下游新石器时代文化［M］．武汉：湖北教育出版社，2004：155．

图 3-4 玉三叉形器

着由形象繁细到抽象简化这一规律发展的”①。早期神徽之图案设计复杂，晚期则显简洁。但我们不能将这样的一个过程表述为从写实到抽象，因为即使对于完整的神徽，我们与其说它是写实的，倒不如说它是抽象的。所以，用“繁”“简”二词，要比“写实”和“抽象”确切一些。

(2)由多样到统一。早期的玉琮纹样形式最为丰富，基本涵盖了后期的纹样形式。换言之，早期玉琮上出现的纹样种类繁多，晚期纹样逐渐趋同②。

这一演变规律至少说明两个问题：(1)从意味的角度来看，伴随着良渚文化的发展，精神领域渐趋统一，形成了“一种超氏族的图腾神”③；(2)从形式的角度来看，这个趋势则意味着图像制作的程式化。

如果我们可以将“神徽”看作一种符号，那么，我们就可以将

① 刘斌．良渚文化玉琮初探[J]．文物，1990(2)：33.

② 参见李映福．论良渚文化玉琮的分期[M]//四川大学考古专业创建四十周年暨冯汉骥教授百年诞辰纪念文集．成都：四川大学出版社，2001；周玮．良渚文化玉琮基本特征的考古学观察[J]．江汉考古，2004(2).

③ 参见刘斌．良渚文化玉琮初探[J]．文物，1990(2)：34.

“神徽”中的“神”称为“所指”，将“徽”称为“能指”。这样的一个演变过程，其实也就是“神徽”这样的符号制作走向成熟、渐趋定型的过程，就像文字定型、诗歌格律化的过程一样。

四、良渚玉琮的功能或用途

关于琮的缘起和含义，据祝中熹的统计，目前已有之成说至少有十三四种①。我们可以将这些纷纭的说法，按考察角度归为三类：(1)从形制的角度考察；(2)从神徽的角度考察；(3)前二者的结合。

(一)从形制的角度考察

从玉琮特殊形制的角度推测玉琮的用途，至少在汉代郑玄那里就有了。今人说法，只是古人说法的扩展而已。这些说法主要有如下几种：

(1)祭地。《周礼·春官·大宗伯》：“以玉作六器，以礼天地四方。以苍璧礼天，以黄琮礼地。”郑玄注《大宗伯》“六器”：“礼神者，必象其类。璧圆象天，琮八方象地。”据此，好多学者主张璧与琮分别象征天圆地方。

(2)敛尸。《周礼·春官·典瑞》又说“六器”可以“敛尸”：“驵圭、璋、璧、琮、琥、璜之渠眉，疏璧琮以敛尸。”郑玄在注中具体说明了各类玉在敛尸时所在的位置：“珪在左，璋在首，琥在右，璜在足，璧在背，琮在腹。”并在注解“疏璧琮以敛尸”一语时说：“疏璧琮者，通于天地。”良渚墓地中的“玉敛葬”似乎证明玉琮是为了保证死者的不朽的。

(3)象征阴性。《仪礼·聘礼》：“聘于夫人用璋，享用琮。”而在中国古代的阴阳观念中，地、女都属阴。所以，就有琮象征阴性的观点。

从琮的形制来推测其功用的说法，还有一些。周南泉认为，有

① 祝中熹．玉琮浅说[J]．丝绸之路，2004(s1)：5.

道理的就上面这三种①。这三种观点都无一例外地认为，琮的特殊外形就是其神秘意味的载体，就是“能指”。

（二）从神徽的角度考察

持这一角度的代表人物是刘斌。刘斌从凡琮都有神徽，而且这个神徽也频繁在其他各类玉器上出现的事实出发，认定这个神徽所表现的就是良渚人的“图腾神”。所以，琮的特殊意味的载体并不是其形制，而是其神徽图案：

> 对这一神灵形象的表现，即是良渚文化玉琮最基本的成型意图。②
>
> 对那种半人半兽的神灵形象的表现，以及寄托这一神灵的寓意，是许多玉礼器最初的构形意图和目的。③
>
> 兽面纹可说是构成良渚玉琮的核心因素，是良渚玉琮的灵魂。而琮体本身从一定意义上讲，只不过是为表现这一灵魂而设的躯壳。④
>
> 对兽面纹的表现，应是琮最基本的成型意图。⑤

这也就是说，琮的形制就像是“画布”或“背景”，神徽才是真正的“图像”。玉琮的意义，就蕴涵在这个图像之中，而不是在其外形上。神徽是神秘意味的载体，造型只是为此神徽服务而已。当然他也并不否认玉琮特殊形制表示特殊意味的可能性，但他认为这种现象是后来才出现的：“早期主要以图案所表达的神灵的意义，逐渐

① 参见周南泉．玉琮源流考：古玉研究之一[J]．故宫博物院院刊，1990(1)：89-90.

② 刘斌．试论良渚玉器纹样与玉礼器形态的关系[J]．故宫文物月刊(台北)，1997(3)：123.

③ 刘斌．试论良渚玉器纹样与玉礼器形态的关系[J]．故宫文物月刊(台北)，1997(3)：129.

④ 刘斌．良渚文化玉琮初探[J]．文物，1990(2)：30.

⑤ 刘斌．良渚文化玉琮初探[J]．文物，1990(2)：32.

被晚期日趋成熟规范、定型化的玉礼器形态的寓意所代替。”①

(三)从造型和神徽两个方面来推测

邓淑蘋指出，关于琮的意义，考古学界大致有三种意见：(1)张光直：琮兼具“天圆”和“地方”的象征。(2)林巳奈夫：琮就是用玉所做的“主”。(3)邓淑蘋：雕有神祇祖先像的图腾柱。② 关于林巳奈夫的观点，笔者所知不多，不敢妄言。我们在这里主要说一下张光直和邓淑蘋的观点，二人都是从造型和神徽两个方面来考虑的。

(1)张光直：玉琮是巫师通天的法器。

张光直认为，史前时期盛行一种萨满式巫术，在这种巫术中，巫师借动物的助力沟通天地，沟通民神，沟通生死。玉琮就是这种巫术中巫师用来沟通天地的法器。从形状上看，“琮兼具天地的特形。方器象地，圆器象天，琮兼圆方，正象征天地的贯串”③。从纹饰上看，中国古代美术史中的人兽母题都是“巫蹻”母题，这个母题的成分就是巫师和他的动物助手“蹻”④。从质料上看，“神山是神巫上下天地的阶梯，则为山之象征或为山石精髓的玉作为琮的原料当不是偶然的”⑤。所以，玉琮可以说是一种法器，也可以说是一种神器。

(2)邓淑蘋：玉琮就是雕有神祇祖先像的图腾柱。

从形制方面来说，邓淑蘋反对张光直所说的琮兼圆方的说法。

---

① 刘斌．试论良渚玉器纹样与玉礼器形态的关系[J]．故宫文物月刊(台北)，1997(3)：122-123.

② 邓淑蘋．狂飙中的玉琮[J]．故宫文物月刊(台北)，1986(10)：30.

③ 张光直．谈“琮”及其在中国古史上的意义[M]//文物出版社编辑部．文物与考古论集：文物出版社成立三十周年纪念．北京：文物出版社，1986：255.

④ 参见张光直．濮阳三蹻与中国古代美术史上的人兽母题[J]．文物，1988(11).

⑤ 张光直．谈“琮”及其在中国古史上的意义[M]//文物与考古论集：文物出版社成立三十周年纪念. 北京：文物出版社，1986：255.

她认为：璧圆象天，琮方象地；“礼神者，必象其类”，以追求“天人感应”；中间的“洞”，是“贯通”之意。① 关于神徽的意义，张光直是从萨满式巫术的角度去立论的，而邓淑蘋是从“天命玄鸟，降而生商”这类古老的降生神话立论的，反映的是“神祇、祖先、神灵动物的三位一体”并相互转形(transformation)的观念。神徽中的“人”，应是死去的祖先，而不是活着的生人；其中所谓的“兽”，应是“龙”和“凤”之类的神灵动物。所以她认为，应将原报告中所说的“神人兽面复合像”称为“神祖动物复合像”。“神祖动物复合像”简化之后，就有了上下分立的“小眼面纹”和“大眼面纹”，前者代表神祖，后者代表神灵动物。② 根据这两点阐发，邓淑蘋推测，璧与琮是上下叠合使用的(琮在下方竖立，璧水平安装在琮上，成“T”形)，“璧琮组配构成沟通天地的礼器”，可以比作“图腾柱”。③

我们上面梳理了关于良渚玉琮的功用或意义的几种观点。这些观点的共同点在于：(1)琮的特殊形式，是有特殊意味的；(2)这些意味，我们现在只能作种种猜测，但对于良渚人来说，却是明确的，是玉琮专有的；(3)良渚玉琮的形式之所以精美，是因为其神秘意味或巫术、宗教意涵；(4)这种神秘意味，使其不同于装饰玉和玉质石器；(5)良渚玉琮之选料之所以大多是后来的“真玉”，也与这种神秘意味有关。要言之，特殊的形式、特殊的质料、特殊的加工和特殊的功能、特殊的意味是血肉相连的。用本章的核心范畴——形式和意味来说，良渚玉琮是具有了明确形式和意味的“有意味的形式”。

---

① 邓淑蘋. 狂飙中的玉琮[J]. 故宫文物月刊(台北)，1986(10)：24-25.

② 邓淑蘋. 狂飙中的玉琮[J]. 故宫文物月刊(台北)，1986(10)：19-21.

③ 邓淑蘋. 古玉新诠：形制与纹饰的启示[J]. 故宫文物月刊(台北)，1990(3)：7-75.

五、严格意义上的玉石之分

从玉器功能的角度，我们可以将良渚玉琮称为礼玉，也可以称为神玉或巫玉，选择什么样的叫法，视我们对良渚玉琮的功能的阐释而定。不管我们选择哪个名称，良渚玉琮已经不是玉质石器和玉质装饰品，而是一种礼仪用器。所以，我们就将它称为礼玉。良渚礼玉当然不限于玉琮，还有璧、钺等重要礼器。这些重器和玉琮的不同，在于它们在礼仪活动中扮演角色的不同。

通过前文的简单考察，我们可以确定，玉器的发展只有到了礼玉的阶段，才符合我们在本章第一节所介绍的"狭义"的玉器的概念。因为良渚礼玉，无论在选料还是加工技术和功能上，都与石器有了质的分野。从此，玉器属于精神领域，而石器则属于物质领域。严格意义上的玉石之分，从礼玉这里开始。

玉，这种自然界的美丽的石头，被赋予了神性，成了一种神秘的石头。玉所制造的礼器，垄断了礼仪活动中的舞台，几乎成了神秘意味的唯一扮演者。玉成了人的抽象的、神秘的精神观念的载体，林林总总的玉器则成了人建构精神世界的"符号"或"语词"。我们可以将这种局面的成因，解释成人类精神世界扩大的结果，但是我们必须记住，精神世界的扩大和玉器地位的提高，是一个双向的过程，而不是单向的。这一点，我们从史前玉器的发展历程就可以看出。

第四节　史前玉器的发展历程

杨伯达将我国玉器史分为三段，他说："我国玉器史、玉文化史可分为史前时期的巫玉（神器）、历史时期的王玉（瑞器）以及民玉（玉翠饰玩）三个大阶段。"①张燕则将其分为四段：

> 中国玉器负载了极为深刻的形而上意义。上古，其形而上意义首先体现于宗教巫术活动；周玉由宗教意义转而服务于礼

① 杨伯达．巫-玉-神泛论[J]．中原文物，2005(4)：63.

乐制度。儒家延伸了玉器在礼乐制度中的作用，“以玉比德”成为广泛认同的社会观念。近古，“玉”走进世俗生活，成为怡情审美的玩好。神化，礼乐化，道德化，审美化，是中国玉器形而上意义的演变轨迹。①

不管是分为三段，还是分为四段，史前玉器的典型形态是巫玉或神玉、礼玉，则是公认的。我们从前面几节的探讨中也可看出，史前玉器遵循的是一个从玉质石器到玉质装饰品、再到玉质礼器的简单历程。本节的任务，就是通过回顾这一过程，尝试揭示其美学意义。

一、史前玉器发展的基本脉络

关于史前玉器的“玉质石器—玉质装饰品—玉质礼器”这个发展脉络，学者多有论述，我们在这里主要介绍其荦荦大者。

(一)吴桂兵的研究

吴桂兵对比了龙山时代长江流域三地的玉器，这三地分别是长江上游的昌都卡若、中游的石家河文化和下游的良渚文化，这三地出土玉器的种类和功能的差异，见表3-3。

表3-3　**龙山时代长江中下游玉器比较②**

	玉器种类	玉器使用情况
昌都卡若	工具类和装饰用玉	现实生活中的实用品
石家河文化	装饰玉、礼玉和工具类	随葬品
良渚文化	礼玉和装饰用玉，特别是礼玉较丰富	随葬品

① 张燕．论中国玉器的形而上意义及其衍变[J]．东南大学学报，1999(4)：60.

② 吴桂兵．长江流域龙山时代玉器初步研究[M]// 四川大学历史文化学院考古学系．四川大学考古专业创建四十周年暨冯汉骥教授百年诞辰纪念文集．成都：四川大学出版社，2001：196.

吴桂兵认为，这三地的玉器从空间的角度来说代表了长江上、中、下游，从时间的角度，则恰好标志着史前玉器的三个发展阶段：

> 于中国古玉发展的整个脉络而言，长江流域龙山时代三地的玉器处于不同的发展阶段。良渚文化玉器已经处在国家政治、宗教、生活等多重结构体系之中，种类较丰富；石家河文化玉器与原始宗教巫术有着很大的关联，成为人们表达内心愿望的途径；昌都卡若的玉器在使用上与该地的石器处在同样的地位。①

这也就是说，随着社会文明程度的提高，玉器被赋予了越来越特殊的价值。人类社会发展和进步的过程，从另一个角度来看，是一个由整一到分化、分化以后再分化的过程。玉器当然也不例外。我们可以说，玉质生产工具是一个复合体，装饰玉的出现则意味着第一次分化，装饰玉成了特殊的东西，而玉质生产工具则是普通的东西。这种在普通中发现特殊的逻辑，也延续到装饰玉上，只不过这次礼玉则成了特殊的东西，相比之下，装饰玉则成为普通的东西。所以，我们可以将“玉质石器—玉质装饰品—玉质礼器”的过程形容为“发展”，即玉器造型与制作越来越精美，其社会意涵越来越明晰的过程；也可以将这个过程形容为一个分化的过程，即由先前的一体的玉质生产工具，进而分化成三种形态的过程。总之，吴桂兵主要从社会演进的角度揭示了史前玉器发展的三个阶段。

（二）尤仁德的研究

尤仁德则是从中国古代的“崇玉观念”和人的审美意识发展的

① 吴桂兵．长江流域龙山时代玉器初步研究[M]// 四川大学历史文化学院考古学系．四川大学考古专业创建四十周年暨冯汉骥教授百年诞辰纪念文集．成都：四川大学出版社，2001：198.

角度来解释这三种玉器的标志性意义："从一定意义上讲，崇玉观念是由玉质生产工具上开始的。……比之于玉质生产工具，装饰玉体现出崇玉观念的第一次升华……比之于装饰玉，礼仪玉体现出崇玉观念的第二次升华。"①尤仁德在另一篇文章中，将玉质生产工具到装饰玉的演变称为"史前审美意识的一次飞跃"②。他对这三种玉器的意涵作了列表分析，见表3-4。

表3-4　**尤仁德对史前玉器发展阶段所作比较③**

	生产工具	装饰玉	礼仪玉
功能	使用	审美	象征
意蕴	自我意识的表现	审美意识的表现	特权观念的表现
审美因素	好用(因光洁)	好看(因精美)	崇高(因尊贵)
审美阶段	启蒙	初级	高级
主客关系	自然对人的制约和人对自然的抗争	人对自然的精神自由与创造	社会对精神的压抑
状形	大(征服力)	小(情爱)	大(敬畏)

我们对表3-4里的一些表述可以表示不同意，但是对于这三个阶段，则应当没有什么怀疑。在这个表格中，最值得我们注意的，是这三种玉器分别标志着人的审美意识发展的三个阶段，崇玉观念的飞跃对应于审美意识的飞跃。如果尤仁德的这一断定是对的，那就更能说明审美意识在玉器中的作用，而且会对我们这一章所重点探讨的形式和意味的问题提供一些重要的启示。下面就专门探讨这个问题。

---

① 尤仁德．由历史层面看中国的崇玉观念[J]．故宫文物月刊(台北)，1994(2)：111.

② 尤仁德．装饰玉和艺术起源[J]．故宫文物月刊(台北)，1996(9)：67.

③ 尤仁德．装饰玉和艺术起源[J]．故宫文物月刊(台北)，1996(9)：70.

二、"玉质石器—玉质装饰—玉质礼器"的连续性

我们可以将"玉质石器—玉质装饰—玉质礼器"的过程，像尤仁德那样看作是前一个到后一个的飞跃，但也可以将其看作是连续的发展。因为，这样一个过程其实就是玉接受人的"崇"越来越多的过程。从这个意义上讲，这三个阶段之间还是有其内在连续性的。

良渚文化有以下几个特点：(1)无墓不出玉；(2)墓葬中玉器占绝大多数；(3)礼器均为玉质。那么，接下来的问题就是：礼器为何要选择玉来制作？刘斌在回答良渚玉琮为什么选择用玉来制造的问题时，大致说了三个原因：(1)马家浜文化开始的用玉传统，提供了物质和技术前提；(2)玉在外观和质地上优于一般石头；(3)当时人们可能赋予了玉一定的巫术效力。① 张光直则说："神山是神巫上下天地的阶梯，则为山之象征或为山石精髓的玉作为琮的原料当不是偶然的。"②牟永抗对礼器选材的解释，也和上面这两家差不多。他说：

> 礼是一种事神以致福的社会行为。……在文明时代以前，人们将最好的技术和材料用来制造事神之器是很自然的。③
>
> 礼器材料的多样性，并不等于选用材料的任意性。从总体来看，礼器的原料主要是青铜、玉材、生漆和丝织品的帛，这四者都是当时最先进的以高技能、多工序为特征的复杂劳动的结晶。在当时它们都被视为具有神秘性的物质。现在看来，丝、铜和漆都具有重要的使用价值，惟独缺乏实用价值的玉，至今在中华民族的心理上仍保持着某种神圣和崇高的地位。说

---

① 参见刘斌．良渚文化玉琮初探[J]．文物，1990(2)：34.

② 张光直．谈"琮"及其在中国古史上的意义[M]//文物与考古论集：文物出版社成立三十周年纪念．北京：文物出版社，1986：255.

③ 牟永抗，吴汝祚．水稻、蚕丝和玉器：中华文明起源的若干问题[J]．考古，1993(6)：548.

> 明玉在制作礼器的原材料中，神化程度最高。①

这也就是说，被用来制作礼器的最好的材料，就是具有一定的神秘性的材料。材料本身的神秘性，是其好与不好的一个重要标准。

这三家观点的一个根本共同点在于，认为玉之所以会被选来作事神的礼器，原因在于人们对这种特殊的材料赋予了一定的神性的内涵。用杨伯达的话来说，“玉为神物”。然而玉本身是一种自然物，到什么时候才被看作神物呢？肯定不是在使用了玉礼器之后，而是在这之前。以玉制作礼器，可以为这种“玉为神物”的观念推波助澜。对于这个问题，我们有必要回过头来重新看一看玉质石器和玉质装饰。

三、玉质石器与意味的可能性

如前所述，玉在良渚时代独占礼器舞台的原因在于，“玉为神物”的观念已经明确化了。用亚里士多德的术语来说，玉质礼器意味着“玉为神物”观念的“现实性”表现，而不是其“可能性”条件。这种观念的可能性条件还得从玉质石器和玉质装饰中寻找。

远古茫昧，用美石制作的石器，首先是实用器。考古学本身所具有的实证精神，是不允许我们在石器中揣测精神意味的，遑论神秘意味。好在我们探讨的是其可能性，所以，我们也可以从人类心理的角度作出一些推测。

杨伯达阐明玉石之分的可能条件时说：

> 只有远古人对玉有了既合乎事实而又超乎现实的神秘认识，方可从一般石头中筛选出玉块来，人们找到了玉料才能制造出玉器。所以，玉、石分化是琢磨玉器的一个重要前提。……玉石分化的最初条件就是“玉，石之美”，玉石分化

① 牟永抗，吴汝祚．水稻、蚕丝和玉器：中华文明起源的若干问题[J]．考古，1993(6)：549.

> 的最初标准也就是美与丑。①
>
> 玉与石的第一个分界是它的固有的天然的物质美及原始人群所发现和感受到的精神美，前者是客观的美的实体，后者是主观的美的感觉。②

这也就是说，人们最初确实是从“美”与“不美”的标准来区分一般石材和特殊石材的。但是，这个“美”，即使不是康德所说的“依附的美”，也不应当是“自由美”③。我们毋宁认为，这种美的感受处于这两者之间，既有初级感官的愉悦，又有模糊的精神意味。用杨伯达的话来说，就是“既合乎事实而又超乎现实的神秘认识”，这两个方面都是模糊不清的。我们这样断言，基于人类的一个普遍心理：

> 人类比其他任何物种能够在非同寻常或超常之物，也就是超出普通的或正常惯例的事物之中发现吸引力，因此，我们特意地去做，不仅是为了体验这种东西，更是为了有意地建造它。④

水晶由于“美”，所以相对于普通石材来说，就是特殊之物，特殊之物就是非同寻常之物或超常之物。“在人类中，特殊的(也就是不同的、对比性的)事物会获得形而上的意义。”⑤换言之，特殊的事物往往会被人赋予特殊的意义。对一个无意义的世界赋予意义，

① 杨伯达．玉为神物：读玉札记之二[J]．美术观察，2000(6)：70.

② 杨伯达．玉石之美：读玉札记之一[J]．美术观察，1999(10)：76.

③ 康德的这一对概念在美学界一般叫作“纯粹美”和“依存美”，宗白华译为“自由美”和“附庸美”(宗译本第67页)，邓晓芒译为“依附的美”和“自由美”(邓译本第65页)。

④ [美]埃伦·迪萨纳亚克．审美的人：艺术来自何处及原因何在[M]．户晓辉，译．北京：商务印书馆，2004：7，初版前言.

⑤ [美]埃伦·迪萨纳亚克．审美的人[M]．户晓辉，译．北京：商务印书馆，2004：233.

可以说是人的一种文化本能：

> 人的头脑从外来的刺激中“毫无节制”地产生着含意(meaning)。这是一个事实，你所无法逃脱的过程，不管你愿意或不愿意都在发生着的活动。你的头脑不断赋予外界事物以含意——以致有时候这些含意本不存在，完全是你的幻想创造出来的。①

这并不神秘，而是每时每刻都在发生的一个过程。人“看”世界的过程，其实就是用人的眼睛来看，而不是像摄像机一样摄像。用人的眼睛来看世界，就是要将本来无差别的自然物，一部分定位成“形象”，另一部分当作“背景”：

> 形象意味着含意，而背景相对说来则没有含意。形成一个形象/背景关系是感觉作用中最不可少的过程，在所有的感觉中都占有地位。②
>
> 自然界本不存在形象/背景关系，而是由大脑的选择，组织起了这种关系。③

我们觉得什么都看不到，看不出任何意义来的情况，一般是我们分不清哪个该是“形象”，哪个该是“背景”。所以，分出形象/背景是我们在这个世界上生存的一个必要条件，这保证了我们的世界是熟悉的、可把握的。所以，我们看到的物理世界，其实并不是纯粹的物理世界，而是和我们相关的世界，是一个我们赋予含义过程的产物：

---

① ［美］卡洛琳·M. 布鲁墨．视觉原理［M］．张功钤，译．北京：北京大学出版社，1987：1.

② ［美］卡洛琳·M. 布鲁墨．视觉原理［M］．张功钤，译．北京：北京大学出版社，1987：34.

③ ［美］卡洛琳·M. 布鲁墨．视觉原理［M］．张功钤，译．北京：北京大学出版社，1987：34.

> 人类生活于“意义”的领域之中。我们所经验到的，并不是单纯的环境，而是环境对人类的重要性。即使是对环境中最单纯的事物，人类的经验也是以人类的目的来加以衡量的。“木头”指的是“与人类有关系的木头”，“石头”的意思是“能作为人类生活因素之一的石头”。……我们一直是以我们赋予现实的意义来感受它，我们所感受的，不是现实本身，而是它们经过解释后之物。①

这样一个跟我们相关的、有意义的世界，其实就是我们通常所说的“属人”的世界。

按照考古学研究的一个基本原则和理论预设——“过去和现在在许多方面是非常相似的”②，我们有理由认为北京人也生活于“意义”的领域中，也会在“看”中，赋予对象以意义。我们有理由认为，他们将特别石材特别对待的做法中，具有给特殊石材赋予特殊意味的可能性。即使这个意味不是明确的，至少也是非同寻常的。

这种对特殊石材特别对待的现象，并不是北京人所独有的。据西方考古学研究，在莫斯特文化时期，人显然辨认、收集一些“珍品”并把它们带在身边，如不同寻常的化石或岩石；在奥瑞纳文化早期，像贝壳和特殊的蛇纹岩之类的外来材料，从 100 多公里外被运往人类的住地，并且制成衣服上的小串珠。③ 迪萨纳亚克在解释

---

① ［奥］A. 阿德勒. 自卑与超越［M］. 黄光国，译. 北京：作家出版社，1986：7.

② 这个原则是现代考古学在 19 世纪能成为独立学科的一个重要背景。如果没有这个原则，考古学研究，甚至一切形式的理论研究，都不可能。参见［英］科林·伦福儒，［英］保罗·巴恩. 考古学：理论、方法与实践［M］. 中国社会科学院考古研究所，译. 北京：文物出版社，2004：24.

③ 莫斯特文化和奥瑞纳文化，是欧洲旧石器时代的文化时期。根据 H. L. 穆维斯（H. L. Movius）所介绍的欧洲旧石器时代的 ^{14}C 年代，莫斯特石器大概出现在公元前 46000—前 27000 年，奥瑞纳时期大概出现在公元前 35000—前 17000 年。（参见朱狄. 艺术的起源［M］. 北京：中国青年出版社，1999：52.）

这些现象的时候说：

> 我认为，这些活动表明的不仅仅是“好奇”或“深谋远虑”，即通常认为它们所显示的那种心理品质。我认为，它们暗示的首先是一种欣赏，其次是为了我们不知道的某些目的而慎重地创造“特殊性”，但这其中肯定包括在用于个人和群体认同或地位分化之类实用或象征目的之前并且撇开这种使用就已经兴奋起来的那些感官快感和愉悦。实际上，我可以大胆地说，欣赏特殊性的官能最终会导致将特殊的事物用于重要的实用目的和象征目的，而不是相反。①

迪萨纳亚克将这种举动解释为“欣赏”，也许有点让我们难以接受。但是只要我们考虑到，广义的“美”的对立面不是“丑”，而是没有任何感觉这个事实，我们就会觉得“欣赏”这个术语，其实在形容旧石器时代人对特殊材料特别对待的事情上，并不算走得太远。李斯托威尔说：

> 审美的对立面和反面，也就是广义的美的对立面和反面，不是丑，而是审美上的冷漠，那种太单调、太平常、太陈腐或者太令人厌恶的东西，它们不能在我们的身上唤醒沉睡着的艺术同情和形式欣赏的能力。②

从广义的“美”的角度来说，我们可以说旧石器时代人们已经有了对特殊形式的朦胧的审美意识，也有了赋予这些特殊之物以特殊意味的可能性。

---

① [美]埃伦·迪萨纳亚克．审美的人[M]．户晓辉，译．北京：商务印书馆，2004：145-146.

② [英]李斯托威尔．近代美学史评述[M]．蒋孔阳，译．上海：上海译文出版社，1980：232.

四、装饰玉中的意味

如果说在旧石器时代早期，对特殊石材的特别对待意味着对形式的敏感以及赋予意味的可能性的话，那么，在玉质装饰品阶段，可以说玉已经获得了和其他装饰品共享的社会意味。我们往往会把装饰品看作纯粹审美的产物，而容易忽略装饰品中的社会内涵。要说装饰品中的社会意味，我们还得联系墓葬。

我们知道，旧石器时代晚期出现了装饰品，也出现了墓葬。山顶洞人的装饰品，就是在墓葬中发现的。英国考古学家科林·伦福儒、保罗·巴恩解释这种现象时说：

> 埋葬行为本身意味着对死者的某种尊重或感情，也许还有关于来世的概念(尽管这个问题还很难证实)。装饰似乎意味着存在这样一个概念，即装饰物品能够美化死者，无论是从美观、声望还是其他什么角度看。①

尽管这些都是推测，但有一点是可以肯定的，那就是人们认为装饰品并不是可有可无的，而是重要的。给死者佩戴装饰品，至少是出自一种对死者的尊重或追思之情。这种对待装饰品的态度，是人的社会性的表现，肯定是动物的装饰所没有的。动物世界中的装饰明显与求偶和交配有关，是生理本能的产物。迪萨纳亚克说过一段话，可以帮助我们领会人类装饰和动物装饰的不同：

> 人类和其他动物的奇异装束的进化效果的区别在于人类把自己的时间精力投入到其外表具有超越个人意义的吸引力这一事实当中。看上去英俊、漂亮、充满活力和健康，不仅是赢得配偶、声望、艳羡和个人生育成功的一种方式，也同样表明这个人拥护和尊重其社会群体的道德价值和理想。关注衣着总是

① [英]科林·伦福儒，[英]保罗·巴恩．考古学：理论、方法与实践[M]．中国社会科学院考古研究所，译．北京：文物出版社，2004：393.

伴随着关注自己的举止和风度，这些反映出人类从最早的时代起就有意给自己“天然的”或动物的倾向所施加的自我控制和文明态度，这被认为是和谐的社会生活所必不可少的。这种社会共识也有助于认可它的那些个人的生存。①

这也就是说，人在正式的场合盛装打扮，并不仅仅是一种炫耀，还包含着对社会共识的尊重。正是人的装饰的社会性，使得装饰物成为身份地位的象征。美国学者霍恩说过：“一个富人可以有条件穿着质地油亮的服装、佩戴更多的珠宝，而服装的功能性作用对穷人和富人来说却是一样的。”②之所以说功能性作用是一样的，是因为不管对穷人还是富人而言，服装都可看作符号。符号之为符号，正在于其社会性。同样的形式对于同一社会群体来说，象征着同样的意味，就是符号的社会性。只对于一个人有意义的“字”算不上“字”，只有一个人知道其意味的“符号”也不是“符号”。

我们在本书第一章曾经说，是不是“有意味的形式”，是人类装饰和动物装饰的本质区别。我们在这里要补充的是，这个意味是群体能领会的意味，这个形式也是群体都能辨认的形式。装饰，从本质上来说，是给他人看的，也是需要读者的。杨晶说：

史前人身的装束和饰物是由群体的审美意识约定俗成的，除去装饰意义外，还可以用来标示成员的性别、年龄、婚姻状况和社会地位，从而起到维系氏族血缘纽带、加强氏族凝聚力的作用，这在长江下游地区史前玉器墓葬中也有迹可寻。……其中琀的出现，或许还暗示这一阶段的玉器，除了愉悦感官、装饰美化人体之外，已储存了某种特定的神秘观念。③

① ［美］埃伦·迪萨纳亚克．审美的人［M］．户晓辉，译．北京：商务印书馆，2004：163-164.

② ［美］玛里琳·霍恩．服饰：人的第二皮肤［M］．乐竟泓，等，译．上海：上海人民出版社，1991：17.

③ 杨晶．长江下游地区史前玉器研究［J］．东南文化，1994(4)：43.

可以说，正是群体的审美意识，使得装饰品成为“有意味的形式”。所以，装饰品中蕴含着社会或历史赋予的象征意味。这种象征意味，虽然看起来是分化了一个群体，但是由于这个意味是共享的，所以在分化的同时也强化了这个群体。既然装饰品已经是一种有意味的形式，玉在装饰品中逐渐获得主导地位，也就意味着人们已经赋予了玉超出一般装饰品的象征意涵，玉具有一定的神秘性也就可以想见了。玉已经负载一定的神秘性的标志就是“琀”。尽管对于“琀”所代表的神秘观念，学界还在猜测，但是人们对于玉赋予了一定的神性观念这一点，却是大家不否认的。

五、神玉：最精美的形式和最形而上的意味

杨伯达说：“如果说‘玉，石之美’是远古打制石器人的普遍看法，那么‘玉亦神物也’则是巫觋的专利。”①其实把玉看成神物，并不只是巫觋的看法，还是巫觋的信众的看法。可以说，在玉质石器中玉的神性可能性、装饰玉中朦胧出现的神性意涵，在良渚礼玉阶段，几乎成了明确的社会共识。

美石变成神物的过程，一方面是人对玉的特殊外观美的感受越来越深刻的过程，另一方面也是人对玉越来越另眼相看的过程。玉器越来越具有特殊的形式，特殊的意涵。所以，我们可以将这样的一个过程，称作玉在形式和意味两方面变本加厉的过程，是玉的形而上意涵的可能性变成明确的现实性的过程。

玉的形而上意涵由可能性变为现实性，当然是劳动实践的产物。首先，神的概念就是在劳动实践中产生的：

> 随着人造工具的出现，史前人类产生了像孪生兄弟一样的两种心理倾向：一是征服欲，即对外部世界进行能动的认识、改造和利用，而取得一定相对满足的心理要求；二是崇仰心理，即因无知或出于某种意愿而产生的对某一对象的盲目敬畏和崇拜的心理态度。这两种相对的心理倾向，构成相反相成的

① 杨伯达．玉为神物：读玉札记之二［J］．美术观察，2000(6)：71.

> 互补关系，从而使史前人在同外部世界的关系中保持着心理上的平衡。①

这也就是说，劳动实践的过程，一方面是人的能力不断提升的过程，另一方面也是人对自己的有限性认识越来越深刻的过程。这两种看似截然相反的方向，其实在一点上是统一的，即：人不是被动的，而是主动的；人在世界中生存，不是无意识的，而是有意识的——如果我们可以把宗教或巫术看作是人的一种努力的话。

我们对神的概念，往往有一种本能的反感。其实，神的观念，在一定程度上为社会发展所必须。因为生产技术的进步和生产规模的壮大，既要求社会的分化，也要求社会的整一。分化是为了提高效率，整一是为了加强协作。我们即使撇开人的意义或价值因素不论，从纯理智的角度考虑，神的概念的出现，恰好同时完成了这样两项任务——为社会的分化和整一提供了“合法性”。即使我们认为神的观念是错误或愚昧的，这种错误或愚昧也是人类生产进步的产物。

对于玉来说，随着劳动实践的发展，一方面，技术进步所带来的琢磨工艺使玉的美越来越出众；另一方面，人们越来越需要一种特殊的东西来象征“神”。所以，玉的精美形式和形而上意味的结合，在某种程度上就成为必然。玉器被派上了更大的用场，不只是像装饰玉那样作为人的社会身份的标志，还成为通神的法器。全社会都需要玉的神性，以维持社会的秩序——在让群体分化的同时，又加强群体的凝聚力。

所以，从美石到神物的过程，显然是一个人为制造象征物的过程，也是一个人类物质生产进步和精神空间扩大的过程。在这个过程中，人的形式感不但使人发现了特殊的形式，而且赋予特殊形式以特殊意味。美国心理学家加登纳说：

> 艺术活动最典型的一个特征便是向某个对象植入特殊的含

① 邓福星．艺术前的艺术[M]．济南：山东文艺出版社，1987：112.

> 义，这种含义转而又向别的个体施以强烈的影响。①
>
> 在媒介(比如声音或姿势)或艺术形式(比如音乐或舞蹈)中创造符号和欣赏符号的能力被看成是艺术发展的主要先决条件，这是一种只有人类才具备的先决条件。②

其实审美又何尝不是如此呢？审美的过程，不但是对形式的注意，而且是对意味的琢磨；不但是感性的愉悦，而且是理性的回味：

> 我们称之为“审美”的东西，就是比普通知觉的情绪和认知之间有更多的联系和共鸣的那些知觉，常常让人感到“无以描述”和“不可言状”。③

可以说，人的形式感并不是简单的对美的形式的敏感，而且会为美的形式赋予人的意涵。

从玉器制作的方面来看，崇玉观念的产生和发展的过程，就是玉的选材越来越严格，制作越来越精细，形而上意味越来越浓厚的过程。从形式审美的角度来看，崇玉观念的产生和发展，在某种程度上反映了人的形式感发展的逻辑历程——先有单纯的对特殊外观的感受和朦胧的意味，后来才有意识的形式制作和逐渐明确的意味。

第五节　克莱夫·贝尔论形式和意味

这一章的核心概念可以说只有一个，即“有意味的形式”。提起这个词组，我们当然想起的是克莱夫·贝尔(Clive Bell)。跟大

① ［美］H. 加登纳. 艺术与人的发展［M］. 兰金仁，译. 北京：光明日报出版社，1988：107.

② ［美］H. 加登纳. 艺术与人的发展［M］. 兰金仁，译. 北京：光明日报出版社，1988：57.

③ ［美］埃伦·迪萨纳亚克. 审美的人［M］. 户晓辉，译. 北京：商务印书馆，2004：218.

多数学人一样，我们将形式与意味并举，谈有意味的形式和无意味的形式，在很大程度上是受贝尔的启发。所以，在进行下一步讨论之前，有必要专门探讨一下贝尔所说的“有意味的形式”到底是什么意思。

一、“有意味的形式”不是“内容和形式的统一”

人们最容易将克莱夫·贝尔的“有意味的形式”理解成“内容和形式的统一”。在这种理解里，“意味”说的就是内容，“有意味的形式”说的就是既没有脱离形式的内容，也没有脱离内容的形式。换言之，认为“有意味的形式”体现了“内容和形式的统一”这一古老命题。这一肯定性的评价，其实是一种误读。

能说明“有意味的形式”并不是在探讨“内容和形式的统一”的最明确的证据，就是克莱夫·贝尔明确提到“无意味的形式”。

贝尔以绘画复制品为例说明了这两个概念。绘画的复制品分为两类：一类包括一些艺术品；另一类则是一件艺术品都没有。前者可以像原作一样打动我们，而后者不能。同为复制品，却出现了这样的差异，其原因在贝尔看来，就在于人是用眼和手去复制，还是用心灵去复制。他说：“创作‘有意味的形式’的能力不依赖于猎鹰般锐利的眼光，而是依赖于奇特的精神和情感力量。一个人即使是要仿作一幅画，他也不需要像训练有素的观察者那样来审视这幅画，而是需要像艺术家那样来感受它。”①仅仅依靠“训练有素的观察”所作的复制品，虽然极其精准，但只能是“无意味的形式”，不能在灵魂深处打动我们；而能“像艺术家那样来感受”的复制品，即使不太准确，也是艺术品，是“有意味的形式”，能打动我们。所以，“有意味的形式”是能打动我们的形式，而“无意味的形式”则不是。

① ［英］克莱夫·贝尔．艺术［M］．薛华，译．南京：江苏教育出版社，2005：34-35.

二、灵与肉：审美情感和生活情感的本质区别

克莱夫·贝尔的艺术观建立在两个假设的基础上：(1)“一件艺术品的本质属性乃是‘有意味的形式’”；(2)“‘有意味的形式’是对在现实中感受到的一种独特情感的表达”。① 我们先来探讨他为什么把艺术品的本质属性定位为“有意味的形式”。

(一)“有意味的形式”和“艺术品”

贝尔说：“一件艺术品的根本性质是有意味的形式。”②我们必须注意，这里所说的艺术品，不是所有的艺术品，而是好的艺术品、真正的艺术品、伟大的艺术品。在他看来，“世界上只有两种艺术，即好的艺术和不好的艺术”③，“好的艺术”的共性就是“有意味的形式”。事实上，拿贝尔的“有意味的形式”这一标准去衡量，在我们所认为的艺术品里，能够称得上真正艺术品的比例是相当低的。他明确地说，印象主义的贡献就在于将全体图画中的“艺术品”的比例从五十万分之一提高到十万分之一，而他所最为推崇的后印象主义则把这个比例从十万分之一提高到万分之一。④。

(二)“有意味的形式”和“审美情感”

好的艺术品或“有意味的形式”，对于欣赏者来说，唤起的是“审美情感”。“审美情感”和“生活情感”相对。用贝尔的比喻来说，前者是在“寒风料峭、白雪皑皑的艺术顶峰上的人所领略到的那种庄严激扬的快感”，后者则是人们在“温暖舒适的人性的山脚

---

① ［英］克莱夫·贝尔．艺术［M］．薛华，译．南京：江苏教育出版社，2005：53.

② ［英］克莱夫·贝尔．艺术［M］．薛华，译．南京：江苏教育出版社，2005：53.

③ ［英］克莱夫·贝尔．艺术［M］．薛华，译．南京：江苏教育出版社，2005：23-24.

④ ［英］克莱夫·贝尔．艺术［M］．薛华，译．南京：江苏教育出版社，2005：116.

下”所享受的快乐。① 用西方古老的“灵”与“肉”的区分来说，前者属于“灵”的世界，是精神生活中的快乐；而后者属于“肉”的世界，是物质生活的快乐。“灵”的世界是庄严神秘的，而“肉”的世界是欢快熟悉的。前者使人谦恭，后者使人傲慢。用我们所熟知的话来说，前者超然物外，后者纠缠于利害。

(三)“有意味的形式”和“美”

贝尔之所以将好的艺术品的根本性质定位成“有意味的形式”，而不是“美”，是因为他认为“美”唤起的是属于“肉”的世界的生活情感：

> 在某些人当中有着某种一致的看法，即世界上最美的东西就是美女，其次则是一张画着美女的画。②
>
> 那种可以用“撩人绮思”一词来代替的美没有什么意味，它属于令人喜爱的人体美，在众人之中有很大的需求。③

在贝尔看来，这种“美”的观念属于性感美，而不是审美。审美情感的对象是“有意味的形式”。“有意味的形式”和“美”之所以有本质上的差异，是因为“审美情感”和“生活情感”截然不同。

至此，我们可以说，贝尔之所以认为艺术品的根本性质是“有意味的形式”，就是为了区分审美情感和生活情感。在贝尔看来，这两种情感的区别就是灵与肉、精神与物质、神与人的区别。二者之间不但有高下之别，而且在本质上截然不同。这个区别，是我们在理解贝尔的“有意味的形式”时，应当牢记在心的。

---

① [英]克莱夫·贝尔．艺术[M]．薛华，译．南京：江苏教育出版社，2005：17.

② [英]克莱夫·贝尔．艺术[M]．薛华，译．南京：江苏教育出版社，2005：7.

③ [英]克莱夫·贝尔．艺术[M]．薛华，译．南京：江苏教育出版社，2005：92.

三、什么是克莱夫·贝尔所说的“形式”和“意味”

克莱夫·贝尔的第一个美学假说建立在自己的审美经验的基础上，是从欣赏的角度立论的。他的第二个美学假说则是从艺术家创作的角度立论的。这个假说认为，艺术家之所以会创作，会制作出“有意味的形式”，是因为他受到了一种“奇特的精神和情感力量”的促动，想表达这种情感。那么什么是贝尔所说的“奇特的精神和情感力量”呢？回答了这个问题，也就可以弄清他所说的“形式”和“意味”是指什么了。

（一）“目的”和“手段”：观看事物的两种态度

贝尔区分了两种观看事物的态度，一种是将事物看作手段，另一种是将事物本身看作“目的”。他所说的“奇特的精神和情感力量”，就是从后一种态度中产生出来的：

> 当我们将任何东西本身视作目的的时候，我们就认识到其意义更为重大的属性，它要比这种东西与人类利害相关联的任何性质的意义都要重大。我们不是在认识它的偶然的、有限的价值，而是在认识其本质性的现实，认识存在于一切事物中的神性，认识个体中的一般性，认识无所不在的韵律。不管你怎么称呼它，我所谈论的东西是存在于一切事物表象之后的东西——那种赋予一切事物以个体意味、物自体和终极现实的东西。①

这也就是说，当把任何东西看作手段的时候，我们看到的是表象，是事物的偶然、有限的价值，是人性；而看作目的的时候，看到的则是终极现实，是事物的永恒、无限的价值，是神性。视作“目的”和“手段”之别，就是“表象”和“物自体”的区别，就是“神”和

① ［英］克莱夫·贝尔．艺术［M］．薛华，译．南京：江苏教育出版社，2005：39.

“人”的区别，也就是我们上面所说的“灵”与“肉”的区别。

（二）贝尔所说的“形式”是指“纯粹形式”

贝尔所说的“形式”是指“纯粹形式”，是将事物本身视作目的的时候才能看到的。以他所举的看风景的例子来说，视作目的就是“将那些风景当作线条和色彩来感受”，视作手段就是“将之视作土地和房舍”。之所以称作“纯粹”的形式，是因为这时事物脱离了生活中的利害网络，所以称之为纯粹的。

（三）贝尔所说的“意味”是指“神秘意味”

在克莱夫·贝尔看来，将事物本身视作目的，不但使人感受到了“纯粹的形式”，也使人感受到了物体“自身的意味”：

> 把一只船完全隔绝开来看，将它从人以及人的紧迫的活动和虚构的历史中剥离出来，这时还剩下什么呢？我们依然对其作出情感反应的东西是什么呢？就是纯粹的形式，以及纯粹的形式背后的东西，使一只船获得了自身的意味。①

这个“自身的意味”是说，这时事物并不是因为和我们的利害关联而有意义，而是因为其自身具有了一种纯粹的、形而上的意义。这个意味就是克莱夫·贝尔所说的在“纯粹的形式”背后的“神秘意味”。

所以，贝尔所说的“形式”是“纯粹形式”，而“意味”是“神秘意味”。这两者的获得，都倚赖于把事物本身视为目的，而不是视为手段。

（四）“有意味的形式”和“情感的形式”

在这里我们要特别注意，“纯粹的形式”不是“看”到的，“意

① ［英］克莱夫·贝尔．艺术［M］．薛华，译．南京：江苏教育出版社，2005：123.

味"不是"想"到的，二者都是"感受"到的。他说："必然会约束艺术家创作的东西，不是他所见到的东西，而是他所感受到的东西。"①这种感受，就是在将事物本身视为目的时，对终极现实的感受，有时它叫作"终极现实感"，有时叫作"现实感"。在贝尔看来，"每个人都必须通过形式来表达他的现实感，同样，每个人都必须经由形式来达到现实"②。这里所说的现实(reality)，是"终极现实"；这里所说的"形式"，是"纯粹的形式"。

"有意味的形式"也可以说是"情感的形式"。只是这里的"情感"不是我们普通的生活情感，而是对终极现实的感受。他的第二个美学假说——"'有意味的形式'是对在现实中感受到的一种独特情感的表达"，这里的独特情感就是"终极现实感"，是一种"超人类的情感"③。它之所以"独特"，是因为它在"质"上不同于生活情感。

四、克莱夫·贝尔所说的"形式感"是对形式和意味两方面的敏感

对于"纯粹形式"和"神秘意味"的感受，就是贝尔所说的形式感，有时他也称作"形式意味感"。

有意思的是，虽然贝尔认为够得上是"有意味的形式"的真正艺术品在后印象主义时代仅占画作的万分之一，"在任何时代，一流的艺术家总是不可多得的"，但是，他却坚信"每个时代都可能会有数以百计的真正的艺术家"④。他之所以一方面认为一流的艺术家是凤毛麟角，另一方面又说每个时代都会有一些真正的艺术

① [英]克莱夫·贝尔．艺术[M]．薛华，译．南京：江苏教育出版社，2005：33.

② [英]克莱夫·贝尔．艺术[M]．薛华，译．南京：江苏教育出版社，2005：31.

③ [英]克莱夫·贝尔．艺术[M]．薛华，译．南京：江苏教育出版社，2005：156.

④ [英]克莱夫·贝尔．艺术[M]．薛华，译．南京：江苏教育出版社，2005：159.

家，是因为他坚信人天生就有一种形式感：

几乎所有的孩子都是艺术家，但是，几乎所有的男人和女人都根本不能被称为艺术家，这确实是没有理由的。在大多数孩子身上都可以发现一种形式感。①

具有形式感，就是艺术家。失去了形式感，则不能被称为艺术家。“所有的男人和女人都根本不能被称为艺术家”，是因为他们只会将事物视为“手段”，从而失去了小孩身上的形式感，也就失去了对“纯粹的形式”和“神秘意味”的感受。同样被贝尔看成是真正艺术家的、没有丧失形式感的，还有“野蛮人”“原始人”。贝尔的这种观点，无疑带有一定的卢梭式的感伤意味或道家的理想色彩，但其认为形式感就是对形式和意味两方面的敏感，却很值得我们注意。

五、一个理想主义的年轻批评家

克莱夫·贝尔是一个理想主义者。关于他的理想主义，我们也许能从下面的“奇谈怪论”略见一斑：

它使那些原本可能枯燥无味、微不足道的东西获得斑斓的色彩和重要的意义。②

艺术可能证明着世界的救赎。③

艺术就是一种宗教。④

① [英]克莱夫·贝尔．艺术[M]．薛华，译．南京：江苏教育出版社，2005：160.

② [英]克莱夫·贝尔．艺术[M]．薛华，译．南京：江苏教育出版社，2005：40.

③ [英]克莱夫·贝尔．艺术[M]．薛华，译．南京：江苏教育出版社，2005：19.

④ [英]克莱夫·贝尔．艺术[M]．薛华，译．南京：江苏教育出版社，2005：155.

所有这些陈述，再加上对艺术“纯净”(pure)的强调、衡量艺术品标准的苛刻、对审美体验的理想化的描述、对人类童年时代的理想化描述，都无一例外地表现出他对艺术的宗教热诚和对艺术与审美的理想化态度。

对艺术与审美的这种理想化态度，肯定是现代艺术观念的产物。如果我们直接拿贝尔对“有意味的形式”的界定去解释史前的审美活动，肯定会犯“以今律古”的错误。如果能够对这一点保持足够的理论自觉，并联系其他学者的科学研究成果，那么，他的理论对我们探讨人类审美实践中的形式和意味问题还是很有帮助的，我们在下一节就专门探讨这个问题。

第六节　从人的社会性来看形式和意味

我们往往认为克莱夫·贝尔是一个神秘主义者，当然神秘主义在这里是一个贬义词。其实，如果我们联系其他领域的一些研究成果，就会发现，贝尔所说的“神秘意味”并不神秘。本节的任务就是，从对人的社会性的挖掘入手，来为贝尔的“有意味的形式”进行“祛魅”。

一、意味与意义

贝尔在面对“意味”的时候，感到没法描述，只能称之为“神秘意味”。“神秘意味”这一表述，对于一种理论来说，是说不过去的。但是，贝尔将“意味”与人对生存意义的思索、与神圣性相连，却可以给我们提供一些启发。

美国神学家赫舍尔说：“做人的秘密在于关心意义。”①罗兰·巴尔特也说：“人类不知疲倦地努力去创造意义，舍此就不成其为

① ［美］赫舍尔．人是谁［M］．隗仁莲，译．贵阳：贵州人民出版社，1994：60.

人类了。”①关于远古人类是不是有这个创造意义的举动，我们并不知道，也无法知道。但我们却可以通过同情地理解，从我们对意义的关心来寻找一些蛛丝马迹。

从个体的角度来看，人并不总是在富足的时候，才思考所谓的意义问题。人往往是在最穷困的时候，对这个问题思考最多。物质生活和精神生活并不是呈正相关的，当然也不是成负比例的。我们往往假定，人类在原始阶段，由于物质的匮乏，不可能出现精神生活。这种假定，至少从个体经验的角度来看，是有一定问题的。

从群体的角度来看，即使我们承认人类原始阶段物质匮乏，我们还必须想到，这时对于一个群体的生存来说，首先要做的不是去开发资源，而是平均分配资源。所以，我们所说的原始社会对资源的平均分配，其实就是一种精神生活的表征。

为什么只有人类才会关心意义？是因为人的生存需要通过劳动。劳动不是我们的本能范围以内的事情。不是本能范围以内的事情，从生理的角度来说，就不是快乐的，而是乏味的、艰苦的。所以，人类要生存，不但要通过劳动谋求物质欲望的满足，而且要不断为艰辛的劳动赋予意义。只有在生存是有意义的情况下，人才能忍受并且乐于从事并非出自本能的劳动。而这个意义，就是从劳动的历史中产生的。所以，我们认为，劳动的历史不但是满足人的物质需要的历史，而且是一种建构意义世界的历史。这种意义世界的建构，从人类平均分配劳动产品的时候就开始了。如果说马克思所说的生产力的发展是人对于自然的改造的话，那么，建基于生产力之上的生产关系，就是人对于自身的改造。在平均分配劳动产品的活动中，体现的就是正义公平等人类群体价值，而不是个体欲望。

在赫舍尔看来，真正使人和动物分离开来的并不是人的制造工具之类的“能力”，而是人对“意义”的追求。② 正是人类对意义的

---

① [法]罗朗·巴尔特．结构主义：一种活动[M]//伍蠡甫，胡经之．西方文艺理论名著选编(下卷)．北京：北京大学出版社，1987：471.

② [美]赫舍尔．人是谁[M]．隗仁莲，译．贵阳：贵州人民出版社，1994：47.

追求，使得人和动物彻底地分别开来。赫舍尔反对用“人是……样的动物”这样的定义方式：

> 在用“动物”一词对整个人类下定义时，“动物”一词的含意远不是清晰准确的。我们真的知道动物的内在生活吗？我们有可能认识所谓不夹杂人性的、纯粹的动物性吗？人的动物性和动物的动物性是一样的吗？把猩猩定义为没有推理能力和缺乏制造工具技巧的人，这是正确的吗？①

也许赫舍尔过于专注于人与动物的差异，而没有注意到人与动物的连续性。但是，既然猩猩不能定义为“没有推理能力和缺乏制造工具技巧的人”，那就说明，我们所习惯的“人是……样的动物”这样的定义，其实是有问题的。这种定义不但在逻辑上具有如此的困难，而且有一个危险，那就是将人的目光引向人与动物的连续性上，让人从这一连续性上寻找人类特质的起源，从而陷入还原论(reductionism)。举个切近的例子说，一个人的“自我”并不是来自受精卵。

从“解释”的角度来讲，也许人与动物的“连续”和“断裂”同样重要；但从“理解”的角度来看，后一个方面更重要。从“解释”的角度去看，我们可以将人定义为“……样的动物”；但是从“理解”的角度来看，我们则必须坚持，人就是人。② 人的尊严、价值、意义就是人之所以为人的地方，也是人真正超出动物的生存逻辑。即使我们用“人是创造意义和价值世界的动物”来为人下定义，这个定义的重点也应当在“意义”和“价值”上，而不是在“动物”上。

赫舍尔说：“使人与动物分离开来的是内心世界的无限而不可预料的发展能力……人的存在之谜不在于他现在是什么，而在于他

---

① [美]赫舍尔. 人是谁[M]. 隗仁莲，译. 贵阳：贵州人民出版社，1994：21.

② “解释”和“理解”这两个术语来自狄尔泰对“直觉理解”和“因果解释”的著名区分。他说：“我们解释自然，但是我们理解精神生活。”

能够成为什么。”①这也就是说，使人超出动物的就是理想世界的架构，而不是对现实的默认。可以说，对于动物来说，永远没有理想和现实的矛盾，而对于人来说，这个矛盾是永远存在的。理想和现实的矛盾，就是“应当”和“是”的矛盾，就是“意义”与“本能”的矛盾。只要人结成“社会”，人就已经超出了本能，因为社会从本质上来说，是人类建构的产物。这种人类建构，是需要意义来维持的。当然，我们会说蚂蚁和蜜蜂也有“社会”，但是我们不能忘记，蚂蚁和蜜蜂的“社会”即使可以算作“社会”，也是靠本能维持的；而人类社会却是靠人类所建构的价值和意义维持的，而且这些价值和意义还是不断变更的。

意义世界的建构，必然要求以一种非常的眼光看待一些事物和行动，以使得它们和其他平常的事物和行动区分开来。于是，混沌初分，原来匀质的宇宙，成了不匀质的；原来在物理上没有差别的东西，在人的价值世界中出现了差别。世界被一分为二，一部分东西成为特殊的神圣之物，而另外一部分则是凡俗之物。贝尔所说的艺术的“神秘意味”，其实在某种程度上是不神秘的，因为所谓的“意味”，其实是人类建构意义的产物。

二、意味与社会

涂尔干认为，宗教现象的核心就在于两个世界的划分，在于将原本混沌一体的世界，分为“圣”“俗”两界，将原本匀质的事物分为神圣之物和世俗之物两类。② 这两类事物是“异质性”的，“这种异质性极其特殊：它是绝对的”③。意识总是对于对象的意识，对象也总是意识的对象。当人们将世界一分为二的时候，那也意味着人将自身的生活一分为二。换言之，将事物作“圣”“俗”两种截然

① ［美］赫舍尔．人是谁［M］．隗仁莲，译．贵阳：贵州人民出版社，1994：36.

② 参见［法］涂尔干．宗教生活的基本形式［M］．渠东，汲喆，译．上海：上海人民出版社，1999：第1章。

③ 参见［法］涂尔干．宗教生活的基本形式［M］．渠东，汲喆，译．上海：上海人民出版社，1999：44-45.

不同的划分，也就意味着将人的存在分为“圣”“俗”两界。人的存在中的“圣”就是“社会存在”，而“俗”则是“个体存在”：

> 人具有两种存在：一是个体存在，它的基础是有机体，因此其活动范围是受到严格限制的；二是社会存在，它代表我们通过观察可以了解到的智力和道德秩序中的最高实在。①

涂尔干所说的“个体存在”，可以说就是人的生物性，在这个领域中人服从的是生物的逻辑，个体的人只考虑自己，人是自身物质欲望的奴隶；而“社会存在”则是人的社会性，在这个领域中人服从的是社会道德的绝对权威，个体的人和他人“共在”，人超越了自己的物质欲望。人既有生物性的一面，又有社会性的一面。举个极端的例子来说，按照“生物性”的逻辑，人必然“贪生怕死”；但按照社会性的逻辑，人却能“舍生取义”。宗教崇拜的一个功能就是，让人超越“贪生怕死”的生物逻辑，服从“舍生取义”的意义追求。在前者的领域内，人是受束缚的、卑微的、有限的存在；而在后者的领域，人是自由的、高大的、无限的存在。概言之，前者是神圣的，后者是凡俗的。

宗教膜拜中的“神”，其实来源于人自身存在中的神圣性（相对于人的世俗性）、超生物性或社会性（相对于人的生物性）。人看起来是在崇拜一些虚幻的对象，实质上，则是在崇拜人自身精神世界中的一些具有永恒意义的价值。同理，宗教膜拜中“神”的绝对权威，其实就是社会价值相对于个体需求的绝对权威：

> 社会之于社会成员，就如同神之于它的崇拜者。实际上，神首先被人们认为是高于人自身的一种存在，是人的依靠。②

---

① 参见[法]涂尔干．宗教生活的基本形式[M]．渠东，汲喆，译．上海：上海人民出版社，1999：17.

② 参见[法]涂尔干．宗教生活的基本形式[M]．渠东，汲喆，译．上海：上海人民出版社，1999：277.

从这个意义上讲，人对于神的依赖性，其实就是人的个体存在对于社会存在的依赖性。在后现代语境中，重述涂尔干的这种社会价值远远大于个体需求的思想，也许有些不合时宜，甚至有些“存天理，灭人欲”的味道。但是我们必须提醒自己，不管是对于个体的人还是作为群体的人的生存来说，当“天理”和“人欲”发生不可调和的冲突的时候，“天理”必须大于“人欲”。人之所以为人，就在于人此时能灭“人欲”以存“天理”。远古如此，现在依然如此。正义、公平、合理等价值，并不是建基于生物性，而是建基于人的社会性。

正是人的社会性，使我们对世界的感受发生了变化。我们的情感再不是像小孩一样，得到食物就笑，得不到就闹。我们的情感已经不再是生物层次上的“痛感”与“快感”，而已经成为社会层次上的“苦”和“乐”。为了方便叙述，我们可以将前者称为“情绪”，把后者称为“情感”。

情绪和情感的差别至少表现在以下几个方面：(1)情绪是生物性的，而情感是社会性的。(2)情绪是排他性的，而情感则是可以分享的。(3)对于情绪来说，快乐就是快乐，痛苦就是痛苦；对于情感来说，“苦”与“乐”远非如此简单。(4)情绪是一股盲目的混沌的力量，只需要满足或宣泄；而情感则是一种难以名状的感受，需要形式化的表现。(5)情绪是短暂的，生理紧张解除之后马上消失。情感则是挥之不去、萦绕心头的，从而是意味深长的。

情绪和情感之所以会出现如上的差别，就是因为情感中包含着属于人类的神圣的价值。对此二者，克莱夫·贝尔表述为“生活情感”和“审美情感”，托尔斯泰则表述为“从享乐欲望中产生的感情”和“从宗教意识中产生的感情”①，苏珊·朗格表述为“自己的真实情感”和“人类情感”。当我们说艺术是情感的表现的时候，“情感”肯定是指后者，而不是前者：

① ［俄］列夫·托尔斯泰．文论［M］//列夫·托尔斯泰文集(第十四卷)．陈燊，译．北京：人民文学出版社，1992：198.

> 一个艺术家表现的是情感，但并不是像一个大发牢骚的政治家或是像一个正在大哭或大笑的儿童所表现出来的情感。……艺术家表现的决不是他自己的真实情感，而是他认识到的人类情感。①

艺术之所以是“情感的形式”，乃是因为艺术中的情感是一种“人类情感”，是“可与人共”的情感，是包含着意义与价值的情感。这种情感是神圣的精神性的情感，而不是卑俗的物质性感受。“一个事物之所以神圣，是因为它以这种或那种方式激发出了尊崇的集体情感，这情感使之从凡俗的感触中超脱出去。”②所以，“情感的形式”，也就是“有意味的形式”。这种意味，是与人的社会性相连的、令人回味无穷的一种神圣意味，而不是普通的内容。

三、作为节日或仪式的艺术

在史前时期，艺术与宗教可以说是同一个东西，二者统一在神圣的仪式庆典之中。很多学者都同意这一点：

> 艺术和宗教之所以能混一而尚未分解，就取决于如下一个情况：专门的艺术和宗教活动还没有从仪式活动这一原始时代的混融性结构脱胎而出。③
>
> 艺术与宗教具有相同的渊源、相同的题材和相同的内在体验。宗教与艺术两者在其被有意识地视为人类的不同兴趣之前，不外是一个事物或同一回事。……宗教信仰的体验和美的

① ［美］苏珊·朗格．艺术问题［M］．滕守尧，朱疆源，译．北京：中国社会科学出版社，1983：25.

② ［法］涂尔干．宗教生活的基本形式［M］．渠东，汲喆，译．上海：上海人民出版社，1999：341.

③ ［苏］德·莫·乌格里诺维奇．艺术与宗教［M］．王先睿，李鹏增，译．北京：生活·读书·新知三联书店，1987：18.

体验在一定程度上具有统一性。①

在仪式和庆典之中，艺术和宗教行使着同样的功能，即唤起、强化或重塑人的集体情感。

每个民族都有节日，每个节日中都有仪式。更进一步说，只有人才有节日，才有仪式。在远古时期，人类的艺术活动就是一种"作为节日的艺术"②或"作为仪式的艺术"。不管是"作为节日"还是"作为仪式"，这只是称呼的不同，而非本质差异。艺术在远古时期本来就是一种神圣的活动。之所以神圣，是因为它所激发的是集体情感，而不是个人情绪。

当然，这其中肯定有我们现在看来"迷信"的成分，甚至表现了人在自然面前的懦弱和无能。但是，我们不要忘记，在电影中，当"泰坦尼克号"开始下沉，船上的乐队却奏起了《我的上帝离你更近了》。这首乐曲肯定无助于生存，但却使人在狂暴的自然面前显得从容、镇静，在死亡面前显得优雅、高贵。人摆脱了自然的反应，而进入一种对命运的共同承担。这一幕，既可以说是仪式，也可以说是艺术，更可以说是宗教。"神"的观念、形式化的表现，使得迫在眉睫的死亡所带来的生物性恐惧变成崇高。从物理的角度来说，人失败了，人不可能战胜大海；但是，从精神的角度来看，人却胜利了，因为人战胜了自己的恐惧。

马林诺夫斯基描述了这样的一个情境：在一场可怕的暴风雨中，与他一块儿生活的一群特罗布里恩岛民聚集在一起，用一种歌唱的语调吟诵咒语③。这个情境，也是一种仪式。在这种仪式里，表现、激发或强化的是一种集体情感，而不是个人情绪。集体情感与人的生存的价值和意义相关，而个人情绪则和自己的利害得失相

① ［美］保罗·韦斯，［美］冯·O. 沃格特．宗教与艺术［M］．何其敏，金仲，译．成都：四川人民出版社，1999：86.

② ［德］伽达默尔．作为节日的艺术［M］//伍蠡甫，胡经之．西方文艺理论名著选编(下卷)．北京：北京大学出版社，1987.

③ 参见［美］埃伦·迪萨纳亚克．审美的人［M］．户晓辉，译．北京：商务印书馆，2004：92.

连。用涂尔干的术语来说，在这样的仪式中，人遵从的不是“个体存在”的逻辑，而是“社会存在”的逻辑。这样的一种超越，不但对于远古人类是必要的，而且对于我们经过“祛魅”的现代人也是同样必要的。这种仪式或信仰，说到底，其实就是真心承认，在这个世界上，有远远大于人的个体生存的东西。正是这种东西，让人的死亡、苦难等不幸的遭遇，成为可忍受的。

据涂尔干的观察，澳洲社会的生活是在两个不同的周期中交替度过的。在大多数的时间里，人们分散到各自的领地，每个家庭都自食其力，力尽所能地获得食物；而在一些特定的时间里，集中在特定地点集会。前者可以称为“分散状态”，后者则可以称为“集体欢腾”①。没有前者，人类无法生存；而没有后者，人即使生存下来，也不成其为人。美国生物社会学家彼得·威尔逊认为，在人类进化过程中，举行仪式的需要比生产工具的需求更迫切和更直接②。这也许有些绝对，但我们必须承认，只有人，才有节日，才有仪式。人的集体情感是需要节日和仪式来激发、唤起并强化的，如果没有了这个过程，集体情感则会被淡忘。失去了集体情感，只留下个人情绪的人，即使能制造工具，其实和动物也没有本质上的差别。

节日、仪式必有神圣性。节日，就是我们在匀质的时间内所划拨出来的神圣时段；仪式，则是在这个神圣时段所从事的神圣活动。这种神圣性，来自集体情感。伽达默尔说：

> 假如有什么东西同所有的节日经验相联的话，那么这就是拒绝任何人与人之间的隔绝状态。节日就是共同性，并且是共同性本身在它的完满形式中的表现。节日始终是对于所有的人而言的，所以，如果一个人不参加节庆，我们就说

---

① 参见[法]涂尔干．宗教生活的基本形式[M]．渠东，汲喆，译．上海：上海人民出版社，1999：285.

② 参见[美]埃伦·迪萨纳亚克．审美的人[M]．户晓辉，译．北京：商务印书馆，2004：108.

“某人不合群”。①

这也就是说，节日始终是一个共同体的节日，而不是个人的节日。同样、仪式、宗教、艺术也从来不是个人的，而是属于群体的。在节日的经验里，人完成了情感的共享。情感之所以能够共享，是因为情感得到了形式化的表现。作为节日的艺术，在某种程度上其实就是让人领会生存意义的艺术，是一种“作为教化的艺术”。如果说艺术本来有所谓的超越性、神圣性，那么这种超越性来自“作为节日的艺术”或“作为仪式的艺术”，而不是我们现在所说的“纯艺术”。如果说艺术就是“有意味的形式”，那么这个意味就是“作为节日的艺术”或“作为仪式的艺术”所强化的一系列情感、价值和意义。

涂尔干说：“是人制造了他们的神，或者至少是人使这些神得以生存的；但与此同时，人也唯有依赖神才能存活下去。”②这个神，来源于社会。艺术的意味，也应当是来源于人的“社会存在”。

四、“纯粹形式”与“特殊形式”

我们往往从实体的角度来定位形式。其实，一个事物的形式之所以有意味，一方面在于事物本身的外观，另一方面，更在于这个事物的外观和其他大多数事物外观的关系。要言之，一方面在于“实体”，另一方面在于“关系”。

为了研究知觉问题，心理学家做过这样一个实验：有三个盘子，姑且称之为 1 号、2 号、3 号，其中 3 号最大，1 号最小。首先用 1 号和 2 号为小鸡喂食，1 号中没有食物，2 号中有。过了好长时间之后，试验员用 2 号和 3 号两个盘子，两个盘子都是空的。这时，小鸡自然地走向 3 号去寻找食物。这个实验说明了一个问

① ［德］伽达默尔．作为节日的艺术［M］//伍蠡甫，胡经之．西方文艺理论名著选编(下卷)．北京：北京大学出版社，1987：588.

② ［法］涂尔干．宗教生活的基本形式［M］．渠东，汲喆，译．上海：上海人民出版社，1999：448.

题，即使在动物阶段，对“关系”的把握能力，也已经具备了。小鸡之所以在换了盘子之后，没有辨认出 2 号，而把 3 号当成了 2 号，是因为 3 号比 2 号大。动物的知觉尚且如此，人当然不用说了。所以，我们之所以能辨认出某个东西，一方面在于这个东西就是这个东西，另一方面也在于这个东西不是别的东西。

对于审美或艺术中的形式来说，这个形式之所以有意味，一方面在于这个形式本身，另一方面则在于这个形式和其他形式的显著不同。也就是说，“形式”一方面在于“实体”，另一方面在于“关系”。克莱夫·贝尔把“有意味的形式”中的形式界定为“纯粹形式”。形式之所以是纯粹的，按照贝尔的说法，是因为我们不是将事物看作“手段”，而是将事物本身看作“目的”，这个形式脱离了我们人世间利害关系的纠缠，所以是纯粹的。这种观念，显然是一种现代观念。它给了我们一个启发：一个形式之所以引起人们的注意，是因为它和日常生活中的东西不同。一个事物的形式的审美可能性，一方面在于它本身，另一方面却在于它与其他事物的关系，尤其是同寻常事物的关系。

在日常生活领域，人就像上面实验中的小鸡一样，能凭借这种对于“关系”的把握，寻找食物。但是这种对于形式的把握，因为服务于物质需要，达到目的之后，就会马上忘记，所以是“视而不见”。这种“视而不见”，就是贝尔所说的将事物看成“手段”的结果。这种“看”，虽然从审美的角度来说是一个大忌讳，但却有利于生存。我们很难想象，一个人对于世界上所有的事物，都以一种好奇的眼光去观察，给予一种特别的注意。生活要求我们对于生活中绝大多数事物要“视而不见”，这符合生存所必需的“节约原则”。换成我们的术语来说，生存要求我们将世界上绝大多数事物看成是“普通”的，而不是“特殊”的。这是生活的“常”态。

然而，将所有的事物都看成是“手段”，仅仅服从生存的“节约原则”，同样也是无法想象的。即使是动物，也有游戏。不管学者们对于动物的游戏问题有多少争议，在我们看来，至少有一些现象是不存在争议的：猫玩线团或老鼠的游戏，肯定不是猫满足食欲的“手段”。如果我们脱去贝尔理论中的玄学意味，将事物本身视作

“目的”这种表述还是可以用的。在这种态度中，我们专注于事物的“形式”，而暂时不顾及事物与我们的利害关系，这样就不会“视而不见”，而是“历历在目”了。这种态度并不服从“节约原则”，而是服从“浪费原则”。这时，事物在我们眼中肯定不是“普通”的，而是“特殊”的。这是生活中的“变”态。

从“常”与“变”的对比来看，贝尔所说的“纯粹形式”实际上也是一种“特殊形式”。这种形式的“特殊”，一方面取决于它自身的特殊性，相对于其他事物来说不一样，另一方面取决于人对于它的特殊态度。

“在人类中特殊的(也就是不同的、对比性的)事物会获得形而上的意义。”①特殊的东西之所以会获得形而上的意义，一方面在于它相对于普通物件的特殊性，另一方面在于人对形而上的意义的追求。一个事物的“特殊形式”往往会成为“神圣意味”的承载物，这个事物就会成为神圣之物。这个神圣之物，就是一种“有意味的形式”。

这个神圣之物，是社会制造出来的。涂尔干说：“古往今来，我们看到社会始终在不断地从普通事物中创造出神圣事物。”②这也就是说，“有意味的形式”来源于人的社会存在，来源于人对于生命的意义和价值的自觉追求和建构。从这个角度来看，贝尔所说的“形式”和“意味”其实并不神秘，因为这个“形式”意味着人能超越动物性的生存，以另外一种眼光看世界；这个“意味”，则说明人同样能以一种超越动物性生存的眼光来看“自身”。这种能力，不但使人能“发现”有意味的形式，而且使人能“制作”有意味的形式。发现属于“审美”，制作则属于“艺术”。在“发现”的阶段，形式和意味的“特殊性”都是模糊的；人自觉地“制作”的过程，则是人试图让这种特殊性更具体、更清晰的过程。

---

①　[美]埃伦·迪萨纳亚克．审美的人[M]．户晓辉，译．北京：商务印书馆，2004：233.

②　[法]涂尔干．宗教生活的基本形式[M]．渠东，汲喆，译．上海：上海人民出版社，1999：283.

第七节　余论：形式意味感与贵重物品

好多学者指出，人类最初的审美意识就是对形式的敏感。李泽厚说："我认为最早的审美感受并不是什么对具体"艺术"作品的感受，而是对形式规律的把握、对自然秩序的感受。"①薛富兴更是明确地说，形式感是人类审美意识的最现实起点②。如果这一认定是正确的，我们还要补充说，人的形式感应当是贝尔所说的对"纯粹形式"和"神秘意味"的双重敏感，即"形式意味感"。

一、人的形式感应该是一种形式意味感

本章第五节说过，克莱夫·贝尔所说的形式感，对"纯粹形式"和"神秘意味"的感受，有时他也称作"形式意味感"③。正是这种对形式和意味两方面的敏感，构成人的形式感和动物形式感的区别。

法国诗人瓦莱里所描述的对于水晶、鲜花或贝壳的审美体验说明了这一点：

> 就像在嘈杂的声音中的纯音或纯音中的旋律一样，一块水晶、一朵鲜花或一个贝壳，在一般的杂乱无章的可知觉的事物中也显得与众不同。它们对于我们是有"优先权"的对象，比起我们漫无目的地见到的事物来，它们虽然更费解，但却更引人注目。④

---

①　李泽厚．美学四讲［M］//李泽厚．美学三书．合肥：安徽文艺出版社，1999：558．

②　薛富兴．先秦美学的历史进程［J］．云南大学学报（社会科学版），2004（6）：83．

③　参见［英］克莱夫·贝尔．艺术［M］．薛华，译．南京：江苏教育出版社，2005：122．

④　［法］P．瓦莱里．人与贝壳［M］//［美］M．李普曼．当代美学．邓鹏，译．北京：光明日报出版社，1986：349-350．

从形式方面来说，水晶、鲜花或贝壳之所以会引起人们的注意，是因为它们的外观相对于自然界的杂乱无章来说，显得与众不同。所以，进入人的审美经验的形式，都是“特殊形式”。面对这样的“费解”却“引人注目”的形式，瓦莱里说：

> 我的思想中出现的第一个念头是制造。
>
> 制造是第一个问题，也是最能显示人的特点的一个观念。而“解释”从来就只不过是对制造方式的描绘罢了：它只是在思想中再现制造过程。①

如果没有人类制造工具的实践，没有在实践过程中所建立的主体性，人不会首先提出这是“谁”制造的问题。然而，进入人的审美经验的形式，不仅仅是悦目的形式，还让人浮想联翩。也就是说，仅仅有“特殊形式”还不足以成为人的审美经验，特殊形式中还有特殊意味。这种特殊意味，往往是神秘以至神圣的。因为人最先想到的制造者并不是“人”，当然更不是现代科学所揭示的自然力量，而是“神”。贡布里希所描述的对于“仙女环”的“看”揭示了这一点：

> 我们有一种根深蒂固的倾向，即把秩序视为具有建立秩序能力的大脑的标志。因此，每当我们发觉自然界里存在着规律性，我们便会本能地感到惊讶。有时我们在树林中散步，我们的视线会被排列成非常完美的环形的蘑菇所吸引。民间传说之所以把这种蘑菇环称作仙女环（据说由于仙女跳舞而使茂草中长出围成环的蘑菇），是因为人们似乎难以想象这样有规律的

---

① ［法］P. 瓦莱里．人与贝壳［M］//［美］M. 李普曼．当代美学．邓鹏，译．北京：光明日报出版社，1986：353.

蘑菇竟会是偶然产生的。①

人之所以创造这个神话，将其命名为“仙女环”，就是因为人面对这样完美的形式，首先提出的问题就是“谁”制造的。既非“人”为，即为“神”作。进而言之，如果没有这种神圣的意味，人们是不会看重这一种形式的。

审美是需要神圣之维的。举个通俗的例子来说，人体之所以会成为审美对象，也许并不仅仅是因为“性感”，或更大程度上与“上帝”或“造化”相关。不然，审美何以为审美？“《圣经》提到天国的城市是金色和光亮的，在中国，道教的天堂被诗人描写为白色和迷蒙的。金和玉，这些物质的特色已并入这些超自然王国的概念。”②离开了神圣之维之后，对人体、金和玉的“审美”也许只会成为弗洛姆所说的对美的“占有”(having)，而不是使美“存在”(being)了③。也许，贝尔所说的“审美情感”、将事物视为“目的”所感受到的“神秘意味”和领会到的“终极现实感”，就是弗洛姆所说的“存在”这种生存方式的体验。人之所以为人，是因为他需要这种体验，这种需要来源于人的社会性。这种体验也许必定是神秘的。这不是贬义上的“神秘主义”，因为“存在先于本质”。陶渊明在“采菊东篱下，悠然见南山”之际，不也说“此中有真意，欲辩已忘言”吗？假如陶渊明能明确说出这个真意是什么，那他即便不是一个“巧言令色”的家伙，也是一个“故弄玄虚”的家伙。之所以“忘言”，是因为“道可道，非常道”，是因为上帝无所不在又无所在，从而可遇而不可求。

人的存在是需要神圣之维的，这一神圣之维就是来源于社会存在的、使人超越口腹之欲的永恒意义和价值。因为神圣之维，我们

---

① ［英］E. H. 贡布里希．秩序感［M］．杨思梁，徐一维，译．杭州：浙江摄影出版社，1987：10-11.

② ［英］罗森．中国古代的艺术与文化［M］．孙心菲，等，译．北京：北京大学出版社，2002：2.

③ ［美］埃里希·弗罗姆．占有还是生存［M］．关山，译．北京：生活·读书·新知三联书店，1989：第2章.

觉得生活是值得的，而且能苦中作乐。

二、形式意味感与中国的崇玉传统

夏鼐说："全世界有三个地方以玉器工艺闻名，即中国、中美洲(墨西哥)和新西兰，其中以中国的最为源远流长。"①关于中国玉器是不是最"源远"，我们不敢断言；但中国玉器最为"流长"，却是可以肯定的。事实上，在对待玉和玉器的态度上，中国和其他的地方关键差别并不在于"源远"，而是在于"流长"。何松说：

> 中华民族远古先辈与众不同的是，他们在极为久远的新石器时代就开始用文化的眼光来对待玉器，崇拜并喜爱玉器的品格，开始形成了对玉器的3个理论支柱：(1)玉器是美的；(2)玉器是神物；(3)玉器是有德的、高洁的。数千年来，这3个理论支柱几乎变成了中华民族的文化基因。②

可以说，不管哪一个民族，都能认识到玉的美。中国文化的特殊性并没有表现在"玉器是美的"的上，而是表现在"玉器是神物；玉器是有德的、高洁的"的上。所以就产生了中国玉文化，玉在中国也就成了不同寻常的"贵重物品"。

英国著名考古学家科林·伦福儒、保罗·巴恩在《考古学：理论、方法与实践》一书中说：

> 几乎所有文化都有自己的贵重物品。其中的一部分是有用的(比如美拉尼西亚的猪可以宰食)，但大部分除了摆设外没有实际用处，完全是显示威望的物品。
>
> 贵重物品通常由某个社会所珍视的有限的几种材料构成。

---

① 夏鼐．有关安阳殷墟玉器的几个问题[M]//中国社会科学院考古研究所．殷墟玉器．北京：文物出版社，1982：1.

② 何松．中国史前时期玉器的主要分布地域与特征及其文化[J]．宝石与宝石学杂志，2005(2)：41.

> 比如，在我们这个社会，黄金最受珍视，以至于把它作为衡量一切价值物的媒介。我们似乎已经忘记这个估价完全是人为的，当我们说起黄金的实际价值，某种程度上就像说它是与生俱来的那样。但是黄金并非十分有用之物(尽管它金光闪闪、不易生锈)，也非任何特殊工艺的产物。实际价值云云只是一个误称：比如阿兹台克人视羽毛为最珍贵，与西班牙征服者觊觎黄金正好相反；但两者遵循的是同样主观的价值系统。
>
> 如果我们考察不同社会视为珍宝的那些物品，我们就会发现它们中的许多都有这样的品质：稀有、耐久和好看。①

从这一大段文字，我们可以看出，贵重物品至少具有下面几个特点：(1)实用价值不高；(2)在人的主观价值系统中占有很高的地位，扮演着“价值的价值”的角色；(3)稀有、耐久和好看。实际价值与扮演的角色不对等，可以说是贵重之物的根本特征。而人们对此“习焉而不察”，一方面是因为约定俗成，另一方面也是因为贵重之物毕竟还有些特殊之处，即它比其他的东西稀有、耐久和好看。这也就是说，贵重之物之所以具有特殊的意味，是因为它有特殊的形式。英国学者罗森说：

> 美玉之瑕以及玉的内部光泽是两种特别能够打动中国人的物理特质，它很高的硬度大概也代表了某种永恒的东西，这正是早期生活在不稳定环境中的先民们所渴求的。②

罗森的概括，我们可以表示不同意，但是我们必须承认，人对“永恒”的东西的渴求，是人们赋予玉形而上意义的心理动因。这种对“永恒”的渴求，加上对玉的“美”的认识，就会使玉成为中国文化

① ［英］科林·伦福儒，［英］保罗·巴恩．考古学：理论、方法与实践[M]．中国社会科学院考古研究所，译．北京：文物出版社，2004：360.

② ［英］罗森．中国古代的艺术与文化[M]．孙心菲，等，译．北京：北京大学出版社，2002：219.

中的“贵重物品”。用邓淑苹的话来说，中国人之所以崇玉，是因为玉“美而不朽”：

> 新石器时代的居民，在研磨石器的经验里，体认了玉所特有的致密坚实，莹秀温润。美而不朽，不正是中国人心目中最值得追求的境界吗？①

其实这样的一种境界，不只是中国人心目中所追求的，对于其他民族来说，也必然如此。因为相对于有限甚至黯淡的人生来说，“美而不朽”之物承担人的形而上意义的诉求，往往是一种必然。“美而不朽”之物，即使没有什么实用价值，也会成为一个民族、一种文化的“贵重物品”。

事实上，即使中国人不将这一意义赋予美玉，也会赋予其他的“美而不朽”之物。比如，西方人的贵重物品就是黄金：

> 《圣经》提到天国的城市是金色和光亮的，在中国，道教的天堂被诗人描写为白色和迷蒙的。金和玉，这些物质的特色已并入这些超自然王国的概念。②
>
> 玉以上的特质与黄金比起来，可以说有同有异：玉有很高的硬度，而黄金却软一些；玉常常带有缺陷，而黄金却每每纯洁无瑕。但有一点二者是相同的：从物理意义上讲，二者都很少发生变化，也就是说二者都是永恒的。于是，在西方，黄金就代表了永恒的价值，而在中国这种永恒的价值是由玉承担的。早在公元前5000年左右，玉在中国就被发现并得到开发；相反，黄金直到公元前八世纪或稍早一点时间才得到广泛的应用。黄金在中国从来没有获得人们像对于玉的那种尊重，在中

---

① 参见邓淑苹．狂飙中的玉琮[J]．故宫文物月刊(台北)，1986(10)：31.

② [英]罗森．中国古代的艺术与文化[M]．孙心菲，等，译．北京：北京大学出版社，2002：2.

> 国大部分的历史中，玉始终是贵族或特权阶层最为崇爱的宝物。而且，黄金也始终没有取代玉成为象征灵性的圣物。①

珍视“金”与珍视“玉”的不同，可以表示中西文化之差异。但是赋予自然物体以“超自然”价值，并引起人们的美好想象，则是中西之所同。用结构主义的话来说，“金”和“玉”的不同，只是故事角色的不同，而不是故事情节的不同。更通俗一点说，在人类社会舞台上，演出的剧本永远是大同小异，只不过演员是“你方唱罢他登场”罢了。这个共同的剧本，就是人对于“美而不朽”的境界的渴望，就是人对生存意义的追求。所以，即使我们发觉特殊形式之中的意味是人所赋予的，而不是与生俱来的，也会特别珍视。这样的一种心理，经过“祛魅”的现代人也不例外——我们往往会很珍视一件东西，纵然这件东西只是普通一物，但由于是朋友或亲人赠送的，所以任何人都不能亵渎。虽然我们对某一物件的珍视，带有一定的私人性质，和金、玉所反映的群体意识并不是一回事，但我们的这种心理，却是古今相通的。所以，本章行文的重点，并没有放在中国文化的特殊性上，而是放在了人类心灵的共通性上。

对于“贵重物品”来说，最怕的是“祛魅”：往昔被奉为神圣之物，后被人们看作普通一物。这种神圣性的消失所产生的后果，跟钞票成为纸、国旗成为布的后果，在性质上一模一样。所以，对于玉器来说，最怕的就是失去其特殊意味。战国时期，人们比德于玉，也与此心态有关。

---

① [英]罗森．中国古代的艺术与文化[M]．孙心菲，等，译．北京：北京大学出版社，2002：219-220.

第四章　礼崩乐坏：天人冲突与文质争论

薛富兴说："静态地看，先秦美学史大致包括三大审美形态：器质审美对象、感性观念化审美对象和抽象的审美理论观念，此三大形态次第演进，构成先秦美学史之基本内容。"①如果从广义的角度来理解美学，认为美学的研究对象就是审美意识，那么，先秦美学研究就应当包括这三种形态。如果从狭义的角度来理解美学，认为美学就是对审美现象或审美意识的理论反思，那么，先秦的美学研究就应当只包括第三种形态。所以，中国美学史研究的起点，在我国学界就有两个：一个是史前造物，另一个则是先秦诸子。

本书认为，美学之所以为"学"，应当是指对审美现象的自觉理论反思，所以，严格意义上的美学史的研究起点，应当是先秦诸子。然而，自觉理论反思，从根本上来说是对审美现象的反思，所以，我们还是可以在这两种美学史研究策略之间，找到一定的契合点。发端于先秦诸子时代，并延续不断的文质争论，就是审美现象和理论反思之间的一个契合点。

第一节　"文质彬彬"不等于"内容和形式的统一"

关于"文"与"质"一对范畴在中国美学理论中的重要地位，论家多有论述。陈良运说："回顾中国文学理论的发展过程，'文'与

① 薛富兴．先秦美学的历史进程[J]．云南大学学报(社会科学版)，2004(6)：82.

‘质’，应该说是属于奠基的理论。”①他又说：“‘文’与‘质’，是古代的中国人使用得最广泛的两个审美观念。”②薛富兴则说：“‘文’与‘质’是中国古典美学的逻辑起点，是一对贯穿了整个古典美学始终的范畴。”③

一、对于“文质彬彬”的主流解释

提起文与质，我们首先想起的自然就是孔子所说的“文质彬彬，然后君子”(《论语·雍也》)。对于这句话，美学界和文艺学界基本都把“文”等同于“形式”，把“质”等同于“内容”，从而将“文质彬彬”解释成为“内容和形式的统一”。陈良运在其大著《文质彬彬》中说：

> 文与质，是中华民族上古时代的先民，在对于大自然界和自身进行了一系列的审美活动之后，最早从意识中升华出来的一对审美范畴……“文”与“质”，就是对于一切事物(包括人)所必具的内容与形式最朴素又是相当恰切的表述。④

那么什么又是“内容和形式的统一”呢？毛泽东在《延安文艺座谈会上的讲话》中说：

> 我们的要求则是政治和艺术的统一，内容和形式的统一，革命的政治内容和尽可能完美的艺术形式的统一。⑤

我们现在虽然不大讲政治和艺术的统一，但是对“内容和形式的统

---

① 陈良运．文质彬彬[M]．南昌：百花洲文艺出版社，2001：52.

② 陈良运．文质彬彬[M]．南昌：百花洲文艺出版社，2001：5.

③ 薛富兴．文与质：古典艺术的定位[J]．山西师大学报(社会科学版)，1996(3)：39.

④ 陈良运．文质彬彬[M]．南昌：百花洲文艺出版社，2001：3.

⑤ 毛泽东．在延安文艺座谈会上的讲话[M]//毛泽东选集(第3卷)．北京：人民出版社，1991：869-870.

一”的理解基本上没有超出毛泽东的范围，只不过将政治换成“善”、艺术换成“美”而已：

> “文”和“质”的统一，也就是“美”和“善”的统一。①
>
> “文”是指人的外在文饰，“质”是指人的内在思想品质，“文”与“质”是应该统一的。“文”与“质”的统一，也就是美和善的统一。推广应用到诗歌，则是内容和形式的统一。②

因而，对绝大多数学者而言，文质彬彬就是“内容和形式的统一”。

当然也有一些怀疑的声音。如李泽厚、刘纲纪在《中国美学史》中说：

> 在孔子那里，它原来并不是一个单纯美学上的命题，但是具有深刻的美学意义。从美学上看，这一命题的意义不只如一些论者所说的那样指出了美是内容与形式的统一，而且还在于它把美同人类社会生活相联系，把美的内容规定为与人的存在相关的东西，并且认为人的存在应表现在一种同人类的尊严、教养、智慧、才能相称的感性形式之中，而不应表现在一种粗陋鄙野或是空洞虚假的形式之中。③

蒙培元也表述过同样的观点：“所谓‘文质彬彬’，并不是或不仅仅是形式与内容的问题，而是一种真实自然而又有文采的人格模型，是内外合一、天人合一的整体性的精神境界。”④这个怀疑的出发点是，孔子的“文质彬彬”原本就不是一个单纯美学上的问题，而是一个与人的修养、社会建构相关的问题。更进一步说，“文质彬

---

① 叶朗．中国美学史大纲[M]．上海：上海人民出版社，1985：47.

② 庄严，章铸．中国诗歌美学史[M]．长春：吉林大学出版社，1994：50.

③ 李泽厚，刘纲纪．中国美学史（先秦两汉编）[M]．合肥：安徽文艺出版社，1999：135.

④ 蒙培元．心灵超越与境界[M]．北京：人民出版社，1998：129.

彬”这个命题原本不是讨论艺术作品的，而是讨论“人”的。这也就是说，他们基本承认“文质彬彬”可以解释为“内容和形式的统一”，但从“文质彬彬”的原始语境来说，这种解释还是有一定的问题。

对用“内容和形式的统一”来解释“文质彬彬”的最深切的怀疑来自王运熙和蒋凡，他们说：

> 按孔子原意，不论文或质，都兼有内容与形式两重意思。质，作为本质、实质等，是偏于内容方面的；但朴素、自然本色的表现，则又是属于形式的了。文，作为文采丽藻华饰，是偏于形式方面的；然而孔子论文，大都与其人的思想品德气质有联系。①

这也就是说，即使我们撇开论域问题不谈，姑且认为“文质彬彬”就是一个关于艺术作品的命题，以“内容和形式的统一”来解释“文质彬彬”，也往往会导致一系列明显的逻辑混乱。因为，“文”和“质”各有其形式和内容，“文”并不等同于“形式”，“质”也并不等同于“内容”。可惜的是王运熙和蒋凡并没有就此深究下去，揭示为什么会导致这样一些逻辑的混乱。

所以，纵然有一些怀疑的声音，以“内容和形式的统一”来解释“文质彬彬”还是美学界和文艺学界的主流，其他的各种解释也基本上从属于这一解释框架。那么，这一主流解释有没有问题呢？我们在检讨“文质彬彬”是什么意思之前，首先要检讨一下西方美学史中的形式概念，然后再讨论什么是“内容和形式的统一”。

二、关于西方美学史中的形式概念

毫无疑问，“形式”是西方美学史上的一个核心范畴。赵宪章说：“整个西方美学就是以‘形式’为核心的美学，即‘形式的美

① 顾易生，蒋凡．中国文学批评通史·先秦两汉卷[M]．上海：上海古籍出版社，1996：66.

学’。”①也许我们会认为这只是一家之言，但对于李斯托威尔的下列表述，我们还是应当承认的：“只要略微撇视一下美学的历史，就可以知道形式论的重要地位了。从希腊时代一直到今天，它一再居于显著的地位。”②

然而，这一范畴的意涵，并不是我们所想象的那样不言自明，而是“歧义丛生、夹缠难理”，以至于张旭曙说，“形式就是传统形而上学概念中的一个用法界限含混、‘血缘’关系模糊的大‘家族’”③。

对于这个“家族”，波兰著名美学史家塔塔凯维兹在《六概念史》中则划定了 11 种形式含义，其中最主要的有五种：

(1)形式 A，“部分的安排”(arrangement of parts)，与其相对的概念是元素(element)、部分(components)。

(2)形式 B，直接呈现给感官的“外观”(appearance)，与其相对的概念是“内容”(content)。

(3)形式 C，指一事物之“轮廓”(contour)，与其相对的概念是“质料”(material)。

以上三个形式概念是美学的发明。而后面的两种主要理解则来自哲学，然后才进入美学领域：

(4)形式 D，“实体形式”(substantial form)，这一含义来自亚里士多德，与其相对的是“事物的偶性”(accidental features of objects)。

(5)形式 E，“先验形式”(a priori form)，来自康德，与其相对的是经验。④

波兰著名现象学哲学-美学家 R. 英伽登(Roman Ingarden)区分

---

① 赵宪章．西方形式美学[M]．上海：上海人民出版社，1996：32.

② [英]李斯托威尔．近代美学史评述[M]．蒋孔阳，译．上海：上海译文出版社，1980：189.

③ 张旭曙．西方美学中的“形式”：一个观念史的理解[J]．天府新论，2005(2)：128.

④ 参见 Tatarkiewicz，W. A History of Six Ideas[M]．Warszawa，1980：220-242.

了形式的九种含义①。这九种含义中，只有三种与塔塔凯维兹的相同，可见形式含义之错综复杂。

对于“形式”概念之复杂，我国学界也有所认识。张旭曙从观念史的角度，将西方美学史上的形式概念分为四大主导观念“基型”和七种主流形式②。赵宪章将古希腊罗马时代的形式概念分为四种：(1)毕达哥拉斯的“数理形式”；(2)苏格拉底和柏拉图的“理式”；(3)亚里士多德的“形式因”；(4)罗马诗人贺拉斯提出的与“合理”相对的“合式”。他认为这四种形式概念是“西方形式美学的原初本义和简化形态”。黑格尔的内容和形式的辩证统一，就来

① 这九种含义分别是：(1)事物的本质；(2)质性的确定功能；(3)排列方式；(4)存在方式；(5)恒定因素；(6)认知或呈现；(7)被指向物；(8)艺术作品；(9)规则性。参见[波兰]R. 英伽登．内容和形式之本质的一般问题[J]．张旭曙，译．天府新论，2004(5)．

② 这四大主导观念“基型”和七种主流形式分别是：“第一，多样性的统一：古代形式一元论。公元前5世纪到17世纪。涵盖一般美学教科书所谓的古希腊罗马、中世纪、文艺复兴、启蒙运动时期。主流形式观念是：(1)比例和谐(要素成分的有秩序的排列组合)。西方哲学美学形式观念的伟大奠基，毕达哥拉斯及其学派首创。延续最悠久，影响最深刻。(2)超验理式(独立存在的永恒不变的非物质实体)。发端于柏拉图。(3)实体形式(现象本身中发展的概念本质)。滥觞于亚里士多德。第二，重内容表现：近代内容形式二元论。17世纪到20世纪初。涵盖新古典主义、启蒙运动、德国古典美学。主流形式观念是：(1)先验形式(心灵对知觉对象的规范作用)。肇始于康德。现代形式观念的理论基石。(2)感性形象(按一定规律组成的表面要素的关系)。古代智者最早提出，近代得到普遍运用。分为重内容派(黑格尔、狄尔泰等)和重形式派(汉斯立克等)。第三，语言论背景中的现代形式本体论。20世纪初到20世纪五六十年代。形式观念史的鼎盛期。历史上的所有传统形式观念都复活并得到了新诠释。主流形式观念是：形式·系统·结构。从俄国形式主义、新批评经布拉格学派到法国结构主义构筑了一条完整清晰的思想‘谱系’。理论基石为索绪尔的结构主义语言学。第四，没有结束的思想运动：后结构主义的反形式论。20世纪六七十年代至今。以德里达、巴尔特、福柯、利奥塔等为中坚的思想家对西方传统形而上学(包括一切传统形式观念)进行根基性的颠覆。”[张旭曙．西方美学中的“形式”：一个观念史的理解[J]．天府新论，2005(2)：128]

自贺拉斯的“合理”与“合式”①。

我们之所以在此罗列这些论家的梳理，是为了说明两个问题：(1)形式概念的含义，并不是不言自明的；(2)“内容和形式的统一”中的“形式”，只是对“形式”的一种理解。

三、西方古典诗学中的“内容和形式的统一”

作为西方哲学和美学中的一个核心范畴，“形式”的论域(field)可以说极为广阔。而“内容和形式的统一”这一命题的论域，则主要集中于艺术作品。就艺术作品而言，“内容和形式的统一”这一命题，在古典时代和现代有着不同的含义。

内容和形式这一对范畴，毫无疑问是出自西方的，而且从一开始就仅用于诗学领域。在诗学领域，内容指的是诗或诗人“说了什么”(what is said)，而形式指的是诗或诗人“怎么说”(how is said)。内容与形式之分，就是 what(什么)和 how(如何)之分，或者可以说是“事”(things)与“言”(words)之分②。

对于古典诗学来说，并没有我们所谓的作为一门独立或自主艺术的诗歌的观念；相反，“寓教于乐”往往是人们对诗歌的主流理解。在这种观念的支配下，我们很容易区分诗歌“说了什么”(what is said)和“怎么说”(how is said)；而且，贺拉斯对诗歌所提出的“合理”与“合式”的双重要求，基本上可以满足人们的理论需要，不会再引起更大的争议。所以，对于古典诗学来说，诗歌的内容和形式的区分并不会构成什么问题，更不会成为艺术哲学或文学理论的热点问题。

我国美学界所理解的“内容和形式的统一”，其实就是西方古典诗学中的一个传统命题。在 1981 年所编的《文学理论学习资料》(北京大学中文系文艺理论教研室编，北京大学出版社)和《文学理论学习参考资料》(北京师范大学中文系文艺理论教研室编，春风

---

① 参见赵宪章．西方形式美学[M]．上海：上海人民出版社，1996：9-12.

② 参见 Tatarkiewicz，W. A History of Six Ideas[M]．Warszawa，1980：228-230.

文艺出版社)两个资料汇编里，关于“内容与形式的关系”的主要论述都来自马克思、恩格斯、列宁、斯大林、毛泽东。毛泽东对“内容和形式的统一”的阐述，其直接理论渊源是马克思。如果再向上追溯，我们可以从马克思追溯到黑格尔。从黑格尔则可以一直追溯到贺拉斯。贺拉斯所提出的“合理”与“合式”双重要求，就是黑格尔所提出的内容和形式的辩证统一。

四、现代艺术哲学中的“内容和形式的统一”

按照塔塔科维兹的理解，内容和形式之分引起美学界的关注，是19世纪的事情。当时有两件事，使得内容和形式的问题成为热点问题。

继汉斯里克(E. Hanslick)将内容和形式这一对范畴运用于音乐领域以后，这一对范畴很快就扩散到其他艺术领域。这就引起了许多理论上的困难。因为在语言艺术领域，我们还是可以明确区分“言”(words)与“事”(things)的，但这种二元性(duality)在其他领域内并不像在语言艺术领域里那样明显。

这时候还提出了一个新问题，那就是对于艺术来说，到底是内容更重要还是形式更重要。如果说在以前，人们认为二者都同样重要并且相互补充的话，那么在19世纪，特别是20世纪初，内容和形式二者则开始相互竞争。这个相互竞争的局面由于人们对纯形式(pure form)的追求而得到了强化。①

塔塔科维兹所说的这两件事情，都与一个事实密切相关，这就是人们的艺术观念的转变。现代不但产生了独立的、自主的艺术这一观念，还产生了合诗歌、音乐、绘画、雕塑等为一体的艺术这样一个观念。这样的独立的、一体的，以大写的形式出现的艺术(Art)观念，在古典时代是不可想象的。②

---

① Tatarkiewicz, W. A History of Six Ideas[M]. Warszawa, 1980: 230-232.

② 参看朱狄．当代西方艺术哲学[M]．北京：人民出版社，1994：第1章；周宪．艺术的自主性：一个现代性的问题[J]．外国文学评论，2004(2)；Tatarkiewicz, W. A History of Six Ideas[M]. Warszawa, 1980: chp. 1-3.

“内容和形式的统一”这一命题，就是对“独立”“一体”“大写”的艺术的追求的一部分。在这一努力中，“内容和形式的统一”这一命题至少有两个否定性的含义：一个就是“what”和“how”的不可分性；另一个就是诗歌或艺术的不可解释性(no-paraphrase)。

(一)内容和形式的不可分性

内容与形式之争，争的就是对于一首诗或一部艺术作品来说，到底是“what”重要，还是“how”重要。关于这个问题，从逻辑上讲，可以说有三种观点：(1)内容重要；(2)形式重要；(3)二者并重。虽然如前文所说，内容与形式之争在现代才白热化，我们还是可以在古典诗学中找到这三种观点的影子。当然，就古典时代人们对艺术的理解而言，占主流地位的肯定是第一种和第三种观点。这三种观点有一个根本的共同点，就是认为一首诗可以分为内容和形式两种成分。内容和形式之争这个问题本身，就是建立在内容、形式二分的基础上的。

追求艺术自主性的现代论家不同于古代诗学家的地方就在于，他们反对这种区分。他们认为，内容和形式之分只是一种人为划分，是人不把诗歌当诗歌来读、不对艺术作品作审美欣赏的结果。如果人们能以一种审美的态度对待艺术作品，那么不但会发现内容和形式本不可分，而且可以发现，“内容和形式”之争本来就是一个伪问题。这一点，在布拉德雷的《为诗而诗》一文中表现得很清楚。彼得·基维(Peter Kivy)认为，在20世纪，倡言内容和形式不可分、内容和形式的统一这一教谕的源泉就是布拉德雷①。布拉德雷说：

> 当你被人问到一首诗的价值，是否在其内容或其形式——所谓内容或形式，一概是将诗分解之后，而生于反省的分析之中——之时，你可以回答：“它既不在此，也不在彼，并且也不在以任何方式将它们加在一起所得到的结果之中，而只在无

① Kivy, P. Philosophies of Arts[M]. Cambridge, 1997: 84.

分彼此的诗里。”①

在这里，古典诗学论域中的三种答案，都被布拉德雷否定了。其原因就是，像“内容和形式孰轻孰重?”“诗的价值在内容还是在形式?”这样的发问，就是建立在内容和形式可分的基础上的。由于内容与形式本不可分，这样的发问本身就是一种错误，这样的问题也就是一个伪问题。而对这个问题的任何解答，用布拉德雷的话来说，只能是非误(false)即谬(nonsense)。

(二)诗歌或艺术的不可解释性

由于内容和形式本不可分，因此，诗歌或艺术所言说的东西，只能用诗歌和艺术的方法来说；诗歌和艺术的言说方式，也是只有诗人和艺术家方能领略到的真理。强调不可分，就是为了提出诗歌或艺术的不可解释性(no-paraphrase)。布拉德雷说：

> 对真正的诗，严格说来，除了用它自己的文字以外，我们无法用任何其他文字传达其意义；如果我们换了文字，那就不可能不改变意义。②

因此，对于力主内容和形式不可分的学者来说，我们完全可以用这样一个口号来形容他们的主张：“越难解释，诗就越好。”(The harder to paraphrase, the greater the poetry)③这样一种不可解释的主张，在20世纪可以说是大行其道。克林斯·布鲁克斯(Cleanth

① Bradley, A. C. poetry for poetry's sake[M]//Oxford Letures on Poetry. London, 1909: 16. 此乃刘文潭译文，见：刘文潭. 现代美学[M]. 台北：台湾“商务印书馆”, 1974: 143.

② Bradley, A. C. poetry for poetry's sake[M]//Oxford Letures on Poetry. London, 1909: 19.

③ Graham, G. Philosophy of the Arts: An Introduction to Aaesthetics[M]. London and New York, 1997: 114.

Brooks)甚至把任何解释诗的企图称作“解释的异端”(heresy of paraphrase)①。

总之，从理论上讲，现代艺术理论家强调内容和形式的统一或同一，“what”和“how”的不可分，以及诗歌的不可解释，本身就意味着：诗的特殊言说方式不可替代，诗有其独特的知识性，有权占有一个独特的知识领地，有一个统一、自主的艺术王国。“内容和形式的统一”在现代艺术哲学中，和现代的艺术观念密不可分。

五、以“内容和形式的统一”来解释“文质彬彬”的几个困难

通过上面对西方“形式”概念的多义性的介绍和对“内容和形式的统一”这一命题的简单分析，我们就可以发现，以“内容和形式的统一”来解释“文质彬彬”，最明显的困难至少有以下几个方面：

(一)论域不同

不管是在古典诗学中，还是在现代艺术哲学中，“内容和形式的统一”这一命题的言说对象都是艺术作品；而“文质彬彬”这一命题，却首先不是针对艺术作品而言的。如果我们非要在中国的传统中找出与内容和形式相对应的艺术批评术语的话，那首先也不是“文质彬彬”，而是“言有物”和“言有序”。而这两个术语从其理论地位上来讲，不论是与中国传统中的“文”与“质”，还是与西方传统中的“形式”与“内容”相比，都无法相提并论。

(二)词语用法

从词语的用法上来讲，文与质首先是一对形容词，其次才是名词。而形式和内容这对范畴，首先是名词，我们几乎想象不出跟它们对应的形容词。这两方面的事实就决定了以形式和内容解释文与质，只能勉强解释很小一部分语句。对于大部分的陈述来说，形式

---

① Graham, G. Philosophy of the Arts: An Introduction to Aaesthetics[M]. London and New York, 1997: 113.

和内容这对范畴就显得无效了。比如对以下语句，我们便很难想象形式和内容的阐释有效性：

> 子曰：“周监于二代，郁郁乎文哉！吾从周。”(《论语·八佾》)
>
> 一商一夏，一质一文。(《春秋繁露·三代改制质文》)
>
> 王者必一质一文者何？所以承天地，顺阴阳。(《白虎通义·三正》)

这种以文或质形容一个历史时代，并建立“质文代变”的历史观，可以说是中国的一个传统。在这里，我们看不出它们跟内容和形式这对范畴有什么关联。

(三)内容和形式的不可分性

即使我们撇开论域的差别不谈，专就这两对范畴自身而言，形式和内容这对范畴是分析性的，“文”与“质”则是一对综合性范畴。检验分析性范畴和综合性范畴的一个标准，就是看这种区分在实际生活世界中是否真正存在。在这个标准下，我们可以看到形式和内容是一种思维抽象的产物，这种抽象只是为了分析方便。波尔蒂克(Chris Baldick)在解释内容这一术语时说：

> 内容通常被用来指一部文学作品“说了什么”，与“如何说”(也即是形式或风格)相对。形式和内容是为了分析的目的而做的必要的区分，因为在任何实际的作品中，不可能有脱离某种形式的内容，也没有纯粹的空洞的形式。①

这就是所谓的内容与形式的“不可分性”(indivisibility)，朱光潜将这一点表述得更为形象。他说：

---

① [英]波尔蒂克(C. Baldick). 牛津文学术语词典(英文版)[M]. 上海：上海外语教育出版社，2000：44.

> 内容如人体，形式如人形，无体不成形，无形不成体，内容与形式不能分开，犹如体与形不能分开。①

就像解剖尸骸对于生命体是致命的一样，内容和形式的僵硬区分在某种程度上也会导致庄子所说的“七窍凿而混沌死”的尴尬结局，这恰恰是中国古代哲人所极力避免的。

与“形式”跟“内容”不可分性相对，“文”与“质”却是可以分开的。中国古代历史哲学中的“质文代变”观，就是建立在“质”“文”可以分立的基础上。我们可以说，“文”与“质”指称的是两种“状态”(state)，而“内容”和“形式”更大程度上指称的是两种“成分”(element)。状态在实际世界中是可分的，而成分则是抽象分析思维的产物。

以上简单分析只是为了说明一个问题，那就是，用“内容和形式的统一”来解释“文质彬彬”，不但将中国美学简单化了，而且将西方美学简单化了。我国学界对于西方美学中“形式”概念的误解或简单化，已有赵宪章、方珊、张旭曙等学者做正本清源的工作，则此不是本书的任务。我们在后面就简单讨论一下先秦诸子的文质争论，到底所争何事。

第二节　文质争论所争何事？

要解释“文质彬彬”，我们不能只从现代意义上的美学入手，而只能从古典意义上的美学入手。古典意义上的美学和现代意义上的美学的主要差别至少有两个：(1)“有美无学”，不只中国古代是有美无学，西方也是如此②；(2)之所以“有美无学”，是因为古代没有我们现在的审美独立观和艺术独立观。这些差别就要求我们，首先从一个更广阔的角度去探讨文质争论的焦点，然后再做现代美

---

① 朱光潜．谈美·谈文学[M]．北京：人民文学出版社，1988：208.

② 参见[意]贝尼季托·克罗齐．作为表现的科学和一般语言学的美学的历史[M]．王天清，译．北京：中国社会科学出版社：1；[美]埃伦·迪萨纳亚克．审美的人[M]．户晓辉，译．北京：商务印书馆，2004：70，初版前言.

学意义上的引申。

刘小枫指出，柏拉图批评诗人的言论根本不是一个“文艺学-美学问题”①。对于文质争论，我们亦应作如是观。

一、从人生修养的角度看“文质彬彬”

“质胜文则野，文胜质则史，文质彬彬，然后君子”，首先是一个人生修养问题，而不是美学问题，更不是一个有关于文艺作品的问题。所以，我们还是从人生修养的角度来看“文质彬彬”到底是什么意思。

从人生修养的角度来看，“文”肯定不是“形式”，“质”肯定不是“内容”；否则，就会“文不对题”。从人生修养的角度来看，“文”指的是受过后天教化以后的状态，而“质”指的是没有受教化的自然状态。学者对孔子所说的这段话的翻译，就可以约略说明这个问题：

> 朴实多于文采，就未免粗野；文采多于朴实，又未免虚浮。文采和朴实，配合得当，这才是个君子。②（杨伯峻）
>
> 质朴超过文采就粗野，文采超过质朴就死板。文采和质朴结合匀称，才是君子。③（李泽厚）
>
> 质朴胜过文采，则像一乡野人。文采胜过朴质，则像庙里的祝官(或衙门里的文书员)。只有质朴文采配合均匀，才是一君子。④（钱穆）

上面诸家解释中，对于“野”和“史”也许有不同理解，但对于文和质，都无一例外地将“质”解释为“质朴”，而将文解释为“文采”。

---

① 参见刘小枫．圣灵降临的叙事[M]．北京：生活·读书·新知三联书店，2003：20.

② 杨伯峻．论语译注[M]．北京：中华书局，1980：61.

③ 李泽厚．论语今读[M]．合肥：安徽文艺出版社，1998：157.

④ 钱穆．论语新解[M]．北京：生活·读书·新知三联书店，2002：155.

钱穆的注解说得更直率："质：朴也。文：华饰也。"①所以，我们可以将"文"理解为"文饰"，而把质理解成"质朴"。

"文质彬彬"的"文"就是"文饰"，"文饰"不是指用装饰品进行装饰，而是"文之以礼乐"："周代贵族子弟大体上都受到礼、乐、射、御、书、数的所谓六艺教育；不用说，其中尤以礼乐两项最为重要。"②所以，"文"就是受过礼乐教化的状态，而"质"则是人的本然状态。"文质彬彬"的意思就是说，一个"君子"，既要有文化修养，又要不失其质朴天性。换言之，文质彬彬就是要人既"文明"又"自然"，既要严守社会规范又要保持自由天性，是"社会人"和"自然人"的统一。

这种状态不是针对一般人的，而是针对"君子"而言的。"君子"一词，和西方的"nobility"和"gentleman"一样，"最初是专指社会上居高位的人，后来才逐渐转化为道德名称的；最初是少数王侯贵族的专号，后来才慢慢变成上下人等都可用的'通称'的"。简言之，"君子"起初言"位"，后来言"德"。从"位"到"德"的转换，到孔子手上彻底完成，从此，"君子"才"正式成为一种道德理想"。③

所以，"君子"就是一种道德理想，或者说是一种修养境界。这一境界在孔子那里，仅次于可望而不可即的"圣人"：

> 子曰："圣人，吾不得而见之矣；得见君子者，斯可矣。"（《论语·述而》）

我们知道，孔子不敢自居"圣与仁"。其实，就这个低于"圣人"的"君子"境界来说，他也不敢自许：

---

① 钱穆．论语新解［M］．北京：生活·读书·新知三联书店，2002：155.

② 余英时．士与中国文化［M］．上海：上海人民出版社，2003：80-81.

③ 参见余英时．中国思想传统的现代诠释［M］．南京：江苏人民出版社，2003：119-121.

> 文莫吾犹人也。躬行君子，则吾未之有得。(《论语·述而》)

既然孔子都不敢自许，那就说明，“文质彬彬，然后君子”这句话首先是一个价值期许，而不是一个事实判断。简言之，首先是“应当”，其次才是“是”。既然是“应当”，那么就说明在现实中并不“是”这样，大多数人要么是“质胜文”，要么是“文胜质”；不是流于“野”，就流于“史”。这也就是说，孔子之所以提出“文质彬彬”，是因为在孔子的时代，文质冲突已经成了时代课题。

二、应当在“天人二分”的框架中理解“文质彬彬”

上文将“文质彬彬”解释为“社会人”和“自然人”的统一，这其实是现代西方的说法；用中国古代的术语来说，则是“天”与“人”的统一。这里所谓的“天”并不是认识客体(object)，“人”也并不是认识主体(subject)；这里所说的天、人，用庄子的话来讲，就是：

> “何谓天？何谓人?”北海若曰：“牛马四足，是谓天；落马首，穿牛鼻，是谓人。”(《庄子·外篇·秋水》)

用《吕氏春秋·本生》篇中的话来说，就是：

> 始生之者，天也；养成之者，人也。(《吕氏春秋·本生》)

所以中国古代哲人所谓“天”，就是天生的、自然的、与生俱来的，从而在人的有意识的控制范围之外的东西；而所谓“人”，就是习得的、人为的、有赖于社会教化和约束的，从而在人的意识控制范围之内的东西。用现代的哲学术语来说，“天”指代的是“自然”(自然而然的“自然”，而不是现代意义上的作为认识和征服对象的“nature”)，“人”指代的是“人为”。英国汉学家葛瑞汉解释说：

“凡是在有意识的行为控制内都来自人，凡是越出人为的都源于‘天’。”①这种解释，是符合中国古代传统的。

刘若愚说：“关于文和质孰重孰轻的问题，是自孔子以来长期争论不休的一个悬案。”②之所以会成为一个贯穿中国古代历史的长期争论不休的问题，当然不是因为它首先关注的是艺术创作的问题，而是因为它关注的是中国哲学的一个原初问题（original problem）——天人关系问题。

提起天人关系，我们自然会说中国文化的根本特征是天人合一，而西方文化的根本特点是天人对立。在中国，天和人是统一的，是和谐的；而在西方，天和人是矛盾的，是对立的。这种说法基本上已经成为学界的常识。一旦一种学术观点成为一种常识，它往往是遮蔽的东西多，揭示的东西少。天人关系问题也不例外。③

说中国哲学的主流是主张天人合一，这话似乎没有什么错；但说在中国历史上天和人一直是统一、和谐的关系，那就大错特错了。因为我们在这里混淆了两组概念：一个是“应然”，另一个是“实然”；一个是理想，另一个是现实。我们的祖先之所以会高唱天人合一，恰恰就是因为他们深切地感受到了天人对立。美籍华裔学者陈启云指出：

> 中国思想家常说“人我两忘”“物我两忘”“事理无碍”“知行合一”“大人者以天地万物为一体”，说的乃是高悬的理想，并不表示他们心中没有人我、物我、事理、知行、天人之分的观念。正是因为他们有人与我、物与我、事与理、知与行、天与人之间分离分割的观念，才会产生把二者“合一”的理想。

---

① ［英］葛瑞汉．论道者：中国古代哲学论辩［M］．张海晏，译．北京：中国社会科学出版社，2003：127.

② ［美］刘若愚．中国的文学理论［M］．郑州：中州古籍出版社，1986：24.

③ 对于美学界这种流行意见，拙文《对中西比较美学的几点反思》（《文艺理论研究》2005 年第 4 期）也作了一些粗浅的分析。

如果本来是“同一”的，便无须高悬“合一”为理想了。①

正像“禁止乱倒垃圾”的标语和“乱倒垃圾”现象密不可分一样，天人合一和天人对立也是孪生的一对。正因为中国古人对天人对立的痛楚的感受，才激发了其对天人合一的热切盼望。所以如果说在理想层面，天人合一是中国文化常态的话，那么在现实层面，则可以说“天人二分是中国思想的常态”②。

这种理想与现实之间的悬隔最集中地体现在《庄子》一书中。张岱年说：“分别天人，始于庄子。”③也正是在《庄子》中，首次提出“人与天一也”(《庄子・山木》)。这其实并不矛盾，前者是对现实的痛楚体验，后者所说的则是对理想的真诚期求。所以我们用“天人合一”对中国文化做概括只有相对的意义，而没有绝对的意义。正像分依赖于合一样，合也依赖于分。“天人二分”的痛楚体验，正是追求“天人合一”的现实语境。

先秦时代的文质争论，其实就是“天然”和“人为”发生冲突的结果。正是这种冲突，使人将“天”与“人”分开，揭示其间内在的对立紧张关系，并探讨其统一的可能性。所以，“天—人”框架是理解文质争论的一个基本框架，可以说没有“天人二分”，就没有“文质争论”，当然就更没有“文质彬彬”。

三、道家的极端主张：文质关系讨论的先秦文化语境

文质关系问题，是先秦时代美学争论的一个核心问题。诸子百家，家家都有自己的文质观。所以对于文与质的含义，不应当仅仅在儒家的某一部典籍中去寻找，而应当放在先秦时代的文化语境中去思考。

---

① 陈启云．中国古代思想文化的历史论析[M]．北京：北京大学出版社，2001：88.

② [英]葛瑞汉．论道者：中国古代哲学论辩[M]．北京：中国社会科学出版社，2003：127.

③ 张岱年．中国哲学大纲[M]．北京：中国社会科学出版社，1982：421-422.

我们知道，春秋时期，礼崩乐坏。以礼乐为主要内容的“周文”在这个时代逐渐失效，出了问题。牟宗三将这个形势称作“周文疲弊”。他认为，诸子思想的出现并不是为了对付泛泛的所谓社会问题，也不是为了对付笼统的民生疾苦问题，而是为了对付“周文疲弊”①。正因为“周文疲弊”，人们对它产生了普遍的怀疑。这种怀疑所涉及的不是对那个具体时代的文明的怀疑，而是对文明本身的根本怀疑。

我们从道家思想中，就可以看到这种怀疑的程度。道家认为，这些声称能够维持社会秩序、教化人心的礼乐制度，实质上是造成人的异化的根源。老子说：“五色令人目盲，五音令人耳聋”(《老子·第十二章》)；庄子说“文灭质，博溺心，然后民始惑乱，无以反其性情而复其初”(《庄子·缮性》)。所以道家主张人效法自然，绝圣弃智，返璞归真。

这里我们不必纠缠于道家言说的极端性，从而指责其有一些言过其实。对本论题来说有意义的是，道家这种富有极端色彩的言论，恰恰反映了当时“礼崩乐坏”的程度，同时也暗示了具有这一倾向的“温和”观点的普遍性。正是这一思想环境，成了文质争论的历史语境(historical context)。

在道家所暗示出的这一语境中，我们可以看到，所谓的“文”，首先是指人文，指与后天教化和学习有关的东西，其代表就是由朝廷制定并执行的“礼”和“乐”；与此相对，所谓的“质”，就是指人天生所具有的自然朴素。前者属于“人”，后者属于“天”；前者是学习教化的结果，后者则是人天生本有的；前者遵循的是“为学日益”的“益”道，后者遵循的是“为道日损”的“损”道；前者是附加的“美”，后者则是本有的“美”。用道家常用的比喻来说，前者是经过加工制作的、已经成为死木头的“器”，后者则是匠人不顾、有幸保存自己天然生命的完整的木材(“朴”)；用韩非的比喻来说，前者就是一块天然美玉上所加的、有点像画蛇添足的“外饰”，后者则是不需要任何雕琢装饰的、天生丽质的、浑朴天然的玉。

---

① 牟宗三.中国哲学十九讲[M].上海：上海古籍出版社，1997：58.

要言之，对于怀疑者来说，所谓“文”，肯定是在“外”的，所谓“质”，则肯定是在“内”的。这个“外”，不是指所谓的“形式”(form)，而是指外在(extrinsic)；这个“内”，也不是指所谓的“内容”(content)，而是指内在(intrinsic)。在以道家为代表的观点看来，因为“文”是外在的，所以它所完成的不是对内在的“质”的发展，而是对内在的“质”的戕害；不是对天生本然之美的增益，而是对天生本然之美的遮蔽。

四、“周文”何以“疲惫”?

牟宗三将“礼崩乐坏”称为“周文疲惫”，是从礼乐的实效的角度来说的。然而，“周文”何以“疲惫”？其原因有二：

> 春秋时代一方面是所谓“礼崩乐坏”，另一方面却是礼乐愈益繁缛。这正是一事之两面，所以虽在战阵之上也不能不讲究礼乐。①

“礼崩乐坏”指的是当时普遍存在的僭越现象。孔子的“觚不觚，觚哉！觚哉!”(《论语·雍也》)的感慨，以及“八佾舞于庭，是可忍也，孰不可忍也?”(《论语·八佾》)的愤怒，针对的就是这种僭越现象。孔子把这种情况称为“天下无道”：“天下有道，则礼乐征伐自天子出；天下无道，则礼乐征伐自诸侯出。”(《论语·季氏》)陈来说：“整个春秋时代是一个‘大夫’的时代。”②大夫用天子之礼，可以说就是“礼崩乐坏”。

一方面是“礼崩乐坏”，另一方面则是礼乐的繁缛化。说二者是“一事之两面”，恰恰意味着，“礼崩乐坏”就是礼乐传统发展的结果。礼乐传统越是发展，便越繁缛，以至到了事无巨细、无处不用礼的程度。关于这一点，我们可以从《礼记·少仪》和《礼记·内

① 余英时．士与中国文化[M]．上海：上海人民出版社，2003：18.

② 陈来．古代思想文化的世界[M]．北京：生活·读书·新知三联书店，2002：195.

则》中略见一斑。《少仪》记录的都是琐碎细小的礼仪，而《内则》说明的则是家庭内所应遵循的礼或法则①。这些规定都是针对日常生活的，极为琐碎。如《少仪》篇规定，用簸箕扫不洁物品，簸箕的舌面不可朝向尊者，而应当朝向自己。这样的规定，当然为了体现对长者的尊敬。但是礼的约束到了如此细微的程度，又有几个人能记得住？即使记得住，又有多少人能领略这些“礼”中的“意味”呢？

春秋时代，鲁国一直被公认为是“周文”的忠实传承者和保存者。昭公初年，晋国韩宣子感叹“周礼尽在鲁矣”（《左传·昭公二年》）。然而到了昭公五年，鲁昭公访问晋国时，却被讥讽为“不知礼”：

> 公如晋，自郊劳至于赠贿，无失礼。晋侯谓女叔齐曰：“鲁侯不亦善于礼乎？”对曰：“鲁侯焉知礼！”公曰：“何为？自郊劳至于赠贿，礼无违者，何故不知？”对曰：“是仪也，不可谓礼。礼，所以守其国、行其政令、无失其民者也。今政令在家，不能取也；有子家羁，弗能用也；奸大国之盟，陵虐小国；利人之难，不知其私。公室四分，民食于他。思莫在公，不图其终。为国君，难将及身，不恤其所。礼之本末将于此乎在，而屑屑焉习仪以亟。言善于礼，不亦远乎？”君子谓：“叔侯于是乎知礼。”（《左传·昭公五年》）

陈来对这一段话作了这样的引申：“鲁国保存周之礼乐最多，鲁昭公即位时间最长，他在访问晋国的各种仪典之上，其进退应对都能合于礼数，这说明他对礼制的仪节度数素有了解，也显示鲁国礼乐文化的基础的深厚。昭公与晋侯相见，本无失礼之处，但晋臣女叔齐却批评他不懂得‘礼’。可见，‘礼’的观念在这个时候已经出现了突破性的变化，而这种突破就在于注重‘礼’与‘仪’的区分。在这个区分中，‘礼’的意义逐渐发生了某种变化，礼不再被作为制

① 参见杨天宇．礼记译注［M］．上海：上海古籍出版社，1997：449，587.

度、仪式、文化的总体，被突出出来的是‘礼’作为政治秩序和核心原则的意义。”①要言之，陈来认为，这种“礼”与“仪”、“礼之本”与“礼之文”的区分，表现了人文意识的觉醒。从思想史的角度来看是一种进步，从这个现象背后的现实的角度来看，则说明了“周文”的衰落：(1)繁缛的礼节，意味着人们的遗忘和陌生。春秋时代只有鲁国保存“周文”最多，是鲁国的光荣，却是礼乐文化的悲哀。(2)“礼”和“仪”曾经是一体的。“周文”的繁缛化，使得原本一体的‘礼’，流为当时知识人眼中的“仪”，成了细枝末节，而不是“本根”。(3)成了细枝末节，就意味着“周文”其实已经失效，不再是“守其国、行其政令、无失其民者”，也不再具有神圣性。(4)鲁国尚且如此，何况其他诸侯国？余英时说：

> 春秋时代一方面是礼乐传统发展到了最成熟的阶段，另一方面则盛极而衰发生了“礼崩乐坏”的现象。当时的上层贵族有的已不甚熟悉那种日益繁缛的礼乐，有的则僭越而不遵守礼制。无论是属于哪一种情况，礼乐对于他们都已失去了实际的意义而流为虚伪的形式。②

余英时所描述的这种情形，用本书上一章的术语来说，就是以前曾经是一种“有意味的形式”的礼乐，已经失去神圣性，失去“意味”，更失去了“作为仪式的艺术”所拥有的对人的精神世界的升华作用。周礼在春秋时代，纯粹成了“繁文缛节”。这样的“繁文缛节”，失去了其现实效用，于是就有“礼崩乐坏”，就有“周文疲惫”。之所以到此境地，一方面有政治的因素，但另一方面却是“周文”发展的结果。前者是外因，后者是内因。内因比外因更为根本。

五、诸子百家共同关心的问题：“周文疲惫”

春秋战国时期，百家争鸣。用雅斯贝尔斯的话来说，进入“轴

① 陈来．古代思想文化的世界[M]．北京：生活·读书·新知三联书店，2002：188.

② 余英时．士与中国文化[M]．上海：上海人民出版社，2003：81.

心时代”；用帕森斯的话来说，产生了“哲学的突破”(philosophical breakthrough)。从比较文化史的角度来看，“突破”(breakthrough)与“崩坏”(breakdown)有某种关联。“一般地说，历史上重大的‘突破’，往往都有一个‘崩坏’的阶段为之先导。”①所以，“哲学的突破”是对现实危机的回应。这种现实危机就是“周文疲惫”或“礼崩乐坏”。余英时说：“中国古代的‘哲学的突破’与‘礼坏乐崩’正是一事之两面。”②所以，不管诸子百家的论点有何不同，其都有一个共同的理论主题(subject)——周文：

> 六家中主要的是儒、墨、道、法四家，这四家是直接相干的。那么他们直接相干的问题、切的问题是什么呢？就是他们都是对着周文而发，对着周朝这一套文制而发。③
>
> 春秋时代是以礼为中心的人文世纪。④

诸子百家之所以争论“周文”的问题，是因为曾经“郁郁乎文哉”的周文，已经不再是社会秩序的保证、人类社会精神和道德价值的源泉，反而成了滋生社会丑乱的土壤。于是，怎样看待这个已颇成问题的“文”，就成了百家争论的一个主题。文质争论当然离不开这个主题。

春秋时代，参与文质争论的主要有儒、墨、道三家。三家的文质观之所以出现分歧甚至对立，是因为其对“周文”的看法不同。共同的关怀，不同的视点，使得这三家卷入文质争论。三家之相互关系，错综复杂，然而有一点却十分清楚，那就是墨家和道家对“周文”都持否定态度，而儒家则是想方设法为“周文”辩护。如果不嫌简单，我们可以暂时这样概括：儒家尚“文”，而其余二家尚

---

① 余英时．士与中国文化[M]．上海：上海人民出版社，2003：84.

② 余英时．士与中国文化[M]．上海：上海人民出版社，2003：86.

③ 牟宗三．中国哲学十九讲[M]．上海：上海古籍出版社，1997：55.

④ 徐复观．中国人性论史·先秦卷[M]．上海：上海三联书店，2001：40.

“质”。当然，儒家内部的文质观本非一律，墨道二家对“质”的理解也各不相同。但儒家为“周文”的辩护者，其余二家为“周文”的挑战者，则是明白的。让我们先从孔子说起。

第三节　文质彬彬与中庸之道

用一句话来概括孔子的文质观，这句话肯定是“文质彬彬，然后君子”。然而，如果我们细细推究，其细致情形远较这一句话复杂得多。因为，“彬彬”一语往往使我们忘记“文”与“质”之间的张力。本节的任务，就是要揭示此张力。

一、孔子：保守的回应

英国汉学家葛瑞汉将我们所说的“礼崩乐坏”的情形称为“天命秩序的崩溃”：

> 他们全部思考的是对曾经称为“天”的权威的道德和政治秩序之瓦解的回应；而且，对于他们所有人来说关键问题并不是西方哲学的所谓“真理是什么”，而是“道在哪里”的问题，这是规范国家与指导个人生活的道。①

对于孔子来说，这个“规范国家和指导个人生活的道”就在“周文”之中：“孔子之志实在于重建周文。”②他认为，这正是上天赋予他的使命。有了这种使命感，即使面对死亡，也不畏惧：

> 子畏于匡。曰：“文王既没，文不在兹乎？天之将丧斯文也，后死者不得与于斯文也；天之未丧斯文也，匡人其如予

---

①　[英]葛瑞汉．论道者：中国古代哲学论辩[M]．张海晏，译．北京：中国社会科学出版社，2003：4.

②　劳思光．新编中国哲学史(卷一)[M]．桂林：广西师范大学出版社，2005：80.

何？”（《论语·子罕》）

孔子之所以“述而不作，信而好古”，就是因为他认定，只要将“周文”传承下去，就是一件无比伟大的事情：“孔子自认是一种衰落文化的保护者和修复者，而不擅自发明何物。”①由于孔子对于已经衰落了的文化的价值，持一种肯定的态度，所以葛瑞汉将孔子的回应，称为“保守的回应”。

二、“道”在“周文”

孔子之所以认为自己的使命就是重建周文，是因为他认定“规范国家和指导个人生活的道”就在“周文”之中，认为只要重振周文，就可以挽救世道人心。

（一）“文”与社会秩序

在孔子看来，春秋时期社会动乱局面的产生，是因为礼乐之“崩坏”，而不是因为“礼乐”本身。相反，只要能严格遵守礼乐制度，则社会秩序自然井井有条：

> 子路曰：“卫君待子而为政，子将奚先？”子曰：“必也正名乎！”子路曰：“有是哉，子之迂也！奚其正？”子曰：“野哉，由也！君子于其所不知，盖阙如也。名不正，则言不顺；言不顺，则事不成；事不成，则礼乐不兴；礼乐不兴，则刑罚不中；刑罚不中，则民无所措手足。故君子名之必可言也，言之必可行也。君子于其言，无所苟而已矣！”（《论语·子路》）

孔子所说的“正名”，并非一个逻辑问题，而是要重新建立“周文”。“觚不觚，觚哉觚哉”（《论语·雍也》）和“君君、臣臣、父父、子子”（《论语·颜渊》），就是对于“正名”含义的说明。“正名”的努

① ［英］葛瑞汉．论道者：中国古代哲学论辩［M］．张海晏，译．北京：中国社会科学出版社，2003：13.

力，就是要变“礼乐征伐自诸侯出”为“礼乐征伐自天子出”，以使“天下无道”变为“天下有道”。重振“周文”不但可以使社会有序，而且能使民风淳厚：

曾子曰：“慎终追远，民德归厚矣！”(《论语·学而》)

“慎终”，是就丧礼而言；“追远”，是就祭礼而言。世道人心，可以通过丧礼和祭礼，得到净化。

我们都知道孔子主张“先富后教”：“子适卫，冉有仆。子曰：‘庶矣哉！’冉有曰：‘既庶矣，又何加焉?’曰：‘富之。’曰：‘既富矣，又何加焉?’曰：‘教之。’”(《论语·子路》)但是，从孔子对于“周文”的价值认同来看，主张“先教后富”也并非不可能。

(二)“文”与个人立身成德

孔子说“吾十有五而志于学，三十而立”(《论语·为政》)，“不患无位，患所以立”(《论语·里仁》)。“立”即“自立”，用通俗的话来说，就是成为一个堂堂正正的人，成为“大丈夫”。这个“大丈夫”是通过学礼树立的：“不学礼，无以立。”(《论语·季氏》)“不知礼，无以立也。”(《论语·尧曰》)“立于礼。”(《论语·泰伯》)孔子说自己“十有五而志于学”，就是学礼。因学礼而自立。

学礼之所以能使人自立，是因为“恭而无礼则劳，慎而无礼则葸，勇而无礼则乱，直而无礼则绞”(《论语·泰伯》)。钱穆解释说：“劳，劳扰不安义。葸，畏惧。乱，犯上。绞，急切。恭慎勇直皆美行，然无礼以为之节文，则仅见其失。”①也就是说，即使是美德美行，如果没有礼的约束，将会变为恶德恶行。所以要“学”：

① 钱穆.论语新解[M].北京：生活·读书·新知三联书店，2002：200.

好仁不好学，其蔽也愚；好知不好学，其蔽也荡；好信不好学，其蔽也贼；好直不好学，其蔽也绞；好勇不好学，其蔽也乱；好刚不好学，其蔽也狂。(《论语·阳货》)

“学”就是“学”礼。学礼的过程，就是“博文约礼”：

子曰：“君子博学于文，约之以礼，亦可以弗畔矣夫。”(《论语·雍也》)

“畔”同“叛”。“就学言之谓之文，自践履言之谓之礼”①，“博文”与“约礼”实际上是一回事，都是为了防止人叛离“道”。所以，在立身成德的过程中，礼乐教化是根本性的：“兴于《诗》，立于礼，成于乐。”(《论语·泰伯》)谢席珍解释说：“此章记立身成德之法也。学者之初，以诗发其志。……学者之中，以礼修其身。……学者之终，以乐成其性。”②在这个立身成德三阶段中，无一不是“作为仪式的艺术”的“周文”。

总之，不管是从规范社会秩序的角度，还是从个人立身成德的角度，孔子认为“道”在“周文”，在于重建“周文”。这是孔子的根本立场，也是孔子文质观的基础。

三、先文而后质

美国汉学家赫伯特·芬格莱特认为，孔子哲学对于当代哲学的意义在于，他丰富了我们对于人类的看法，揭示了“人是一种礼仪的存在”：

我觉得《论语》的文本，无论在文字上还是精神上，都支持和丰富了我们西方最近出现的对于人类的看法，也就是说，

① 钱穆．论语新解[M]．北京：生活·读书·新知三联书店，2002：162.

② 谢席珍．论语新解[M]．兰州：兰州大学出版社，1993：103.

人是一种礼仪性的存在(a ceremonial being)。①

人与禽兽以及无生物的区别是什么？人的独特的尊严和力量在于何处？孔子提供了一个极为贴切和富有创造性的(generative)意象：礼。②

芬格莱特的这一概括，并非过度发挥，而是忠实于《论语》的。这一点，如果在前面的引语中反映得还不直接的话，那么，在孔子论“孝”的一组文字里，就显示得很明白了。对于孔子来说，“孝”不仅仅是养老：

子游问孝。子曰：“今之孝者，是谓能养。至于犬马，皆能有养；不敬，何以别乎？”(《论语·为政》)

这里所说的“敬”，我们可以理解为“生，事之以礼；死，葬之以礼，祭之以礼”(《论语·为政》)。如果无“礼”，养老就和养犬马没有什么分别了。

既然“人是一种礼仪的存在”，那么，纵使材质再好，也要经过礼的改造。即使德行如颜回者，也需一种“博文约礼”的功夫，也需要“克己复礼”：

颜渊喟然叹曰：“仰之弥高，钻之弥坚，瞻之在前，忽焉在后！夫子循循然善诱人，博我以文，约我以礼，欲罢不能。既竭吾才，如有所立卓尔。虽欲从之，末由也已！”(《论语·泰伯》)

颜渊问仁。子曰：“克己复礼为仁。一日克己复礼，天下归仁焉。为仁由己，而由人乎哉？”颜渊曰：“请问其目。”子

① [美]赫伯特·芬格莱特．孔子：即凡而圣[M]．彭国翔，张华，译．南京：江苏人民出版社，2002：14.

② [美]赫伯特·芬格莱特．孔子：即凡而圣[M]．彭国翔，张华，译．南京：江苏人民出版社，2002：71.

曰："非礼勿视，非礼勿听，非礼勿言，非礼勿动。"颜渊曰："回虽不敏，请事斯语矣！"(《论语·颜渊》)

"博文约礼"就是"克己复礼"，就是对人的原始状态的改造。这个原始状态，我们可以理解为"质"，而这种礼的加工，我们可以理解成"文"。一个人成为一个真正的人的过程，就是"文"对"质"改造的过程：

在《论语》中，关于人的基本概念是：他是一个生来就要进入这个世界之中的人——更具体地说，进入到社会之中的人，具有被塑造成一个圣贤君子(a truly human form)的潜质。一开始，他是一块原材料，一块璞玉，必须通过学问的滋养和文化的熏陶才能够得到精心制作，必须通过礼的形塑和约束。①

不但对于人是如此，对于马也不例外："骥不称其力，称其德也。"(《论语·宪问》)"骥"之为"骥"的本质所在，不是日行千里的"力"(质)，而是"其德"(文)。

这里所反映的文质观，不是"文质彬彬"，而是"文"重于"质"，先文而后质。"文"之所以重于"质"，是因为在孔子看来，人是一种"礼仪的存在"。

我们往常梳理孔子的文质观，往往只注意到了孔子"先质而后文"和"文质彬彬"这两点，而对"先文而后质"这一点注意不多。联系孔子对于周文的态度，这个忽略极不应当。

四、先质而后文

孔子先质而后文的观点，集中表现在《八佾》篇中：

---

① [美]赫伯特·芬格莱特．孔子：即凡而圣[M]．彭国翔，张华，译．南京：江苏人民出版社，2002：20.

子夏问曰："'巧笑倩兮，美目盼兮，素以为绚兮。'何谓也？"子曰："绘事后素。"曰："礼后乎？"子曰："起予者商也，始可与言《诗》已矣！"(《论语·八佾》)

"素"即是"质"，"绘事"即是"文"。"朽木不可雕也，粪土之墙不可圬也"(《论语·公冶长》)，好的装饰必须在好的质地上面，否则也是徒劳。故而，"礼后"。所谓"礼后"，就是"仁内礼外"，从而"仁先礼后"的意思，① "礼"的前面还有"仁"：

人而不仁，如礼何？人而不仁，如乐何？(《论语·八佾》)

礼云礼云，玉帛云乎哉？乐云乐云，钟鼓云乎哉？(《论语·阳货》)

所以，"仁"为"礼之本"。没有了"仁"，"礼"就会流为"虚文"。多数论家之所以主张文质彬彬就是内容和形式的统一，主要就是从"仁内礼外"这一点理论的。

然而，如果联系其他强调"礼之本"的句子，我们就会发现，以形式和内容来解释文与质，扞格不通：

林放问礼之本。子曰："大哉问！礼，与其奢也，宁俭；丧，与其易也，宁戚。"(《论语·八佾》)

"礼，与其奢也，宁俭"的意思是说，就一般礼仪而言，与其奢侈浪费，不如朴素节约。这基本上没有什么异议。然而，对于"丧，与其易也，宁戚"中的"易"字的意思，却是聚讼纷纭。但我们完全可以将《礼记·檀弓上》中的这一段话当作对其最初的解释：

子路曰："吾闻诸夫子：丧礼，与其哀不足而礼有余也，

① 参见李泽厚．论语今读[M]．合肥：安徽文艺出版社，1998：83.

> 不若礼不足而哀有余也。祭礼，与其敬不足而礼有余也，不若礼不足而敬有余也。”(《礼记·檀弓上》)

“礼有余”的意思是指仪式周到，践行礼仪的时候动作上的熟练和机械；与此相对，“礼不足”就是对仪式环节的陌生，践行礼仪时动作上的笨拙。这两种情况都是践行礼仪的一种失败：

> 在践行礼仪的过程中有两种相反类型的失败：一种是由于缺乏学习和技巧而使礼仪的践行非常笨拙；另一种情况是礼仪表面上也许实行得熟练灵巧，但由于缺乏严肃认真的目标和信守(commitment)而仍然显得乏味和机械。①

两种失败，我们完全可以用“拙”与“巧”来概括。在这两种类型的失败中，“拙”还是比“巧”好一点。因为“礼有余”往往会使得“哀不足”，因为对于礼仪过于熟练，容易使人的行动机械化，从而产生情感上的麻木；如果这样，反不如“礼不足”而“哀有余”。由此可见，孔子的上一段话的意思就是说，“礼奢而备，不若俭而不备之愈也；丧易而文，不若戚而不文之愈也”②。概言之，是“质”的表现胜于“文”的表现，换成我们美学上的话来说，就是本色自然胜于人为雕饰，就是拙胜巧，而不是内容胜形式。凡上面所引证之文字，都在说明质重于文，先质而后文。

五、文质彬彬与中庸之道

“先文而后质”和“先质而后文”是孔子文质观的两极。“文质彬彬”则是“执两用中”的“中庸之道”。如果用“执两用中”式的话语来解释孔子的“文质彬彬，然后君子”，我们就可以说：君子文而质，质而文；君子文而不史，质而不野。如果“野”，就救之以

---

① ［美］赫伯特·芬格莱特．孔子：即凡而圣［M］．彭国翔，张华，译．南京：江苏人民出版社，2002：8.

② 谢席珍．论语新解［M］．兰州：兰州大学出版社，1993：28.

“文”；如果“史”，就救之以“质”。文质相互为用，就是文质彬彬。文质彬彬就是“礼乐教化”和“质朴天性”之间的中庸之道，而不是内容和形式的统一。

郑也夫指出：“中庸就是避免极端。无论从中庸偏向了它两翼上的哪一端，损失都是一样的。但中庸的获得不是靠消除‘极’的存在，而恰恰是通过对‘极’的价值的尊重与兼容。两极间的张力是走上中庸之途的必要条件。”①所以“先质而后文”与“先文而后质”，就不是孔子学说中的矛盾，而是持守中庸之道的必要的两极。正是这两极之间的张力，才使得“文质彬彬”成为可能。

但是文毕竟不是质，所以上面那种“执两用中”式的话语可以翻译成一种逻辑上的悖论话语(paradoxical discourse)：君子文而无文，质而不质。这种在逻辑上难以让人接受的悖论式的道说，正反映了持守中道的艰难。这种艰难孔子是意识到了的：

> 子曰：“中庸之为德也，其至矣乎！民鲜久矣。”(《论语·雍也》)

中庸既然是一种“至德”，那么，肯定只属于圣人，而不是常人，“民鲜久矣”的确很正常。中庸的这种艰难，在《礼记·中庸》篇中得到了进一步的说明：

> 子曰：“……人皆曰‘予知’，择乎中庸，而不能期月守也。”(《中庸》第六章)
>
> 子曰：“天下国家可均也，爵禄可辞也，白刃可蹈也，中庸不可能也。”(《中庸》第九章)
>
> “君子依乎中庸，遁世不见知而不悔，唯圣者能之。”(《中庸》第十一章)
>
> “诚者，天之道也；诚之者，人之道也。诚者不勉而中，不思而得，从容中道，圣人也。”(《中庸》第二十章)

---

① 郑也夫．中庸之道的现代回声[J]．读书，1994(1)：28.

所以，虽然儒家主张“从容中道”，但这只是圣人的境界；常人还是要“勉而中”并“思而得”的。孔子说自己“七十而从心所欲、不踰矩”，这个境界我们可以称为文质彬彬，但这也是从“吾十有五而志于学”开始的，依赖于“为之不厌”这样长期“勉而中”并“思而得”的功夫。正是中道之需要两极张力，以及中道的艰难，使得儒家内部的文质观，也不是铁板一块。

第四节　儒家文质观与其人性论的内在关联

如前所述，“文质彬彬”就是“礼乐教化”和“质朴天性”之间的“中庸之道”，那么，文质观就必然地与人性论联系在一起。对人性的乐观和悲观态度，直接决定着人们的文质观。我们习惯于认为，不管是孔子、孟子还是荀子，都无一例外地主张“文质彬彬”①。这一认定忽略了一个问题，那就是文质观和人性论的内在关联。实际上，正是孔、孟、荀三人人性论观点上的差异，使得他们的文质观各不相同。

一、孔子对于人性的复杂态度

孔子之所以主张“文质彬彬，然后君子”，其原因也许并不在于所谓的辩证智慧，而可能是由于其人性观之复杂，是由于他对人的内在美质既信任又不全信的态度。假如人的天性真像道家和孟子所说的那样令人乐观，或者像荀子所说的那样糟糕透顶，那么问题的答案很明朗，我们坚持“质”或者“文”的一面就够了，没有必要提所谓的“文质彬彬”。问题的关键就在于，孔子对人性的看法远未如此简单。

孔子一方面相信每一个人都有成圣的可能性(possibility)，每一个人都有“仁”的潜质，人人皆可为仁。所以他说：“仁，远乎哉？我欲仁，斯仁至矣”(《论语·述而》)；“为仁由己”(《论语·

① 参见陈良运．文质彬彬[M]．南昌：百花洲文艺出版社，2001：上编第二章．

颜渊》)。正是人的这种天生质朴的道德心，才是“礼”之根本，所以他才强调“质”相对于“文”的根本性。

但另一方面，他又对人内在的道德可能性存疑：

> 子曰：“我未见好仁者，恶不仁者。好仁者，无以尚之；恶不仁者，其为仁矣，不使不仁者加乎其身。有能一日用其力于仁矣乎？我未见力不足者。盖有之矣，我未之见也。”(《论语·里仁》)

孔子说“我未见力不足者。盖有之矣，我未之见也”，说明他坚信人人都有仁心，都有为仁的可能性。但是时代的、现实的情境却让他不能乐观，所以他又说：“我未见好仁者，恶不仁者。”这种不乐观的论调在《论语》中比比皆是：“知德者鲜矣。”(《论语·卫灵公》)“吾未见好德如好色者也。”(《论语·子罕》)这说明他虽然有人人皆可以为仁的信心，但现实总使他感到失望。这种失望的心理有时候甚至会到了绝望的程度：“已矣乎！吾未见好德如好色者也。”(《论语·卫灵公》)

这种失望心理，反映了他内心中对人性可靠性的不确定态度。正是他心中的这种失望和不确定导致他在强调“质”为“文”之“本”的同时，又强调“克己复礼为仁”。所以，他对所谓的人本身的道德可能性并不持过分乐观的态度：

> 子曰：“回也，其心三月不违仁；其余，则日月至焉而已矣。”(《论语·雍也》)

颜回尚且如此，何况他人？对于人的内在道德可能性的这种既信任又不全信的态度，反映了孔子的人性论思想之复杂。这种复杂使得他在说了“性相近也，习相远也”①之后，又紧接着说“唯上知与下

① 徐复观认为：“性相近的‘性’，只能是善，而不能是恶的。”(徐复观. 中国人性论史·先秦卷[M]. 北京：生活·读书·新知三联书店，2001：79)今不从。

愚不移”(《论语·阳货》)。这种复杂表现在：他一方面坚信人之所以为人，是因为人是一种道德的存在——人人都有“仁”心；另一方面又认为人之所以为人，是因为人是一种“礼仪的存在”——人知道约束自己、规范自己的重要性。他认为，“礼”使一个人成人：

不学礼，无以立！(《论语·季氏》)

也正是他的人性论思想中的这两种倾向，为其后学提供了契机。孟子发挥了前一方面，主张性善，从而在文质观上主张先质后文；荀子则看准了后一方面，认定性恶，从而在文质观上主张以文灭质。

二、孟子的性善说与重质的文质观

孟子的性善说，显然发挥了孔子对于人性的乐观的一面。他认为人的道德可能性显然不可限量。在这一点上，他比孔子的信心要充足得多。孔子虽然认为人人皆可以为仁，但尧舜在他的心中始终是高不可及的永久的人格典范；孟子则一下子将尧舜拉到了普通人本然状态的水平线上：

人皆可以为尧舜。(《孟子·告子下》)

圣人与我同类者。(《孟子·告子上》)

彼丈夫也，我丈夫也。吾何畏彼哉？(《孟子·滕文公上》)

何以异于人哉？尧舜与人同耳。(《孟子·离娄下》)

孟子认为，尧舜之所以成为圣人，原因很简单，就是他们保持养护了人天生本有的道德心：

孟子曰：“大人者，不失其赤子之心者也。”(《孟子·离娄下》)

这种道德心也很简单，就是人人皆有的一点同情心，孟子将它称为“不忍人之心”(《孟子·公孙丑上》)。这种天生本有的道德心，是不依赖于人的后天教化的。这种“不忍人之心”，具体而言，则可以说是恻隐之心、羞恶之心、辞让之心、是非之心；而仁义礼智，就是从人的这四种天然本心中自然生发出来的。所以君子的修养就没有必要一方面发明本心，另一方面又以礼仪约束，只要当下体认就够了：

> 恻隐之心，人皆有之；羞恶之心，人皆有之。恭敬之心，人皆有之。是非之心，人皆有之。恻隐之心，仁也；羞恶之心，义也；恭敬之心，礼也；是非之心，智也。仁义礼智非由外铄我也，我固有之也，弗思耳矣。故曰求则得之，舍则失之。(《孟子·告子上》)

既然是“我固有之”，那么所有的向外寻求，无疑都是舍本逐末，甚至可以说是“骑驴找驴”。

至于修养，在孟子看来，也并不是要锲而不舍地去雕琢人这块原材料(璞)，去改变人的原生态(质，raw)。一个君子所要努力去做的，首先就是要保持自己的本心不失，如果丢掉了(放)，那就把它找回来(求其放心)。所谓的“学”，也不过是一个寻找自己的“赤子之心”的过程：

> 孟子曰：“仁，人心也。义，人路也。舍其路而弗由，放其心而不知求，哀哉！人有鸡犬放，则知求之，有放心，而不知求。学问之道无他，求其放心而已矣。”(《孟子·告子上》)

在找回自己的本心之后，再去持之以恒地守养、看护(养气)，不要让自己天生美丽的心灵中途夭折、再度迷失就行了。

至于仁政德教，其实也很简单，只要当政者能发明自己本有的“不忍人之心”，始终一贯地用之于民，那么治天下易如反掌：

> 人皆有不忍人之心。先王有不忍人之心，斯有不忍人之政

矣。以不忍人之心，行不忍人之政，治天下可运之掌上。(《孟子·公孙丑上》)

所以对于一个统治者来说，致命的缺点就是不能发明己有之本心，用之于民。如果能克服这一缺点，那么所有其他的缺点简直就算不上什么缺点，甚至会转化成优点。孟子劝梁惠王行仁政王道，梁惠王总觉得孟子所言迂阔而不现实，但又觉得孟子所言未尝没有道理。没办法，他就经常给自己找借口，说自己达不到要求，因为自己有缺点："寡人有疾，寡人好色"；"寡人有疾，寡人好货"。在孟子看来，所有这一切都是借口，不是理由：

王曰："寡人有疾，寡人好货。"对曰："……王如好货，与百姓同之，于王何有？"王曰："寡人有疾，寡人好色。"对曰："……王如好色，与百姓同之，于王何有？"(《孟子·梁惠王下》)

这就是说，自己有欲望并不是问题的关键，问题的关键在于你能因己之欲，推知人之欲，从而以"不忍人之心"，在满足自己欲望的同时，亦成全他人的欲望：

乐民之乐者，民亦乐其乐；忧民之忧者，民亦忧其忧。乐以天下，忧以天下，然而不王者，未之有也。(《孟子·梁惠王下》)

这就是"与民同乐"。只要能"与民同乐"，那么你喜欢什么好像都无所谓了。即便你所喜欢者不符合礼仪的要求，也不妨大事："王之好乐甚，则齐其庶几乎！今之乐，由古之乐也。"(《孟子·梁惠王下》)

所以在孟子看来，欲望并不可怕，因为这只是"小体"；可怕的是没有"不忍人之心"，因为这才是"大体"。君子小人之别也就在这里：

> 公都子问曰："钧是人也，或为大人，或为小人，何也？"孟子曰："从其大体为大人，从其小体为小人。"(《孟子·告子上》)

所以在个人修养和王道政治上一味强调礼仪(文)的约束力量，无疑是舍本求末。孟子性善说的根本关切点就在于，勉励人人去发现并持有自己本有之"不忍人之心"，从其"大体"，然后以自己的"不忍人之心"作为自己做人做事的根底。至于欲望，推己及人就行了；否则，就只会看到自己的欲望，而看不到别人的欲望，这样就和禽兽无别了："人之所以异于禽兽者几希，庶民去之，君子存之。"(《孟子·离娄下》)

至此，我们就可以约略看出孟子和孔子的差别了。如果说孔子的人性论思想一方面坚持人是一种道德的存在，另一方面又坚持人是一种礼仪的存在的话，那么孟子则只认定人是一种道德的存在。如果说孔子的"文质彬彬，然后君子"的文质观，包含以文救质、以质救文这两个方面的话，那么我们也可以说，孟子的文质观只强调以质救文的这一面。假如以德行著称的颜回向孟子问仁，孟子绝对不会对他说"克己复礼为仁"，孟子很可能给他《礼记·中庸》中的答案："仁者，人也。"在文质关系上，孟子也不会像孔子一样说"文质彬彬，然后君子"，孟子只会说："礼云礼云！玉帛云乎哉？乐云乐云！钟鼓云乎哉？"(《论语·阳货》)"人而不仁，如礼何？人而不仁，如乐何？"(《论语·八佾》)

孟子的这种先质后文、质本文末的文质观，充分体现在我们耳熟能详的"充实之谓美"之中：

> 可欲之谓善。有诸己之谓信。充实之谓美。(《孟子·尽心下》)

傅佩荣对这一段话的解释殊为精到。大意是，既然人性是善的，那么"可欲"之物，自然是善的；但善在外化之后，往往会流于具体的规范与外在的模式，奉行之人未必真正发自内心，伪善仍然可能，所以要“信”；既可欲，又内得于己，那么就会无所欠缺，就是“美”了。① 这种美是一种人格之美。这种人格之美，离开了性善说是无法得到解释的。在这种人格之美中，我们看不到什么“文”的影子，只看到人的“质”的发扬光大而已。

三、荀子的性恶论及其“以文灭质”的文质观

如果说孟子发扬了孔子人性论思想中对人的道德可能性乐观的一面的话，那么荀子则发挥了孔子人性论思想中悲观的一面。他在人的天性中发现的不是孟子所说的“不忍人之心”，而是人的蝇营狗苟：“今人之性，生而有好利焉。”(《荀子·性恶》)对于这样的原材料，不经过一番切磋琢磨，怎么能行？所以与孟子主张对人的天性的持守保养相对，荀子主张对人的天性的加工改造。这个重大的差别，特别表现在他们二人对于儒家的修养之“学”的看法上。

儒家都无一例外地主张“学不可以已”，认为学习是一个人能否成为君子的重要方面。但学的内容和方法，却因人性论思想的不同而言人人殊。在孟子看来，所谓的君子之“学”，其实就是对于“质”的持守保养，其内容就是“求其放心”，求其本有之心，其方法途径则是“知言养气”。在荀子看来，所谓的“学”，则意味着对“质”的加工改造，其内容是“始乎诵经，终乎读礼”(《荀子·劝学》)，是所有的人“文”，其方法则是“诵数以贯之，思索以通之，为其人以处之，除其害者以持养之。使目非是无欲见也，使口非是无欲言也，使心非是无欲虑也”(《荀子·劝学》)。在这里我们就可以看到，荀子眼中的“学”大多是孔子所说的“克己复礼”的功夫，就是一个人为(伪)的以文灭质的过程：“人之性恶，其善者伪也。”(《荀子·性恶》)

既如此，则圣人之为圣人，不是由于他们“不失其赤子之心”，而是因为他们改造本性的功夫。荀子绝对不会说“圣人与我同类

---

① 参见傅佩荣．儒家与现代人生[M]．台北：业强出版社，1989：73-74.

者”(《孟子·告子上》)、“人皆可以为尧舜”(《孟子·告子下》)这样的话。他认为尧舜之为尧舜，决定性的因素不是他们和我们的相同点，而是他们和我们的不同点。这个不同点就是礼义教化——不但用礼义自觉而经常地约束自己，而且用此来教化人民。这种功夫就是荀子所说的“伪”：

> 故圣人化性而起伪，伪起而生礼义，礼义生而制法度；然则礼义法度者，是圣人之所生也。故圣人之所以同于众，其不异于众者，性也；所以异而过众者，伪也。(《荀子·性恶》)

因此他对礼义教化的重视，比起孔子来说是有过之而无不及：

> 故隆礼，虽未明，法士也；不隆礼，虽察辩，散儒也。(《荀子·劝学》)

在荀子看来，所谓的君子的“美”，与其说是一种“人格美”，不如说是一种“人文美”①。这种人格美，荀子描述为“全”“粹”：“君子知夫不全不粹之不足以为美也。”(《荀子·劝学》)敏泽解释这一种美时说：“人要在对‘礼义’的‘闻’、‘见’、‘知’、‘行’学习、磨炼过程中不断地求‘粹’去杂，才能逐渐去掉人性的恶，使自己成为完全、纯粹的人。”②

荀子在其著作中，也提到“性伪合”，则足以说明他是主张文质兼备、不可两离：

> 性者，本始材朴也；伪者，文理隆盛也。无性则伪之无所

① 这里用的是傅佩荣对于人格美和人文美的区分，他认为“人格美”强调的是道德，“人文美”强调的是礼乐。傅佩荣认为，孟子的最大贡献在于揭示了人格美的境界，而孔子的贡献在于揭示了人文美的境界。(傅佩荣. 儒家与现代人生[M]. 台北：业强出版社，1989：73-75)本书认为孟子所极力追求的是人格美的境界，荀子极力追求的是人文美的境界，孔子则兼而有之。

② 敏泽. 中国美学思想史(第一卷)[M]. 济南：齐鲁书社，1987：175.

> 加，无伪则性不能自美。性伪合，然后成圣人之名，一天下之功于是就也。故曰：天地合而万物生，阴阳接而变化起，性伪合而天下治。(《荀子·礼论》)

但我们在荀子的论述中看到的更多是“文”对“质”的改造，其中包含的倾向是对“文”的赞颂和对“质”的否弃，这跟孔子所说的“文质彬彬，然后君子”在精神气质及价值趋向上的差别，不可以道里计。

总之，荀子因为持性恶论，从而认为人和动物的区别从根本上说并不是孟子所说的“几希”的道德心，而是人有礼仪。所以相对于孟子说人首先是一种道德的存在，荀子主张人首先是一种礼仪的存在。在荀子的眼中，修养过程可以说就是一个为自身“整容”的过程，他的文质观相应的就是一种以文救质、或者说一种以文灭质的文质观。

四、儒学分化的必然性

冯友兰这样比较孔、孟、荀：“孔子讲学，一方面注重个人性情之自由，一方面又注重人之行为之外部规范。孟子较注重于个人性情之自由，盖孟子既主张性善之说，当然亦重视个人之道德判断也。荀子较注重于人之行为之外部规范，较注重礼。”①“重个人性情之自由”，必然尚“质”；“重人之行为之外部规范”，则必然尚“文”。“文质彬彬”就是个人性情自由和外部规范之间的中庸之道。由于中道的艰难，以及个人性情和时代形势的差异，人不免会着于一偏。孟子偏于“重个人性情之自由”，而荀子偏于“重人之行为之外部规范”。

这种一偏的情形，在孔子在世的时候就有了。王璧如指出，在孔子在世的时候，孔门弟子关于人之本性的意见，似乎已经有了分歧。他说：

---

① 冯友兰．中国哲学史(上册)[M]．上海：华东师范大学出版社，2000：223.

> 在孔门诸弟子中，关于人之本性的意见，似乎可以分为两派。例如尊敬孔子，而曰“仲尼，日月也，夫子之不可及，犹天之不可陛而升也”的子贡之流，乃称孔子为天纵之圣人。再由孔子亦以“予非生而知之者”为言以观，可知曾有人以孔子为生知了。此等人们，都系以孔子为与一般常人差异的特别之人，或先天的圣人之一派。见于论语中的性有差等的语句，似系出于此派之手。
>
> 但有一派论者，却以为依个人努力的如何，学孔子亦未必非不可能。例如以“舜何人也，予何人也”为言的颜回，以“仁以为己任”为言的曾子，即是如此。见于论语中的人性无大差别的语句，大概系出于此派之手。①

如果说孔子在世的时候，这种分化还处于潜伏状态的话，那么孔子死后，则儒学肯定会一分为二。梁启超说：

> 孔子死后，门弟子析为二派：一派注重外观的典章文物，以有若、子夏、子游、子张为代表；一派注重内省的身心修养，以曾参、子思、孟子为代表。②

第一派注重“礼”“文”，其集大成者是荀子；第二派则注重“仁”“质”，其集大成者是孟子。这两派相对于孔子来说都是“偏”，而不是“中”。因为前者之长在于能让人时时认识到人性之不足恃、保持谦卑，使人注意自我约束；其短则在于它容易流于拘谨呆板、繁文缛节。后者之长在于扫除章句小儒的陋习，高视阔步地来讲微言大义；其短则在于容易流于放言高论、矜才使气。所以就儒学的整体来说，“孟荀的思想，正因为其出发点不同，问题的取向亦有

---

① 王璧如．中国哲学概论[M]．台北：正中书局，1960：70.

② 梁启超．清代学术概论·儒家哲学[M]．天津：天津古籍出版社，2003：123.

异，所以各有价值和重要性，就儒家内部的发展看实为合之则两美，分之则两伤”①。

孔子说：“不得中行而与之，必也狂狷乎！狂者进取，狷者有所不为也。”(《论语·子路》)这里所谓的“狂者”，孟子近之；这里所说的“狷者”，荀子近之；“中行”者，则孔子近之。这样，儒家学派就构成了一种“一师二宗”的思想格局。这种思想格局在中国以后的哲学史上比比皆是，诸如禅宗分为南北两宗，理学有程朱、陆王的分别。

要言之，在儒家内部，孟子尚质，荀子尚文，孔子则文质并重。但孔子相对于墨子、老子来说，还是尚文的。

第五节　道家的文质观

相对于儒家来说，道家是尚质的。道家之所以尚质，是因为道家和儒家对“周文”的态度不同。儒家面对“礼崩乐坏”，谴责的是“崩坏”；道家则连带“礼乐”一同谴责。在尚质一路上，道家比儒家的以质救文走得更彻底。关于这一点，我们在本章第二节已经简略提及。由于中国美学史上持久的文质争论，首先是在儒道两家的理论框架之内进行，所以，本节有必要作详细之展开。

一、道家对于“周文”的态度

道家对于“周文”，持一种激烈的批判态度。我们将联系孔子，从规范社会秩序和个人立身成德两个方面，来说明这种批判态度。

(一)规范社会秩序：“礼者，忠信之薄，而乱之首”

对于孔子来说，“为政”之第一要务就是“正名”，就是重建周文系统，以维护社会秩序。但对于老子来说，“礼”却是“忠信之薄，而乱之首”(《老子·第三十八章》)。老子的这一思想，在《庄

① 韦政通．中国思想史(上)[M]．台北：水牛出版社，1986：303.

子·胠箧》篇中得到了形象的说明：“窃钩者诛，窃国者为诸侯。”同样是盗窃，结果却迥然不同。不同的原因是，窃国的人将仁义礼乐都一并盗窃过去了：

> 田成子一旦杀齐君而盗其国，所盗者岂独其国邪？并与其圣知之法而盗之，故田成子有乎盗贼之名，而身处尧舜之安。小国不敢非，大国不敢诛，十二世有齐国，则是不乃窃齐国，并与其圣知之法以守其盗贼之身乎？(《庄子·胠箧》)

原本为了防止盗窃的东西，却帮了大盗的忙，使得“田成子有乎盗贼之名，而身处尧舜之安”。所以，在庄子看来，仁义礼乐这些东西，只能制约做贼心虚的小盗，而培养的却是“有道”的大盗：

> 跖之徒问于跖曰：“盗亦有道乎?”跖曰：“何适而无有道邪？夫妄意室中之藏，圣也；入先，勇也；出后，义也；知可否，知也；分均，仁也。五者不备而能成大盗者，天下未之有也。”(《庄子·胠箧》)

在道家看来，大盗之所以为大盗，是因为他们也秉承了圣人之道。正是圣人之道，使得他们成为一个团体。对圣人之道坚持得越好，团体就越大，凝聚力就越强。所以，仁义礼乐这些圣人创制，正好成了大盗的精神资源。当然，道家也承认“善人不得圣人之道不立”，但其深刻的地方在于看到“跖不得圣人之道不行”。由于他们认为“天下之善人少而不善人多”，所以就自然得出“圣人之利天下也少而害天下也多”的结论。老子所说的“夫礼者，忠信之薄，而乱之首”，说的就是这个意思。

我们当然可以将这些都看作愤激的话，但正是这些愤激的话，道出了“礼崩乐坏”之时礼乐的负面作用。陈鼓应解释老子对“礼”的这种激烈抨击说：“在老子那时代，‘礼’已演为繁文缛节，拘锁人心。同时为争权者所盗用，成为剽窃名位的工具。所以老子抨击

‘礼’是‘忠信之薄而乱之首’。”①实际上，对礼乐的负面作用，孔子也认识到了：“天下无道，则礼乐征伐自诸侯出。”“礼乐”在这里帮的正是诸侯的忙。只不过，孔子认为原因在于“崩坏”，而不在于“礼乐”罢了。

（二）个人立身成德：“文灭质，博溺心”

对于孔子来说，个人立身成德必须经过“博文约礼”“克己复礼”“文之以礼乐”的功夫，这样才可以“成人”。文理隆盛的礼乐在道家这里却被看作灼伤人的天性的凶器，更谈不上什么立身成德了。庄子通过马，说明了这一点：

> 马，蹄可以践霜雪，毛可以御风寒。龁草饮水，翘足而陆，此马之真性也。虽有义台路寝，无所用之。及至伯乐，曰：“我善治马。”烧之，剔之，刻之，雒之。连之以羁絷，编之以皂栈，马之死者十二三矣！饥之渴之，驰之骤之，整之齐之，前有橛饰之患，而后有鞭筴之威，而马之死者已过半矣！（《庄子·马蹄》）

烧之，剔之，刻之，雒之，凡斯种种，完全可以看作儒家所说的“文之以礼乐”的“如琢如磨”的功夫。这种功夫的结果就是，马的自然天赋受到极大的灼伤，以至于死者过半。即使留下来的，也在这样一番“如琢如磨”的功夫中，变得狡诈：

> 马陆居则食草饮水，喜则交颈相靡，怒则分背相踢。马知已此矣！夫加之以衡扼，齐之以月题，而马知介倪、闉扼、鸷曼、诡衔、窃辔。故马之知而能至盗者，伯乐之罪也。（《庄子·马蹄》）

这一段话的意思是说，马在没有接受“礼法”约束之前，只知道饥

---

① 陈鼓应．老子注译及评介［M］．北京：中华书局，1984：217.

来就食，渴来即饮，喜欢对方时就耳鬓厮磨，冲对方发怒时则转身相踢。马所知的就是这些。但是等到给马加上车衡颈扼，装上了额前佩饰，马知道的东西就多了。它懂得了折毁车衡、摆脱颈扼、掀击车盖、吐出口勒、咬断笼头。马由此变得像“盗”一样狡诈。即使服服帖帖，那么也不是出于真心。所以，马由此变得非诈即伪。孔子说：“骥不称其力，称其德也。”(《论语·宪问》)但在庄子看来，经过伯乐调教的马，既没有“德”，也失去了“力”。老子所说的“五色令人目盲，五音令人耳聋，五味令人口爽”(《老子·第十二章》)，以及庄子所说的“失性有五”(《庄子·天地》)，通过马的故事得到了形象的说明。

总之，在道家看来，“博文约礼”的“立身”训练的结果只有一个，那就是庄子所说的“文灭质，博溺心，然后民始惑乱，无以反其性情而复其初。”(《庄子·缮性》)

既然对“周文”如此贬损，那么道家重“质”就是必然的了。

二、“复归于婴儿”

当然儒家也重“质”。由于“小人之过也必文”(《论语·子张》)，所以，儒家也讲究以“质”救文，先质而后文：

> 子路问成人。子曰：“若臧武仲之知，公绰之不欲，卞庄子之勇，冉求之艺，文之以礼乐，亦可以为成人矣。”曰：“今之成人者何必然？见利思义，见危授命，久要不忘平生之言，亦可以为成人矣。”(《论语·宪问》)

钱穆解释说：“若此四人，于智、廉、勇、艺四者，可谓优越矣，故曰如此而能‘文之以礼乐，亦可以为成人’”，“上节言成人，标准已高，此下乃降一格言之，故加一曰字。何必然，乃孔子感慨语。世风日下，人才日降，稍能自拔于流俗，即不复苛责，故亦可谓之成人”①。这也就是说，在孔子那里，成为一个真正的人(“成

① 钱穆．论语新解［M］．北京：生活·读书·新知三联书店，2002：361-362.

人”)的标准有两个：一个是既有“智、廉、勇、艺”之“质”，又要“文之以礼乐”，这个标准可以说是“文质彬彬”；如果达不到，就退而求其次，只要能“见利思义，见危授命，久要不忘平生之言”，也可以“成人”，这个标准可以说是“先‘质’而后‘文’”。不管是哪一个标准，这个“质”还是“质待文”之质，否则就会“恭而无礼则劳，慎而无礼则葸，勇而无礼则乱，直而无礼则绞”(《论语·泰伯》)。所以，退而求其次只是权宜之计。“立于礼”还是成为一个真正的人的根本。

对于道家而言，真正的人的“质”不是“待文”之“质”，而是人的自然之质，是婴儿之质：

> 常德不离，复归于婴儿。(《老子·第二十八章》)
> 含德之厚，比于赤子。(《老子·第五十五章》)

这也就是说，具有深厚修养境界的人，就是能返回到婴儿般状态的人。这种状态就是庄子所说的“马陆居则食草饮水，喜则交颈相靡，怒则分背相踢”的天然状态。所以，道家所说的“质”是不需要人文教化的天然质素：

> 婴儿生，无石师而能言，与能言者处也。(《庄子·外物》)

“石师”又作“硕师”，意谓大师。婴儿生下来，只要和会说话的人待在一起，就会说话，并不需要大师教。庄子在这里所说的这种情形，与乔姆斯基所坚持的人的语言能力近似。道家所说的“质”，就类似于人的先天语言能力这样的东西。

三、“绘事后素”与“见素抱朴”

“‘素’与‘朴’就是人们对于‘质’作出审美界定的最初尝试。”①

① 陈良运．文质彬彬[M]．南昌：百花洲文艺出版社，2001：7.

“素”是没有染色的丝，“朴”则是没有雕刻的木。对于孔子来说，这“素”是等待“绘事”的“素”，即“绘事后素”；而对于道家来说，这“素”是不需要后面的“绘事”的，即“见素抱朴”(《老子·第十九章》)。引申言之，儒家“先质而后文”，道家“上质以下文”。我们从儒道两家共享的制器的隐喻，就可以看出这个差别。

“玉不琢，不成器”，天生玉质固然重要，但是，“如切如磋，如琢如磨”的功夫更重要。对于玉材的这种琢磨过程，就像对于颜渊的“博文约礼”“克己复礼”的训练一样，是成器的关键。所以，儒家的思考重点在于“器”，在于成不成“器”：

> 子贡问曰：“赐也何如?”子曰：“女器也。”曰：“何器也?”曰：“瑚琏也。”(《论语·公冶长》)

瑚琏乃是宗庙中盛黍稷的礼器，竹制，以玉饰之，既贵重又华美。① 将子贡喻作瑚琏，就是说子贡是廊庙之材。② 正如赫伯特·芬格莱特敏锐地观察到的那样，儒家的君子就是“一尊神圣的礼器”③。

这个成器的过程，用老子的话说，就是“朴散则为器”(《老子·第二十八章》)；用庄子的话说，就是“夫残朴以为器”(《庄子·马蹄》)。制器的过程，在儒家看来是“成”，在道家看来则是“毁”。因为儒家的立论重点在“器”，而道家的立论重点在“朴”：

> 故纯朴不残，孰为牺尊！白玉不毁，孰为珪璋！(《庄子·马蹄》)

---

① 钱穆．论语新解[M]．北京：生活·读书·新知三联书店，2002：111.

② 孔子所说的“君子不器”(《论语·为政第二》)，是说君子不像一件器具一样，只有特定之用。其比喻重点和说子贡的这一段话不同，我们不可望文生义，作不当引申。

③ [美]赫伯特·芬格莱特．孔子：即凡而圣[M]．彭国翔，张华，译．南京：江苏人民出版社，2002：78.

牺尊、珪璋肯定是儒家所看重的；而未残之“纯朴”、未毁之“白玉”，却是道家所看重的。

在道家眼中，“朴”就是“全”，而“器”则是“残”。孔子心目中的君子就是“一尊神圣的礼器”，道家则认为得道者是“敦兮其若朴”(《老子·第十五章》)，因为“道常无名朴”(《老子·第三十二章》)。冯友兰解释道家的“朴”说：

> “朴”(simplicity)是老子和道家的一个重要观念。“道”就是“璞”(“Uncarved Block”，未凿的石料)，“璞”本身就是“朴”。没有比无名的“道”更“朴”的东西。其次最“朴”的是“德”，顺“德”而行的人应当过着尽可能“朴”的生活。①

这个“朴”当然是拒绝文饰的，这和儒家的“绘事后素”的“素”截然不同。所以，儒家所说的“素”可形容为“素材”的“素”，这个“素”是需要文饰的；道家所说的“素”可形容为“素朴”的“素”，这个“素”则是要保持的。这两个“素”的差别，就是儒道两家对于质的理解的差别，也就是“绘事后素”和“见素抱朴”的差别。

所以，孔子虽然也主张先质而后文，但是比起道家来说，他是纯粹尚“文”的。

四、“为学日益，为道日损”

道家主张“见素抱朴”。“朴”之所以可贵，是因为人们已经远离朴，所以道家讲“复归于朴”(《老子·第二十八章》)。既然是“复归于朴”，那么就是要经过和儒家所说的“如切如磋，如琢如磨”相反的一个过程。这个过程叫作“损”：

> 为学日益，为道日损。损之又损，以至于无为。无为而无

① 冯友兰．中国哲学简史[M]．涂有光，译．北京：北京大学出版社，1996：88.

不为。(《老子·第四十八章》)

河上公注曰："学谓政教礼乐之学也。日益者，情欲文饰日以益多。道谓自然之道也。日损者，情欲文饰日以消损。"①如果撇开河上公的道家立场不论，就先秦语境来说，"为学日益"就是儒家的"博文约礼"，"为道日损"就是道家的"复归于婴儿"。增益的过程就是人为对自然的改造，而减损的过程则是自然质素的显现。前者遵循的是人道，后者走的却是天道。人道和天道不同，人道是有为的，而天道是无为的：

何谓道？有天道，有人道。无为而尊者，天道也；有为而累者，人道也。(《庄子·在宥》)

天道无为，无为而无不为。"损"，用道家的术语来说，就是要从"人"返归"天"；用我们现在的话来说，就是要从不自然的状态，回到自然的状态：

牛马四足，是谓天；落马首，穿牛鼻，是谓人。(《庄子·秋水》)

在道家的视野中，"质"就是"牛马四足"，"文"则是"落马首，穿牛鼻"。文质之别，就是人天之别。道家所要损的，就是这个"文"。

对于这个"损"，庄子有时也用"雕琢"这样的术语："雕琢复朴"(《庄子·应帝王》)，"既雕既琢，复归于朴"(《庄子·山木》)。儒家切磋琢磨，是为了成"器"，而道家"既雕既琢"，却是为了回到"朴"。儒道之别，就是文质之别：

孔子重"文"，老子重"质"，这是两种对立的思想。老子

---

① 老子道德经河上公章句[M]. 北京：中华书局，1993：186.

> 视“文”为巧饰，违反了人性的自然。巧饰流行，更形成种种无形的制约，拘束着人的自然。①

儒道两家之所以有如此之对立，就是因为其对周文的看法迥异。在道家看来，“崩坏”之“礼乐”，是社会混乱、人心陷溺的罪魁祸首：“夫礼者，忠信之薄，而乱之首”(《老子·第三十八章》)；“礼乐遍行，则天下乱矣”(《庄子·缮性》)；“礼者，道之华而乱之首也”(《庄子·知北游》)。而对于儒家来说，是“礼乐”之“崩坏”导致了这一点。道家所损者，乃“崩坏”之“礼乐”所带来的虚伪、巧诈，以恢复人的自然天真；儒家所“益”者，乃“礼乐”之“崩坏”所缺少的严肃意涵。道家要重返自然，儒家则要重建人文。儒道文质观的对立，从根本上来说，源于对“周文”的相反态度。

五、道家对于中国美学的贡献

对于道家而言，正如天道高于人道，质朴也远远高于文饰：

> 朴素而天下莫能与之争美。(《庄子·天道》)
>
> 淡然无极而众美从之。此天地之道，圣人之德也。(《庄子·刻意》)

从美学的观点来看，正是道家，在人为雕饰之美的外边树立了素朴之美。“朴”与“拙”相关：

> “朴”有本色、本性、自然的意思，与人为相对。“拙”是“朴”的外在表现。既然“朴”是自然的、本色的、未经人为的，那就难免外观上有些粗糙、笨拙，不如人工修饰、加工的东西那么光滑，那么精致，那么纤巧了。②

① 陈鼓应．老子注译及评介[M]．北京：中华书局，1984：139.

② 陈望衡．中国古典美学史[M]．长沙：湖南教育出版社，1998：49.

“素”与“淡”相连：

> 纯素的观念，同时即可以作为由“恬淡寂寞”的人生所流露出的纯素之美。“纯素”的另一语言表现，即是后来画家、画论家所常说的“逸格”和“平淡天真”。逸格和平淡天真之美，始终成为中国绘画中最高的向往，其渊源正在于此。①

不管是朴拙，还是平淡，都是尚“质”的结果，而不是尚“文”的结果。将文与质界定为形式和内容，显然是不合适的。在我们看来，质重在天然，而文重在人工。

当然道家思想所崇尚的朴拙，也并不排斥巧，而是“大巧若拙”；其平淡，也不是毫无文采，而是绚烂之极复归于平淡，是繁华落尽见真淳。巧、绚烂、繁华，都是“文”；而拙、平淡、真淳，则是质。这就说明，道家虽然看似否定儒家的“文”，但从根本上却离不开“文”。道家虽然看起来是和儒家对立的，但在根本上却是互补的。何以如此，我们在讨论了文质争论的必然性之后再简单讨论。

第六节 文质争论的逻辑必然性及儒道互补

通过前面的讨论，我们已经基本确定了“文”就是人工文饰、“质”就是天然质朴这一认识。

但上文所揭示的只是中国先秦时期的文质争论，所以从某种意义上讲，揭示的是其历史偶然性，而不是必然性。这一节，就主要讨论文质争论的逻辑必然性。

一、从对道家的误解说起

我们时常这样批评道家的“返璞归真”：(1)开历史倒车，让人

---

① 徐复观．中国艺术精神[M]．上海：华东师范大学出版社，2001：81.

类重返洪荒时代的野蛮状态；（2）对人类原始状态的想象过于乐观，“小国寡民”纯粹是一种乌托邦；（3）回到人类的原始状态是一件永远不可能的事情。这些批评可以归结为一句话，即反文化、反社会。道家真的是这样吗？如果是这样，我们又如何理解这个反文化或反社会的立场？

我们知道，人类社会发展的过程，就是知识增进的过程。但是，在老子眼中，真正的人或圣人，就是“愚人”：“我愚人之心也哉！”（《老子·第二十章》）这个圣人治理社会，也要使百姓“愚”：

> 古之善为道者，非以明民，将以愚之。民之难治，以其智多。故以智治国，国之贼；不以智治国，国之福。（《老子·第六十五章》）

这个“愚”，很容易使我们得出道家否定人类知识进步，推广愚民政策的结论。然而这却是一种误解，因为：

> “愚”在这里的意思是淳朴和天真。圣人不只希望他的人民愚，而且希望他自己愚。老子说：“我愚人之心哉！”（第二十章）道家说的“愚”不是一个缺点，而是一个大优点。①

老子说，“大智若愚”，这个“愚”并不等同于孩子的“愚”、普通人的“愚”。关于这一点，我们从庄子所谓“不知之知”（《庄子·知北游》）就可以看出：

> “无知”与“不知”不同。“无知”状态是原始的无知状态，而“不知”状态则是先经过有知的阶段之后才达到的。前者是自然的产物，后者是精神的创造。②

① 冯友兰．中国哲学简史[M]．涂有光，译．北京：北京大学出版社，1996：90.

② 冯友兰．中国哲学简史[M]．涂有光，译．北京：北京大学出版社，1996：102.

> 圣人并不是保持原始的无知状态的人。他们有一个时期具有丰富的知识，能作出各种分别，只是后来忘记了它们。他们与原始的无知的人之间区别很大，就和勇敢的人与失去知觉而不畏惧的人之间的区别一样大。①

道家所极力主张的“愚”或“不知之知”，不是人类蒙昧阶段的“无知”。勇敢是自觉修养的结果，“愚”也是一种自觉修养。勇敢这种自觉修养克服了自己的怯懦，“愚”要克服的则是知识的局限。所以，“愚”并不摒弃知识，而是要反思知识，慎重对待知识。

在儿童教育上有一条未必众所周知的警语：所有为儿童设计的教育方案，都极有可能害了孩子。这样的一条警语，并不是要我们放弃对儿童教育问题的探讨，而是要我们慎重地反思自己的理论到底对孩子做了什么。这条警语，很对道家的胃口。

同样，道家所向往的“小国寡民”的世界，也不是要人回到原始状态中去，而是要反思文明：

> 小国寡民。使有什伯之器而不用；使民重死而不远徙。虽有舟舆，无所乘之，虽有甲兵，无所陈之。使民复结绳而用之。
>
> 甘其食，美其服，安其居，乐其俗。邻国相望，鸡犬之声相闻，民至老死，不相往来。(《老子·第八十章》)

冯友兰解释这一段话说：

> 此即《老子》之理想的社会也。此非只是原始社会之野蛮境界；此乃包含有野蛮之文明境界也。非无舟舆也，有而无所乘之而已。非无甲兵也，有而无所陈之而已。“甘其食，美其服”，岂原始社会中所能有者？可套《老子》之言曰：“大文明

① 冯友兰．中国哲学简史[M]．涂有光，译．北京：北京大学出版社，1996：102.

若野蛮。”野蛮之文明，乃最能持久之文明也。①

如果因为汽车所带来的便利，使人天生的奔跑能力减弱，那么汽车的价值，就需要重新界定。如果因为计算器的普及，使人的口算能力丧失，那么对于计算器就要慎重使用。如果人文教育，使人不会直言快语，说什么话都要讲究修辞，那么教育也值得怀疑。“质胜文”的“野”固然不好，“文胜质”的“史”也好不到哪里去。道家的极端之处在于否定“文”，但是道家的价值也在于反思“文”。儒家也不是没有意识到“文”的局限：“小人之过也必文。”但是重建周文的使命，使得这个局限在儒家的理论视野中，占不了什么地位，以至于需要放大镜才能看到。道家恰好充当了这样一个放大镜。儒家对于周文的反思，是温和的；而道家的反思，却是激进的。

二、两种意义上的反社会

我们承认，道家好多主张是反社会的。因为在道家所说的圣人身上，我们看不到社会的责任和义务的影子。但我们必须区分两种意义上的“反社会”：

> 反社会的思想和行为种类很多，有的会引起破坏性和腐蚀性的作用，有的则使人觉醒，引导现实的社会和文化做一种调整。目前资本主义社会的性泛滥和黄色影剧成为时尚，属于前者；老子、卢梭、克拉格斯的表现属于后者。这种意识所反映的必是一个问题丛生、精神上令人窒息的社会，返回自然的呼声代表人类社会的木铎和警钟。②

性泛滥意义上的反社会，是十足的反社会，因为在这个过程中，人没有反思，只有倒退。返回自然意义上的反社会，则是正言若反的

① 冯友兰．中国哲学史(上册)[M]．上海：华东师范大学出版社，2000：146.

② 韦政通．中国思想史(上册)[M]．上海：上海书店，2003：113.

反社会，是反思意义上的反社会，是以退为进。

一辆性能完好的汽车既需要好的“引擎”，也需要好的“制动”。引擎使得汽车按照人的意愿前进，制动则使得汽车按照人的意愿减速或停止。制动并不是和引擎过不去，而是要让前进的汽车注意前面的情况，以利于更好地前进。从这个意义上来说，返回自然意义上的反社会，就像是汽车的制动。而性泛滥意义上的反社会，则像是直接拆除了汽车的引擎。

打个不恰当的比方来说，“文明”就像是人类社会的“引擎”，返回自然的呼声，则像是人类社会的“制动”。这两个系统都需要性能完好。换成哲学术语来说，“文明”的过程就是“自然的人化”，而“返回自然”就是“人的自然化”。

三、“自然的人化”和“人的自然化”

“自然的人化”和“人的自然化”这对术语，借自陈望衡。他说：

> 人的人化包含两个互动的方面。一个方面是人的脱离自然界，越来越文明。另一方面是人的回归自然界，有理由健康。前一个方面我们叫自然人的人化，后一个方面叫社会人的自然化。这两个方面是同时进行，同步发展，缺一不可，如果某一方面出了问题，就会出现人的异化。①
>
> 人的人化有两个方面：一个方面是人的“文化”。……人的人化的另一个方面，是人的“野化”。②

和实践美学不同的是，他认为，“人之人化”不仅包括人改造自己的自然本性的“自然的人化”过程，而且包括人对“自然的人化”的片面性的消解。实际上，这两个方面都是人的自我意识的表现：

---

① 陈望衡．20世纪中国美学本体论问题[M]．长沙：湖南教育出版社，2001：451.

② 陈望衡．当代美学原理[M]．北京：人民出版社，2003：25-27.

> 自然的人化是人的进步，人的自然化也是人的进步。它们是分别从不同的意义上说的。如果说，自然的人化是人性建立和完善过程中的否定，那么，人的自然化是人性建立和完善过程中的否定之否定。如果说，自然的人化是人的自我意识的第一次觉醒与向自身的生成，那么，人的自然化是对自然人化的片面性的消解，可说是人的自我意识的再觉醒与向自我的更高层次的回归。①

只有“自然的人化”而没有“人的自然化”的情况，就是庄子所说的“与物相刃相靡，其行尽如驰而莫之能止，不亦悲乎！终身役役而不见其成功，苶然疲役而不知其所归，可不哀邪”(《庄子・齐物论》)。人在片面的“自然的人化”过程中变成了自己所造之物的奴隶，人将不成其为人。只有“人的自然化”而没有“自然的人化”，则会发生性泛滥意义上的反社会行为，人成为自己动物性欲望的奴隶，人更不成其为人。正像儒家的重建周文的努力不是前者一样，道家的返回自然的呼声也肯定不是后者。

在世界造物之中，只有人创造了社会文化，从而改变或超脱了自己的自然本性；同样在世界造物之中，只有人才发现了自然的价值。人之为人，就在于人不但会筹划未来，而且会回望历史。对未来的筹划和对历史的回望，都是人的自我意识的表现。缺少了这两个维度中的任何一个，人都将不成其为人。所以，这两个方面是同步的、互动的两个方面。

说这两个方面是同步互动的，只是从逻辑上说的。从发生学的角度来看，二者却是有先后之分的。只有在有了“自然的人化”之后，才会有“人的自然化”。换言之，只有超脱了自然之后，才会有人。因为超脱自然，才有人与自然之分，才有人的自我意识。只有具有了自我意识，人才会不但认识对象，而且反思自身。正像反思总是对认识的反思，从而是对于“无知”的否定之否定一样；“自

① 陈望衡.20世纪中国美学本体论问题[M].长沙：湖南教育出版社，2001：453.

然的人化”也总是对于“人的自然化”的反省，从而是对于人类原始蒙昧状态的否定之否定。通俗一点说，制动的价值总是建立在引擎的基础上，人类也是在经历了“自然的人化”之后，才会有“人的自然化”。在这之后，两者才会同步发展，成互动格局。

四、对“文质彬彬”意涵的再强调

如前几节反复所说，区别“文”与“质”，在中国古代哲学系统中，建立在区别“人”与“天”的基础上。“人”“天”之别，用我们现在的哲学术语来说，就是“自然的人化”与“人的自然化”之别，就是“文化”与“自然”之别。文质之争，用在人身上，就是文明与自然之争；转换到审美领域，就是雕饰与素朴之争。在儒道两家理论视野中的“文质彬彬”，就是“人”与“天”、“文明”与“自然”、“雕饰”与“质朴”之间的中道。在孔子的哲学视野中，“文质彬彬”也是如此。为了说明这一点，我们有必要再引用一下论家对“文质彬彬，然后君子”的解释。冯友兰说：

> 孔丘认为人必须有真性情、真情实感，然后才可以有“仁”的品质，但是，真性情、真情实感还不就是“仁”，它是“为仁”的必要条件，但不是其充足条件。因为真性情、真情实感可能失于偏激，所以必须对于真性情、真情实感有所加工。好像一块美玉，它的素质是美的，但是还必须对它进行琢磨，才可以成为一件完全的器物。这就是加工。用黑格尔的话说，好的素质是自然礼物，加工是人的艺术。对于人来说，他的真性情、真情实感，是自然的礼物。加工是社会对于他的琢磨，加工的目的是使个人与社会相适应，不相矛盾，而相协和。琢磨的方法就是学“礼”。①

---

① 冯友兰．中国哲学史新编(上卷)[M]．北京：人民出版社，1998：153-154.

> 人之性情之真的流露，只须合礼，即是至好。①

冯友兰用"真性情"和"真情实感"来解释"质"，可以说是很得儒学要领。但我们要注意的是，这里的"真性情""真情实感"的重点在于"真""真实"，而不在于"情感"。正因为我们将重点放在了"情感"上，所以就将"质"解释成"内容"，而将"文"解释成"形式"。事实上，质就是率性而行，文则是礼法约束。前者法天，后者法人。蒙培元说："所谓'文质彬彬'，并不是或不仅仅是形式与内容的问题，而是一种真实自然而又有文采的人格模型，是内外合一、天人合一的整体性的精神境界。"②可以说，美学界或文艺学界以外的论家基本都遵循这样一种解释：

> "质"与"文"相对，质即质朴无华，文即文饰仪节。在某种意义上，质近于蒙昧，文近于文明。③（陈来）
>
> 意为自然形态胜于人为形态的谓之"野"，人为形态胜于自然形态的谓之"史"，人为形态与自然形态彼此切合，就符合君子的风貌了。在这里，"文"与"质"对称，具有"修饰"、人为加工等含义。④（冯天瑜）
>
> 昔人云"质胜文则野，文胜质则史"，是言未经人力经营而保持其原有状态者谓之"质"，已经人力经营而留存人为的形态者谓之"文"，故自然形态胜于人为形态时谓之"野"，人为形态胜于自然形态时，谓之"史"。而其最理想之状况是不太粗野，不太造作，合乎自然，而又不忽乎人力之形态。故以"文质彬彬"为调整人性之理想标准，而记录人力所通之一切

---

① 冯友兰．中国哲学史（上册）[M]．上海：华东师范大学出版社，2000：59-60.

② 蒙培元．心灵超越与境界[M]．北京：人民出版社，1998：129.

③ 陈来．古代宗教与伦理：儒家思想的根源[M]．北京：生活·读书·新知三联书店，1996：279.

④ 冯天瑜，周积明．中国古文化的奥秘[M]．武汉：湖北人民出版社，1986：11.

成绩之工具，遂亦谓之文。①（陈立夫）

当然，美学界也认识到了文与质的问题，首先就是质朴自然和人工雕饰的问题。但是，由于专业的阈限，很快就滑入了内容和形式的轨道。敏泽说：

> 孔子论“文”“质”，初不为文，而是为人而发。他说：“质胜文则野，文胜质则史，文质彬彬，然后君子。”（《雍也》）“质”即不加文饰的质地，“文”即文采。意谓对一个人来说，质地朴素超过文饰，不免粗野；反之文采超过质地，则不免像史官那样浮夸，只有两者结合，既朴实而又文雅，才是“君子”。这个对人的质地和外表的比拟中，包含着内容和形式是相对立的两个侧面，两个侧面必须和谐统一的问题。后世也逐渐把文质当作艺术的内容和形式的关系来普遍的运用。②

事实上，“质朴”与“文采”无论如何也没有办法等同于“内容”与“形式”。如果我们非要套用内容和形式这一对范畴，我们可以说，质朴也是一种形式。这也就是说，即使我们认为文质争论首先是一个文艺学—美学论题，那么“质”也不是内容，“文”也不是形式。用我们前面的话来说，“质”就是“繁华落尽见真淳”的“真淳”，而文就是“繁华”。前者是一种朴素的美，后者是一种绚丽的美。如果作进一步的引申，我们也只能说文质争论就是“法”与“无法”之争，而不是内容和形式之争。由于美学—文艺学界用“内容和形式的统一”来解释文质彬彬，基本已成一种习惯，所以我们这里再次强调这一点。

---

① 陈立夫．文化与中国文化之建设：三民主义即文化建设之纲领（1935年5月10日）[M]//罗荣渠．从“西化”到现代化：五四以来有关中国文化的文化趋向和发展道路论争文选．北京：北京大学出版社，1990：468.

② 敏泽．中国美学思想史（第一卷）[M]．济南：齐鲁书社，1987：153.

五、文质争论的逻辑必然性

如果前文解释“文质彬彬”有些道理，我们就可以将尚“文”的一派，看作是崇尚“人文”的一派，而将尚“质”的一派，视作崇尚“自然”的一派。前者看重的是“自然的人化”，而后者看重的是“人的自然化”。

正是“自然的人化”和“人的自然化”这两个同步互动的过程，决定了文质争论的必然性。只要人还是人，那么，人就永远需要“自然的人化”和“人的自然化”这两个极端，在两极张力中坚定自己的自我意识。用中国古代的哲学术语来说，在两极张力中“执两用中”。由于中道的艰难，而且由于中道本身需要两极之间的张力，所以，“自然的人化”和“人的自然化”是摆在人类面前的一个永远的问题(problem)，而不是什么现成答案。对于文质彬彬，我们也应作如是观。

就像儒家所主张的“博文约礼”是一种自觉的努力一样，道家的“返璞归真”其实也是一种精神的历练。用中国古人的话来说，都是人的修养上的一种“功夫”。韦政通说：

> 返璞归真的“返”代表一种功夫的历程，根据自然宇宙观看人生，人在婴儿阶段是最淳朴、最自然的。然后在生命成长中由于受到社会文化的影响，人的淳朴与自然日渐递减，虚伪与造作则逐渐增加。生命的成长完全是一个反自然的过程，人要重新拾回失去的纯真，必须反逆着“社会化”的发展，在自我本身下一番大功夫。①

所以，道家的这种回返，其实就是对于“自然的人化”的一种反思或批判。这种批判是必要的，不然，有限的人就失去了认识自己的有限性的能力，就会把自己的有限性当作永恒。转到我们所讨论的美学问题上来，道家对于素朴的美的揭示，实际上就是对繁华的美

① 韦政通．中国思想史(上册)[M]．上海：上海书店，2003：113.

的一种反思。如果人永远痴迷于色彩缤纷的东西，那么，其结果就真的像老子所说的那样“五色令人目盲”了。

从发生学的角度来看，人对于素朴的美的价值的体认，要后于对色彩美的价值的体认。因为儿童无一例外地表现出对于夺目色彩的喜好，而不是对素淡色彩的敏感。① 对素淡色彩的钟爱，是成人的事情。同理，初学写作，人们基本都喜欢文采飞扬的文章；至于独立写作之时，人们才发现平淡的可贵。对于人类历史来说，人类首先走的也是一个“文”的过程，只是到了一定的阶段，人们才标举“质”。陈良运注意到这样一个现象，即中国古人首先对“文”的美有了“定性词”，而对于“质”的美，却没有一个“定性词”②。这从一个侧面说明，“质”作为一个对立的审美或价值范畴，其实是晚于“文”的。

所以，从逻辑上讲，是“质”在先而“文”在后，先有自然之“质”，后有人工之“文”，然后“文质彬彬”；但从发生学的角度来说，却是“文”先而“质”后，先有对“文”的局限的认识，后有对“质”的体认。崇尚“质”，并不是要回到原本的“无文”的状态，而是对于“文”的否定，是对于原始“无文”的否定之否定。这种否定，是在一定阶段才会产生的人类现象。

六、从文质观看儒道之互补

李泽厚指出，先秦时代诸子争鸣的一个结果就是，奠定了中华民族的“儒道互补”的文化—心理结构：

> 就思想、文艺领域说，这主要表现为以孔子为代表的儒家学说，以庄子为代表的道家，则作了它的对立和补充。儒道互补是两千多年来中国思想的一条基本线索。③

---

① 参见刘骁纯．从动物快感到人的美感[M]．济南：山东文艺出版社，1986：180.

② 参见陈良运．文质彬彬[M]．南昌：百花洲文艺出版社，2001：4.

③ 李泽厚．美的历程[M]//李泽厚．美学三书．合肥：安徽文艺出版社，1999：55.

儒道互补也表现在文质观上。我们在前一节的讨论中，着重于揭示儒道的对立，在这里谈一谈二者何以互补。

对立的东西并不一定互补。善与恶是对立的，但谁会说它们是互补的呢？有共同的话题、不同的见解，足以成对立，但不足以互补。对立要转化为互补，不但需要共同的论题和对立的见解，还需要有精神之共通。人类精神上最大的共通性，莫过于对真善美的普遍追求。所以，谈共通性，一个最好的起点就是乌托邦。

道家的乌托邦就是老子所说的"小国寡民"，儒家的乌托邦则是《礼记》中所说的"大同之世"：

> 大道之行也，天下为公。选贤与能，讲信修睦，故人不独亲其亲，不独子其子，使老有所终，壮有所用，幼有所长，矜寡孤独废疾者，皆有所养。男有分，女有归。货恶其弃于地也，不必藏于己；力恶其不出于身也，不必为己。是故谋闭而不兴，盗窃乱贼而不作，故外户而不闭，是谓大同。(《礼记·礼运》)

这段文字当然不是出自孔子之手，但肯定是出自儒家之手，而且可以说是严格意义上的儒家的手笔。虽然这个"大同之世"和"小国寡民"的叙述策略和语汇很不相同，但在精神气质上，已经褪尽两家相互攻讦的色彩。更进一步说，这个"大同之世"就像道家的"小国寡民"一样，没有战争，没有盗贼，没有阴谋，没有剥削，没有等级贵贱。一言以蔽之，没有人类的所有丑恶。再进一步说，这里也看不到儒家所津津乐道的礼乐教化的影子；相反，这个世界倒像是道家弃绝礼乐的"无为而治"的世界。如果这一点在关于"大同之世"的论述里不是特别明显，那么，联系儒家所说的"小康之世"，就显得一目了然了：

> 今大道既隐，天下为家，各亲其亲，各子其子，货力为己，大人世及以为礼。城郭沟池以为固，礼义以为纪；以正君臣，以笃父子，以睦兄弟，以和夫妇，以设制度，以立田里，

> 以贤勇知，以功为己。故谋用是作，而兵由此起。禹、汤、文、武、成王、周公，由此其选也。此六君子者，未有不谨于礼者也。以著其义，以考其信，著有过，刑仁讲让，示民有常。如有不由此者，在势者去，众以为殃，是谓小康。（《礼记·礼运》）

这个"小康之世"正是孔子所赞叹的"周监于二代，郁郁乎文哉"的世界。在这个世界里，礼乐隆盛，但是与此相应，战争、阴谋、等级、剥削也相伴而生。从"大同之世"到"小康之世"的过程，就是道家所说的"大道废，有仁义；智慧出，有大伪；六亲不和，有孝慈；国家昏乱，有忠臣"（《老子·第十八章》）。可以说，儒家所向往的"大同之世"和道家所构想的"小国寡民"一样，也是一个没有"周文"的世界，当然也是一个没有"周文"所带来的负面效应的世界，是一个世质民淳、斯文未作的世界。正是对于共通的理想世界的追求，使得儒道两家虽然在对待周文的态度上截然相反，但却能互补。

这样的共通性也表现在"为学日益，为道日损"上。我们前面把这一句话界定为儒道两家的治"学"方法，并揭示了两者的对立。然而它们也是互补的。石中英说：

> 儒家的教育与道家的教育恐怕不是截然对立的，而是两个相互衔接的阶段：先是通过儒家的教育，知书达理，经世致用，然后再通过道家的教育，洞见本性，返璞归真。①

儒家的教育和道家的教育就像前面所说的"自然的人化"和"人的自然化"一样，既是对立的，又是互补的。庄子说："夫益之而不加益，损之而不加损者，圣人之所保也。"（《庄子·知北游》）真正的理想境界，就是这样的一个无须益损的境界，儒家的"益"追求的

---

① 石中英．教育哲学导论［M］．北京：北京师范大学出版社，2002：128.

是这个，道家的“损”追求的也是这个。

“绝对相反的两极常常比乍一眼见时靠近得多，当提升到更高一个层面时，它们会瓦解并成为整一。”①对于儒道两家的文质观，我们亦应作如是观。

第七节　墨子的文质观

前文主要是从中国古代思想中“儒道互补”的精神格局，来谈文质争论。所得结论就是，文质之争其实就是在“天—人”框架中所发生的争论。这并不意味着文质之争首先就是“天—人”之争，也并不意味着先秦思想界首先出现的对立，就是儒道对立。

事实上，就先秦思想而言，首先作为儒家对手存在的不是道家，而是墨家；对于“周文”的对立态度，首先也不是儒道对立，而是儒墨对立。与此相应，文质之争，首先也并不是“天—人”之争，而是“用—文”之争。由于墨家在汉代以后，几成绝学，所以，我们首先是在儒道对立的视野中讨论文质问题，而没有遵循历史顺序。我们这样做，并不是有所轩轾，也不是要故意颠倒历史。下面就简单讨论一下墨家的文质观。

一、儒墨对立

关于墨子其人及墨子之书的成书年代，固然尚有争论余地，但是以下几点基本已为学界确定：

(1)“墨子其人之年代，必在孔后孟前”②。

(2)《韩非子·显学》中说：“世之显学，儒墨也。”至少在孟子时代，墨家就基本取得与儒学分庭抗礼的地位，因而形成儒墨之对立。此思想格局一直延续到汉初，直至汉武帝罢黜百家、独尊儒

① ［德］鲍吾刚．中国人的幸福观［M］．严蓓雯，等，译．南京：江苏人民出版社，2004：35.

② 劳思光．新编中国哲学史（卷一）［M］．桂林：广西师范大学出版社，2005：217.

术，墨道中绝。

(3)墨子之身份如何，如先秦诸子一般，还是悬案。但其立论之“平民”色彩，却不可怀疑。①

(4)儒墨对立在先秦时颇为尖锐，以至到了“非儒即墨”的地步：“是墨子之俭，将非孔子之侈也；是孔子之孝，将非墨子之戾也。”(《韩非子·显学》)

以下之讨论均建立在这些基本共识之上。

二、儒墨何以对立？

凡对立，都是对一共同问题不同看法的对立。这里所说的问题，是“problem”意义上的问题，而不是“question”意义上的问题。可以说，儒墨两家其实想解决的是同样的社会问题，只不过开出的药方不一样罢了。这个问题，就是“礼崩乐坏”、天下失范。我们从墨子对当时情势的描述，就可以看出这一点：

> 然当今之时，天下之害孰为大？曰：“若大国之攻小国也，大家之乱小家也，强之劫弱，众之暴寡，诈之谋愚，贵之敖贱，此天下之害也。又与为人君者之不惠也，臣者之不忠也，父者之不慈也，子者之不孝也，此又天下之害也。又与今人之贱人，执其兵刃、毒药、水、火，以交相亏贼，此又天下之害也。”(《墨子·兼爱下》)

墨子所描述的这一局面，其实就是孔子所愤激的“天下无道”的局面，也是《孟子·滕文公下》中所说的“圣人之道衰”的情形。世无纲纪、道德败坏，因此，如何拯救“世道人心”就是儒墨两家面对

① 徐复观说：“墨子的出身，我不愿附和许多无根的臆说，但他始终处于平民的地位，直接反映当时平民的利害与意识，则似乎是没有问题的。他所反映的平民的利害，可以构成广大社会正义的基础；但其解决问题的构想，也常以他们现实生活的情形作根据。”[徐复观．中国人性论史(先秦卷)[M]．上海：上海三联书店，2001：279]

的共同问题。

当然，道家也面对这样的局面。但是，道家的主流，却是“游方之外”，以苦涩的微笑或怪诞的嘲讽面对此一局面；而儒墨两家远远没有道家那么超然，二者都怀有一种古道热肠，汲汲救世。我们从下面一段文字中，就可以看到墨家和儒家的精神何其相似：

> 子墨子言曰：“仁者之为天下度也，辟之无以异乎孝子之为亲度也。”今孝子之为亲度也，将奈何哉？曰：“亲贫则从事乎富之，人民寡则从事乎众之，众乱则从事乎治之。”当其于此也，亦有力不足、财不赡、智不智，然后已矣。无敢舍余力，隐谋遗利，而不为亲为之者矣。若三务者，孝子之为亲度也，既若此矣。虽仁者之为天下度，亦犹此也。曰：“天下贫则从事乎富之，人民寡则从事乎众之，众而乱则从事乎治之。”当其于此，亦有力不足、财不赡、智不智，然后已矣。无敢舍余力，隐谋遗利，而不为天下为之者矣。若三务者，此仁者之为天下度也，既若此矣。(《墨子·节葬下》)

这个问题，我们可以称为“民生”问题。《论语》中有这段文字：“子适卫，冉有仆。子曰：‘庶矣哉！’冉有曰：‘既庶矣，又何加焉？’曰：‘富之。’曰：‘既富矣，又何加焉？’曰：‘教之。’”(《论语·子路》)两相比照，就可以看到孔子和墨子所关心的问题是何其相似。墨家“以孝子为亲度”的态度“为天下度”，其中所体现的平治天下的热心，即使没有超过儒家，也不逊于儒家。所以，儒墨两家在先秦时代有着同样广大的“群众基础”，而道家则无。概言之，儒墨两家都是有为的，而道家则是无为的：“孔墨之道都是益，老子之道则是损。孔墨皆是有为，老子则是无为。”①既有共同的社会问题、又有同等程度的投入态度，却有截然对立的见解，非儒即墨之对立就是必然了。

---

① 张岱年. 中国哲学大纲[M]. 北京：中国社会科学出版社，1982：284.

"墨学以儒学为大敌。"①儒墨之对立颇多，尤其是后世儒墨相互攻讦的时候，更像是针锋相对、处处为敌。详细梳理这些对立，是另外一项繁重的学术任务。对本书来说，最重要的对立莫过于孔子和墨子对待"礼乐"的对立态度。孔子立志重建周文，墨子则坚持"非乐"。

墨子"非乐"是建立在墨家的逻辑推理的基础上的，而不是出于一种立场的表白。在中国古代哲学中，独墨家对逻辑贡献最大。仔细阅读《墨子》，我们就会发现墨子立论，鲜有玄学色彩，而是一板一眼，步步为营。墨子"非乐"当然也不例外。关于这一点，学界注意颇少，故本节将从对墨子"非乐"的逻辑分析入手，讨论墨子的思想。

三、《墨子·非乐上》中的逻辑推理

《墨子·非乐》原有上、中、下三篇，但由于墨学中绝，中下两篇皆散佚不闻，所以我们只能从上篇来分析墨子的推理。在这篇集中反映墨子"非乐"主张的文字里，墨子进行了如下形式的推理：

> 大前提："仁之事者，必务求兴天下之利，除天下之害，将以为法乎天下。利人乎，即为；不利人乎，即止。"
>
> 小前提：乐不能"兴天下之利"，"除天下之害"。
>
> 结论："为乐非也。"

由于对"仁之事者，必务求兴天下之利，除天下之害，将以为法乎天下。利人乎，即为；不利人乎，即止"可以作三种理解，因此，这个推理可能具有三种不同逻辑形式。我们用严格的逻辑术语表述如下：

其一：

---

① 劳思光．新编中国哲学史(卷一)[M]．桂林：广西师范大学出版社，2005：227.

大前提：一件事情是值得做的，当且仅当，它能“兴天下之利”或“除天下之害”。

小前提：“乐”既不能“兴天下之利”，又不能“除天下之害”。

结论：“为乐”是不值得的。

其二：

大前提：一件事情如果能够“兴天下之利”或“除天下之害”，那么，它就是值得的。

小前提：“乐”既不能“兴天下之利”，又不能“除天下之害”。

结论：“为乐”是不值得的。

其三：

大前提：一件事情只有能够“兴天下之利”或“除天下之害”，它才是值得的。

小前提：“乐”既不能“兴天下之利”，又不能“除天下之害”。

结论：“为乐”是不值得的。

这三个推理形式可分别称为：(1)否定后件式充分必要条件假言推理；(2)否定前件式充分条件假言推理；(3)否定前件式必要条件假言推理。按照逻辑规则，这个推理只有在第一、第三两种条件下，才是有效的。所以，这个推理的性质，直接取决于大前提的性质。

四、墨子推理中“大前提”

“墨子思想之第一主脉为功利主义。”①所谓功利主义，就是墨

① 劳思光．新编中国哲学史(卷一)[M]．桂林：广西师范大学出版社，2005：217.

子以“利”与“害”为标准来判断一件事情该不该做：

> 仁人之所以为事者，必兴天下之利，除去天下之害，以此为事者也。(《墨子·兼爱中》)
>
> 仁之事者，必务求兴天下之利，除天下之害，将以为法乎天下。利人乎，即为；不利人乎，即止。(《墨子·非乐上》)

这两句话，包含两个“直言命题”：(1)一件事情能“兴天下之利，除天下之害”，这个命题我们用p代替；(2)一件事情是“仁之事”，这个命题我们用q代替。这两句话，都是处理p和q两个直言命题之间的逻辑关系的复合命题。这两个直言命题之间有三种逻辑可能：

> (1)如果p，那么q。用逻辑公式表示：$p \rightarrow q$。
>
> (2)只有p，才q。用逻辑公式表示：$p \leftarrow q$。
>
> (3)如果p，那么q，反之亦然。用逻辑公式表示：$p \leftarrow\rightarrow q$。

参看墨子原文，我们可以说，第一句话是一个充分条件的假言命题。原句的意思是说，仁人做一些事情的原因在于，这件事情能“兴天下之利，除去天下之害”。换句话说，“兴天下之利，除去天下之害”构成仁人做事的充足理由。所以，这个命题是一个充分条件的假言命题：

> 如果一件事情能“兴天下之利，除去天下之害”，那就是仁人之事。

第二句话又像是必要条件假言命题。因为原句的意思是说，如果一件事情是“仁之事”，必然就会“兴天下之利，除去天下之害”。换句话说：

> 一件事情只有能“兴天下之利，除去天下之害”，那才是仁之事。

将这两个命题综合起来，就形成了一个充分必要条件的假言命题。即：

> 一件事情是“仁之事”，当且仅当，其能“兴天下之利，除去天下之害”。

用充分必要条件假言命题进行命题推演，有四种逻辑有效形式：

> (1)肯定前件式：若前件为真，后件必为真；
> (2)肯定后件式：若后件为真，前件必为真；
> (3)否定前件式：若前件为假，后件必为假；
> (4)否定后件式：若后件为假，前件必为假。

概言之，由于逻辑前件和逻辑后件之间是一而二、二而一的关系，肯定或否定其中的一个，就等于肯定或否定了另外一个。墨子正是通过说明“乐”不能“兴天下之利，除去天下之害”，得出仁者弗为的结论。

五、墨子所说的“大害”与“大利”及墨子推理的“小前提”

搞清了墨子推理中大前提的逻辑性质之后，我们有必要考察一下什么是墨子所说的“大害”和“大利”。

(一)什么是“天下之大害”

对于墨子来说，“天下之大害”就是《墨子·兼爱中》所说的“国之与国之相攻，家之与家之相篡，人之与人之相贼，君臣不惠忠，父子不慈孝，兄弟不和调，此则天下之害也”。概言之，人类社会中所有的暴力、欺诈、仇恨、动乱等丑恶现象，就是墨子所说的

"大害"。减少或去除这等丑恶现象的行为，就是"除天下之大害"。

（二）什么是"兴天下之大利"

即使不能"除天下之大害"，能"兴天下之大利"，也是好的。墨子所说的"兴天下之大利"，就是像"孝子之为亲度"那样，不遗余力地从事"天下贫则从事乎富之，人民寡则从事乎众之，众而乱则从事乎治之"这样的事情。墨子还指出当时"天下之巨患"："民有三患：饥者不得食，寒者不得衣，劳者不得息，三者民之巨患也。"（《墨子·非乐上》）如果能切实解决这些社会问题，就是"兴天下之大利"。

（三）墨子推理中"小前提"

以这个除"大害"和兴"大利"的标准来看，"乐"无一能焉："姑尝厚措敛乎万民，以为大钟、鸣鼓、琴瑟、竽笙之声，以求兴天下之利，除天下之害而无补也。"（《墨子·非乐上》）花很大的财力从事既不能除"大害"、又不能兴"大利"的"乐"，显然是不值得的。

如果执意做这样耗费财力人力的事情，那么非但无益，而且有害：一是"侵夺民衣食之财"，二是使人不专心于本职工作。这样，耗巨资为乐，不但是不值得的，而且是不应当的。

所以，墨子说："为乐非也。"

六、墨子"非乐"的逻辑性

韦政通说："先秦诸子中没有一家的思想能像墨子注重条理，讲究方法的，这一点他有充分的自觉……讲求标准和方法正是墨子思想的一个特征。"①这一特征，就表现在墨子"非乐"的思想中。

（一）《墨子·非乐上》的逻辑性

通过上文分析，可以说墨子在《非乐上》篇中的推理，就是一

① 韦政通．中国思想史（上册）[M]．上海：上海书店，2003：70.

个否定后件式的充要条件假言推理。从形式逻辑的角度来看，这个推理是有效的。

值得称道的是，墨子立论少有道学色彩，而是给反驳者留有充分的余地：

> 古者圣王亦尝厚措敛乎万民，以为舟车，既以成矣，曰："吾将恶许用之？曰：舟用之水，车用之陆，君子息其足焉，小人休其肩背焉。"故万民出财赍而予之，不敢以为戚恨者，何也？以其反中民之利也。然则乐器反中民之利亦若此，即我弗敢非也。然则当用乐器譬之若圣王之为舟车也，即我弗敢非也。(《墨子·非乐上》)

这也就是说，只要对手能够说明"为乐"也具有基础工程建设一样的"利"，那么，他就不会"非乐"。如果提供不出来，按照逻辑，他只好"非乐"。

(二)墨子对于儒家礼乐治天下的诘难

"非乐"思想是直接指向儒家的。儒家热衷于"乐"的首要原因在于，孔子认定"天下有道，则礼乐征伐自天子出；天下无道，则礼乐征伐自诸侯出"。这种"有之则必然，无之必不然"的观点，其实就是一种"充要条件假言命题"。对于这个命题的反驳，当然就是指出"乐"和"治"之间并没有必然联系。

《墨子·三辩》篇中说：

> 子墨子曰："昔者尧舜有茅茨者，且以为礼，且以为乐；汤放桀于大水，环天下自立以为王，事成功立，无大后患，因先王之乐，又自作乐，命曰护，又修九招；武王胜殷杀纣，环天下自立以为王，事成功立，无大后患，因先王之乐，又自作乐，命曰象；周成王因先王之乐，又自作乐，命曰驺虞。周成王之治天下也，不若武王；武王之治天下也，不若成汤；成汤之治天下也，不若尧舜。故其乐逾繁者，其治逾寡。自此观

之，乐非所以治天下也。”

墨子在此用“共变法”探求了“乐”与“治”的因果关系：“其乐逾繁者，其治逾寡。”至于实际历史是不是如墨子所说的这样，我们谁也没有发言权。但是我们必须承认，从逻辑的角度来讲，墨子的这一反例，足以得出“乐非所以治天下也”的结论。这也就是说，“乐”与“治”之间的直接因果关系不存在。墨子的反驳是一有效反驳。

既然如此，那么“乐”的合法性问题依然存在，墨子有理由“非乐”。

(三)墨子对儒家“乐以为乐也”的诘难

“乐以为乐也”，是儒家为“乐”辩护的一个重要根据：①

“乐者，乐也。”(《荀子·乐论》)

“故曰乐者乐也，君子乐得其道，小人乐得其欲。”(《礼记·乐记》)

“乐者，乐其所自成。”(《礼记·礼器》)

“行而乐之，乐也。”(《礼记·仲尼燕居》)

在墨子看来，“乐以为乐也”的说法，并不能成为耗费巨资“为乐”的充足理由：

子墨子曰：“问于儒者：‘何故为乐？’曰：‘乐以为乐也。’”子墨子曰：“子未我应也。今我问曰：‘何故为室？’曰：‘冬避寒焉，夏避暑焉，室以为男女之别也。’则子告我为室之

① 叶朗说：“他把审美和艺术活动看作是一种单纯的娱乐，所谓‘乐(yue)以为乐(le)也’。”叶朗显然将本是墨子要反驳的儒家的观点，当作墨子本人的观点(叶朗．中国美学史大纲[M]．上海：上海人民出版社，1985：50)。

故矣。今我问曰：‘何故为乐?’曰：‘乐以为乐也。’是犹曰‘何故为室’？曰‘室以为室也’。”(《墨子·公孟》)

关于墨子的这个诘难，有些学者认为是无效的。理由是墨子不知道前一个“乐”字读作“yuè”，后一个“乐”字读作“lè”。这个批评很不谨慎。孙诒让解释说：“《说文·木部》云‘乐，五声八音总名’，引申为哀乐之乐，此第二乐字用引申之义。古读二义同音，故墨子以‘室以为室’难之。”①既如此，则墨子的反驳就是一有效反驳。

所以，墨子也承认“乐”能够给人带来“乐”，但是这并不能成为“为乐”耗费巨资的充足理由。

七、讨论墨子“非乐”思想时应该注意的几个问题

“非乐”思想占据墨子美学思想的核心地位，这一点基本已经成为学界共识：

> 墨子的美学思想，集中表现于他提出的“非乐”的主张。②
>
> 墨子的美学思想集中表现在“非乐”问题上，它是墨子美学的核心。③

对此我们不再啰唆。但在上文分析的基础上，可以对墨子“非乐”作出以下几点补充说明：

(1)墨子所谓的“乐”并不是我们现代意义上的审美和艺术活动，更不是现代意义上的音乐，而是“周文”。张法说：

> 墨子美学最为人知的是他的非乐。乐……不仅是音乐，而且是整个色声味的朝廷美学体系，是耳之所乐的大钟、鸣鼓、

① (清)孙诒让．墨子间诂(卷十二)[M]．北京：中华书局，2001.

② 叶朗．中国美学史大纲[M]．上海：上海人民出版社，1985：58.

③ 李泽厚，刘纲纪．中国美学史(先秦两汉编)[M]．合肥：安徽文艺出版社，1999：153.

琴瑟、竽笙之声，目之所美的镂刻黼黻文章，口之所甘的刍豢煎炙之味，身之所安的高台、厚榭、邃野之居。①

“朝廷美学体系”是张法的专用术语，与“士人美学”相对。用本书的术语来说，这个“乐”就是曾经“作为仪式的艺术”的“周文”。所以，从一开始就将“非乐”看作一个现代意义上的“美学—文艺学”命题，由“非乐”得出墨子否定审美和艺术活动的结论的做法，是靠不住的。

(2)墨子所非的“乐”，重点是“礼崩乐坏”之后，已经流为贵族奢侈活动的“周文”。韦政通说：“乐在当时仍是贵族的专利品，玩这一套是很费钱的，贵族的财富主要来自万民，墨子并不反对‘厚措敛乎万民’，但必须为万民之利才合理。”所以，墨子非乐，就是对这种耗靡民费的活动的合法性的质疑。

(3)墨子承认我们所说的审美价值，但是他认为“乐以为乐也”之类的说法，并不能成为耗费民财的合法性根基。

(4)墨子“非乐”并不是要禁绝“乐”，而是说“乐”非天下要务，因此宁少勿多——“有乐而少，此亦无也”(《墨子·公孟》)，宁后勿先。

(5)墨子是从逻辑的角度对儒家的主张进行反驳的。“蔽于用而不知文”(《荀子·解蔽》)之类的说法，则是一种立场批判，并不会构成对墨子“非乐”逻辑的反驳。

八、墨子因果逻辑的缺陷和“非乐”思想的不足

通过上文分析，我们得出一个结论：墨子对其“非乐”主张所进行的推理，都是逻辑上的有效推理。由于逻辑学是研究推理形式的学问，也就是研究如何从前提 A“必然地推出”B 的学问②，所以，逻辑上有效(valid)的推理并不一定能说明结论就是正确(true)的。举个例子来说：

---

① 张法. 中国美学史[M]. 上海：上海人民出版社，2000：87.

② 参见王路. 逻辑的观念[M]. 北京：商务印书馆，2000：第二章.

有的人不会死，所以，并非所有的人都会死。

这个推理的前提是错误的，结论也当然是错误的，但是在逻辑上却是有效的。这里就牵涉到“推理”和“论证”的差别：“推理并不要求前提真，假命题之间完全可以进行合乎逻辑的推理……但论证却要求论据必须真实，以假命题作论据不能证明任何东西。”①由此反观墨子的“非乐”主张，我们发现，墨子的推理虽然是严密的，但其大前提是有问题的，所以其结论也有问题。

按照我们上文对原文的分析，墨子推理的大前提是一个充要条件假言命题：

一件事情是“仁之事”，当且仅当，其能“兴天下之利，除去天下之害”。

对这个命题进行更白话化的翻译，我们就可以表述如下：

一件事是有价值的，当且仅当，这件事能“兴天下之利，除去天下之害”。

然而，“这件事对人民是有利的”这一命题，并不是“一件事是有价值的”这一命题的必要条件，更不是充要条件，而是一个充分条件：

如果一件事能“兴天下之利，除去天下之害”，那么，这件事是有价值的。

这也就是说，“兴天下之利，除去天下之害”是判断一件事情有价值的充分理由，但不是唯一充分理由。墨子的错误在于将这个当作

① 陈波．逻辑学是什么[M]．北京：北京大学出版社，2002：43.

唯一充分理由。

如果将墨子的大前提看作一个充分条件的假言命题，那么，墨子所进行的就是否定前件式的充分条件假言推理。对于一个充分条件假言命题，否定前件，并不导致否定后件。墨子成功地论证了“乐”不能“兴天下之利，除去天下之害”，但这并不能得出“为乐非也”的结论。所以，墨子“非乐”思想的局限，就是其大前提的局限。

墨子之所以将“兴天下之利，除去天下之害”这个充分条件，当作充分必要条件，原因有两个：

(1)墨家本身积极用世的态度。

墨家是入世的，而且比起儒家来说是有过之而无不及。急切地改变不合理现实的愿望，使得墨家比起儒家来说更少虚言，更多身体力行，同时也使得墨家建立起了功利主义价值观。韦政通将“功利主义价值观”列为墨子思想的“第四个特征”，而且认为这个特征就是墨学中发挥得最充分的一个特征。他说，这个特征的“过分膨胀是墨学内在的重大限制。因为实用的目的性的要求过强，足以妨碍思想向高度发展。一个怀抱着惟功利价值观的思想家是无法接受价值的多元观的。墨子反对儒家的礼乐就发生这样的问题，你从功利的观点认为礼乐没有价值，但儒家从另外的观点却认为礼乐是人类社会不可或缺的道德规范。功利的价值标准只能在墨学的范围之内形成有效的论证，却不能构造出普遍有效的形式论证”①。这个评价是很精准的。其要点有两个：第一，墨子的论证，在墨学内部是完全有效的论证；第二，功利主义价值观只是价值观中的一种，而不是全部。墨子错把功利主义价值观当作唯一有效的价值观。

(2)墨学逻辑本身的缺陷。

我们上文所用的充分条件假言命题、必要条件假言命题和充分必要条件假言命题的区分，是古希腊形式逻辑发展成熟时的产物。与此相对，墨子只区分了两种假言命题，一种是“小故”，另一种是“大故”：

---

① 韦政通．中国思想史(上册)[M]．上海：上海书店，2003：72.

> 小故，有之不必然，无之必不然。……大故，有之必然，无之必不然。(《墨子·经说上》)

“有之不必然，无之必不然”是必要条件；“有之必然，无之必不然”则是充分必要条件。充分条件在这里付诸阙如，充分条件是“有之必然，无之未必不然”。没有考虑到充分条件和充分必要条件的细微差别的结果，就是将充分条件当作充分必要条件。所以，墨子的推理，只是自身逻辑系统以内的有效推理，或者说是当时逻辑发展水平上的有效推理。如果从逻辑上发现充分条件和充分必要条件的细微差别，在“大故”和“小故”之外再划分出一种“故”来，那么，墨子的“非乐”论证就需要修正了。

至此我们可以说，从逻辑角度反驳墨子的“非乐”论，要比反驳墨子的功利主义价值观更为有效。因为墨家的功利主义价值观是和其用世态度与实行精神紧密相连的，这是墨家之所长，而非墨家之所短。如果从这里批评墨家，墨家即使暂时处于下风，也会是口服心不服。与此相反，逻辑中的缺陷一经指出，崇尚逻辑的墨家必然会痛快接受，不但口服，而且心服。

遗憾的是，从儒家开始，人们对墨子“非乐”的批评都沿用孟子和荀子的“立场”批评路数，而没有从逻辑角度破解。即使我们当代学人，也未能超脱这一局限。这样的结果是，墨学之所长被人们无情抛弃，而墨学之所短却不被察觉。毕竟，比起“墨氏兼爱，是无父也，无父无君，是禽兽也”(《孟子·滕文公上》)、“蔽于用而不知文”(《荀子·解蔽篇》)这一类指责来说，逻辑上的长处和短处又能算作什么呢？墨家的实用态度又能算作什么呢？五四时期的学人认为，中国哲学之缺陷与墨学中绝有关，也许不是胡乱揣测。

九、墨子“非乐”对于文质争论的贡献

虽然“功利的价值标准只能在墨学的范围之内形成有效的论证，却不能构造出普遍有效的形式论证”，但是，墨子的“非乐”思想却给先秦文质争论或先秦美学作出了很大贡献。这些贡献表

现在：

（一）功利价值观

毋庸讳言，墨子是一个功利主义者。墨子的首要贡献就在于，将“功利价值观”以一种极端的形式——“唯功利价值观”——加以理论化。

“唯功利价值观”和“功利价值观”不同。用逻辑上的术语来说，“唯功利价值观”的表述是一个充要条件假言命题，而“功利价值观”则是一个充分条件假言命题。“唯功利价值观”是一个错误命题，但是“功利价值观”是一个正确的命题。如果我们脱去墨子的“唯功利价值观”的极端形态，将其归结为价值观中的一种，那么墨子的贡献就不言而喻了。

事实上，我们往往和儒家犯了同样一个错误，即因为墨子的“唯功利价值观”是错误的，而否定“功利价值观”。如果说墨子持一种“唯功利价值观”体现出一种价值观上的不宽容，那么，我们进而否定“功利价值观”就会显得更不宽容。为了说明这一点，让我们再一次陈述“功利价值观”的逻辑表述：

> 如果一件事能“兴天下之利，除去天下之害”，那么，这件事是有价值的。

这个命题是一个真命题。

（二）对于“质”的新界定和“先质而后文”的文质观

墨子由“功利价值观”出发，对“质”作出一个新的界定：质就是“实用”。并由此提出先质而后文的文质观：

> 禽滑厘问于墨子曰：“锦绣絺纻，将安用之？”墨子曰：“恶，是非吾用务也。古有无文者得之矣，夏禹是也。卑小宫室，损薄饮食，土阶三等，衣裳细布。当此之时，黼黻无所用，而务在于完坚。殷之盘庚，大其先王之室，而改迁于殷，

茅茨不翦，采椽不斫，以变天下之视，当此之时，文采之帛将安所施？夫品庶非有心也，以人主为心，苟上不为，下恶用之？二王者，以身先于天下，故化隆于其时，成名于今世也。且夫锦绣絺纻，乱君之所造也。其本皆兴于齐景公喜奢而忘俭。幸有晏子以俭镌之，然犹几不能胜。夫奢安可穷哉！纣为鹿台糟邱、酒池肉林，宫墙文画，雕琢刻镂，锦绣被堂，金玉珍玮，妇女优倡，钟鼓管弦，流漫不禁，而天下愈竭，故卒身死国亡，为天下戮。非惟锦绣絺纻之用邪？今当凶年，有欲予子随侯之珠者，不得卖也，珍宝而以为饰。又欲予子一钟粟者。得珠者不得粟，得粟者不得珠，子将何择？”禽滑厘曰："吾取粟耳，可以救穷。”墨子曰："诚然，则恶在事夫奢也。长无用好末淫，非圣人之所急也。故食必常饱，然后求美；衣必常暖，然后求丽；居必常安，然后求乐。为可长，行可久，先质而后文，此圣人之务。”禽滑厘曰："善。”①

这里墨子提出的是“先质而后文”的文质观，就是“先实用后审美”。

（三）严密的逻辑推理及理论自觉

墨子的“非乐”论证虽然不是一个正确的论证，但是一个有效的推理。与墨家的严密逻辑态度相对，儒家动不动就从道德立场指责人，而道家则习惯于讥笑人。从学术争鸣的角度来看，正确的方法比正确的结论更重要。因为只要用严密的逻辑推理，那么，其错误或疏忽往往可以经过分析找到。但是，对于玄言，其错误在哪里，并不是那么容易发现的。

十、儒墨互补

我们在前面说明了儒墨对立的原因：(1)关心共同的社会问题；(2)对待“周文”的对立态度；(3)同样热诚的用世之心。其

① (清)毕沅．墨子佚文[M]//(清)孙诒让．墨子间诂·附录一卷．北京：中华书局，2001.

实，这些条件足以促为儒墨之互补。第一个揭示了“儒墨互补”的人，当数唐代大儒韩愈。他说：

> 儒讥墨以上同、兼爱、上贤、明鬼，而孔子畏大人，居是邦不非其大夫，春秋讥专臣，不上同哉？孔子泛爱亲仁，以博施济众为圣，不兼爱哉？孔子贤贤，以四科进褒弟子，疾没世而名不称，不上贤哉？孔子祭如在，讥祭如不祭者，曰“我祭则受福”，不明鬼哉？儒墨同是尧舜，同非桀纣，同修身正心以治天下国家，奚不相悦如是哉？余以为辩生于末学，各务售其师之说，非二师之道本然也。孔子必用墨子，墨子必用孔子，不相用不足为孔墨。(《韩昌黎集·读墨子》)

“孔子必用墨子，墨子必用孔子，不相用不足为孔墨”，即是“儒墨互补”。这也就是说，儒墨两家虽然在主张上彼此对立，以至于相互攻击，但从根本精神上来说，却是相通的。对立的儒墨两家之所以相通，是因为他们都具有同样的古道热肠、同样的用世之心。

韦政通说：“心性的体会与政治、社会问题的关注，是儒家学术的两个轮子，古典的说法，叫做内圣与外王。”可以说，儒墨之对立与互补在“外王”层面，而儒道之互补则在“内圣”层面。转换到美学上，儒墨之对立和互补在“朝廷美学体系”上，而儒道则在“士人美学”上。①

可惜的是，由于儒墨在历史上只有对立，而无互补，以至于墨学中绝，只留下儒道互补支持中国美学思想。于是，贯穿于历史始终的文质争论，就主要在“天—人”框架中开展。此幸耶？不幸耶？相信学者自有公论。

第八节　作为文质争论重要隐喻的玉器

关于先秦文质争论，按理说，早该到画上一个并不完满的句号

① 参见张法．中国美学史[M]．上海：上海人民出版社，2000：第2章．

的时候。然而我们还有上章结尾所遗留的一个问题，即战国奢靡之风和君子比德于玉的问题。这个问题由于和先秦文质争论紧密相关，所以插在这里，但愿并无唐突之嫌。

一、玉：先秦文质争论中的一个重要隐喻

事实上，在先秦文质争论中，玉是一个重要隐喻。好多重要的文质观，都曾以玉为喻。孔子尚“文”，故说：

> 子贡问曰：“贫而无谄，富而无骄，何如?”子曰：“可也。未若贫而乐道、富而好礼者也。”子贡曰：“《诗》云：‘如切如磋，如琢如磨’，其斯之谓与?”子曰：“赐也，始可与言《诗》已矣！告诸往而知来者。”(《论语·学而》)

这就是用“玉不琢，不成器”来比喻“人不学，不知道”。对于儒家来说，一个文质彬彬的君子，就是一块祈求为世所用的美玉：“有美玉于斯，韫椟而藏诸，求善贾而沽诸?”(《论语·子罕》)美玉，当然是质地绝佳，而且经过了琢磨功夫。

老子尚“质”，故说“圣人被褐而怀玉”(《老子·第七十章》)。这块玉，当然不会“求善贾而沽”；即使含藏，也不是“韫椟而藏”。因为，在道家眼中，玉的美不是靠文饰，而是靠质地。“被褐而怀玉”的玉，当然会拒绝“椟”的文饰。道家的这种拒绝“文”的尚“质”观，在庄子那里得到了极端的发挥：“白玉不毁，孰为珪璋!”(《庄子·马蹄》)对于道家来说，用切磋琢磨的功夫加工玉礼器，就是对玉本身的美的损毁。所以，真正的美玉，是拒绝雕琢的。即使雕琢，也不是文饰，而是要“雕琢复朴”(《庄子·应帝王》)，要显现玉的质地美。

墨子的用世之心，比孔子的“求善贾而沽”更为殷切。他不愿意“譬若良玉，处而不出有余糈。譬若美女，处而不出，人争求之”，而要“遍从人而说之”(《墨子·公孟》)。

以“玉”来说明文质观的最著名的例子来自韩非子。道家意义上的“质”，在韩非子笔下得到了形象而完善的说明：

礼为情貌者也，文为质饰者也。夫君子取情而去貌，好质而恶饰。夫恃貌而论情者，其情恶也；须饰而论质者，其质衰也。何以论之？和氏之璧，不饰以五采；随侯之珠，不饰以银黄。其质至美，物不足以饰之。夫物待饰而后行者，其质不美也。(《韩非子·解老》)

和氏之璧的“质”，是无须文饰的天然美质。当然，韩非子更是在“实用”的意义上拒斥“文”，著名的买椟还珠的故事所说明的就是“文”害“用”(《韩非子·外储说左上》)。所以，在韩非子眼中，“有千金之玉卮，通而无当”，不可以盛水；“有瓦器而不漏，可以盛酒”(《韩非子·外储说右上》)。

值得注意的是，“玉”作为喻体，在韩非子的尚“质”观中扮演了性质相反的两个角色。当“质”表示本身的美的时候，“玉”就是道家意义上的“质”；当“质”表示“用”的时候，“玉”扮演的却是儒家的“文”。

“玉”在同一家论述中扮演性质相反的两个角色，就说明“玉”早已不是良渚时代的“神玉”，而已步入日常生活领域。换句话说，“玉”早已失去身上的神秘色彩，其价值已经成为人们可以讨论的对象。文质争论中，“玉”之所以能成为一个重要隐喻，原因就在于“玉”的神圣意味的失去。

二、春秋战国的侈靡之风

我们前面说，如果将“礼乐”看作“作为仪式的艺术”，那么“礼崩乐坏”就意味着这种“作为仪式的艺术”已经失去了“乐和同、礼别异”的团结人民和维持秩序的作用。“文”流为“虚文”，“有意味的形式”失去了神圣意味。作为一个重要演员，“玉”当然也不例外。

我们从诸子对于贵族生活的描述，就可以看出“玉”是怎样失去自己的神圣意味，从而变成贵族们浮华、奢靡的生活的装饰的。墨子说：

圣人之为衣服，适身体，和肌肤而足矣，非荣耳目而观愚民也。……当今之主，其为衣服，则与此异矣。冬则轻暖，夏则轻清，皆已具矣，必厚作敛于百姓，暴夺民衣食之财，以为锦绣文采靡曼之衣，铸金以为钩，珠玉以为佩，女工作文采，男工作刻镂，以为身服。此非云益暖之情也，单财劳力毕归之于无用也。以此观之，其为衣服，非为身体，皆为观好。(《墨子·辞过》)

墨子在这里并不是像我们好多学者所说的那样，在反对审美，他是在反对奢侈。曾经是“神物”的玉，成了奢靡生活中的重要演员。墨子的描述也并非其一家之言，而是一个普遍现象。徐飚在列举了好多相通描述之后说：

从先秦诸子的有关论谈来推断，春秋战国时期侈靡之风相当盛行，几近成为一大社会问题。此风涉及衣、食、住、行等日常生活的各个方面，反映在器物制造上则表现为装饰性因素增多、制作趋于复杂精细、讲究材料质地的奢侈品生产大量存在。①

在这样的一股侈靡风气里，玉虽然仍扮演着礼器的角色，但是早已没有了意味。所以，即使是全力维护周文的儒家，对“玉”也是感慨良多：

子曰：“礼云礼云！玉帛云乎哉？”(《论语·阳货》)

孟子曰：“诸侯之宝三：土地、人民、政事。宝珠玉者，殃必及身。”(《孟子·尽心下》)

---

① 徐飚．成器之道：先秦工艺造物思想研究[M]．南京：南京师范大学出版社，1999：60-61.

假如“玉”还是那样神圣，孔子的感慨肯定属于多余。假如玉器仍然是“圣”物，孟子也肯定不会说“宝珠玉者，殃必及身”。可以说，在春秋战国时期，玉已经成了老子所说的“难得之货”：“难得之货，令人行妨。”(《老子·第十二章》)

侈靡之风中，玉器在制作上越来越精致，在用材上越来越讲究，在设计上越来越浮华。徐飚认为，这种侈靡之风的形成，有三个原因：(1)炫耀财富的心理；(2)动荡的政局所形成的及时行乐的处世态度；(3)审美热忱。她说：

> 无论如何，审美追求是其中最主要的动因之一，因为无论质地、制作还是装饰，这些对于增进器物的实用性能毫无裨益，其主旨所在唯增加其“观美”而已。①

从侈靡之风中看出审美热忱或审美解放的思路，基本上是治美学—文艺学之学者的普遍思路。但是这一思路是有问题的。

如果我们将审美仅仅理解为谋求“观好”的话，这种侈靡之风的确可以说是审美热忱的产物。但我们不要忘记，我们这种对审美的理解，是18世纪西方学人的理论虚构，根本没有考虑人类社会和我们自身的审美实际。迪萨纳亚克对超然的审美态度的批评，深刻地说明了这一点：

> 如果一位朋友从船上掉下去并且开始溺水，真正超然的旁观者不是去救人，而是赞美身体从船边落下时留下的白色曲线，以及那个人在水中挣扎时水面上泛起的波光涟漪和颜色。②
>
> 即使在现代异化的、无根的社会中，绝大多数并不习惯于

---

① 徐飚．成器之道：先秦工艺造物思想研究[M]．南京：南京师范大学出版社，1999：61.

② [美]埃伦·迪萨纳亚克．审美的人[M]．户晓辉，译．北京：商务印书馆，2004：187.

> 实践这种审美的距离，尤其是对别人。但是，审美地对待事物（例如自然和艺术），不考虑它们的用途、它们的代价以及它们的社会的或精神的意义，则是我们中的一些人，至少是在现代的某些时候有意培养出来的一种知觉方式。①

果真如此，我们怎能将仅仅为了“观好”的侈靡，看作审美热忱呢？在我们看来，侈靡之风中的玉器，反映的是一种审美危机，而不是所谓的审美解放。正是这种审美危机，使得儒家的“君子比德于玉”得以产生。

三、君子比德于玉

人之为人，不但在于人不知疲倦地劳动，还在于人不知疲倦地追求形而上的意义。如果没有意义世界的建构，那么，人不可能不知疲倦地劳动；即使能这样，那么不知疲倦地劳动，也不会获得勤劳的美称，而是贪婪的表现。对于审美，也是如此。

人的确喜欢具有特殊美丽外观之物，而人也喜欢给特殊之物赋予意味。如果没有后者，审美现象不可能产生。如果我们认为美仅仅在于外观的吸引力，那么，人类的审美就像好色之徒的猎艳，只会令人反感。就像人并不喜欢徒具外表的美丽而没有任何精神修养的人一样，对于失去意味的形式，人也有一种本能的恐惧。当然这个本能是社会本能，而不是生物本能。

所以，就像人注定要建构意义世界一样，人也注定要赋予美丽的形式以韵味悠长的意味。将玉器看作“美而不朽”的法器，就是这个过程的结果。当玉流于炫耀与浮夸的时候，“君子比德于玉”的说法就产生了。这一说法，最初见于《荀子》：

> 子贡问于孔子曰：“君子之所以贵玉而贱珉者，何也？为夫玉之少而珉之多邪？”孔子曰：“恶！赐！是何言也！夫君子

① ［美］埃伦·迪萨纳亚克．审美的人［M］．户晓辉，译．北京：商务印书馆，2004：188.

岂多而贱之，少而贵之哉！夫玉者，君子比德焉。温润而泽，仁也；栗而理，知也；坚刚而不屈，义也；廉而不刿，行也；折而不挠，勇也；瑕适并见，情也；扣之，其声清扬而远闻，其止辍然，辞也。故虽有珉之雕雕，不若玉之章章。诗曰：‘言念君子，温其如玉。’此之谓也。”(《荀子·法行篇》)

这种说法，在《管子·水地篇》《礼记·聘义》《说文解字·玉部》《说苑·杂言》中以基本相同的面目出现。

好多中国玉文化的研究者，对“比德于玉”的说法不以为然。杨伯达说：

孔子的话不难理解，既然君子如玉，那么贵玉亦即重君子，所以儒家宣扬玉的道德内涵，归根结底是为了抬高和标榜自己。①

这种说法无疑很不谨慎，甚至可以说有些想当然。我们可以想象得出，如果没有春秋战国时代的侈靡之风，就不会有“君子比德于玉”的说法；也可以说，如果只有侈靡之风，而没有“君子比德于玉”，玉器也就不会成为中国文化中的“贵重物品”，当然也就没有中国源远流长的玉文化或玉器审美了。所以，比德于玉的说法，就是一种挽救侈靡之风所带来的审美危机的努力。这一努力，获得了成功。这是比德于玉对于中国玉文化的贡献。

而从美学的角度来看，“比德说”说明了人类自然审美的一个重要规律，那就是，人类的自然审美远不仅仅是对于自然物像的形式观赏。事实上，真正让我们流连忘返的自然美，都是有着含藏不尽的社会价值意涵的美，而不是悦目的色彩、光泽或其他的什么东西。

---

① 杨伯达．中国古代玉器面面观[J]．故宫博物院院刊，1989(1)：46.

第九节 文与质：一对世界性的审美范畴

我们在前面做了三样工作：(1)说明了春秋时代的“周文疲惫”是先秦文质争论的现实原因。(2)梳理了文质争论的两个主要框架：一个是儒道对立中的“天—人”框架，另一个是儒墨对立视野中“用-文”框架。由于儒道对立基本主宰了汉代以后的美学进程，所以古代文质争论主要在儒道对立的框架中展开。(3)论证了儒道视野中文质争论的逻辑必然性。文质争论有其逻辑必然性，那么，文质范畴也就应当有其普遍性，西方也就应当有类似于中国古代文质争论的内容。我们本节主要来考察这样一个问题。

一、“装饰”(decoration)与“适合”(decorum)①

如果在西方美学中找一个与“文”最相近的词语，那么这个词并不是“形式”(form)，而应当是“装饰”(decoration)。关于“形式”与“文”之间的巨大差距，前文已经大致说明，这里主要说说西方的“装饰”与“文”之相近。

我们习惯于将“装饰”理解为单纯的美化行为。赫伯特·里德对于装饰和艺术的区分，就可以反映这一点：“装饰可以解释为一种视觉的快慰或感性的刺激；艺术则超越了这些，艺术本身是说明情感的、智力的和形而上的态度的手段。”②这一说法固然是不错的，但却仅仅是我们现代人的习惯看法。

当然，我们也可以提供一大堆论据，说明这种看法不仅仅是我们现代人的，而且是在历史上长期存在的，但是这种看法至少并不代表人们对装饰的最初(original)的理解。西方学者对于“装饰”的词源学梳理，就可以说明这个问题。贡布里希说：

---

① 由于译者不同，本书中对于“decorum”的中文表述有两个，一个是“得体”，另一个是“适合”。

② [英]赫伯特·里德．现代艺术哲学[M]．朱伯雄，曹剑，译．天津：百花文艺出版社，1999：84.

> 适合(decorum)和装饰(decoration)这两个词有相同的词根。适合这个概念在美学史上起过极其重要的作用……"适合"一词来自古代修辞学规则，它要求遣词造句总是适应场合的需要。你在为一件小事起诉时不会用夸夸其谈的言辞，同样，你在作庄重的演讲时也不会使用庸俗的粗话。①

既然适合(decorum)和装饰(decoration)具有相同的词根，那至少说明二者有一定的亲缘关系。也就是说，装饰不仅仅是我们惯常所理解的提供感性刺激的东西，还有理性的成分在内。当然，我们也可以怀疑词源学证明的有效性(validity)，但是我们认真反思一下我们现代人的"装饰"活动，就会发现"装饰"和"适合"之间的联系无所不在。

从理论上讲，"装饰"之所以和"适合"相关，就是因为我们所有的装饰都是给别人看的。一个人独自生活在另外一个世界里，无所谓"适合"不"适合"的问题。比如，我们在自言自语的时候，不会考虑我们的语言是否文雅；但是一个人面对公众讲话，就必须考虑自己的遣词造句和语音语调了。说话是如此，穿衣也是如此。我们的穿衣活动中所包含的"适合"与"不适合"的考量往往被我们所忽略，但它却是存在的。任何人都不会赤身裸体地出入于公众场合，而没有丝毫的"不适合"的感觉。与此相对，我们如果永远是孤身一人，那么赤身裸体和衣冠楚楚就没有什么差别了。这也就是说，任何关于"适合"与"不适合"的观念都是来自社会的，对于自己的言行举止的"适合"与"不适合"的考量，其实是在用群体的眼光打量自己。人的一言一行是如此，自己的梳妆打扮当然更不例外。

所以，适合(decorum)和装饰(decoration)之间的词源学联系并不是偶然的，而是必然的。认为装饰仅仅为我们提供"视觉的快慰或感性的刺激"，而不能说明我们的"情感的、智力的和形而上的

---

① [英]E. H. 贡布里希. 秩序感[M]. 杨思梁，徐一维，译. 杭州：浙江摄影出版社，1987：395.

态度”的说法，就等于把我们“习焉而不察”的东西，当作了实际上不存在的东西。

既然在我们普通人的生活中，“装饰”行为和“适合”这一社会观念总是具有若明若暗的联系，那么，在人类第一次使用装饰的时候，“视觉的快慰或感性的刺激”背后所隐含的“情感的、智力的和形而上的态度”就不难想象了。

二、作为一种“文化”现象的“装饰”

我们前面说，适合(decorum)的观念总是一种社会的观念，代表的是一个群体的眼光。社会群体不同，判断适合与不适合的标准自然不同。虽然标准五花八门，但是没有标准的社会群体是不存在的。所以，知道什么是“适合”、什么是“不适合”，就意味着有“教养”；如果不知道这个标准，就意味着没有“教养”。

当然这只是我们的逻辑运演，还有待于实际的证明。埃伦·迪萨纳亚克的词源学说明，比贡布里希的更直接地表明了这一点：

> 我们的cosmetic(化妆品)一词来自希腊语kosmos，意思是秩序、装饰、安排——在概念上更接近瓦吉人或非洲人的装饰观而不是我们现在的观念。此外，我们的decorum和decorate两个词也来自同一个拉丁语词根。“decorum”的意思是好看的、相称的、恰当的、相当的和适合的，所有这些词都暗示道德行为、礼貌和文雅。“decorate”的意思是装饰和美化，添加文化的形式和修饰。①

不但装饰(decoration)和适合(decorum)相连，意为“化妆品”的cosmetic，也与意为“宇宙”的cosmos有着亲缘关系。就像贡布里希的词源学梳理的背后是对装饰的历史考察一样，埃伦·迪萨纳亚克的词源学证明的背后还有她的人类学观察。

① [美]埃伦·迪萨纳亚克．审美的人[M]．户晓辉，译．北京：商务印书馆，2004：156.

既然埃伦·迪萨纳亚克说 cosmetic（化妆品）和希腊语 kosmos 在词源学上的亲缘关系所反映的装饰观念，“更接近瓦吉人或非洲人的装饰观而不是我们现在的观念”，那么，我们就有必要看看她所说的瓦吉人或非洲人的装饰观是怎样的：

> 瓦吉人并不认为装饰和炫耀是轻浮的；相反，他们相信装饰和炫耀深刻地影响了政治、宗教、婚姻和道德。瓦吉人相信，一位装饰一新的人比一位没有装饰的“自然”人更重要也更真实，这种信念与很多人把“盛装打扮”看作浪费时间或钱财的当代西方观念是根本不同的。①

人体装饰中无疑有视觉炫耀的成分，这是我们从动物身上所秉承的遗产。我们天然地具备了知觉“特殊”外观的能力，不然我们在自然界中就是盲人，从而无法生存。但是，人体装饰不仅仅是提供特殊外观，而且提供特殊外观中的特殊意味。这个意味，如我们前面所说，不是动物的性的信息，而是神圣的社会价值。因为人的装饰，是在一定的文化秩序中进行的。所以瓦吉人“相信装饰和炫耀深刻地影响了政治、宗教、婚姻和道德”并不是反映了他们的蒙昧，而是反映了人的装饰活动的实质。

事实上，即使是我们这些把“盛装打扮”看作浪费时间或钱财的现代人（这个观念不只是一种当代西方观念），不也是很注意政界人士的服饰变化吗？人体装饰中的视觉炫耀是一种文化“符号”，而不是一种传递性的信息的“信号”。“符号”是属于人的文化世界的，而“信号”则属于动物本能世界。② 瓦吉人所相信“一位装饰一新的人比一位没有装饰的‘自然’人更重要也更真实”，其实就是

---

① ［美］埃伦·迪萨纳亚克．审美的人［M］．户晓辉，译．北京：商务印书馆，2004：152.

② 关于信号和符号的著名区分，是恩斯特·卡西尔的伟大贡献。参见［德］恩斯特·卡西尔．人论［M］．甘阳，译．上海：上海译文出版社，1985：第二章.

说，接受文化的指引比接受本能的指引更真实，也更重要。所以，埃伦·迪萨纳亚克认为：

> 美化，比如化妆品或发型的使用，可以被看作灌输文化、教化和文明化的一种手段。滕内人的有些发式需要几天才能做成和完成：这样的编发意味着文明的秩序，正像把大地耕成好看的垄表明自然土地的精细一样。①

腾内人之所以花几天时间做一种像田垄一样的头发，就是因为美化和文化密不可分。装饰或美化，意味着这个人摆脱了自然的无序与混沌，而进入了一个秩序世界。这个秩序世界，就是人类社会。所以，人类装饰和动物装饰的一个重大不同就是，“装饰”过的人和没有装饰的人，是有本质的区别的：前者意味着“文化”，而后者“自然”。所以，装饰并不仅仅是“添饰”(ornamentation)与美饰(embelishment)②，以增加自己的吸引力——这是动物意义上的装饰，更是要改造自然外观，以使一个人成为一个社会的人。所以，

---

① [美]埃伦·迪萨纳亚克．审美的人[M]．户晓辉，译．北京：商务印书馆，2004：155.

② 苏珊·朗格说：“什么是‘装饰’呢？它明显的同义词是‘添饰’(ornamentation)、‘美饰’(embelishment)。但一如大多同义词，它们不完全相等。‘装饰’不单纯像‘美饰’那样设计美，也不单纯暗示增添一个独立的饰物。‘装饰’(decoration)与‘得体’(decrum)为同源词，它意味着适宜、形式化。然而，适宜于什么？是什么形式化了呢？一个视觉的表面。优秀的装饰的直接效果是以某种方式使这一表面更易视见。织物的漂亮镶边不仅强化了它的边缘，而且突现了无文饰的布面。而且，一个规则而完整的图案，如果是好看的，就会使这一表相浑然统一，而非姿态纷杂。无论如何，即使最基本的图案也能集中并吸引人们的视线，去观看它所装饰的空间。”([美]苏珊·朗格．情感与形式[M]．刘大基，译．北京：中国社会科学出版社，1986：73)将“装饰”和“添饰”(ornamentation)与美饰(embelishment)区分开来，并进而指出与“得体”(decrum)的关联，是苏珊·朗格和本书相同的地方。但是，朗格所要解释的是艺术，而本书所要解释的则是人的装饰行为。阐发重点不同，对“得体”(decrum)的解释自不一样，而非笔者不同意她的阐发。

对于人来说，装饰并不是一种多余或者浪费，而是人建构文化符号世界之必须。

这个改变人的自然外观的行为，就是中文的“文”，就是拉丁文中的cultura，也就是我们现在常说的“自然的人化”①。装饰其实就是人对自己的自然外观所进行的“自然的人化”的过程。所以，我们有理由认为，与“文”最相近的西方词汇，就是意为“装饰”的decoration，而不是意为“形式”的form 。

三、“文”与“野”

人类从本性上来说，总是尊重装饰过的“文化”状态，而非不经装饰的“自然”状态：

> 对于滕内人、伊格博人和其他很多西非的部族来说，美与文雅不可分，所以据说一位长相一般但以文雅的方式精心装扮的滕内妇女比一位长得好却衣冠不整的妇女更可能吸引男性的注意力。在这样的社会中，美，就像道德一样，来自争取，是通过控制自然而得以成就的：它不是一种自然禀赋。②

“以文雅的方式精心装扮”的状态就是“文”，就是得体的装饰；“衣冠不整”就是“不文”，不得体的装饰，就是“野”；自然“长相”就是“无文”的“质”。“长相一般但以文雅的方式精心装扮的滕内妇女比一位长得好却衣冠不整的妇女更可能吸引男性的注意力”，这种现象就说明，在腾内人的观念里“文”胜于“质”。对于我们来说，又何尝不是如此？一个天生丽质的女子，谁会希望她蓬头垢面呢？

我们在本章第六节曾论证，从逻辑上来说，“文”与“质”相对，但从发生的角度来看，却是“文”先于“质”。也就是说，先有“自然

① 参见张岱年，方克立．中国文化概论[M]．北京：北京师范大学出版社，1994：1-4.

② [美]埃伦·迪萨纳亚克．审美的人[M]．户晓辉，译．北京：商务印书馆，2004：154.

的人化”，才会有“人的自然化”，“人的自然化”是对于“自然的人化”的反思。反思总是对于缺陷的反思，所以，只有在“文”出现问题的时候，人们才会用“质”来纠偏。不然，“质”是没有意义的。关于在什么时候，才会出现文质争论，我们在后面专门论述。在这里我们只要记住，在“文”没有出现问题之前，“质”(“无文”)在很大程度上是一个中性范畴，而不是一个审美价值范畴。这时，与“文”这个审美价值范畴对立的是“野”：

> 在一个又一个社会中，我们都发现了足以表明人们把敬意投向自发而“自然的”行为或外表的对立面的惯例。世界各地的上层社会都以公开显示自制、复杂的礼仪系统和其他不自然的语言和行为上的苦心经营来标榜自己。例如，爪哇人把行为和人分为 alus(文雅的、有节制的)或 kasar(粗鲁的、俗气的、自然的)，富有民主精神的美国人已经有效地精简了这种区分，以至于粗俗可以变成一种风格，而文雅却受人怀疑甚至嘲笑——被斥责为某种“假装的”东西。①

上述迪萨纳亚克的观察，证明了我们前文对于“文”“野”“质”三个范畴的梳理。alus 就是“文”，就是对中性的自然之“质”，用类似于文化教养的东西进行改造的结果；而 kasar 就是“野”，就是“不文”，但却不是“无文”的“质”。因为“‘自然状态的人’从来就不存在”②，所以“野”就是因文化教养不足所产生的言行举止、身体装束不“得体”的状态。“文”“野”之分，就是“雅”“俗”之分，在大多数社会里，就是高下之分。在史前时期，则更是如此。这是人类的“常”态。当代美国人将这个价值层级倒转过来，只是人类社会的“变”态。这个“变”态，也有其合理的根由。我们下面就分析这个

① [美]埃伦·迪萨纳亚克．审美的人[M]．户晓辉，译．北京：商务印书馆，2004：154.

② [美]埃伦·迪萨纳亚克．审美的人[M]．户晓辉，译．北京：商务印书馆，2004：194.

问题。

四、“装饰”的危险与文质争论的前提条件

美国人倒转大多数社会中的价值层级，在下面这个现象中就可以看出来：在公众场合，美国人往往较为随意，而非洲人则衣冠整齐、装束讲究。对于这一现象，迪萨纳亚克评介说：

> 这种差异不能简单地加以解释：非洲人并非像一位西方人可能会认为的那样是要“炫耀”他们的地位。对西方人来说，时髦的盛装表达了试图引人注目的欲望，便装表示对舒适的关切或者是对财富和等级的外在表征的一种令人钦佩的弃绝。不如说，非洲人典型地体现了一种可以溯源到村落社会的信仰：关注穿戴和修饰显示出一种被看作人类基本美德的礼貌和优雅。①

在公众场合中装束随便的，在非洲人眼中就是“野”，意味着没有教养；穿着整齐，就是“文”，就是装饰“得体”，意味着礼貌与文雅。而在西方人眼中，“文”却成了“虚文”，非洲人所看重的意味早已淡薄或消失。保持自己平时的面貌，更自然、更真实地展现自己，意味着对于身外之物的“不动心”和超然态度。西方人的这种服饰观，用我们的术语来说就是“质”。

在公众场合穿着随便之所以在非洲人的眼中是贬义的“野”，是因为“文”还具有意味；之所以在西方人眼中成了褒义的“质”，是因为“文”的表现在西方人的观念中已经成了虚荣、做作、炫耀甚至奢侈的代名词。之所以产生这样大的差别，其原因有内外两个方面。

首先，最直观的原因就是，西方人的服饰观是经过祛魅的现代人的服饰观，而非洲人的则是古典时代甚至可以追溯到史前时代的

① ［美］埃伦·迪萨纳亚克．审美的人［M］．户晓辉，译．北京：商务印书馆，2004：6.

服饰观。西方当然也有过类似于非洲人的服饰观，至少维多利亚时代是如此。这个差别表现的不是地域的差别，而是不同时代的价值观的差别。然而这只是外因。

其次，更根本的原因在于，特殊形式的服饰所蕴含的特殊意味或社会价值是人赋予的，而不是与生俱来的。所以很容易失去，这样“文”就成了“虚文”。西方人之所以持这样一种服饰观，是因为他们将维多利亚时代的文雅看作虚伪的表征。

我们上文主要是以“服饰”为例讨论“装饰”的。事实上，“得体”意义上的“装饰”的意涵，就像中国古代的“文”一样广，所以，我们有必要在一个更广大的范围内讨论“文”流为“虚文”的表现。在我们看来，主要表现在两个方面：

(1)流于虚伪做作。动物只有一种哭泣方式，而人却有两种，一种是“自然哭泣”，另一种是“文化哭泣”：

> 卡卢利人“自然的”哭泣通常是变化无常的，表达了忧虑、激动或愤怒；它表现为哽咽欲泣，也表现为大声而失控的抽泣，也可能采用假声音调的形式。文化哭泣的形式甚至更为多样：有些表现出沉着和反省，是那种类似于歌谣的程式化的表演。文化哭泣的另一些形式是对其他人歌谣表演的评价性反应——一种仪式行为或仪式反应，一种艺术形式或者对艺术的一种反应。①

自然哭泣和文化哭泣的根本差别在于，前者是自发的，而后者是自觉的。是自发的，所以就没有丝毫的“美化”和“适合”的感觉；是自觉的，则一方面有了节奏韵律等形式化的东西，另一方面也有了是否合“礼”的考量。用西方的术语来说，前者是没有“装饰”的哭泣，无所谓“得体”；后者则是经过“装饰”的哭泣，则必须考虑“得体”与否。用中国的术语来说，前者是“真”，无所谓合“礼”；后者

① [美]埃伦·迪萨纳亚克．审美的人[M]．户晓辉，译．北京：商务印书馆，2004：190.

是“文”，必须合“礼”。人在丧礼中的哭泣，就是这种文化的哭泣。但是经过装饰的哭泣，由于是形式化了的，甚至可以说是程式化了的，所以很容易成为“强哭”，“强哭者，虽悲不哀”(《庄子·渔父》)。文化哭泣虽然合“礼”，虽然具有美的形式，但却没有了真正的感情。所以这种“文”，就反倒不如“质”了。因此，即使极力维护周礼的孔子也说，“丧，与其易也，宁戚”(《论语·八佾》)。

(2)流于虚荣炫耀。就像文化的哭泣就是一种具有“美的形式”的哭泣一样，所有的“装饰”和“文”都具有美的形式。失去意味的美的形式，容易流为炫耀——炫耀财富、地位和教养。原来承载社会价值和规范的“美的形式”，成了满足人的虚荣心的平台，成为一个人看不起另一个人的根据。

上述两条其实可以归结为一条：流为外在约束。一旦“文”流为“虚文”，人就会立即发现“野”的可贵。原来被贬斥的“野”，开始显得真实、自然、素朴甚至自由。这样，就产生了“质”这个审美范畴。“质”并不等于“野”，因为与“文”对立的“野”是“欲文而不得”的状态，而否定“虚文”的质，则标志着拒绝流于“虚文”的“文”。

可以说，“文”流于“虚文”，是先秦时期文质争论的现实语境。换言之，以“礼乐”为核心的、作为“有意味的形式”的“周文”，失去了其价值意味，成了单纯的美的形式。好多王公大人照样拿这个来教化民众，对于自己，一方面是拿“礼乐”来粉饰阴谋，另一方面则是用“礼乐”来满足自己的奢侈生活和炫耀欲望。这种局面，就是“礼崩乐坏”。可以说，“文”流于“虚文”，是“质”成为一个审美价值范畴的现实契机，也是文质争论的前提条件。假如“文”还是一种“有意味的形式”，“美的形式”还具有维持社会秩序和传递社会价值的作用，那么，“朴素自然”的表现永远是否定性的“野”，而不会成为肯定性的“质”。

对流于“虚文”的“文”的反感，是人类的一种普遍的心态。先秦文质争论是如此，西方关于“装饰”的争论也是如此。

五、西方美学史上关于装饰的争论

详细梳理西方历史上关于装饰的持久争论，是艰巨而富有意义的，笔者当然没有这样的能力。但是我们从贡布里希的《秩序感》这本专门研究装饰心理的著作中，可以看出一些蛛丝马迹。

（一）柏拉图对于修辞术的批评

在贡布里希看来，西方人关于装饰的争论的直接理论源头，就是西方古代关于修辞的争论。第一个对修辞术发动攻击的就是柏拉图。

柏拉图认为，修辞术就是一种欺骗人和迷惑人的技术，在演说中“运用修辞术使他的听众觉得同一事物像同又像异，像一又像多，像动又像静”。正是修辞术的这种迷惑力量，使得它可以将驴当作马来歌颂，把坏当作好来歌颂。所以，在言说中大量使用修饰手法，可能就是为了掩盖某种卑鄙的目的。正是出于对演说家的反感，柏拉图区分了两种不同的文章：一种是诗人、文章作者或法规作者的文章，是“天天绞尽脑汁改而又改，补而又补的那些著作”；另外一种是“爱智者”和“哲人”的文章，这种文章是拒绝修辞术的，是诗神附体的自然流露。①

当然，这并不意味着柏拉图关心的是文章写作问题。泰勒曾就讨论修辞术的《高尔吉亚篇》说：“人生和应该度过它的方式，而非辩术的价值，才是真正的主题，正如《理想国篇》的真正主题不是对抗的政治和经济制度的优劣，而是‘正直、节制和对未来的评价’。”②

对于柏拉图来说，人们不但要警惕修辞术的炫目技巧，还要警惕文字本身。《斐德若篇》中有一段我们所熟知的关于文字的故事。

---

① 参见柏拉图．斐德若篇［M］//柏拉图．文艺对话集．朱光潜，译．北京：人民文学出版社，1963：169.

② ［英］泰勒．柏拉图：生平及其著作［M］．谢随知，等，译．济南：山东人民出版社，1990：156.

一个名叫图提的埃及古神，发明了数目、算术、几何、天文以及棋骰等物，更重要的是他发明了文字。有一天，图提带着他的发明晋见埃及的国王，希望国王将它们推广到全埃及。在介绍其他的每个发明的时候，他都有褒有贬，等到介绍文字的时候：

> 图提说："大王，这件发明可以使人受更多的教育，有更好的记忆力，它是医治教育和记忆力的良药!"国王回答说："多才多艺的图提，能发明一种技术是一个人，而能权衡应用那种技术利弊的是另一个人。现在你是文字的父亲，由于笃爱儿子的缘故，把文字的功用恰恰说反了！你这个发明结果会使学会文字的人们善忘，因为他们就不再努力记忆了。他们就信任书文，只凭外在的符号再认，并非凭内在的脑力回忆。所以你所发明的这剂药，只能医再认，不能医记忆。至于教育，你所拿给学生们的东西只是真实界的形似，而不是真实界的本身。因为借文字的帮助，他们可无须教练就可以吞下许多知识，好像无所不知，而实际上却一无所知。还不仅此，他们会讨人厌，因为自以为聪明而实在是不聪明。"①

德里达从这个寓言故事中读出来的是西方的语音中心主义，而我们读出来的却是对文明时代标识的反思。既然文字都不免于遭受怀疑，那么修辞术就不言而喻了。

(二)古希腊修辞术的两大流派和西塞罗的折中立场

在古希腊和罗马，修辞术就是演说的艺术。关于演说的艺术，当时形成了两大流派，一个是亚细亚派(Asiatic)，另一个是雅典派(Atticists)。前者讲究语言修饰，是散文在古希腊兴起之后的主流。柏拉图所批评的高尔吉亚就是其著名代表，他"讲究对称与节奏，

① 柏拉图．斐德若篇[M]//柏拉图．文艺对话集．朱光潜，译．北京：人民文学出版社，1963：169.

采用诗的词汇与出色的隐喻，使散文带上诗的色彩”①。后一派维护语言的纯正，提倡质朴简单的风格，是柏拉图对于修辞术进行攻击之后所形成的本土派。

从演说术的角度来看，“雅典派对单纯简朴风格的崇尚确实使具有各种修饰手法的整个修辞学传统受到灭顶之灾的威胁”②。尽管如此，雕饰派和简朴派的对立一直延续到古罗马时期，于是就有西塞罗所提出的、旨在调和二者的著名的“适合”理论。这种理论规定了在什么情况下，语言的雕饰是可以被接受的，是必要的。但他又提醒具有高尚情趣的人们注意不要滥用它。对于崇尚简朴的雅典派，他虽然在晚年用很大的精力来批评他们的论调，但他还是承认他们的价值：

> 有些妇女不打扮反而更漂亮，因为这样对她们来说合适。同样的道理，简朴的风格，虽缺少修饰，但以其简朴而使人愉快。在这两种情况里，都有某种东西在无形地增加美感。这些妇女不需要任何显眼的东西，譬如珍珠来装饰，用不着发夹等卷曲形的饰物，也用不着任何化妆品，不管是白色或是红色的，把这些统统去掉所剩下的就是整洁清爽。语言如果也是这样的话，它就会变得纯正清晰，像拉丁文一样，总是先考虑适合。这样的语言将只缺少一种素质，即狄奥佛拉斯塔(Theophrastus)列为风格的第四优点：美妙丰富的修饰。③

西塞罗的“适合”理论并没有说简朴的风格更为可取，而是说雕饰和简朴各有所长，各有所短，关键在于用得适合不适合，得体不得体。而从西塞罗自身的喜好来说，他还是倾向于语言修饰的。如果

① 罗念生．导言[M]//[古希腊]亚里士多德．修辞学．罗念生，译．北京：生活·读书·新知三联书店，1991：3.

② [英]E.H.贡布里希．秩序感[M]．杨思梁，徐一维，译．杭州：浙江摄影出版社，1987：38.

③ 转引自[英]E.H.贡布里希．秩序感[M]．杨思梁，徐一维，译．杭州：浙江摄影出版社，1987：39.

我们用“文”与“质”两个范畴来界定古希腊罗马时期的这两个演说术流派的话，我们完全可以说西塞罗主张演说术中的“文质彬彬”的中庸之道。

(三)西方艺术史上的装饰争论

“适合”理论说起来容易，但做起来难。皮拉内西说：

> 适当(the right)即是保持在太少(too little)和(too much)太多之间。这一点说说容易，但要决定适当的范围就不是那么容易了。①

我们不妨顺着这段针对装饰所说的话，作些引申。孔子所说的“史”，可以说装饰过多；而孔子所说的“野”，就是装饰过少；“文质彬彬”，就是适当装饰。对于孔子来说，这种装饰就是“文之以礼乐”。就像孔子“文质彬彬”的概括，并没有解决中国历史上的文质争论一样，西塞罗的“适合”理论，也没有解决西方装饰领域的长期纠纷。华美和简朴、雕饰与自然、美丽与实用的争论，贯穿于西方装饰艺术史的始终。

六、文与质：一对世界性的审美范畴

薛富兴说：

> 先秦文质论是从两个层次展开的：首先是描述性讨论，这表现在使用单独的“文”及相关概念记录、叙述各种文化现象(从服饰到礼仪)；其次是反思性讨论，即通过“文”与“质”这对范畴(与“文”与“质”相近似的概念)对与原始物质生活截然不同的新的精神生活——文化创造性质进行讨论。描述是基础，反思是深入，这正是单独使用的“文”多于“文”“质”对举

① 转引自[英]E. H. 贡布里希．秩序感[M]．杨思梁，徐一维，译．杭州：浙江摄影出版社，1987：53.

的原因。①

由此，我们可以将以“文”为主的描述性讨论阶段，称作“前美学理论”阶段，而将“文”“质”对举的反思性讨论阶段称为“美学理论”阶段。因为严格意义上的理论，都是反思性的。美国汉学家宇文所安说：“感到需要为诗歌辩护，所以才产生了文学理论。一种文学思想传统越是浩瀚复杂，该传统中的文学在价值方面所受到的挑战（经常是未声明的）就越多。”②同样，美学理论，也是在审美生活或审美享受受到怀疑的时候才产生的。审美享受受到怀疑的标志，就是“质”作为一个审美价值范畴出现在“文”的面前。从这个意义上讲，“‘文’与‘质’是中国古典美学的逻辑起点，是一对贯穿了整个古典美学始终的范畴”③。

我们之所以说文与质是一对世界性的范畴，除了上文所谈的人类审美中的很多现象都可以用文质范畴解释之外，还因为人类永远面临的矛盾困境。这些矛盾困境有：

（1）文化与自然的矛盾。埃伦·迪萨纳亚克说：“人类是复杂而矛盾的动物，其自然的和文化的需要常常相互抵牾。”④可以说，只要人存在，人永远面对“天—人”问题。而文质争论，从根本上说就是在天人视野中展开的。

（2）审美与实用的矛盾。从美学的角度看，人的生活总是被分为两大领域，一个是生活的领域，另一个是审美的领域。在生活领域内，我们必须遵循节约原则，必须为自己的生活劳苦奔波；但是在审美领域，我们遵循的却是浪费原则，暂时摆脱了生活的困扰。

① 薛富兴．文与质：中国美学史的逻辑起点［J］．贵州师范大学学报，1997(1)：52.

② ［美］宇文所安．中国文论：英译与评论［M］．王柏华，陶庆梅，译．上海：上海社会科学院出版社，2003：43.

③ 薛富兴．文与质：古典艺术的定位［J］．山西师大学报，1996(3)：39.

④ ［美］埃伦·迪萨纳亚克．审美的人［M］．户晓辉，译．北京：商务印书馆，2004：60.

这两个领域的对立将永远存在，因为我们无法让生活全部服从审美的逻辑，也不能让审美服从生活的逻辑；就像我们不能让所有日常生活都变成节日庆典，也不能让所有的节日庆典变成普通生活一样。所谓的“日常生活审美化”，即使不是妄想，也可以说是理论家的一种虚构。① 埃德曼说：“一个艺术家若决心把整个生活变成艺术，那他必须既是一位环球暴君，又是一位集歌德、牛顿、亚历山大于一身的天才才行。然而生活艺术是一种期待，一种预言，而不是历史或现实。”②事实上，任何取消生活和审美的界限的努力都是不可能的，而且，这种努力给人带来的都是暴政，而不是人性的解放。但是，人之为人，总想让生活遵循审美的原则。这样的结果就是，原来作为节日的艺术，日渐失去了特殊的神圣意味，而成了单纯的浪费和炫耀。所以，墨家的“先实用后审美”理论的价值永远不会消失。

这两对矛盾的存在，以及人们对统一的永远渴求，必然决定了文质争论不但是中国的，而且是人类的；不但是过去的，而且是未来的。可以说，只要人存在，文质争论将永远存在，中国美学的意义也永远存在。这是我们从中国美学的普遍性而非特殊性中所得出的必然结论。

这就是我们在导论中所许诺的“以中华审美的特殊现象来解决人类审美的普遍问题”的思路，也是我们所主张的发掘中国美学的普遍性因素的努力。

---

① 关于学界追捧的“日常生活审美化”或“审美日常生活化”，拙文《美感、快感与日常生活美学：从卢卡奇说开去》曾作过一点反思，文见《外国美学》第22辑，江苏凤凰教育出版社2014年版。

② ［美］欧文·埃德曼．艺术与人［M］．任和，译．北京：工人出版社，1988：2.

参考文献

1.《诸子集成》，上海：上海书店，1986 年。

2.《李济考古学论文选集》，张光直、李光谟编，北京：文物出版社，1990 年。

3.《贾兰坡旧石器时代考古论文选》，北京：文物出版社，1984 年。

4.《裴文中史前考古学论文集》，北京：文物出版社，1987 年。

5.《苏秉琦考古学论述选集》，北京：文物出版社，1984 年。

6.《中华文明史》第一卷，石家庄：河北教育出版社，1989 年。

7. 中国社会科学院考古研究所：《新中国的考古发现和研究》，北京：文物出版社，1984 年。

8. 安志敏：《仰韶文化》，北京：中华书局，1964 年。

9. 安志敏：《中国新石器时代论集》，北京：文物出版社，1982 年。

10. 程金城：《远古神韵：中国彩陶艺术论纲》，上海：上海文化出版社，2001 年。

11. 陈来：《古代思想文化的世界》，北京：生活·读书·新知三联书店，2002 年。

12. 陈良运：《文质彬彬》，南昌：百花洲文艺出版社，2001 年。

13. 陈望衡：《中国古典美学史》，长沙：湖南教育出版社，1998 年。

14. 陈望衡：《当代美学原理》，北京：人民出版社，2003 年。

15. 陈望衡：《20 世纪中国美学本体论问题》，长沙：湖南教育出版社，2001 年。

16. 邓福星：《艺术前的艺术》，济南：山东文艺出版社，1986 年。

17. 方珊：《形式主义文论》，济南：山东教育出版社，1994 年。

18. 冯友兰：《中国哲学简史》，涂有光译，北京：北京大学出版社，1996 年。
19. 冯友兰：《中国哲学史》(上册)，上海：华东师范大学出版社，2000 年。
20. 冯友兰：《中国哲学史新编》(上卷)，北京：人民出版社，1998 年。
21. 户晓辉：《中国人审美心理的发生学研究》，北京：中国社会科学出版社，2003 年。
22. 贾兰坡：《中国大陆上的远古居民》，天津：天津人民出版社，1978 年。
23. 贾兰坡：《周口店："北京人"之家》，北京：北京人民出版社，1975 年。
24. 蒋孔阳：《美学新论》，北京：人民文学出版社，1993 年。
25. 郎树德、贾建威：《彩陶》，兰州：敦煌文艺出版社，2004 年。
26. 劳承万：《审美的文化选择》，上海：上海文艺出版社，1991 年。
27. 劳思光：《新编中国哲学史》卷一，桂林：广西师范大学出版社，2005 年。
28. 李松：《中国美术 · 先秦至两汉》，北京：中国人民大学出版社，2004 年。
29. 李泽厚：《美学三书》，合肥：安徽文艺出版社，1999 年。
30. 李泽厚、刘纲纪：《中国美学史 · 先秦两汉编》，合肥：安徽文艺出版社，1999 年。
31. 廖群：《中国审美文化史 · 先秦卷》，济南：山东画报出版社，2000 年。
32. 林少雄：《人文晨曦：中国彩陶的文化读解》，上海：上海文化出版社，2001 年。
33. 刘锡诚：《中国原始艺术》，上海：上海文艺出版社，1998 年。
34. 刘骁纯：《从动物快感到人的美感》，济南：山东文艺出版社，1986 年。
35. 敏泽：《中国美学思想史》(第一卷)，济南：齐鲁书社，

1987年。
36. 戚廷贵、刘坤媛、赵沛林：《美的发生与流变》，长春：吉林文史出版社，1992年。
37. 沈从文：《中国古代服饰研究》，上海：上海世纪出版集团，2002年。
38. 韦政通：《中国思想史》(上册)，上海：上海书店出版社，2003年。
39. 吴山 编著：《中国新石器时代陶器装饰艺术》，北京：文物出版社，1982年。
40. 吴中杰 编：《中国审美文化论》(第一卷)，上海：上海古籍出版社，2003年。
41. 吴诗池：《中国原始艺术》，北京：紫禁城出版社，1996年。
42. 徐飚：《成器之道：先秦工艺造物思想研究》，南京：南京师范大学出版社，1999年。
43. 徐复观：《中国人性论史·先秦卷》，上海：上海三联书店，2001年。
44. 徐思民：《中国工艺美术史》，济南：山东教育出版社，2002年。
45. 徐中玉 主编：《神思·文质编》，北京：中国社会科学出版社，1995年。
46. 杨天宇：《礼记译注》，上海：上海古籍出版社，1997年。
47. 杨伯达：《中国玉文化玉学论丛》，北京：紫禁城出版社，2002年。
48. 严文明：《仰韶文化研究》，北京：文物出版社，1989年。
49. 尹达：《新石器时代》，北京：生活·读书·新知三联书店，1979年。
50. 于民：《春秋前审美观念的发展》，北京：中华书局，1984年。
51. 于文杰：《艺术发生学》，上海：上海人民出版社，1995年。
52. 余英时：《士与中国文化》，上海：上海人民出版社，2003年。
53. 张法：《美学导论》，北京：中国人民大学出版社，1999年。
54. 张法：《中国美学史》，上海：上海人民出版社，2000。年。

55. 张光直：《古代中国考古学》，印群译，沈阳：辽宁教育出版社，2002年。

56. 张光直：《美术、神话与祭祀》，郭净译，沈阳：辽宁教育出版社，2002年。

57. 张光直、徐苹芳等：《中国文明的形成》，北京：新世界出版社；纽黑文：耶鲁大学出版社，2004年。

58. 张晓凌：《中国原始艺术精神》，重庆：重庆出版社，1992年。

59. 张之恒、吴建民：《中国旧石器时代文化》，南京：南京大学出版社，1991年。

60. 张之恒：《中国新石器时代文化》，南京：南京大学出版社，1988年。

61. 赵宪章：《西方形式美学》，上海：上海人民出版社，1997年。

62. 郑为：《中国彩陶艺术》，上海：上海人民出版社，1985年。

63. 朱狄：《艺术的起源》，北京：中国青年出版社，1999年。

64. 朱狄：《原始文化研究：对审美发生问题的思考》，北京：生活·读书·新知三联书店，1988年。

65. 朱立元：《天人合一：中华审美文化之魂》，上海：上海文艺出版社，1998年。

66. [英]达尔文：《人类的由来》，潘光旦、胡寿文译，北京：商务印书馆，1993年。

67. [英]E. H. 贡布里希：《艺术与错觉：图画再现的心理学研究》，林夕、李本正、范景中译，长沙：湖南科学技术出版社，2004年。

68. [英]E. H. 贡布里希：《秩序感：装饰艺术的心理学研究》，杨思梁、徐一维译，杭州：浙江摄影出版社，1987年。

69. [英]E. H. 贡布里希：《艺术发展史》，范景中译，天津：天津人民出版社，1998年。

70. [英]E. H. 贡布里希：《理想与偶像》，范景中、曹意强、周书田译，上海：上海人民美术出版社，1989年。

71.《贡布里希论设计》，范景中 选编，长沙：湖南科学技术出版社，2004年。

72. [英]赫伯特·里德:《艺术的真谛》,王柯平译,沈阳:辽宁人民出版社,1987年。
73. [英]赫伯特·里德:《艺术与社会》,陈方明、王怡红译,北京:工人出版社,1989年。
74. [英]科林·伦福儒、[英]保罗·巴恩:《考古学:理论、方法与实践》,中国社会科学院考古研究所译,北京:文物出版社,2004年。
75. [英]卡尔·波普尔:《猜想与反驳:科学知识的增长》,傅季重等译,上海:上海译文出版社,1986年。
76. [英]克莱夫·贝尔:《艺术》,薛华译,南京:江苏教育出版社,2005年。
77. [英]罗森:《中国古代的艺术与文化》,孙心菲等译,北京:北京大学出版社,2002年。
78. [英]李斯托威尔:《近代美学史评述》,蒋孔阳译,上海:上海译文出版社,1980年。
79. [美]欧文·埃德曼:《艺术与人》,任和译,北京:工人出版社,1988年。
80. [美]埃伦·迪萨纳亚克:《审美的人:艺术来自何处及原因何在》,户晓辉译,北京:商务印书馆,2004年。
81. [美]弗朗兹·博厄斯:《原始艺术》,金辉译,贵阳:贵州人民出版社,2004年。
82. [美]卡洛琳·M. 布鲁墨:《视觉原理》,张功钤译,北京:北京大学出版社,1987年。
83. [美]玛里琳·霍恩:《服饰:人的第二皮肤》,乐竟泓等译,上海:上海人民出版社,1991年。
84. [美]罗伯特·路威:《文明与野蛮》,吕叔湘译,北京:生活·读书·新知三联书店,1984年。
85. [美]鲁道夫·阿恩海姆:《视觉思维》,滕守尧译,北京:光明日报出版社,1987年。
86. [美]鲁道夫·阿恩海姆:《艺术与视知觉:视觉艺术心理学》,滕守尧、朱疆源译,北京:中国社会科学出版社,1984年。

87. [美]鲁道夫·阿恩海姆:《艺术心理学新论》,郭小平、翟灿译,北京:商务印书馆,1994年。
88. [美]鲁道夫·阿恩海姆:《走向艺术心理学》,丁宁 等译,郑州:黄河文艺出版社,1990年。
89. [美]鲁道夫·阿恩海姆等:《艺术的心理世界》,周宪译,北京:中国人民大学出版社,2003年。
90. [美]保罗·韦斯,[美]冯·O. 沃格特:《宗教与艺术》,何其敏、金仲译,成都:四川人民出版社,1999年。
91. [美]R. M. 基辛:《当代文化人类学概要》,北晨 编译,杭州:浙江人民出版社,1986年。
92. [美]苏珊·朗格:《情感与形式》,刘大基、傅志强、周发祥译,北京:中国社会科学出版社,1986年。
93. [美]苏珊·朗格:《艺术问题》,滕守尧、朱疆源译,北京:中国社会科学出版社,1983年。
94. [美]托马斯·门罗:《走向科学的美学》,石天曙、滕守尧译,北京:中国文联出版公司,1984年。
95. [德]恩斯特·卡西尔:《人论》,甘阳译,上海:上海译文出版社,1985年。
96. [德]格罗塞:《艺术的起源》,蔡慕晖译,北京:商务印书馆,1984年。
97. [德]马克思:《1844年经济学哲学手稿》,中共中央编译局 译,北京:人民出版社,2000年。
98. [德]莫里茨·盖格尔:《艺术的意味》,艾彦译,北京:华夏出版社,1999年。
99. [德]席勒:《美育书简》,徐恒醇译,北京:中国文联出版公司,1984年。
100. [德]沃尔夫冈·柯勒:《人猿的智慧》,陈汝懋译,杭州:浙江教育出版社,2003年。
101. [法]涂尔干:《宗教生活的基本形式》,渠东、汲喆 译,上海:上海人民出版社,1999年。
102. [法]列维·布留尔:《原始思维》,于由译,北京:商务印书馆，1981年。
103. [法]列维-斯特劳斯：《野性的思维》，李幼蒸译，北京：商务印书馆，1987年。
104. [瑞士]H. 沃尔夫林：《艺术风格学》，潘耀昌译，沈阳：辽宁人民出版社，1987年。
105. [苏]德·莫·乌格里诺维奇：《艺术与宗教》，王先睿、李鹏增译，北京：生活·读书·新知三联书店，1987年。
106. [苏]列·斯托洛维奇：《审美价值的本质》，凌继尧译，北京：中国社会科学出版社，1984年。
107. [日]笠原仲二：《古代中国人的美意识》，杨若薇译，北京：生活·读书·新知三联书店，1988年。
108. [日]中川作一：《视觉艺术的社会心理》，许平译，上海：上海美术出版社，1991年。
109. Bradley A. C. , *poetry for poetry's sake*, Oxford Letures on Poetry, London, 1909.
110. Gordon Graham , *Philosophy of the Arts: An Introduction to Aaesthetics*, London and New York, 1997.
111. Peter Kivy, *Philosophies of Arts*, Cambridge, 1997.
112. Tatarkiewicz W. , *A History of Six Ideas*, Warszawa, 1980.
说明：论文从略。

后　记

承蒙游径海兄及胡国民兄错爱，拙著列入武汉大学出版社出版计划。诸君大概一眼就能看出，拙著“底本”乃博士论文。底本原题为《先秦形式审美研究》。按照导师薛富兴先生的意思，是要以史前考古发现为实证材料，探讨形式感在人类早期审美意识中的意义。其总体思路是从事实到理论，以中华民族的特殊审美材料，来解决人类审美的普遍问题。

今日校读，将六章合并为四章，字数亦删减了七八万。之所以大幅删减，是因为在这个电子写作时代，“下笔不能自休”或一写就长，早已成为写作之通病；恰如在这个消费时代，肥胖早已不是“发福”，而是病症。

即便是经过瘦身，相信书中冗余文字仍是不少，说不定再删个十万八万，也不会伤筋动骨。然而却删不动了。因为减肥瘦身，得看自家身子骨；删削文字，正需丰厚学养。由于天性多疑，对进化论及进步论早已心存疑虑或戒惧，所以对国内美学界热衷探讨的问题，也就认为没有那么重要，甚至以为好多争议近乎伪问题。因为，假如进化论和进步论只是现代知识建构，并不像我们自以为的那么科学，那么学界由实践美学所引领的审美发生学探讨，即便不是捕风捉影，也顿时变得可疑起来。

然而由于当时并无足够气力驳斥进化论和进步论，就姑且假定它们都是对的，姑且假定基于史前考古的审美发生学探讨确实有着非同小可的意义——即便如此，还是发现了颇不利于这一审美发生学探讨的东西。说简单一点吧，越是翻检考古学家的研究成果，越是发现国内美学界高唱的“历史与逻辑的统一”，其实是一个幌子，掩盖的是“历史为逻辑让路”。相当一部分学者是先抱定一个观念，然后在考古发现中寻找有利于自己这一观念的证据，既不顾考古学内部争论，更不顾相反证据。这一理路，近两年才知道思想界早有反思：那根本不是历史研究，而是历史主义。

若说本书还有一点阅读价值，大概也就在对国内学界一些习惯思路或流行说法的反思上，诸如反思中国古典美学研究中的民族主义，反思审美发生学，反思“从写实到抽象”，反思味觉论，反思以内容和形式的统一来解释“文质彬彬”。至于书中大量实证的部分，都是针对美学界一些想当然的论调而设，其阅读价值既可以说有，也可以说无。

按说校读旧文，理应至少花个一年半载的功夫，除删削数万字而外，将自己近年的一些思考充分铺展开来，改写甚至重写原文。然而却没有这样做。这大概是由于近年痴迷于翻译 C. S. 路易斯，几近于废寝忘食，长恨人生苦短，该做之事那么多可就是做不过来。所以本次校读，并未竭尽全力。诸君见谅啊。但愿本书之灾梨祸枣，尚不至于到了徒落骂名的地步。

这些年教书读书，一直觉着愧对导师薛富兴先生，愧对师友。也许心头那丝永远抹不去的愧疚，就是谢忱的另一种表达。

戊戌正月初六于津西小镇楼外楼